음악치료의 실제

Music Therapy in Action, Second Edition
by Mary Priestley

Originally published by Barcelona Publishers LLC.
Available from: www.barcelonapublishers.com
Print ISBN (English): 9781937440152
E-ISBN (English): 9781937440138

원서 2판

음악치료의 실제

Mary Priestley 저

한국분석적음악치료커뮤니티

김경숙 · 김은주 · 김혜란 · 박소영 · 배미현 · 음승희 · 이상은 · 이지선 · 임정연 · 현수경 공역

MUSIC THERAPY IN ACTION (2ND ED.)

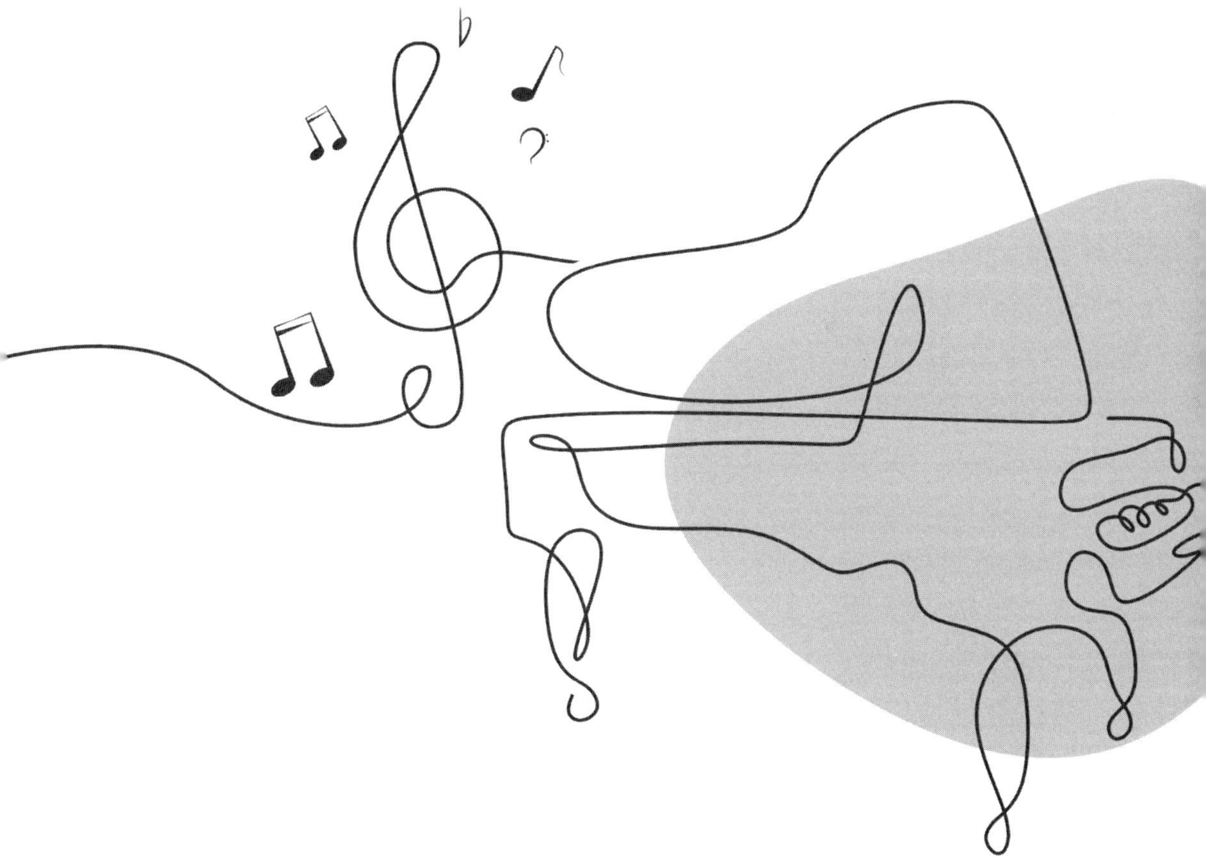

학지사

역자 서문

음악치료 현장에서 음악의 효과는 매우 강력하다. 내담자와 치료사가 만들어 내는 멜로디, 리듬, 화성, 음색, 템포, 구조 등의 음악적 요소들뿐만 아니라 다양한 소리와 침묵조차도 참여하고 있는 사람들에게 기대 이상의 치료적 관계와 변화를 유도한다. 진정성 있게 표현되는 음악을 통해 특정 감정과 이미지, 기억 등이 촉발되며 그 과정에는 의식적·무의식적 이슈들과 관련된 정신역동들도 일어나게 된다. 이러한 음악적 작업은 내담자에게 물리적으로나 정서적으로 안전하고 지지적인 환경을 제공하여 자신에 대해 성찰하고 성장할 수 있도록 도와준다.

1999년 미국 워싱턴에서 열렸던 제9차 World Congress of Music Therapy에서 분석적음악치료(Analytical Music Therapy)는 행동주의 음악치료(Behavioral Music Therapy), 창조적 음악치료(Creative Music Therapy), 베넨존 음악치료(Benenzon Music Therapy), 심상음악치료(Guided Music & Imagery)와 함께 음악치료의 주요 모델로 선정되었다. 특히 음악 안에서의 역동성을 치료적으로 적용하는 Nordoff와 Robbins의 창조적 음악치료, Bonny의 GIM으로 불리는 심상음악치료, 그리고 분석적 음악치료는 고급음악치료기술(Advanced music therapy techniques)로 분류되기도 한다.

분석적 음악치료는 음악과 정신분석을 결합한 심층적 접근법이며 치료사와 내담자가 함께 내담자의 내면세계를 탐색하고 성장을 촉진하고자 즉흥 음악을 사용하는 기법이다. 1970년대 초, 런던 St. Bernard's 병원의 음악치료사 Mary Priestley는 언어로 표현할 수 없는 감정이나 심상, 생각 또는 신체적 지각 등을 어떻게 무의식적으로 음악과 연결하고 상징화시키는지 설명하고자 동료 음악치료사인 Peter Wright, Majorie Wardle와 함께 상호치료(Intertherapy)라고 이름 붙인 96회기의 실험적 세션을 통해 분석적 음악치료를 개발하였다.

미국이나 유럽에 비해, 그리고 다른 고급음악치료기술들에 비해 우리나라에서는 비교적 늦게 분석적 음악치료에 대한 관심과 훈련이 시작되었다. 미국 Molloy 대학이 대면과 비대면 교육을 결합한(Blended learning) 방식으로 제공하는 Analytical Music Therapy Certification Program에 10명의 한국 거주 음악치료사가 2017년 겨울에 공식적으로 등록하면서 국내에서의 본격적인 훈련이 시작되었다, 이후 2022년 7월에 온라인으로 개최된 Panel Discussion을 끝으로 10명의 분석적 음악치료사가 배출되었으며, 그 새로운 발걸음에 맞춰 훈련의 과정에서 배우고 익혔던 이론들의 근간이 되는 Priestly의 Music in Action을 함께 번역하게 된 것을 무척 기쁘게 생각한다.

2023년 봄

한국분석적음악치료커뮤니티

역자 일동

추천사

우리는 삶 속에서 언제나 다양한 소리에 둘러쌓여 있고 이러한 소리들을 음악치료 과정에서 재표현하고 탐색함으로써 우리의 감정을 잘 이해하게 된다. 우리가 표현하는 감정도 다양하다. 이러한 다양한 감정을 잘 표현할 수 있도록 하는 매개체가 음악이며 분석적 음악치료에서 사용하는 즉흥연주는 음악의 요소들에 길들여져 있는 우리의 귀에 다소 생소하고 어색하게 들릴 수 있다. 마치 우리의 무의식 세계가 그렇듯이 이러한 음악경험은 혼란이나 불협화음도 삶의 일부로 받아들이며 그 안에서도 평온할 수 있는 대처하는 힘을 키우게 한다. 즉흥연주의 힘은 내면의 자아와의 음악적인 대화를 가능하게 하며 클라이언트가 미처 인지하지 못했던 무의식 세계까지도 탐색을 가능하게 한다. 이러한 과정을 통하여 더욱 더 자신을 이해하고 돌봄으로써 삶에 필요한 대처기술을 개발하여 더욱 의미 있고 풍성한 삶이 되도록 도움을 준다. 현재 임상은 관계개선이나 트라우마, 우울증, 스트레스, 불안 등 정서적 어려움을 겪는 아동·청소년, 성인과 노인까지 다양한 연령층의 클라이언트와 폭넓게 이루어지고 있다.

수년 전 내가 처음으로 경험한 '분석적 음악치료(Analytical Music Therapy: AMT)'는 아직도 매우 강렬한 기억으로 남아 있다. 당시 나는 다양한 인종이 살고 있는 뉴욕에서 음악치료 공부를 하면서 '나는 누구인가?'라는 정체성에 관한 심각한 고민을 하던 시기였다. 그때 접하게 된 분석적 음악치료의 즉흥연주 경험은 개인적으로나 음악심리치료사로서 정체성에 하나의 획을 긋는 중요한 계기가 되었다.

소수민족의 일원으로 미국에서의 삶은 낯선 환경의 문화 적응과 내 자신을 새로운 커뮤니티에 재정립하고자 하는 과제를 안고 있었다. '한국적인 나'와 '미국적인 나' 사이에서 문화적 이질감으로 혼돈의 시간을 거듭하는 동안 '나의 목소리'조차 점점 희미해지고 있을 즈음이었다. 새로운 문화 적응기간 동안 나와 함께 작업한 나의 분석적 음악치료사는 크리에이티브한 방법으로 나로 하여금 내 자신을 재발견하고 진정한 내면의 소리를 다시 들을 수 있도록 길잡이가 되어 주었고, 분석적 음악치료 기법은 내가 한국인-미국인으로서 새로운 정체성을 확립하는 데 많은 도움을 주었다.

분석적 음악치료사가 되어 가는 과정에서 나는 다시 한번 분석적 음악치료와 강렬한 만남을 하게 된다. 도서관 한편에서 처음 들었던 메리 프리슬리(Mary Priestley, 분석적 음악치료 창시자)의 임상 녹음테이프 속에서 이루어진 즉흥연주는 내게 신선한 충격을 주었다. 메리 프리슬리의 클라이언트를 향한 진지한 경청과 특히, 음악적 공감은 내게 진한 감동으로 전해졌다. 마치 부모가 어린아이의 아픈 상처를 감싸 주고 포근하게 안아 주는 듯한 느낌을 받았고, 치료사가 즉흥연주를 통해 클라이언트와 깊은 감정의 소통과 이해를 함께 하였다. 즉흥연주에서 떠오른 심상은 엄청나게 큰 태양이 매우 따스한 빛으로 온몸을 감싸 안아 주는 듯한 센세이션을 경험했다. 이러한 개인적인 경험을 바탕으로 분석적 음악치료는 나의 열정이 되었고, 수년간 자기분석과 함께 다양한 클라이언트들의 내면의 진정한 소리를 음악으로 함께 탐색하며 음악치료사들에게 분석적 음악치료 트레이닝과 슈퍼비전을 통하여 그들의 임상이 더욱 깊이 있고 효율적으로 이루어지도록 돕고 있다.

분석적 음악치료는 훈련된 전문가와 함께 클라이언트의 다양한 감정과 생각을 일상적 소리를 통해 음악 경험을 함으로써 마음을 돌보는 심리치료이다. 클라이언트의 문제나 대인, 문화나 환경과의 관계에 관한 새로운 인식과 해결할 수 있는 자원을 발견하기 위하여 소리 나는 도구(목소리, 악기, 동작, 언어, 크리에이티브한 그림 그리기와 글쓰기)를 사용해 탐색함으로써 클라이언트의 내면의 힘을 더욱 창의적인 에너지로 변환하는 경험을 하도록 한다.

분석적 음악치료는 한국적인 문화 특성에도 잘 맞는 기법임을 경험한다. 팬데믹 동안에 나는 배우자를 잃은 한인 클라이언트와의 세션을 진행하였는데, 음악적인 경청과 공감이 이루어질 때 서로의 '이심전심'을 경험하게 되었다. 특히 클라이언트는 불편한 감정들을 잘 표현하지 못할 때 오는 스트레스와 신체화 증상이 화병으로 이어져 힘들어하였는데, 즉흥연주를 통하여 그분의 신체적 증상을 직접 노래로 표현하고 대화하는 과정에서 무의식속에 엄청난 화를 밖으로 끄집어냈을 때 비로소 클라이언트는 애도 과정을 시작 할 수 있었고 배우자를 마음속에서 떠나보낼 수 있었다. 그 결과 그분의 신체적 증상도 한결 완화되었다.

메리 프리슬리는 분석적 음악치료 핵심기법을 통하여 음악치료에 중요한 공헌을 하였는데 음악치료사들이 지속적으로 자신의 '내면아이(Inner child)'를 돌보는 작업을 강조한다. 자신이 클라이언트가 되어 자기 분석의 기회를 갖지 않고서 음악치료를 수행하는 것은 무모한 행동이라고 여겨진다. 그만큼 전이와 역전이, 정신역동 현상을 이해하기 위해서는 먼저 치료사 본인이 자신의 내면세계를 잘 이해하고 돌보는 작업이 필요한 것이다. 치료사 자신이 내면의 아이와 연결될 때에 비로소 공감과 경청을 통한 깊은 치료적 관계가 형성된다. 이렇게 함으로써 치료사는 치료 세션에서 doing과 being을 클라이언트의 필요에 의해 자유롭게 사용할 수 있게 된다. 또한 무의식 세계를 음악으로 다루기 위해서는 임상에 관한 지속적인 슈퍼비전의 중요성을 강조한다. 우리의 무의식 세계는 너무나도 깊고 광대하기 때문에 'No one is perfect'라는 점에 유의해야 한다.

분석적 음악치료 트레이닝은 치료에서 일어나는 정신역동을 인지하고 효율적인 관리를 할 수 있는 기술을 연마하며, 의식과 무의식 세계에 대한 이해를 더욱 공고히 하고 음악의 정의를 폭넓게 재정립할 수 있도록 한다. 치료사들이 세션에 영향을 줄지도 모르는 생각들이나 감정들과 관련한 자기 인식을 증진시키고, 관련적(referential) 즉흥연주를 통해 창조성을 향상시키는 데 도움을 준다.

분석적 음악치료사는 클라이언트와 상호작용을 통하여 음악적 관계와 치료적 관계를 탐색한다. 마치 아무것도 그려지지 않은 백지 상태의 커다란 캔버스를 제공해 줌으로써 클라이언트가 마음껏 자신의 이야기를 그릴 수 있도록 한다. 분석적 음악치료사는 자기 자신을 치료의 도구로 사용할 수 있도록 훈련되고 음악,

악기, 몸짓 및 목소리 등 다양한 방법으로 클라이언트의 공명판이 되어 그들의 감정, 생각, 기억, 이미지, 충동, 판타지 등을 음악으로 표현하며 근본적인 원인들을 찾아 삶의 질을 높이는 데 기여한다.

2011년도 세계음악치료 콘퍼런스에서 분석적 음악치료에 관한 사례들을 발표했을 때 한국에서 활동하는 음악치료 교육자들이 이 기법이 한국 클라이언트들에게 필요함에 뜻이 모아졌다. 이 일을 계기로 나는 나의 멘토이자 분석적 음악치료 선구자 중 한 분인 베네딕테 스카이비(Benedikte Scheiby) 교수님과 함께 한국 음악치료에 적합한 트레이닝 프로그램을 개발하게 되었다. 한국에 분석적 음악치료 트레이닝이 본격적으로 소개된 것은 2017년 가을이다. 이 책은 한국 음악치료사들의 분석적 음악치료 훈련 과정 동안의 산물 중 하나이다. 기나긴 팬데믹을 지나면서 분석적 음악치료에 관한 문헌이 발간되는 것을 더욱 뜻깊게 생각한다. 나의 멘토인 베네딕테 스카이비 교수님과 한국의 문정표, 김경숙 교육자님, 그리고 한국 분석적 음악치료 커뮤니티의 1기로 훈련에 참여해 주신 음악치료사님들의 열정과 지속적인 관심에 감사의 뜻을 전한다.

임상은 하면 할수록 분석적음악치료 기법에 경의로움을 경험하게 된다. 이 경험은 음악에 대한 정의를 더욱 폭넓게 정신세계와 연결하게 되고, 마음의 상처는 결코 상실이 아니라 나를 더욱 성숙하게 도와주는 힘의 원동력이 된다는 것을 알게 된다. 한국의 음악치료사들이 경이로운(Amazement) 음악적 경험으로 어우러진 분석적 음악치료(AMT)를 경험함으로써 창의적인 에너지가 넘쳐나는 음악심리치료사들이 되길 바란다.

2023년 2월 9일

정승아, PhD, LCAT, MT-BC
Chairperson, Music Department
Professor, Music Therapy
Analytical Music Therapy Trainer
Molloy University, NY
sjung@molloy.edu

저자 서문

이 책의 목적 중 하나는, 다른 사람들이 필수적인 연구를 하도록 하고 이 책과는 달리 과학적인 책을 쓰는 데 필요한 구체적 조사를 하도록 자극하는 것이다. 또 다른 목적은 이 오래된 치유 예술이 의료방법의 부수적인 것으로서가 아니라 진지한 연구와 관심을 받을 가치가 있는 보조적 치료 서비스임을 대중들이 다시 인식하도록 도와주고자 하는 것이다. 세 번째 목적은 "음악치료에서 어떤 일이 일어나는가? 내담자들은 무엇을 하는가? 어떻게 치료가 작용하는가? 누가 혜택을 받게 되는가?" 등과 같이 쉽게 답하기 어렵고 순간적으로 제기되는 많은 질문에 답하는 것이기도 하다.

다양한 음악치료 기법이 어떻게 임상 현장에서 작용하는지를 설명하기 위해 다양한 내담자와 환자의 삶과 치료에서의 실제 사건들을 설명해야만 했다. 모든 사례에서 이들에 대한 실명은 가명 처리되었으며, 따라서 본인과 그들의 정신과 의사 그리고 나 자신만이 그들을 알아볼 수 있다. 나는 여러 정신과 병원에서 일해 왔는데 병동 세션에 대한 인상은 많은 세션에 대한 기록을 통해 재탄생되었다. 이렇게 설명하는 것이 병동에서의 한 시간에 대해 세밀하고 정확하게 설명하는 것보다 독자들에게 더 사실적이고 전체적인 그림을 제공할 수 있을 것이다.

내가 이 책에서 인용한 모든 저자와 출판사에게 감사를 드린다. Juliette Alvin은 확고한 비전으로 영국음악치료학회(British Society for Music Therapy)를 설립하였으며 Guildhall School of Music and Drama에서 음악치료 학위과정을 시작하였다. R. de Alarcon 박사의 격려와 제21장에서 도움을 준 C. Lindsay 박사에게도 감사드린다. 나의 동료들인 Gillian Lovett, Marjorie Wardle, 그리고 Peter Wright의 지지와 고언에 감사드리며, 자신의 내면 음악을 공유할 수 있도록 해 준 환자들과 내담자들에게도 감사드린다. 나의 아버지인 J. B. Priestley와 상담 심리치료사인 E. G. Wooster 박사에게도 원고를 검토해 주시고 조언을 해 주신 것에 감사드린다. 우선순위에서 밀린 내 가정의 오랜 희생자들과 나를 앞으로 나아가게 자극했던 내 삶의 부정적 경험에게도 감사를 표한다.

이 책의 초판에서 서문을 쓴 이래로, 음악치료는 영국에서 충분히 발달해 왔다. 1976년에 Angela Fenwick을 초대 회장으로 하여 전문음악치료사협회(Association of Professional Music Therapists)가 설립되었으며, 나는 그곳에서 윤리 규정을 개발하는 일에 참여하였다. Tony Wigram(정신장애인을 위한 Harperbury Hospital)은 다른 비언어적 치료들과 동등하게 경력과 전문성 점수 체계를 협의하였다.

이 협회에는 대략 130여 명의 회원이 있는데, 그들의 근무 영역은 크게 다음과 같다.

1.5%	노인
14.6%	정신질환
15.38%	지적장애
15.38%	교육서비스
23%	음악치료 학생
30%	강사, 연구, 사회 서비스 등

내가 원했던 연구가 시작되었고, 그것은 음악치료의 특별한 유익이 분명한 영역들을 알려 주고 있다. Guildhall School of Music의 음악치료 강사인 Leslie Bunt는 1980년부터 시립대학교의 연구원으로 지적장애아에게 음악치료가 미치는 영향에 대해 연구해 왔다. Amelia Oldfield는 Ida Darwin Hospital에서 지적장애 성인들에 대한 연구를 하고 있으며, Helen Odell은 케임브리지에 있는

Fulbourn Hospital에서 노인 정신과 환자들에게 음악치료가 미치는 영향에 대해 연구하고 있다.

이 책에서 'Intertherapy'로 묘사된 상호치료는 자체 개발됐으며, 10개국에서 온 50명이 넘는 음악치료사가 이에 대한 훈련을 받고 있다. 분석적(탐구적) 음악치료가 노도프-로빈스 기법과 함께 1979~1981년 서독의 Herdecke Community Hospital에서 Herdecke 멘토 과정의 훈련방법으로 사용되었다. 이때 나는 한 달 동안 강의도 하고 슈퍼비전과 워크숍을 해 주었는데, 그 결과 『Analytische Musiktherapie』(Klett-Cotta, 1983)라는 책이 독일에서 출간되었다. 당시 탐구적 음악치료에 대한 관심들이 많았다. 1983년도에는 BBC 프로그램인 〈The Music Child〉에서 이 기법에 대해 시연을 보였고, 라디오 프로그램에서도 이 주제로 이야기하고, Guildhall School of Music, Southlands College, London University 등에서 강연을 했다. 그러나 나의 가장 큰 만족은 잠재적으로 뛰어난 아이를 도와주는 것부터 융 분석가와의 작업, 그리고 심각하게 정서적으로 상처받고 전두엽의 백질이 절제된 조현병 여성과의 끈기 있는 작업에 이르기까지 모든 범위의 정신적 능력을 다루며 작업할 수 있었다는 점이다. 이 책을 통해 여러분과 나의 작업을 공유할 수 있다면 이 책을 쓰기 위해 일 년 동안 주말을 희생했던 것도 가치 있는 일이 될 것이다.

Mary Priestley

서론

E. G. Wooster, MB, DPM, MRCPsych

미국에서 일하고 있는 동안 몇 번 간단히 음악치료를 접해 본 것 외에, 나는 음악치료 부서가 잘 형성되어 있는 병원에서 일하기 전까지는 음악의 잠재력에 대해 진지하게 생각해 보지 않았다. 나의 정신과와 심리치료에 대한 이전 경험을 통해 많은 동료처럼 나도 긴장 이완을 위한 주요 수단 중 하나로 음악을 즐기게 되었다. 결과적으로 이 책에 묘사된 것처럼 병원의 주간 회의와 음악과 미술치료사들과 함께 시작한 여러 만남은 우리가 서로 다른 분야 간의 유사점을 발견하도록 자극하는 도전이었다. 우리가 만난 3년 동안, 우리는 이런 발견에 대해 굉장히 열중했다. 심리치료에서의 언어에 대한 보완적이고 추가적인 표현 양식으로써 음악과 미술의 사용에 대해 탐구한 것은 소리, 형태, 색 또는 단어가 어떻게 치료의 필수요소인 깊은 대화 안에서의 감정 전달 도구가 될 수 있는지를 알게 하였다. 그러므로 이 책은 심리치료 임상의 주류에 있는 사람들과 이제까지 음악을 단순히 즐거운 긴장 이완의 자원으로만 보았던 사람들 모두에게 새로운 차원의 적용을 고려하도록 하는 도전을 제시하고 있다.

이 광범위한 주제 안에서 최근에 주목받고 있는 몇몇의 중요한 생각을 선택해 봤으며, 이것들은 음악치료의 입장에서 볼 때 흥미롭고 매력적인 새로운 빛으로 생각될 수 있다.

D. Winnicott 박사는 특별히 그의 마지막 저서인 『Playing and Reality』에서, 우리가 개인의 정서 발달에 있어 놀이가 얼마나 중요한지에 대해 눈을 뜨게 해 주었다. 인간의 지적·육체적·정서적 또는 성적 측면의 완전한 발달은 그가 완전한

성인으로 발달하기 전에 필요한 탐구적 기간들을 경험하도록 함으로써 가능해진다. 실제로 심리치료적 과정은 개별 치료이든 혹은 그룹 치료이든 과거에 잃어버리거나 놓쳐 버린 것들을 현재에 경험하도록 하는 놀이터 같은 만남의 상황으로 유용하게 간주될 수 있다. 함께하는 음악적 즉흥연주는 이 발달 과정의 관점에서 봤을 때 특히 더 적절해 보인다. 이 글들은 다양한 종류의 감정이 음악적 대화 안에서 상징적으로 표현될 수 있음을 설명해 준다.

나는 9장에 묘사된 심리역동적 움직임과 긴장 이완 세션에 대해 특히 관심을 갖고 있다. 하타 요가의 발달에 대해 동양과 비교했을 때, 신체적 감각과 표현적 움직임에 대한 집중은 서양 전통에서는 대단히 무시되어 왔다(적어도 최근에 만남의 그룹 안에서 신체적 접촉이 유행할 때까지). 정신과 치료의 역사에서 이완 요법은 Drs. J. H. Schultz, D. H. Fink 그리고 E. Jacobson 같은 열렬한 지지자를 가졌음에도 불구하고 많은 지지를 받지 못했다. 그러나 그것은 정신분석적 세팅과 많은 행동치료에서 중요한 부분을 차지하고 있다. 이들 동작 세션에서 감정, 신체적 동작 그리고 감각 간의 연결은 분석적 음악치료에서 소리를 통해 감정과 말의 연결을 조사하는 것만큼 중요하게 탐구된다. 이것은 음악 안에서 발레 공연이 가곡과 오페라의 예술적 형태를 보완하는 필수적 역할을 하고 있음을 상기시켜 준다.

14~16장에서 설명되고 있는 기법들은 나에게도 고려할 만한 가치가 있는 것으로 보인다. 첫 번째로, Melanie Klein이 정신병의 발달에 있어 조현병의 기본적 메커니즘에 대해 쓴 글을 창의적으로 적용한 것이다(우리 대다수가 정신병 상태의 역동성을 이해하는 데 가장 도움이 되는 근본적 기여). 두 번째로, 이 분야에서 일하는 우리는 점점 더 불안해지는 환자들을 완전히 미쳤거나 적어도 어느 정도의 심각한 정신질환을 보이며 살고 있다고 극단적으로 단순화시켜 보기 때문이다. 이러한 관점은 환자 내면에서 그의 성격의 건강한 부분이 불안이나 질병의 부분으로 받아들여지는 혼란스러운 상황을 정리하려 돕는 것을 막는다. 이 '미친' 부분들—나는 이것들이 명백히 정신병 환자들에게만 해당된다고는 생각하지 않는다—은 한편으로는 해리된 충동이나 지각, 근거 없는 두려움, 또는 신체적 증상일 수 있고, 다른 한편으로는 접촉할 수 없는, 경직된 방어 구조일 수 있다. 많은 환

자는 비록 고통스러울지라도 이렇게 무섭고 지금까지 인식하지 못했던 그들 자신의 부분을 음악적 대화의 형태 안에서 다루기 시작하는 것이 위안이 된다는 것을 발견해 왔다. 음악적 즉흥연주를 위해 가장 적합한 형식을 선택할 수 있을 만큼 충분히 내담자의 혼란과 분열된 성격을 분류한 후, 음악치료사는 그들의 음악적 대화에서 환자가 싸우고 있는 감정의 역할을 맡아 연주한다. 환자와 치료사가 주체와 객체를 번갈아 연주하는 분열 기법은 환자가 자기 것이라고 인정하지 않는 감정을 다시 환자의 인식으로 가져오기 위해 치료사가 인위적 투사를 이용하는 것이며, 연주 후에는 이것에 대한 반응에 대해 이야기를 나눈다.

나는 환자가 자신이 느끼는 혼란의 특성을 아는 것은 매우 가치 있는 일이라고 생각하지만 이것은 위험하다. 일반적으로 말해서, 아무리 적절하고 환자의 회복단계에서만 가능하다고 해도 나는 이렇게 하기 위해 충분한 주의를 기울이고 있다고는 생각하지 않는다. 불행히도 정신과 병원에서는 전반적인 편안함을 주기 위한 직원들의 시간과 노력의 부족이 너무 자주 결합되어 '긁어 부스럼 만들지 말라.'는 태도를 만들고 있다. 만약 어떻게든 각 환자가 잠재적으로 갖고 있는 투영적 용량을 동원시킬 수 있는 시간이 있다면, 적어도 그들 중 일부는 결국 그들 자신의 내면적 위험 요소를 깨달을 수 있게 될 것이다. 파괴에도 창조적 측면의 가능성이 있다는 것이 환자를 돌보는 사람들에 의해 받아들여지지 않을 때, 표현이 가져올 가능한 결과에 대한 두려움 때문에 깨닫지 못한 채 가둬 버린 너무 많은 잠재력을 지키기 위해 심각한 대가를 치러야 할지도 모른다. 분명히 독자들은 이 책에서 이런 관점에 대한 추가적인 몇 가지 근거를 발견하게 될 것이다.

분석적 음악치료의 기법을 수행하는 것은 소리를 내는 것처럼 쉽지 않다. 많은 정신병적 반응은 외부나 내면세계에서 고통스럽다는 것을 부인한다. 많은 신경증 환자 역시 두세 가지 예를 들자면, 그들의 공포, 강박 또는 정신신체적 기전을 그들 이면에 숨어 있는 깊은 불안이나 죄책감과 바꾸기보다는 차라리 그대로 유지하려 한다. 사람들의 억압된 분노나 성적 욕구를 음악이나, 언어 또는 다른 방법으로 털어놓게 하기 위해서 개인의 방어기제를 들춰내는 데 성공한 순진한 치료적 정열가는 결과적으로 환자가 "내가 그럴 거라 말했죠."라고 화내며 더욱 강하게 방어기제를 사용하게 만들어—은유적으로 또는 실제로—싸움에서 코피가 터진 사람과 같은 처지가 된다. 그러한 환자는 (자주 무의식적으로) 그의 자아를 표현하려는 시도가 과거에는 처벌되거나 보상받지 못하게 되었다고 느끼기 때문에, 이전의 자기표현 결과에 대한 가정에 의문을 갖는 자신을 허용하기 위해 지금—그리고—여기에서 매우 다른 방법으로 자신의 시도를 경험해 볼 필요가 있다. 이것은 음악치료를 포함하여 어느 치료적 상황에서나 사실이다.

그러므로 환자에게 치료에 대한 기본적 동기를 부여할 때, 그의 방어적 껍데기로부터 자유롭게 벗어날 수 있는 잠재적 능력은 (그의 본능적인 충동에 더 많은 놀이를 허용함으로써) 진정한 정서적 성장으로 귀결되어야 한다. 그러나 여기서 중요한 것은 이것을 촉진시키기 위해 무엇보다 먼저 환자를 지원하고 감정을 담아 주며, 치료의 기간 동안 도움이 되는 환경으로 함께 지지하고, 그의 적절한 해석이나 진단적 기술을 요구하는 치료사의 능력이다.

그러나 인간적인 면에서 충분히 좋은 세팅이라 할지라도 거짓으로 치료를 받음으로써 좋은 변화가 아주 적거나 전혀 없는 환자들은 늘 있기 마련이다. 이런 이유로 치료사는 자신의 작업과 관련하여 두 가지를 고려해야 한다. 첫째, 자신의 정서 상태가 환자의 증상에 대해 필수적으로 수반되고 종종 오랜 시간 동안 지속되는 치료적 부담을 얼마나 더 감당할 수 있을지에 대해 질문해 봐야 한다. 둘째, 치료사가 받아들일 수 있는 수준의 불안감으로 일할 수 있고 실험도 할 수 있으며, 때로는 자신이나 자신의 동료들이 많이 배우게 되는 실수도 용납되는 지지적 상황을 찾거나 만들 수 있도록 도와주는 데 어려움이 있다는 것이다.

Mary Priestley의 책은 그녀가 주로 미지의 해역에서 탐구했던 것들을 묘사하고 있다. 더욱이, 현시점에 이 나라에서 그런 공헌의 본질적인 가치에 대한 외부로부터의 감사함은 거의 없다. 음악치료에 필수적인 이 이중적 자격은 일반 음악가들이나 임상의 다른 치료사들이 받는 수준의 절반도 안 되는 경제적 보상을 받고 있다.

이 기법이 여전히 많은 부분에서 혼합되어 있기 때문에 성취된 결과에 대한 장기적 평가는, 특히 개인 분석적 음악치료에서 더욱 필수적이다. 나는 이 영역으로부터 일어나는 연구의 기회가 곧 시작되기를 기대한다. 그러나 지금은 Mary Priestley가 병동, 소그룹과 상담실에서 탐구했던 것들을 독자들과 공유하려는 열정과 즐거움을 반감시켜서는 안 된다.

8년 후에 다시 돌아봤을 때도, 적어도 이 나라의 정신건강 관련 기관들의 관점에서는 Mary Priestley가 홀로 외로운 길을 닦으며 수고하는 이 빈약한 상황과 관련하여 내가 말했던 것이 달라질 것은 없어 보인다.

이 두 번째 개정판이 미국 현장에서 어떤 영향을 미칠지를 평가해 보는 것도 매우 흥미로운 일이 될 것이지만, 이 기법들에 대한 훈련과 향후 연구의 흥미로운 발전은 독일과 덴마크에서 Mary Priestley와 함께 작업했던 이전 학생들에 의해 일어나고 있는 것으로 보인다.

차례

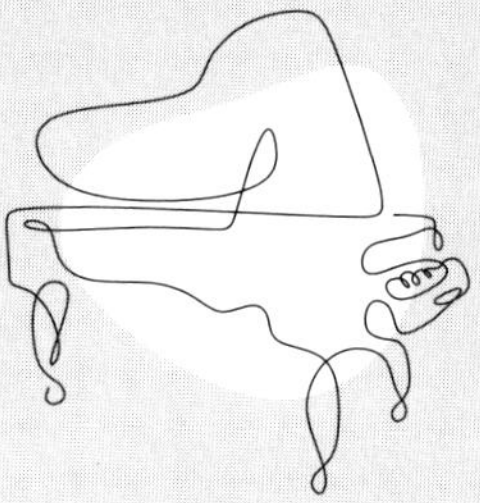

제2부 실제적인 경험과 기법

제3부 음악치료에 대한 고찰

제1장
음악치료란 무엇인가

음악치료는 생계를 위한 직업 그 이상의 가치를 가진다. 정말 새로운 수준의 보수를 받는 삶이다. 그다지 멋지지 않고, 급여부서의 속기사와 비슷하지만, 그럼에도 생계 수단은 아니다. 존재하는 방식, 자아 이전의 비틀거리는 존재만큼 깊은 곳에서 이루어지는 언어 이하(sub-vocal)의 관계에서부터 언어로는 더 이상 충분치 않은 높이에서 이루어지는 언어 이상(supra-vocal)의 의사소통까지, 언어 스케일의 비언어적인 양 끝에 모두 관련하는 방식이다.

어떤 분야에서는 돌팔이 의료행위 정도로 취급하여 거부하는 경우가 있고, 또 어떤 다른 분야에서는 다학제적인 의료팀으로서 따뜻한 환영을 받는다. 당신이 당신의 목적지(destination, 영적 치료적 목적지)에 도달했을 때 당신의 근육들이 바흐(Bach)의 〈G선상의 아리아(Air on a G String)〉에 맞춰 어떻게 움직이는지를 보기 위해 타악기와 악보로 가득하게 애써서 만든 병동이다. 베토벤(Beethoven) 교향곡 〈합창(Choral Symphony)〉의 한 악장을 피아노, 트롬본, 소프라노, 첼로에 맞춰 밤새 편곡하다가 다음 날이 되어 트롬본 연주자는 퇴원했으며 첼로 연주자는 다른 병원으로 이송되었음을 알게 되는 기나긴 밤이다. 경악이고 탐험이며, 좌절이고 기쁨이다. 하지만 결국에는 항상 음악과 사람이며, 나의 삶이고 나의 사랑이다.

음악치료의 종류는 치료사의 수만큼이나 다양하다. 음악치료는 예술이고, 그렇기 때문에 매우 개인적이고 창조적인 형태의 일이다. 치료사의 치료기법은 내담자의 필요를 충족시키고 장단점에 맞추는 방향으로 개발된다. 하지만 음악치료 시 발생되는 세 가지 주요한 행위에는 악기나 목소리를 통한 소리적 표현, 음악에 따른 움직임, 치료사와 함께 하는 엄선된 음악 감상이 있다. 환자, 음악, 치료사는 음악치료의 필수적인 세 요소이다. 환자와 음악 두 가지 요소만 존재하는 경우, 환자가 경험에서 치료적 효과를 얻을 수 있을지 모르나 '돌봄 혹은 치유'로서의 치료는 발생하지 않는다. 이를 위한 필수 요소가 관계이다. 하지만 음악의 힘 또한 과소평가해서는 안 된다. 본 윌리엄스(Vaughan Williams)가 "음악은 정연한 소리를 통한 궁극의 세계에의 도달"이라고 했듯이, 음악은 즉흥연주자도 악보연주자도 일어나게 만드는 힘을 가지고 있기 때문이다. 레코드나 카세트만으로 그 세계에 도달하는 것은 성장을 강화시키는 심오한 내적 경험에 대해 자신을 속이는 것이나 다름없다.

내담자에게 음악치료란 무엇인가

중증 지적장애를 가진 아동에게 음악치료는 언어로는 표현할 수 없는 감정들을 음악에 맞춰 움직이거나 악기를 연주하면서 표현할 수 있는 소리의 공유 세계일 수 있다. 자폐증을 가진 아동에게 음악치료는 없어서는 안 되는 유일한 의사소통 수단으로, 표현 불가능한 혼란스러운 자아의 영역을 잇는 가교일 수 있다.

정신과 환자의 경우에는, 몇몇의 이야기를 직접 옮겨 보고자 한다. 최근 20년간의 정신병원 생활을 청산하게 된 한 여성은 "지옥에서 불타고 있을 때 얼굴에 부는 바람 한 줄기는 천국이죠. 제게는 음악치료가 그것과 비슷했어요."라고 말했다.

대학교육을 받았으며 남편과 사별한 한 여성은 조울증을 겪고 있어 때때로 병원 신세를 져야 했는데, "음악치료는 제 주변의 공기와 장면을 완전히 변화시켜 주었죠. 병에 대한 생각을 완전히 떨쳐 버리고 현실을 초월한 무언가를 즐길 수 있었어요. 음악치료실은 사람으로 가득 차 있기도 했지만 늘 멋진 분위기가 감돌았어요."라고 회고했다.

대사질환과 심리적 합병증을 겪고 있었던 갓 스무 살이 된 소녀는 "입원 후 저는 완전히 내성적으로 변했고 세상과 멀어진 기분이었어요. 하지만 저를 포기하지 않았던 치료사 분들의 따뜻한 마음씨와 제가 들었던 음악치료 수업 덕분에 다시 제 생활로 돌아갈 수 있었어요. 억눌렸던 분노와 진정한 공포를 음악과 춤을 통해 자유롭고 즐겁게 표출할 수 있었고, 그로 인해 자신감과 희망을 다시 되찾았답니다."라고 이야기했다.

가족이 있고 심인성 질환을 겪고 있던 한 남성은 분석적 음악치료를 받았는데, 치료에 대해 조금 더 직설적으로 다음과 같이 표현했다. "처음 이곳에 와서 드럼 같은 것들을 보고 '아무짝에도 쓸모없는 쓰레기들'이라고 생각했죠. 하지만 시험 삼아 한번 해 본 것이 효과가 있었어요. 누군가가 제게 음악치료에 대해 묻는다면, 저는 그저 '직접 해 보세요.'라고 할 것 같습니다."

음악과 의학

당신이 원시부족 집단 내에서 음악이 지닌 카타르시스 및 최면적 쓰임에 대해 연구하고, 델포이 아폴로 신전의 음악과 의학의 신이나 인도의 북 치는 치료사에 대한 글을 읽고, 초기 구석기 시대로 거슬러 올라가는 음악적 샤머니즘에 대한 동굴벽화를 보았다면 음악이 늘 치료 목적으로 쓰여 왔다고 생각할 수도 있다.

하지만 영국에서 음악치료가 보조의학으로 승인을 받은 것은 채 10년이 되지 않았다. 요즘의 음악가들은 기교, 음색, 조화보다는 현대 심리학자들과 정신과 의사들이 만들어 낸 복잡한 개념적 모델을 염두에 두어야 한다. 다음에 양 분야의 접점에 대해 간단히 소개하였다. 물론 각 접점마다 책 한 권쯤은 거뜬히 쓸 수도 있지만 말이다.

음악치료와 행동치료

음악치료에서 음악 그 자체는 행동의 변화를 이끌어 내는 보상이다. 치료사는 아동에게 조작적 조건형성 방법(operant conditioning methods)으로 간단한 악기를 연주하도록 가르치면서 요구되는 반응을 구체화시키고, 아동이 원하는 행동을 수행했을 경우 보상을 제공한다. 하지만 이러한 방법에서는 치유(원상을 회복하는, 전통적 의미에서의 치유), 즉 아동이 치료사와의 따뜻한 관계 안에 머물러 있으면서도 호기심과 기쁨에 이끌려 소리로 자신을 표현하도록 하는 치유가 일어나기 힘들다.

어떤 환자들에게 음악은 공포의 대상에 무감각해지는 데 효과를 발휘할 수 있다. 음악은 음악을 들었을 때 가졌던 마음 상태와의 연결고리를 유지하게 하는 힘이 있다. 어떤 노래를 '우리의 노래'로 정한 젊은 연인들은 이별 후 그 노래와의 연결고리를 끊는 것이 고통스러울 수 있다. 마찬가지로, 음악은 깊은 안정감을 불러일으키는 데 쓰이기도 한다. 예를 들어, 만약 고양이 공포증이 있는 환자가 어떤 차분한 멜로디를 듣고 깊은 안정감을 느낀 적이 여러 번 있다면, 치료사는 고양이의 존재에 대한 내성을 형성할 수 있다. 처음에는 음악이 안정감을 유지시키는 동안 고양이가 멀리 있는 것으로 상상하고, 고양이가 가까이 다가오는 것을 상상하는 몇 번의 세션을 성공적으로 끝마친 후에는 실제로 환자의 옆에 고양이를 둘 수 있는 것이다. 치료 시 들었던 선율에 대한 기억이 환자가 퇴원한 후에도 깊은 안정감을 되살릴 수 있도록 도와주어 고양이에 대한 내성 형성을 촉진하는 역할을 할 수 있다.

미국의 중증 지적장애 환자를 상대로 한 몇몇 병원에서는 언어 이해력이 없는 환자들에게 적절한 시기에 특정 음악을 들려주고 그에 대한 반응으로 잠자리에 들고, 화장실에 갈 준비를 하고, 식당에 들어가고 나오도록 하기도 한다. 이는 엄밀히 말해서 음악치료가 아니지만, 음악치료사들은 이와 같은 개별적 조건형성 프로그램에도 참여해 왔다.

프로이트(Freud), 아들러(Adler), 융(Jung), 클라인(Klein)의 개념과 관련된 음악치료

음악치료에는 프로이트 정신분석 모델의 자아(ego), 초자아(super-ego), 이드(id)가 조화롭게 녹아들어 있다. 이드의 즐거움에 대한 지향은 충동과 욕구에 관련된 감정을 소리로 자유롭게 표현함으로써 충족될 수 있다(적어도 부분적으로는). 자아의 현실적 원칙은 충동에 대해 주어지는 정연한 물리적 형태로 인해 충족된다. 초자아의 도덕적 지향은 음악을 치료 목적으로 활용하는 것이 사회적으로 용인된 활동이기 때문에 충족된다.

음악 연주는 융이 묘사한 정신의 네 가지 기능을 모두 요구한다. 악보를 음악으로 옮기기 위해서는 사고(thinking)가 필요하고, 그 음악에 표현을 담기 위해서는 감정(feeling)이 필요하고, 감각(sensation)은 음악가가 악기를 연주하거나 노래할 때 신체에서 발생하는 자기수용적(위치 인식) 피드백에서, 직관(intuition)은 작곡가의 영감의 근원을 이해하기 위해 필요하다.

음악가는 자신의 내부에서도 찾을 수 있어야 하는 음악의 깊은 의미를 탐구할 때는 내향적이어야 하고, 연주할 때는 외향적이어야 한다. 음악은 남성이 자신의 아니마(anima, 남성의 무의식에 존재하는 여성적 측면)를, 여성이 자신의 아니무스(animus, 아니마와 반대되는 개념)를 알고 표현할 수 있게 한다. 유능한 치료사는 내담자가 악기를 연주하며 자신의 감정의 깊이를 파헤치고 있는지, 혹은 단순히 자신의 '페르소나(persona, 세상을 대하는 역할 혹은 성격의 가면)'를 이용하고 있는지를 구분할 수 있을 것이다.

집단 드럼 연주는 민속무용음악과 마찬가지로 연주자들로 하여금 집단무의식의 깊은 단계를 경험할 수 있게 해 준다.

아들러의 사상과 관련하여 보면, 개인의 권력에의 의지(will-to-power)는 스스로의 감정에 괴로워하고 타인마저 자신의 병약함으로 물들이기보다는, 음악을 연주하고 자신의 그러한 감정을 유용한 생활방식을 증진하는 데 활용함으로써 충족될 수 있다.

멜라니 클라인의 개념화에서 유아의 정신발달의 최초 단계는 편집-분열적 위상(paranoid-schizoid position)으로 불린다. 이 단계에서 유아가 자신의 제1대상인 엄마에 대한 경험을 좋은 부분과 나쁜 부분으로 구분하고, 배고픔, 고통, 분리의 경험에 대한 분노의 반응들을 반영하고 다시 자신에게 돌아오도록 함으로써 어떤 부분이 자신을 괴롭히고 있다고 느끼는 순간 분열(splitting)이 발생한다. 음악치료에서는 내담자와 치료사가 함께 즉흥으로 연주하고 차례로 감정을 소리와 언어로 표현함으로써 앞의 마음 상태를 살펴볼 수 있다. 멜라니 클라인이 제시하는 그다음의 더 통합된 발달 단계는 우울위상(depressive position)이다. 이 단계에서 아이는 대상이 제공하고 반영하는 것이 좋든 나쁘든 모두 참아낼 수 있다. 대상의 양 측면을 자신(self)의 내부에서 받아들일 수 있게 됨으로써, 아이는 대상을 향한 양가감정에 내성을 얻는다. 아이는 비로소 자신의 의지대로 움직일 수 없어 고통스러운 엄마의 현실을 이해하기 시작한다.

한 환자가 어떤 인물에 대한 양가감정에 내성을 갖는 데 어려움을 느끼고, 그래서 대상을 이상화 이미지 혹은 악인으로 보기 위해 애쓰고 있다. 이 경우, 치료사와 함께 소리로 자신의 감정을 표현하면서 앞의 상반된 감정을 인내하게 되기도 한다. 이 환자가 표출된 증오를 복구하고자 하는 후속 욕구는 삶의 의미를 강화시키는 기분 좋은 즉흥연주가 될 수 있다. 하지만 이러한 결과는 단시간에 얻어지지 않으며 인내심을 요한다.

음악치료에서 가능한 감정의 표출은 실은 정신분석학자들이 지양하는 것이다. 하지만 음악과 함께라면, 비언어적인 소리라는 죄책감을 느끼지 않는 매개체를 통해 어느 정도의 통제력을 갖고 감정을 표출할 수 있다. 의식의 아래에 존재하던 감정들은 소리 매트릭스에 의해 제어될 수 있을 때 엄청난 힘으로 표면에 떠오르게 된다. 물리적으로 표현된 이 감정들은 환자에게 자신의 존재를 알리며 압도한다. 이 단계에서 분석적 음악치료사(제3장 참조)의 임무는 이 감정들을 이해하며 잘 다스린 후 언어로 승화시키는 것이다. 정신분석학에서는 정반대의 과정이 이루어진다. 정신분석학자는 우선 피분석자가 의식적으로 경험하거나 인정하기 전인 무의식적인 감정적 상황을 해석을 통해 노출시키고, 피분석자가 이 감정들을 감정적 현실로 받아들이기까지는 수시간, 수일, 혹은 수개월까지도 걸릴 수 있다. 때때로 피분석자의 저항이 너무 강한 경우에는 받아들이지 못하기도 한다.

분석적 음악치료사는 본인의 정신분석학자나 분석적 심리치료사가 사용하는 개념적 모형 내에서 치료할 때 가장 편안하다. 하지만 음악적 기교의 기반이 될 아이디어를 취합할 때는 절충적이기도 하다. 간단한 예로, 환자의 무의식으로부터 생겨난 개인적 신화의 암시를 따르기 위해 융학파들이 사용하는 능동적 심상화(active imagination process)를 바탕으로 유도된 심상과 즉흥연주(guided imagery improvisations)를 한다. 프로이트학파의 꿈의 해석 및 그에 따른 연상작용들에서 꿈에 대한 즉흥연주를 이끌어 낸다.

클라인학파의 대상의 분열에 기반하여 치료사와 환자가 갈등 상황의 양 측면을 차례로 맡는 즉흥연주를 하는데, 이 갈등 상황은 정신 내적인 방식으로 분열되거나(환자가 이를 예상하고 있고 정신 외적으로 경험하고 있기는 하지만) 주체와 대상 사이에 분열된다.

독자가 앞의 설명을 읽고 음악치료에 대해 내가 뜻한 바대로 잘 이해할 수 있을지 모르겠지만, 부족한 점이 있다면 아마 이 책의 나머지 부분이 채워 주리라 믿는다.

Music Therapy in Action

제1부

준비

제2장
훈련과 즉흥연주

입학자격

음악치료 석사과정 자격요건으로 LGSM(Licentiateship of the Guildhall School of Music and Drama, 길드홀 음악연극학교 석사)이 있다. 길드홀 음악연극학교 석사는 1년 풀타임 학위 과정으로, 풀타임 음악교육 3년 과정을 이수하고 ARCM(Associate of the Royal College of Music, 영국 왕립음악대학 석사), LRAM(Licentiate of the Royal Academy of Music, 영국 왕립음악원 석사), GRSM(Graduateship of Royal Schools of Music, 영국 왕립음악대학 석사) 같은 시험을 통과한 음악인만이 입학 자격을 얻는다. 내가 입학할 당시에는 오랜 기간 음악을 연주하고 가르친 경험이 음악적 능력을 증명하는 것으로 인정되는 경우도 있었는데, 나도 거기에 해당했다.

자격요건 중 특히나 강조되었던 것은 '올바른 인격'을 소유한 음악인이었다. 길드홀 및 영국음악치료학회(British Society for Music Therapy)에서 음악치료과정을 개설했던 줄리엣 앨빈(Juliette Alvin)은 자신의 저서인 『음악치료(Music Therapy)』에 다음과 같이 썼다.

이 분야에서 성공하기 위해 필요한 인격적 자질은 수도 없이 많다. 그중 안정적이고 성숙한 인격, 의사소통능력, 나누고 관찰하는 능력, 감정적으로 휘말리지 않고서도 따뜻하게 공감하고 이해할 수 있는 능력, 유머감각, 어떤 경우에도 인내심과 관용을 잃지 않는 능력 등은 필수적이다.

우리 중 '이 자질 중 다섯 개만 충족될 것'이라는 암묵적 조건에 부합하는 이가 분명 있었을 것이다. 앞의 목록에 몇 가지를 더하고 싶다. 상상력, 직관, 창의력, 음악치료사가 쉽게 경화되지 않기 위해 필요한 적응력, 그리고 오늘은 여기에 '호기심'을 더하고 싶다. 호기심은 탐사적 과정에 대한 열정을 가져다주지만, 연민이 뒤따라야만 한다. 줄리엣 앨빈이 말했던 '따뜻한 동정(warm sympathy)'이 바로 연민에 해당할 것이다. 앨빈 여사와 과목 교사가 진행하는 1차 인터뷰에서 이러한 자질들을 판단했고, 길드홀 교장과의 오디션에서 다시 판단했다. 음악치료사의 동기 부여에 대해 세세히 질문했다.

시험

내가 학교를 다녔던 해의 학위 과정에는 글쓰기연습(에세이, 사례 기록), 1차 및 2차 악기의 연주, 실용음악치료, 말하기 및 그룹참여 수업(세미나, 개인지도수업), 즉흥연주와 듣기 수업 등이 고루 포함되어 있었다. 수업 시수의 3분의 2가 음악보다는 심리학에 초점을 맞추고 있었다. 지금도 자신의 감정과 서로 간의 관계에 대해 돌아보는 시간을 갖는 언어집단역동 수업이 있다고 한다. 대부분의 수강생들은 처음에는 이 수업을 좋아하지 않고 비지시적인 리더에게 반감을 표출하지만, 결국에는 감정을 돌아보는 공간으로 인식하게 된다고 한다.

졸업시험 때 나는 바흐의 바이올린 협주곡 가단조(Violin Concerto in A Minor)의 1, 2악장과 브람스(Brahms)의 바이올린 소나타 사장조(Violin Sonata in G Major)

의 1, 2악장을 연주했고, 다른 곡을 악보를 보고 연주했다. 피아노의 경우에는 헨델(Handel)의 모음곡 7번의 알레그로(Allegro from the Seventh Suite)와 브람스의 왈츠 두 곡을 악보를 보지 않고 연주했다. 또한 악보를 보며 피아노곡을 연주했고, 19세기 노래의 반주와 함께 악보를 보며 노래했고, 주어진 멜로디와의 조화를 꾀했으며, 찬송가를 한 음 내린 후 다시 반음 올렸다. 마침내 시험은 치러지고 있었고 방은 타는 듯이 뜨거웠으므로, 나는 〈평화로 인도하는 분노(Anger leading to peace)〉라는 제목의 즉흥연주곡을 완성하였다. 그저 아주 자연스럽게 쏟아져 나왔고, 나는 평화롭게 퇴장하였다.

실용음악치료 수업은 제출된 사례 기록, 방문한 교육기관[나의 경우, 중증 지적장애 환자를 위한 세인트 로렌스 병원(St. Lawrence's Hospital for the Severely Subnormal), 캐터햄(Caterham), 버나드 병원(St. Bernard's Hospital), 사우설(Southall)]의 교육 음악치료사의 관찰 그리고 구두시험 시 패널 앞에서 발표한 답변의 내용과 방식에 의해 평가되었는데, 내가 수강했던 해의 패널은 정신과 의사, 작곡가, 음악 지향적인 특수교사로 구성되었다. 이외에도 서로 다른 분위기의 피아노 세 곡을 악보를 보지 않고 연주하여 본인의 선택의 정당성을 입증해야 했다. 내가 연주했던 첫 번째 곡은 바르톡(Bartok)의 〈슬픔(Sorrow)〉, 두 번째 곡은 앤서니 홉킨스(Anthony Hopkins)의 〈재능 있는 초보자를 위해(For Talented Beginners, 분노하며)〉, 그리고 세 번째는 기억나지 않는다. 그러나 내가 기억하고 있으며 결코 잊지 않을 것이 있다. 내가 선택한 분노의 표현 방법에 불협화음이 없다는 이유로 그 선택에 대해 논쟁을 벌이던 작곡가와 교사의 폐쇄적이고 분노한 얼굴, 그리고 아름답고 개방적이고 상대를 북돋아 주며 조용히 모든 것을 수용하던 정신과 의사다. 아마도 이것이 내가 수업에서 얻은 가장 중요한 교훈 중 하나였을 것이다.

심리학 시험은 우리가 다녔던 런던대학교(London University) 익스텐션(Extension) 과정의 임상심리학자였던 강사에게 1년간 제출한 에세이와 구두시험을 기준으로 평가되었다. '심리학개론(Introduction to Psychology)'으로 명명된 이 수업은 주로 행동과학으로서의 심리학의 역사에 관한 것이었지만, 내가 구두시험 당시 발표한 것은 모두 프로이트에 관해서였다.

나는 이것이 공정하고 종합적인 시험이라고 생각한다. 긴장하여 구두시험을 망쳤더라도 리포트와 치료실습을 통해 필요한 사항에 대해 알고 있음을 보여 줄 수 있다. 악기 연주에는 덜 능숙하더라도 본인이 가진 기술을 사용하여 실제 업무와 관찰에서 부족한 점을 채울 수 있다. 두 문장을 묶어서 표현할 수는 없을지라도 표현력과 연주의 설득력이 훌륭하여 그 점이 전혀 문제되지 않을 수 있다.

학위 과정

현재 12명의 학생들이 매년 이 과정을 수강한다. 내가 다닐 당시에는 정규반 학생 7명과 시간제반 학생 2명이 있었다. 가장 어린 학생과 가장 나이 많은 학생 간에 약 23년이라는 나이 차가 있었지만, 우리는 매우 결속력 있고 열정적인 그룹이었다. 이쯤에서 내가 왜 한 번에 두 개의 LGSM 시험에 응시했는지에 대해 설명하고 넘어가는 것이 도움이 될 것 같다. 초기 세미나 중 한 수업에서 앨빈 여사가 중증 지적장애 성인과 청소년들이 함께 악기를 연주하는 사진을 보여 준 적이 있었다. 살면서 그런 사람들을 본 적이 없었다. 이런 환자와 환자에 대해 느끼는 감정 모두에 대처할 수 없을 것이라는 극심한 공포를 느꼈다. 나는 세미나가 끝나자마자 길드홀 사무실로 달려가 바이올린 교습 시험도 같이 치르기 위해 이름을 명단에 올렸다. 내가 처음으로 배치된 기관은 중증 지적장애 환자를 위한 세인트 로렌스 병원(St. Lawrence's Hospital for the Severely Subnormal)이었다. 물론, 도착해서 직접 본 아이들은 사진과 같지 않았다. 아마 신체적으로는 같았을지 모르지만, 아이들은 울고, 웃고, 두려움과 분노를 보이기도 했으며, 종종 눈은 음악에 대한 순수한 기쁨으로 빛났다. 아이들에 대한 나의 애정과 호기심은 모든 두려움과 혐오를 사라지게 했다. 아무도 그렇게 될 것이라고 말하지 않았다. 하지만 누군가가 그렇게 말했다면 오늘날까지 바이올린 선생으로 살아가고 있지 않았을 것이다. 이후 나의 치료사 교육, 특히 나의 정신분석이 바이올린을 가르치는 데 많은 도움이 된다는 것을 발견했다. 프로이트는 피스터(Pfister)의 『정신분석법(The Psychoanalytic Method, 프로이트의 완전한 심리학적 연구의 표준판 제 12권)』의 서문에 다음과 같이 저술한 바 있다.

> 따라서 분석을 통해 (교육자는) 아동이 건강할 때 예방적 영향을 미칠 수 있다. 그런가 하면, 교육자는 신경증으로의 발달의 첫 징후를 감지할 수 있고 여러 가지 이유로 아동이 의사를 만날 일이 결코 없을 시기에 병의 진행을 막을 수 있다. 교육자와 개신교 국가에서 교육자와 비슷한 위치에 있는 목사가 행하는 정신분석적 활동은 헤아릴 수 없는 가치를 지닐 수밖에 없으며 종종 의사의 개입을 불필요하게 만들기도 한다(330쪽 참조).

우리 모두는 1차 악기에 대해 일주일에 한 시간씩, 2차 악기에 대해 30분씩 수업을 받았다. 그중 하나는 피아노였다. 피아노를 선택한 학생들 중 일부는 2차 악기 대신 기타, 리코더 또는 비교적 빨리 배울 수 있는 악기를 연주하는 법을 서둘러 배웠는데, 시험은 모두 그럭저럭 통과했다.

우리가 기존의 야간 수업을 들으며 질문 시간의 대부분을 독점할 때, 매주 심리학 강의가 있었다. 강의는 매주 관련 분야의 전문가들에 의해 진행되었다. 저명한 정신과 의사는 '정신건강' '정신질환 환자' '치료사의 십계명' 및 '정신병원에서의 음악치료'와 같은 주제를 가르쳤다. 한 정신과 의사의 "나는 의사와 간호사가 아니라 예술치료사, 음악치료사, 목사에게서 배웠다."는 말은 우리를 기쁘게 했다. 내과 전문의들은 '자폐증' '장애 아동' 및 '뇌성마비 아동'에 대해 이야기했다. 타비스톡(Tavistock) 클리닉의 한 정신과 사회복지사는 '그룹 음악치료사'와 음악치료사가 '기록을 유지'하는 법에 대해 다루었다. 우리는 에세이에 '내 학창 시절의 음악적 측면' '음악을 통해 환자와의 의사소통을 개선하는 방법' '5세 아동의 음악적 필요' '정상 집단의 부적응자' '치료 집단의 부적응자' '정상적인 가족 집단의 특성과 아동에 대한 영향' 등의 제목을 붙여 음악과 심리학적인 요소를 한데 모으고자 했다. 개인지도 수업은 음악이 우리에게 미치는 영향과 밀접하게 관련되어 있었다. 에세이의 제목은 '나의 성격 발달에 있어 어떤 음악이 도움이 되었는가?' '다양한 방식(예: 오케스트라, 솔로, 실내악 등)의 연주를 하며 감정을 느끼는 이유는 무엇인가?' '음악을 통해 이루어지는 선생님과 학우들의 관계는 어떠한가?' '음악 공부를 시작한 이유는 무엇인가?' 등이었다.

세미나가 특히 중요했다. 음악인 교육은 대부분 1대1 심층 수업으로 진행되거나 오케스트라, 합창단과 같은 지도자 중심 그룹, 강연 및 청각교육수업 방식으로 진행된다. 실내악 리허설 외에 자발적인 팀 연습은 거의 없다. 교육 기관에서 일하면서, 음악인은 자신의 외향성을 자신의 음악적 에너지를 발산할 때만이 아니라 학제간 팀 구성원과 소통할 때도 활용해야 한다. 쉬운 일은 아니다. 어떤 음악인은 음악을 통해서만 가장 깊고 진실한 감정을 표현할 수 있기도 하다. 언어는 별다를 것 없는 일상적인 대화나 스트레스 해소용으로 지휘자에 대한 뒷담화를 할 때 사용될 뿐이다. 이러한 성향의 음악인들은 평범한 정신과 의사 또는 사회복지사와 소통하는 것의 엄숙함과 무게에 직면했을 때, 그동안 훈련을 받으며 개발해 왔던 자신의 감정적 민감성과 관대함이 빛을 발하게 하기보다는 완전히 얼어 버리거나 혹은 카멜레온처럼 완전히 다른 모습이 되어 머리로 부적절한 소통만을 하게 된다. 수업에서 우리는 아동발달과 음악치료 이론 이외에도 팀 내에서 서로 소통하는 법을 배웠다. 학생들이 수업시간을 최대한 활용하여 말하는 법을 배우는 것 그리고 무엇보다도 언제 어떻게 침묵을 유지해야 하는지를 배우는 것이 중요하다.

실습은 매주 한 번씩 열렸으며, 학생들은 학교 소속 음악치료사의 지도하에 수습 음악치료사로 활동했다. 지루하기만 했던 이론들은 실습을 통해 생기를 부여받았고, 나는 실습 날을 가장 좋아하게 되었다. 특히, 다른 학교 학생들의 이야기를 듣는 것이 재미있었다. 사지에 발달 지체가 있는 소년이 청음을 하게 되었다. 노쇠한 환자 그룹이 작은 콘서트를 열었다. 뇌성마비가 있는 소녀는 장애인 오케스트라에서 플루트를 연주하고 싶어서 팔을 쓰는 법을 배워 가고 있었다. 아마도 개인적인 연습을 제외한 모든 종류의 음악치료법이 이런 식으로 진행되었을 것이다.

매주 금요일 아침 9시 30분에 우리 모두는 치열하고 똑똑하며 재미있는 오르간 선생님과의 수업을 위해 길드홀의 오르간실에 모였다. 우리의 수업은 전조로 시작되었다(나는 1년 동안 매일 아침 식사 전에 찬송가를 한 음 반을 올렸다 내리며 겨우 살아남았다). 그런 다음 우리는 반주 부분의 악보를 즉시 편집하여 가창 부분의 악보를 만들었다. 다음으로 우리는 사중주의 바이올린 파트를 맞췄다. 그다음 클래식 즉흥연주가 재미있었다. 때로는 피아노나 오르간 솔로를 미뉴에트, 행진곡, 왈츠 등 일정한 형식이나 스타일로 즉흥적으로 연주해야 했다. 때로는 반복된 4~16마디의 화성악보를 받아서 우리 중 두 명은 오르간에 앉아서, 두 명은 피아노에, 나머지 세 명은 클라리넷, 플루트, 바이올린을 연주했다. 우리는 모두 이 화성구조 내에서 즉흥적으로 연주했다. 서로 화음을 맞추는 순간은 기쁨이었다. 그리고 어느 날, 구불구불한 선의 악보를 받았다. "연주해 보세요." 현대즉흥연주 수업에서 배운 무조(atonal) 형식으로 연주하자 선생님께서는 기뻐하셨다. 그러고는 다른 종류의 자유 자극을 시도했다. 우리는 그에 응답했다. 이것이 즉흥연주를 졸업시험에 포함시킨 계기인 것 같다.

현대즉흥연주 수업

매주 1시간 30분간 진행되는 수업이었지만, 다른 수업들 중에서도 정말 의미 있는 수업이었기에 한 절을 할애하고자 한다. 교수는 작곡가 알프레드 니먼(Alfred Nieman)이었다. 그는 항상 무언가 자유롭게 즉흥적으로 연주했지만, 다른 종류의 즉흥연주에 대해 조언을 얻고 싶어 하는 일부 학생들이 접근할 때까지 즉흥연주 수업에 전혀 흥미가 없었다. 그는 즉흥연주가 누군가에게는 어려울 수 있다는 사실에 당황스러워했다.

관대하고 친절한 니먼 교수는 애정이 많고 화를 잘 내며 도발적이고 심술궂으며 또한 탁월했는데, 언제나 기발하게 창의적이었다. 우리는 니먼 교수와 맹렬한 애증 관계에 묶여 있었기에 치료사 자격이 있는 수강생에게 묻는 첫 번째 질문은

"니먼과 어떻게 지내시나요?"였다. 그야말로 인간 촉매제였다.

첫 번째 수업에서 우리는 온음계, 멜로디 및 화성 구조의 오래된 형태를 모두 분해한 후 훨씬 더 자유롭고 개인적이고 초인간적인 무언가로 이동하는 법을 배울 것이라고 들었다. 초기 규칙은 옥타브 또는 세 가지 이상의 연속적인 반음계 또는 정직한 공통 화음 및 아르페지오를 사용하거나 인식 가능한 박자표에 따라 연주하지 않아야 한다는 것이었다. 그럼 무엇을 할 수 있는가?

그에 대한 답은 리듬이 강하지 않은 세밀한 음악이기도 했고, 바람과 파도의 장대한 음악이기도 했다. 이전에는 음조 구조를 만든 다음 작곡가의 셈여림표에 따라 적절한 감정으로 채우거나, 작곡할 때 내 안에 살아 숨 쉬는 음악을 느끼며 그 구조를 기호로 적어 내려가곤 했다. 그러나 이제는 감정 자체가 즉각적으로 자신의 음악적 형태를 주장할 힘을 띠게 되었다. 이것이 더 당연하게 느껴졌다.

나의 첫 즉흥연주곡의 제목은 '두려움'이었다. 수강생들 앞에 서서 악기를 향해 다가갔다. 잠시 동안 그랜드 피아노 앞에 앉아서 흑과 백의 건반들만 응시하며 꼼짝하지 못하고 있었다. 내 안에는 충분한 양의 감정이 원양 여객선이 만드는 파도처럼 휘젓고 있었다. 그러나 내부와 외부 사이에 광활한 만이 있었다. 틈, 뻗어 있는 두 마음을 한계점까지 잇기만 하면 되었다.

결국, 두려움이라는 이 고통스러운 감정을 전 세계에 퍼뜨리는 것이 헤아릴 수 없이 위험하다고 생각하면서 뛰어 들었다. 멍청이 같은! 콰과광, 우르르, 쨍그랑, 멍청아! 와우! 그러나 꽤 괜찮았다! 마음에 들었다. 힘이 있었다. 나 자신의 존재감을 느꼈다. 더 이상 그 감정에 사로잡혀 있지 않았지만 그 감정을 이용할 수는 있었다. 그 감정으로 창조할 수 있었다. 놀라운 놀이와도 같이 재미있었다.

나의 용감하고도 순식간에 만들어진 첫 번째 창조물이 내가 느꼈던 만큼 엄청난 성공이었다고 얘기할 수 있다면 좋았을 것이다. 물론, 그 반대였다. 그것은 '너무 재미없고' '너무 평범한' 것으로 비판받았다. 적어도 피해 입은 이는 없는데 말이다. 몇 사람은 실신하고 나머지는 공황 상태에서 방 안에서 날아다니는 환영을 보기는 했다. 하지만 실제로 모두 자신의 자리에 꼿꼿이 앉아 있었다. 아무튼, 나의 연주는 시작되었다. 보이지 않는 소리가 내면에서 외부 세계로 이끌려 나왔다. 그 후 몇 달 동안 우리는 소리를 통해 서로에게 예민하게 반응하는 것을 배웠고, 녹음된 다운율의, 리듬이 없는, 무조 패턴의 복잡하고 이상한 거미줄을 엮었고, 서로에게 평가를 받으며 무자비하게 조각났다. 창조와 파괴. 동화 작용과 이화 작용. 우리는 삶의 과정 자체와 함께 하나였다. 성숙하고 살면서 즉흥연주라고는 해 본 적이 없던 한 학생에게 이 수업에의 참석은 얼마간 인상을 남겼다. 그것은 신비한 각성이었다.

참을 수 없을 때 피아노를 연주하라

니먼 교수는 우리가 진정한 충동으로 음악을 만들 때까지 뒤로 물러서 있기를 원했다. 그는 '여러분이 원하는 음이라면 생각하기를 멈출 수 없을 것'이라고 했다. '리드미컬한 충동이 여러분을 사로잡을 것이고, 더 넓은 범위에서 더 넓은 선으로 그 충동을 탐험하게 될 것입니다.' 그가 '여러분의 내부에서 여러분을 끌어당기는 음악의 느낌'이라 칭했던 것은 인식 가능하고 흥미진진한 경험이었고 큰 기쁨과 자유를 주었다. 왜인지는 모르겠으나 방언이 터졌다던 사람들이 떠올랐다.

실내악 즉흥연주는 기회를 물고 늘어지는 것이다

우리는 음조, 가사 및 악구로 소통했다. "제스처 한 번이면, 곧바로 문이 열립니다."라고 그는 말했다. 나는 부적절한 불행을 겪었다. "선을 떠올리세요. 그리고 탄생시키세요. 누군가가 떠먹여 줄 때까지 기다려서는 안 됩니다." 우리는 빈 공간을 채우고 서로의 아이디어와 조우하는 법을 배웠다. "모든 것이 여러분에게 호의적이기를 바라서는 안 됩니다. 여러분이 직접 나서서 호의적으로 만들어야 합니다." 이것은 피아노, 드럼, 실로폰, 글로켄슈필, 플루트, 클라리넷 및 바이올린을 훨씬 넘어서는 영역으로 이어지는, 니먼 교수가 남긴 가장 울림이 있는 문구 중 하나였다.

아이디어를 미리 떠올리지 말라: 너의 직감을 믿을 줄 알아야 한다

이 연주방법은 나의 일생에 영향을 주었다. 다른 이들도 똑같이 말했다. "너는 만사가 일어나는 이 세상에 발을 들여야만 한다. 어떻게 일어나는지는 모르지만, 어쨌든 일어난다." 그 충동이 나를 붙잡았다고 생각했을 때, 니먼 교수는 늙은 랍비처럼 들릴 작정으로 내게 소리를 질렀다. 단지 블로흐(Bloch)를 공부하고 있던 참이었다. "순간을 믿으세요. 그것은 잉태이고, 곧 생명을 얻을 것입니다." 그런가 하면, 우리는 절대적으로 통제되어야 했다. "여러분이 표현하려는 감정에 몰두하지 마세요. 그 감정에서 자유로울 수 있어야 합니다." 자신의 격렬한 드럼 연주로부터 자유롭기가 너무나 힘든 흥분 상태의 환자와 함께할 때 정말로 필요한 것이다.

짜여진 질서의 해체는 흥미롭다: 리듬은 내면으로 가는 열쇠이다

니먼 교수는 우리에게 집에 가서 이 분야에 대해 탐구하라고 말했다. "무음조는 가장 빠르고 가장 비밀스러운 방법입니다." 나는 매일 아침 10분간 피아노 즉흥연주를 하면서 자유를 얻었는데, 때로는 꿈속의 사건이나 분석심리치료 세션에서 얻은 아이디어를 연주하기도 했다. 이 시작 단계의 음악이 나에게는 짜여진 음악과 생활 속 음악 사이의 중요한 연결고리라는 것을 깨달았다. 열차에 앉아서 엔진 소리와 문 닫는 소리에 귀 기울이고 싶다. 나는 나뭇잎 더미를 휩쓸고 공중으로 던지는 바람의 리듬을 소리 내고 싶다. 또는 새의 비행을 바이올린 또는 관악기의 지속적인 음색으로 변환하고 싶다. 나는 일상생활 속 음악에 더 큰 기쁨과 놀라움이 있음을 발견했다.

다양한 기교의 탐구

피아노 듀엣을 즉석에서 연주한 적이 있었다. 나는 니먼 교수의 베이스에 맞춰 고음을 연주했다. 어릴 적 젖 먹던 기억과 성관계를 제외하면 다른 사람들과 내가 가진 가장 친밀한 경험이었다. 즉각적인 반응의 충격. 갑작스런 일치감. 클라이맥스로 비틀거리며 향하는 크레센도. 내가 우연히 정직한 다장조 3화음에 떨어졌을 때, 니먼 교수는 마치 엄청난 불협화음에 맞춰 화상을 입은 고양이처럼 튀어 올랐다. 나는 그의 감정을 모두 끌어안는 치료사가 된 것 같았다.

3~4명의 단원으로 이루어진 실내악단과의 장기간에 걸친 실험은 관찰자의 입장에서는 언어 능력이 없는 집단의 표현 분석에 대한 놀라운 훈련이었는데, 이 실험을 끝마친 후 우리는 한 명의 지휘자가 음악적 힘을 발휘하고 소리의 역동을 제어하는 교향곡을 시도했다. 연주자로서는 꽤 신나고 만족스러운 경험이었다. 그러나 지휘자로서는 마치 마법사의 수습생이 된 것 같은 느낌이었다. 나는 지휘봉을 떨어뜨리고 중간에 내 자리로 도망치고 말았다.

우리는 악구나 연주되던 음에서 시작하여 응답(responses)을 연주했다. "이 소리는 여러분의 것이고 아주 중요합니다. 여러분이 원하는 만큼 길게 유지하세요."라고 니먼 교수는 말했다. 그것은 4차원으로 고요히 나아갈 수 있는 허가였다. 자유 형식은 처음에는 따라 하기가 어려웠으나, 점차적으로 무언가를 의미하기 시작했다.

> 실내악에서 여러분은 주는 것 이외에 받을 줄도 알아야 합니다. 공유하는 것보다 더 멋진 것은 없습니다. 공유할 정신 상태가 심술궂든, 꺼림직하든 상관없습니다. 개개인의 기여가 이상하거나 부적절하더라도 하나의 그룹 패턴으로 만들어지면 받아들여집니다. 모두가 하나의 강인한 전체를 만드는 것이죠.

그러나 그날 나의 악보는 환멸로 가득 차 있었다. 나는 '모두 날카롭고, 긴장하고, 예민하고, 깊이 억제되고, 즐겁지 않다.'고 썼다. 아무렇게나 쓴 것이 아니었다.

이따금 우리는 즉흥으로 협주했는데, 협주에서는 모든 악기가 독주자를 따라가면서도 그를 빛나게 한다. 일단 종이꽃, 인형, 컵, 양초, 정육면체, 안경 한 쌍과 같은 이상한 물체를 이용하여 두 명의 학생들이 만든 추상적인 마임으로부터 자극을 받고, 다른 모든 사람들은 즉흥연주로 응한다. 환자의 연주에 반응하는 것에 대비한 훌륭한 연습이었다. 이 연습을 통해 음악뿐만 아니라 삶에서의 창의성과 자발성을 증가시킬 수 있을 것으로 보였다.

여러분은 복 받은 사람들입니다……. 니먼 교수는 갑자기 가장 충만한 구절들을 내뱉기 시작했다. 어느 날 그는 다음과 같이 말했다.

> 음악을 통해 우리는 두 가지 세계가 있다는 것을 깨닫게 됩니다. 내면 세계와 바깥 세계입니다. 내면 세계는 종종 표현할 수 없는, 일반적으로 서로 이야기하는 바깥 세계에서 들어오기가 어려운 영적인 세계입니다. 이 내면 세계로 들어갈 수 있는 다리가 바로 음악입니다. 이것이 바로 음악치료에서 자유로운 표현이 중요한 이유입니다. 여러분은 인간의 가장 깊은 부분과 소통할 수 있는 복 받은 사람들입니다.

하지만 당시에는 이 소통이 얼마나 중요한지, 망가진 삶의 방향을 바꾸는 데 얼마나 큰 도움이 되는지 알지 못했다.

제3장
분석적 음악치료와 상호치료

분석적 음악치료는 소리를 통해 표현함으로써 음악치료사와 함께 무의식을 탐구하는 방법이며, 자신이 알고 있는 것보다 더 큰 자아로서의 자신을 알 수 있는 방법이다. 그 자아의 일부분 존재를 인정하고 그것이 다른 이들이 한때 끔찍하게 싫어하거나 부러워했던 것이라는 점을 깨닫는 것은 매우 고통스러울 수 있다. 다른 부분의 도전을 받아들이는 것 또한 매우 무서울 수 있다. 분석적 음악치료는 또한 억압적이고 방어적인 메커니즘으로부터 자유로워진 에너지들을 한데 모으고 소리 낸 행동의 리허설을 통해 그 에너지들이 갈 새로운 방향을 제시하는 방법이기도 하다. '분석적 음악치료'라는 용어는 음악치료사 피터 라이트(Peter Wright)가 처음 사용하였는데, 바로 우리가 당시 종사하고 실험하던 분야이다(British Journal of Music Therapy, 제3권 2호 참조).

우리는 이후 상호치료(Intertherapy, Y를 덧붙였다)를 통해 데려온 모든 음악치료사가 개인분석 작업을 수행하지는 않았기 때문에 '분석적 음악치료'라는 이름을 '탐구적(exploratory) 음악치료'로 변경했다. 나는 개인분석 작업이 매우 도움이 된다는 것을 알고 있었고, 실제로 분석 작업이 없었다면 지금까지 이뤄 놓은 결과물을 이루지 못했을 것이었다. 그러나 일부 탐구적 음악치료사들은 분석 작업에 대해 추가로 교육을 받지 않고 다른 단계의 치료를 수행하고 있다. 그들이 일정 기간 자신의 작업에 대해 분석적으로 슈퍼비전을 받는다면 분명 도움이 될 것이다.

분석적 음악치료의 목적은 환자의 더 큰 삶의 목표를 달성하는 데 쓰일 수 있도록 최대한의 에너지를 자유롭게 하는 것이다. 여기에는 자신의 정서적으로 불편한 내용에 대한 두려움 때문에 무의식 상태에서 심상이나 추억을 억누르는 데 묶여 있던 에너지를 해방시키는 것이 하나의 경우이다. 파괴적인 게임이나 신체적 증상의 패턴에 갇혀 있는 에너지원이나 두려움으로 얼어붙은 격렬한 역동적인 희망 등을 해방시키는 것이 또 다른 경우이다.

환자의 목적은 다른 곳의 균형을 깨지 않으면서 깔끔하면서도 물리적으로 원치 않는 증상을 없애는 것이다. 그러나 누군가의 마음을 대상으로 일하는 것은 스필리킨스(spillikins) 놀이와 같다. 모든 것은 다른 모든 것에 달려 있고, 새로운 자유가 실현 가능하고 오래가려면 새로운 균형이 이루어져야 한다.

준비

음악인이 길드홀 음악학교에서 음악치료 석사 과정을 수료하게 되면 음악치료사의 자격을 얻게 되지만 아직 분석적 음악치료사로 활동할 준비는 되어 있지 않다. 추가적인 기간 동안 학문적인 배움보다는 대인 간, 그리고 자신 안에서 경험을 쌓는 것이 필요하다. 우선, 정신분석학자나 분석적 심리치료사와 얼마간 시간을 보내며 자신의 무의식과 그 무의식의 보호메커니즘, 예상치 못한 본능적 충동, 실현되지 않은 가장 고차원적인 삶의 목표가 삶에서 스트레스를 만들어 내는 과정에 대해 탐구하고 그에 익숙해지는 법을 배우는 것이 상당한 도움이 될 것이다. 이 과정을 거치지 않거나, 최소한 분석적 심리치료사나 분석적 음악치료사에게 사례 슈퍼비전을 받지 않는다면, 그가 물론 이 책의 후반부에서 묘사될 분석적 음악치료 기법을 사용하는 것을 아무도 말릴 수는 없겠지만, 그 기법들을 사용하는 데 있어서 자신의 문제가 환자의 문제와 맞닥뜨리는 것을 경험하게 될 것이다. 이렇게 되면 치료 과정은 이유 없이 중단되기만 할 것이고, 최악의 경우에는 치료사와 환자 모두가 무의식적 힘의 이중 채널이 됨으로써 엄청난 위험에 휘말리게 될 것인데, 경험과 지도의 부족 때문에 음악인은 이 과정을 이해할 수도 통제할 수도 없게 된다.

아마 겁먹은 여러분을 위해 이 점은 말하고 넘어가야 할 것 같다. 동료, 룸메이트, 연인, 배우자 등 삶의 어떤 부분을 강렬히 함께했던 커플이라면 이러한 유형의 위험에 노출되기 마련이다. 교회 예식을 예로 들자면, 사랑을 맹세하고 어떠한 일이 일어나더라도 배우자를 소중히 여기겠다고 약속한 후에 이러한 과정이 일어난다. 이 부부는 그것이 노력이 필요한 일이라는 암시를 얻게 된다. 하지만 다른 2인 관계의 경우, 아무것도 약속하지 않은 채로 지옥이 열린다. 이는 매우 당황스러울 수도 있다. 하지만 치료사는 본인의 치유와 돌봄 능력만을 내세우곤 한다. 치료사라면 적어도 자신이 어떤 사람이고, 자신에게 어떠한 위험이 도사리고 있는지 정도는 알기 위해 노력해야만 할 것이다. 물론 완벽한 사람은 될 수 없겠지만(그리고 아무리 분석을 거쳐도 모든 약점과 맹점을 제거할 수는 없겠지만), 적어도 치료사로서 책임 있는 업무를 수행하기 위한 준비를 할 수는 있다. 이렇듯 자신에게도, 환자에게도, 치료 업무에도 소홀해서는 안 된다.

분석 혹은 분석적 심리치료는 음악치료의 일정 부분에는 도움이 될 수 있지만, 분석적 음악치료의 실습을 위해서 음악인은 치료 업무와 정신적 개념 및 언어적 실현이 어떻게 감정적인 소리의 표현으로 나타나는지를 이해해야 한다. 음악인은 내면에서부터(환자의 내면에서부터) 이러한 과정을 알고 있어야 하고, 그 깊이, 힘, 물리적 실현의 작용에 대해 완전히 이해하고 있어야 한다. 이를 위해 얼마간의 상호치료, 매주 정기적인 음악치료 워크숍 미팅, 그리고 스스로 정신분석 혹은 분석적 심리치료를 받으며 다른 음악치료사들과 분석적 음악치료사로서 스스로의 문제를 대상으로 실습하거나, 환자 역할을 하는 다른 치료사를 대상으로 자신의 치료 역량 및 기교를 연마하는 기간이 필요하다. 상호치료 세션에서는 가장을 하지 않고 늘 실제 문제점을 다룬다. 또한, 병렬분석이나 분석적 심리치료가 깊이 파고들기 때문에 불편하게 느껴지기까지 할 때도 있다. 따라서 새로운 치료

기교를 발견하면 늘 실제 치료에 사용되기 전 상호치료 세션에서 논의하고, 발전시키고, 경험해 본다. 이를 통해 상호치료 세션을 끝마친 후 맡게 되는 첫 번째 환자를 능숙하게 대할 수 있게 된다. 상호치료 훈련을 통해 환자에 대한 이해와 공감 능력을 얻고, 치료사로서 감정을 제어하는 법을 알게 되기 때문이다.

실제 행해지는 분석적 음악치료

치료사에게 있어서, 분석적 음악치료 중 환자의 창의력을 부정적인 쓰임에서 긍정적인 쓰임으로 바꾸는 재분극(repolarisation)은 매우 중요하다. 예를 들어, 정신과 환자는 자신의 창의력을 활용하여 음식을 거부하고, 약물을 과다 복용하고, 자기파괴적이고 폄하적인 관계를 유지함으로써 자신을 제멋대로 하려 드는 어머니로 인해 느끼는 좌절감을 없애려 할 수 있다. 이 모든 과정에 필수적인 창의적 에너지가 사용된다. 음악치료사가 이러한 행동들 중 일부를 소리를 통해 행하도록 환자를 설득하게 되면, 창의력은 긍정적으로 쓰이게 된다. 이는 관용과 신뢰의 행위로서, 소리의 표현을 통해 좌절감과 증오라는 내면 세계를 치료사가 이해하고 열정을 다해 임하는 바깥 세계와 잇는 과정이다. 점점 더 창의적인 표현과 소통이 가능해질 수도 있다.

치료사에 대한 저항이나 전이가 발생할 경우, 음악이 상당한 도움이 된다. 전이의 경우, 환자가 이전에 사랑했거나 증오하던 사람에 대한 자신의 감정을 표출하는 것에서 비롯되는데 이는 원래의 상황에 대한 기억이나 감정이 너무 고통스럽기 때문이다. 환자는 기억을 차단하고 원래의 상황에서와 '마찬가지로' 행동하는 데 에너지를 쏟게 된다. 여기서 저항은 이 기억과 관련된 감정에 대해 일어나는 현상인데, '미쳐버리는 것'에 대한 두려움이나 그 감정들을 억누를 수 없을 것이라는 두려움 때문에 발생한다. 일례로, 중년의 한 이혼 여성인 S 씨는 다니던 회사의 신입 직원에게 지나치게 공격적인 특성을 보였다. 신입 직원 B 씨는 더 젊고, 매력적이고, S 씨의 이혼한 전남편의 두 번째 부인과 매우 닮아 있었으며, S 씨가 연모하고 존경했던 상사인 E 씨의 총애를 받고 있었다. 치료 세션에서 S 씨가 드럼과 심벌즈를 통해 E 씨에게 무시당해 왔던 것에 대한 분노와 괴로움을 표출했고, 이 감정들의 이면에는 깊은 슬픔이 자리하고 있다는 것을 알게 되었다. 음악치료사와 함께 S 씨는 깊은 슬픔의 소리를 경험하게 되었고, 불현듯 어릴 적 침대에 누운 자신에게 잘 자라고 말한 후 모피코트를 차려입은 엄마와 함께 집을 나서는 아빠의 모습을 떠올렸다. 아기 침대에 누워 쓸모없고 무력한 작은 존재가 된 기분과 아빠와 함께하고 싶은 갈망이 그녀를 압도했지만, 음악을 통해 이러한 감정들을 제어하고 해당 심상들이 떠오르도록 했다. 이러한 어릴 적 경험은 직장에서 그녀가 질투를 느끼는 주요 원인이었다. 이를 알게 됨으로써 S 씨는 자신이 더 이상 작고 무력한 존재가 아니며, E 씨 또한 그녀의 아버지가 아니라 E 씨의 부인에게 헌신적인 남편이라는 점을 서서히 깨닫게 되었다. S 씨는 이제 자신의 창의력을 발휘하여 자신을 위해 주는 남자와 실제로 맺고 싶은 만족스러운 관계를 떠올리게 되었다.

음악의 중요한 특성은 시간적 차원에 존재한다는 것이다. 그렇기 때문에 감정적 경험은 융이 에낭티오드로미아(enantiodromia, 반대로 변하는 것, 예: 사랑이 증오로 변하는 것)로 명명했던 과정을 겪게 되는 것이다. 이 덕분에 환자는 엄청난 자유와 자신감을 얻고, 음악적 수단을 통해 자신의 증오를 발산하며, 엄청난 분노, 파괴적 감정, 불협화음의 시간이 지나면 파괴되거나 망쳐진 것은 아무것도 없으며, 자신이 놀라울 정도로 변화했고 내면으로부터 자유로워졌으며 어두움과 괴로움만이 있던 자리에 빛, 활력, 용기가 자리한다는 점을 깨닫게 된다. 이것이 바로 에낭티오드로미아를 경험하는 것이다. 이는 융이 아주 중요하게 생각했던 과정으로, 융은 "진정한 자유는 감정의 고통스러운 측면을 덧칠하거나 억누르는 것이 아니라 그 측면을 온전히 경험함으로써 얻어지는 것이다."라고 말하기도 했다.

상호치료

음악치료는 장애를 가졌거나, 병이 있거나, 정신이 이상하거나, 환각을 겪거나, 우울하거나, 조증상태이거나(elated), 기만당했거나, 감정적으로 상처 입은

'그들'만을 위한 치료가 아니다. 음악치료는 누구에게나 열려 있다. 따라서 음악치료는 치료사들이 반드시 숙지하고 있어야 한다. 그래서 상호치료(Intertherap)가 필요하다. 분석적 음악치료 훈련은 그룹당 3~5명의 음악치료사들로 구성되어야 하며, 각자 치료사와 환자 역할 모두를 수행해 보아야 한다. 대부분 나와 같은 숙련된 탐구적 음악치료사의 슈퍼비전하에 몇 쌍이 참석하여 진행하게 된다. 이 분석적 음악치료 훈련은 주 3회 실시했을 때 최상의 결과를 가져오는 것으로 나타났다. 그룹 내에서의 치료사/환자 관계는 안정적으로 유지되어야 하며, 그래야만 치료사가 환자의 심상, 꿈, 색의 상징, 리듬 발달 등에 대한 기억을 충분한 시간을 두고 정립할 수 있고 치료가 진행되는 방향을 확인할 수 있다. 상호치료에 지원하는 음악치료사들은 대부분 정신분석이나 심리치료를 받아 본 적이 없거나, 상호치료 세션에 참가하여 경험하기보다는 집으로 돌아간 후 시작하려는 생각을 갖고 있었다.

상호치료 시에는 신중해야 한다. 치료에 활용되는 수단은 가장 강력한 힘을 지니고 있으며, 자신의 동료의 소중한 정신적·감정적 삶을 상대로 행해지는 것이기 때문이다. 상호치료 세션에 관찰자를 두는 것은 좋지 않다. 치료 과정 자체가 장기적 발달과정으로 간주되어야 하기도 하고, 발현되는 것들에 극도의 비밀유지가 필요하기도 하고, 환자의 감정적 반응이 너무나도 강력하여 자신의 악기에 대고 울고, 으르렁거리고, 기뻐 소리치는 모습을 비슷한 경험을 해 본 적도 없는 사람들에게 보이는 것이 내키지 않을 수도 있기 때문이다. 관찰당하는 것에 대한 어색함이 치료 과정 자체를 방해할 수도 있다. 세션의 모든 참가자는 최소 45분간의 치료 과정을 거쳐야 하며, 서로 논의할 수 있는 시간이 확보되어야 하고, 참가자들이 원하는 실험을 할 수 있어야 한다.

분석적 음악치료사 중 상호치료 세션을 받지 않고서 자신의 훈련이 끝났다고 생각하는 치료사는 없겠지만, 정신분석이나 분석적 심리치료를 받고 있지 않은 음악치료사도 상호치료에 참가할 수 있다. 이는 치료사로서 눈에 보이는 것에 좀 더 치중하고, 자신 있다고 느끼는 치료기법들만 사용하고 싶다면 그렇게 할 수도 있다는 것이다. 하지만 상호치료 세션에서 치료사는 분석적 음악치료사여야 한다.

상호치료 세션은 매주 진행되는 것이 바람직하며, 가능하다면 배정상 편의를 위해 동료들의 정신분석 세션 직후에 행해지는 것이 좋다. 분석적 심리치료 세션 후 얻은 것은 있겠지만, 혼란스러워진 심리상태가 최장 4일간 지속되는 것이 거의 관례이기 때문이다. 상호치료 세션은 참가자들로 하여금 인생에서 활용할 수 있는 건전하고 잘 짜여진 반응체계를 만들어냈다는 보람을 느끼게 하여 물리적으로는 안정되지만, 세션에서 다룬 문제들은 극도의 불안감을 조성할 수 있다. 이로 인해 참가자들은 심리치료에 대해 좌절할 정도로 망연자실할 수 있다. 하지만 또한 상호치료는 감정의 스펙트럼, 음악에 대한 직관, 그리고 참가자 간 상호 인류애를 활용하여 소리를 창조하는 경험이기도 하다.

상호치료 세션에서 받은 인상

(다음에 소개되는 소재들이 늘 세션에서 활용되지는 않는다. 이 책에 서술하기에 너무 개인적이거나, 꿈의 일부 혹은 공감하기에 어려운 사건들이라서 이해하기 힘든 소재는 제외하고 신중히 선택하였다.)

저녁이었다. 일주일 동안 잔뜩 지친 채 쇼핑을 하는 사람처럼 혼란스러운 사건들, 감정들, 꿈들을 수집하던 차였다. 집으로 와서 소포를 열게 되었다. 마저리(Marjorie)와 피터(Peter)가 함께 있었는데, 이들은 음악치료사이자 피아니스트였다. 마저리는 정신분석 전 단계였고, 이제 내가 환자가 될 차례였다. 그 주 내내 시어머니 역할을 하게 될지도 모르겠다고 생각해 왔다. 마저리는 피아노에 앉았고, 나는 "시어머니 역할을 할게."라고 말했다. 창가에 앉았는데 나의 오른편으로 탐탐과 심벌즈가, 앞에는 실로폰이, 그리고 왼쪽으로 중국식 템플벨, 스위스식 카우벨, 트라이앵글이 보면대에 걸려 있었다. 나는 드럼탭과 심벌즈를 잡고 우리가 흔히 떠올리는 짜증스럽고 간섭하기 좋아하는 시어머니 역할을 하기 시작했다. 음악 덕분에 나는 점점 고조되었다. 마저리의 피아노 연주가 바깥 경계를 유지시키고 있었다. 나는 이곳이 어디인지, 몇 시인지를 모르게 되었고, 갑자기 어느 평화로운 바닷가 근처에 있게 되었다. 내가 창조한 세계였으나, 그 세계가 또한 나를 창조했다. 나는 나의 분주하고도 생식력 있는 단계가 끝났음을 느꼈다.

소리는 마치 작고 빛나는 조약돌 해변에서 물러가는 바다처럼 부드럽고 신비했다. 나는 징을 부드럽게 친 후 깊고 조용하게 울려 퍼지는 소리를 들었다. 이제 더 가치 있고, 평화롭고, 물러서서 살 수 있게 되었다. 나는 멈추고 탄식했다. 그리고 마저리에게 내가 본 것에 대해 얘기했다. "수많은 이가 제게 강요한 역할이 아니라, 창조적인 무언가입니다." 다음 날 카렌에게 만나러 가겠다고 편지를 썼다.

마저리의 접근법은 확실히 환자 중심적이다. 마저리의 음악이 생각과 감정, 내가 활용하고 싶은 언어를 불러일으키는 것을 느낄 수 있었다. 현재는 집단정신분석기관(Institute for Group Analysis)에서 개론 수업을 듣고 있다. 14명의 정신과 의사, 의사, 간호사, 심리학자, 정신과 사회복지사 등과 함께 그룹 별로 둘러앉아 얘기를 나누면, 집단분석학자가 그 과정을 분석한다. 솔직히 1분 1초가 달갑지 않다. "그룹 참가자들에게 얘기를 해야 할지 말아야 할지 결정하기가 힘든 것이 있습니다."라고 나는 말한다. "그룹에게 말하기 세션을 즉흥으로 해도 되나요?" "잠깐 멈추고 싶으신가요?" 마저리는 묻는다. "아니요, 괜찮습니다. 저는 저로 남고, 당신이 다른 역할을 하세요. 딱히 즐겁지가 않습니다."

그렇다. 나는 드럼으로 그들에게 얘기할 것이다. 내 차례가 시작하자, 나는 드럼을 점점 크게 치기 시작했다. 얘기는 무슨, 나는 그저 그들을 괴롭히고 있었다. 한낮의 생기를 때려죽이고 있었다. 내게 그 소리가 불편했다면, 다른 이들도 똑같이 느꼈으리라.

피아노의 울음소리가 들릴 때면 나는 심벌즈나 드럼을 쾅 내리치곤 했다. 정말이지 즐거운 경험이었다. 모든 상황이 내 통제하에 놓여져 있는 것처럼 느껴졌다. 그러다가 드럼 스틱이 내 손에서 미끄러져 심벌즈의 가장자리에 떨어지며 명쾌하고, 건조하고, 미묘한 소리를 냈다. 그 소리가 마음에 들어서 다시, 또다시 해보았다. 피아노 소리를 들었지만 더 이상 그 소리에 겁먹지 않았다. 그룹 참가자들에게 무엇을 말하고 말지는 내가 결정했다. 나는 자유로웠다. 나의 표현은 나의 의지를 반영하고, 창의적이고, 우아했다. 무언가가 터져 나오거나 바지가 젖는 듯한 경험일 필요가 없었고, 그 순간 필요로 하는 것이 최대로, 혹은 최소로 통제될 수 있었다. 나는 하던 것을 그만두고 마저리에게 얘기했다. 마저리는 내가 연주할 때 자신이 느꼈던 감정에 대해 얘기해 주었다. 모두 괜찮았다. 모든 상황이 더욱 통제 가능해졌다. "지난 5일 동안 나를 괴롭히던 낯선 경험에 대해 탐구해 보고 싶습니다. 마치 과거가 돌돌 말려서 더 이상 기억이란 것이 존재하지 않고, 미래 또한 돌돌 말려서 불안도 욕구도 존재하지 않고, 현재 외에는 아무것도 존재하지 않으며, 이 현재가 신의 손 안에 있는 것 같았습니다. 엄청나게 평화로웠습니다. 영원의 순간처럼 말입니다." 벨과 차임 바, 실로폰, 글리산도 피아노가 한데 어우러져 신의 위대함과 천상 세계의 영광을 재현해 내고 있었다. 징과 심벌즈는 현재 내게 주어졌으며, 단지 평화롭게, 음악과 함께 신의 손 안에 존재하는 것이다. 우리는 부드러운 데크레센도를 연주한 후 멈추었다. "무엇을 발견했나요?" 마저리가 물었다. "방금 전 느꼈던 평화로운 느낌은 그대로였지만, 그 외에 전에 느껴 보지 못했던 기쁨이 저를 사로잡았습니다. 보통의 경우에는 표현할 수 없는 종류의 감정이 생겼습니다. 공유해도 될 것 같은 감정이었습니다. 그러한 기쁨을 느끼자 더 이상 외롭지 않았고, 제게는 삶은 계란을 먹거나 바이올린을 닦을 때와 같이 매우 실재하는 감정이 생겼습니다. 아마 그보다 더할지도 모르고요."

"꿈은 더 꾸지 않았나요?" 마저리가 계속해서 물었다. "악몽을 한 번 꾸기는 했는데, 우선 제 심리치료사와 얘기해 보려고 합니다." 나는 답했다. "심리치료에서 더 해결해야 할 것이 있나요?" 마저리가 물었다. "저변에 깔린 약간의 분노만이 남았습니다." 나는 답했다. "제가 그 심리치료사가 되어 주었으면 하나요?" "아닙니다. 그보다는 제 감정을 제어할 수 있도록 도와주십시오." 나는 답했고, 다시 악기를 연주했다. 이번 악기는 처음 연주했던 타악기인 드럼과 3발 탐탐이었다. 스틱을 평평하게 잡자, 무시무시한 소리가 울려 퍼졌다. 나는 감정을 느끼기 시작했고 소리에 의지했다. 소리가 나를 지탱했다. 세상에 존재하는 것보다 더한 분노가 치솟았다가 떨어졌고, 형태도, 경계도, 어떤 종류의 리듬이나 질서가 부여하는 한계도 없는 듯이 폭발적인 데시벨을 뿜어냈다. 나는 이 감정을 조각조각 난도질했고, 내게 초래된 혹독한 고통의 대가로 완전히 부수어 버렸다. 감정이 내 마음에서 빠져나가며 잠시 동안 공황 상태에 빠지기도 했다. 나는 더 음악에 나를 내던졌고, 음악은 기적처럼 나를 다잡아 주었다. 드럼 연주 하나만으로도 엄청난 분노가 발현되었다. 드럼 후에는 심벌즈를 연주했고, 폭력성과 분노가 연달아 금빛 심벌즈에 충돌하며 엄청난 바이브레이션을 내었다. 갑자기 무언가가 내 안으로 파고드는 것 같았고 이전에 겪어 본 적 없는 느낌이었다. 나의 심상 속에서 나는 키가 내 종아리만 한 존재로 줄어들어 있었고, 심리치료사의 거대한 형태 뒤의 정글 길을 행복하게 달려가고 있었다. 나는 발걸음에 맞춰 만족스러운 상태로 리드미컬하게 메조 포르테로 드럼을 쳤다. 때때로 그 거대한 존재는 멈추고 길 위의 무언가를 가리켰다. 쿵!(Bang!) 쾅!(Crash!) 리듬이 제멋대로 되었고 피아노가 응답했다. 콰직!(Crack!) 나는 키가 그만해졌다. 우리는 싸웠다. 이번에는 양쪽에서 폭력성이 발현되었다. 무작정의 분노가 아닌 생각, 행동, 교활함, 그리고 뱀의 혀보다 빠른 속도. 벨, 드럼, 심벌즈 소리가 피아노와 어우러졌다. 나는 멈추었다. 좋은 연주였다. 이번에는 그 누구도 죽거나 죽이지 않아도 되었다. 온전했고, 분노를 이용했으며, 상대방이 똑같이 행동할 권리를 받아들였다. 살기 위해 싸웠고, 공격성의 발현에도 견뎌 냈다. 팔과 몸통에서 활기가 느껴지더니 그 기운은 발끝까지 내려갔다. 가뿐했다. 쇠창살이 달린 문이 입구를 막듯, 내 마음도 이러한 감정의 상태에 접어든 것이다. "고맙습니다, 마저리 씨." 다시 바깥 세계를 인식하게 된 후 나는 감사 인사를 전했다. "다음 주에도 괜찮을 것 같습니다."

어느 쪽에서든 모두 지워 버리는 분노의 기본적인 심상 때문에, 환자들은 때때로 단호한 태도에도 분노를 표현하기 힘들어한다. 가족, 제자, 혹은 동료와의 관계에 있어서 정당화되고 필요한 감정으로 여겨지기 때문이다. 그들은 자신이 단 한 순간이라도 공격성을 드러낸다면 스스로를 통제할 수 없게 되고 누군가가 죽거나 죽임을 당해야 할 것 같다고 말한다. 결국 그들의 분노가 전율, 눈물, 혹은 심신장애로 이어지게 될 것이라는 것이다.

내 세션이 끝나고, 나는 내 기록을 끝마쳤지만 마저리의 세션을 함께 들은 피터의 경험에도 귀를 기울였다. 그들의 음악은 예민하고 아름다웠다. 아직 살인이 날 것 같은 단계로는 가지 않은 상태였다. 여기서 그들의 세션에 대해 적지는 않을 것이다. 그것은 그들만의 사적인 경험이고, 다른 책에 서술할 필요가 있을 수도 있기 때문이다. 다만, 내가 피터의 분석적 음악치료사가 되는 차례가 다가온다면, 내 세션에서 비참한 분노에 휩싸였던 어린 환자는 사라질 것이라는 점을 얘기하고 싶다. 피아노 앞에 앉으면 나는 강하고 실제보다 큰 존재가 된다. 내가 길을 달려가며 따르던 그 거대한 존재가 된 것일까? 잘 모르겠다. 한 가지 확실한 것은 환자의 믿음과 필요에 따라 치료사도 달라진다는 것이다.

제4장
활동 분야 선택하기

훈련을 받고 자격을 갖춘 음악가들은 치료사가 될 준비를 한다. 그러나 훈련을 마치고 학위가 있다 하더라도 치료사로서의 준비가 갖추어진 것은 아니다. 오직 내담자들의 신뢰와 필요만이 치료사의 가치를 높여 줄 수 있고 그의 인생이나 태도를 변화시킨다. 이 과정이 한 번에 다 이뤄지지는 않는다. 어린아이가 처음 치료사에게 올 때 아이는 무력감을 가질 수 있는 무언의 꿈의 세계에 갇혀 있을 수 있다. 처음 몇 번은 환자가 치료사에게 자신의 고통과 개인적 문제를 다 쏟아 놓아서 적응하기가 어려울 수도 있다. 그러나 치료사의 역할에 대한 환자의 신뢰는 치료사의 치료적 적응력을 강화시켜 준다. 환자들은 자신들이 이러한 역할을 만든다는 것을 깨닫지 못하지만 이는 마치 새로 나온 나비의 날개에 비춰진 햇빛 같아서 갑자기 나비는 날개를 펼치고 날 수 있게 된다.

치료사로서 결코 내 활동 분야를 선택할 필요가 없었다. 오히려 치료사가 선택을 당하게 된다. 정신병원에서 실제적인 트레이닝을 시작하자마자 나는 이것이 내가 원하는 것인지를 알게 되었다. 나를 이끄는 것은 감정적인 고통인데 여기에는 인생에 있어서 새로운 방향을 제시하는 데 쓰이는 연료 같은 것이 함께 작용한다. 나쁘게 들릴 수도 있겠지만 내가 느끼기에 이것이 내가 사용하는 감수

성인 것 같다. 신기하게도 내가 훈련받는 시기에 실습치료사들은 각각 한 명 혹은 다른 종류의 환자에게 자연스럽게 끌리는 것을 느꼈다. 아무도 좋아하지 않는 범주는 없다. 그래서 다행이다. 내 생각에 음악치료는 직업의 정체성인 것이다. 그것은 고된 작업이고 그래서 음악치료사들이 한 해 한 해 꾸준히 일을 해 나간다면 특별한 만족을 찾을 수 있을 것이다. 최근에 나는 두 번째 활동 분야를 선택당했는데, 그것은 음악치료사와 함께하는 어린아이들에 대한 실험적 탐구로, 나는 그것을 예비음악이라 부른다. 환자들은 순수하게 예비음악 시간에 오거나 바이올린 레슨 후에 그런 시간을 갖게 된다.

음악치료사는 풀타임으로 해야 할까, 파트타임으로 시작해야 할까? 대부분의 치료사들은 매일 정상적인 생활을 하기를 원하고 쉬는 날 리허설을 하기가 어려운데도 그들 시간의 한 부분을 내어 가르치고 연주하기를 좋아한다. 이런 방식으로 그들은 하나의 직업이 다른 직업을 보완해 주고 그 두 직업을 활기 있게 만들게 된다. 기본적으로 음악치료사는 음악가이다. 그들은 그들 자신을 위해 음악을 연주하고 공부하고 연주하며 즐기고 산다. 어디선가 비록 그의 삶의 한구석에만 있더라도, 음악이 일순위이고, 융통성 있게 하며, 충족시키고, 동료 음악가들과 연결할 수 있어야 한다. 이것을 위한 자리를 남기지 않는다면, 모든 것이 시들해지기 시작한다.

만약 그가 치료사로서 하루 종일 일하기로 결정한다면 대부분 병원과 같은 한 장소에서 일할 것인가 아니면 다른 종류의 직업과 병행하여 일할 것인가라는 질문이 주어진다. 후자는 좀 더 도전이 되기도 하지만 다른 그룹과 적응하는 데 있어 지칠 수가 있다. 반면에 한 기관에 정착한다는 것은 그의 관점을 좁게 하고 팀 안의 역동 면에서 그를 답답하게 할 수 있다. 그러나 또한 정말로 풍부하고 상호교류적인 팀 관계를 형성할 수 있고 특정 작업에 의해 중단된 문제나 가능성들에 깊이 다가갈 수도 있다.

음악치료사가 혼자서 일하는 곳에서 일하는 것을 원하는가, 아니면 더 큰 음악치료 부서에서 일하는 것을 좋아하는가에 대해 생각해 볼 수 있다. 내 경험으로는 다른 음악가와 함께 일하는 것이 더 큰 휴식과 유머와 풍성함을 준다는 생각이다. 멜로디 악기를 연주하는 사람들은 피아니스트와 함께 병원 병동에서 연주할 수 있다. 대부분의 기관용 피아노가 노쇠하고 음높이보다 낮고 슬프게도 병들었기 때문에 이같이 함으로써 연주되는 음악의 전반적인 질을 향상시킬 수 있다. 운동그룹(movement group)은 한 치료사가 운동을 주도하고 다른 치료사는 음악을 제공하는 곳에서 훨씬 더 쉽게 이루어진다. 그러나 이것은 선구적인 직업이었기 때문에 그룹활동을 개발해야 하며 대부분의 음악치료사들은 병원이나 특수학교, 돌봄 시설, 특수 시설 등 전에 음악치료가 없었던 시설에서 혼자서 새로 시작하고 이루어 나가야 한다.

직업 잡지나 신문에서 그가 원하는 직업에 대한 광고를 찾아보기는 쉽지 않다. 특히 정신장애 분야에서는 더욱 찾기가 어렵다. 음악치료사들은 스스로 직업을 만들어야 하고 개별적인 장애인들의 그룹을 도와주는 일을 찾아야 한다. 또한 공공기관에 일을 제안할 수 있다. 때때로 음악치료사에 대해 들어 본 적이 있는 공공기관은 영국음악치료협회에 연락해서 자격이 있는 음악치료사를 구하기도 한다.

이 책에는 음악치료가 필요한 다양한 종류의 사람에 대해 기술되어 있다. 만약 음악치료사가 그의 훈련기간 동안 어떤 카테고리의 사람들에 대한 경험이 없다면 그것을 보고 스태프들과 다양한 문제와 어려움을 의논하고, 또 장비를 빌려서 몇몇 실험적 세션을 시도하여 어떻게 그룹에 대해 느끼는지, 그룹이 그에게 어떻게 반응하는지 볼 수 있기를 권유한다. 개인음악치료 환자를 위한 개별적 치료는 다른 곳에 언급되어 있다.

교육적 지체 아동

안절부절못하고 끊임없이 움직이는 아동들은 대그룹 활동이 어려울 수 있다. 이 그룹에게는 성공적 경험이 절실히 필요하다. 때때로 그들의 지체의 요인은 선천적 지적능력의 부족에서 온다기보다 불우한 가정환경이나 외부 자극이 없는 감정적 생활에 기인했을 수도 있다. 그룹이나 치료사들에 의해 평가된 각 아동의 능력도 증진될 수 있다. 드럼, 클래퍼, 연주용핀들, 마라카스, 클라베스 등 단순한 악기들을 연주하며 피아노 반주에 맞춰 노래를 부른다. 작은 즉흥연주를 그룹이 함께 할 수 있고 이 연주에 맞춰 핸드발레(hand ballet)나 마임(mime)을 할 수도 있다. 치료사에게는 따뜻하게 격려하는 성격과 반응적이고 창의적인 접근이 요구된다.

중증 지체 아동

심지어 중증 장애인들도 종종 움직임이나 눈에 보이는 기쁨의 표정으로 소리 자극에 반응한다. 휴대용 악기는 거동을 못 하여 앉아 있거나 누워 있는 환자가 있는 병동에 가져가는 데 유용하다. 청각장애 아동들도 다른 음 높이에 맞추어 움직이는 것을 배우는데, 나무로 만든 음악기호를 집어내고 그 음가가 연주될 때 적당한 스텝으로 그것을 옮긴다. 이 활동을 하면서 그들이 느끼는 성취감은 감동적이다. 드럼과 하모니카 연주자들의 밴드는 피아니스트와 함께할 수 있어서 조절력 감수성, 사회적 감각을 배우게 된다. 청각장애 아동들은 리듬을 배우는 데는 어려움이 있다. 즉흥연주 그룹이 아름다운 음악의 산물로 그들에게 민감성과 각성을 가르치는데, 치료사의 피아노 지휘하에 드럼과 큰북, 탬버린, 멜로디카, 기타, 글로켄슈필, 실로폰, 벨, 마라카스 등이 사용되며 이런 악기들로 무대동작을 가이드하는 악절을 연주할 수 있다. 각 아동들은 치료사와 함께 다양한 악기가 주는 다른 소리와 촉감을 탐구하는 호기심을 통해 자극받게 된다. 음악은 실어증 아동에게 중요한 표현적 의사소통으로서 아동들의 마음을 열어 주고, 놀라움과 즐거움을 만들어 내는 것 같다. 이 작업에서는 치료사에게 불굴의 인내심과 아동에 대한 사랑이 필요하다.

지체장애 아동

지체장애 아동들이 그들 자신을 있는 그대로 받아들이는 데는 특별한 도움이 필요하다.

만약에 그들에게 이것이 가능해진다면 다른 사람들에 의해 받아들여지는 일도 더욱 쉬워진다. 음악과 함께 하는 율동을 함으로써 지체장애인은 공간적 움직임의 어려움을 견딜 수 있다. 오랜 시간 스스로 거동할 수 없던 그들은 음악을 유용한 취미로 삼을 수 있고 또한 음악을 통하여 자기표현을 하고 창조적으로 행동하며 다른 사람들을 기쁘게 하도록 도와준다. 지체장애인들에게도 도움이 되는 다양한 악기가 있다. 단지 머리와 입만 움직일 수 있는 지체장애인도 트랜지스터 방식의 악기를 연주할 수 있다. 하지가 절단된 피아니스트에게는 특별히 개발된 페달기계를 사용할 수 있다. 한 팔 장애가 있는 현악기 연주자는 의수로 활을 연주할 수 있다. 지체장애인들은 종종 호흡이 부족하기도 한데, 악절로 나누는 것을 열심히 배우면 멜로디카, 리코더, 그리고 다음에는 아마도 오케스트라 관현악기도 연주할 수 있을 정도로 주목할 만하게 향상된다. 노래 부르기는 커다란 기쁨이 되며 합창단 활동을 하는 것은 의사소통 향상에 도움이 된다. 경직성 마비 환자의 움직임을 완화시켜 주는 부드러운 음악은 환자들의 이완에 도움을 준다. 악기 연주를 배우면서 많은 지체장애아가 이전에는 불가능하던 신체 기능을 복원하여 향상되기도 한다. 악기 연주는 또한 중풍 환자의 재활에도 그 역할을 담당할 수 있다.

강박적 몸부림을 하는 무정위형 뇌성마비(athetoid spastics) 환자도 밴드에서 벨이나 마라카스를 연주할 수 있게 된다. 이렇게 하기 위하여 치료사에게는 풍부한 창의력과 열정이 요구된다.

적응장애 아동

적응장애 아동들은 종종 똑똑한 모습을 보이지만 보통은 집중시간이 짧다. 음악은 그들이 난폭한 감정에 대해 허용된 배출구를 발견하도록 도와주고 즉흥연주를 통해 그들 자신이 이런 감정들을 담을 수 있는 구조를 만드는 것을 배우게 한다. 노래하기, 악기 연주, 악보를 읽거나 쓰는 것은 성취감과 만족감을 가져온다. 치료사들에게는 재치 있는 위트, 안정감, 따뜻함 그리고 혼란스러움을 참아내는 강한 인내심이 요구된다.

정신장애인

나는 정신장애인 대상 치료에 대하여 이 책의 다른 곳에 상세히 기술하였다. 단기 체류 환자의 변화하는 감정 상태는 치료사들의 특별한 민감함과 적응적인 반응을 필요로 하며, 치료사는 자신의 개인적인 생활에서 견고하고 단단함을 가지고 거부와 극심한 정서적 고통을 받아들일 수 있는 능력이 필요하다.

시각장애인

알려진 것과는 달리 모든 시각장애인이 음악적인 것은 아니다. 다양한 음색과 풍부한 하모니를 가진 음악적 질감의 풍성함은 시각적 빛과 색의 부족을 보완하는 역할을 할 수 있다. 이러한 능력을 발달시키기 위해 민감한 터치가 요구되는 악기 연주가 추천되고 있다. 시각장애인 그룹에서 파트를 한 번씩 노래 부르는 것은 흥미롭고 도전적인 경험이 된다. 즉흥연주 그룹은 고립을 민감한 원격 의사소통으로 대체하는 데 도움이 된다. 음악을 표현하는 움직임은 시각장애인들의 환경에 대한 신뢰를 증가시키고 시각장애인들이 보이는 다소 철회되고 조심스러운 자세를 극복하게 한다. 치료사에게는 상상력이 풍부한 청각적이고 촉각적인 접근이 필요하다.

자폐 아동

대부분의 철회된 실어증을 수반한 아동들에게도 모든 움직임이 치료사에 의해 반응과 의사소통으로 받아들여지고 치료사에 의해 음악적으로 반응하는 총체적 수용음악치료의 혜택을 받을 수 있다. 이러한 기술을 가진 치료사는 좀 더 민감하게 실로폰, 현악기, 관악기를 사용하는데 아동들과의 대면 세션에서, 아동의 사소한 움직임에서 모든 의사소통을 시도하는 것을 발견한다. 이런 아동들 중 몇몇은 대화가 가능하기 전에 노래로 의사소통 하는 것을 참는다. 음악을 통해 그들은 직접 경험으로 용납하지 않은 감정에 대해서도 적절하게 노래한다. 치료는 주로 개별 세션으로 아동과 함께 시작해서 즉흥연주를 통하여 관계를 형성하는데, 치료사의 피아노 반주에 노래를 부르고 타악기, 심벌즈, 그리고 가능하다면 실로폰이 사용된다. 후에 아동은 그룹에 들어가 잘 구성된 노래와 곡을 배우는 것이 가능해진다. 치료사에게는 뛰어난 민감성과 거절을 참아 내는 강한 인내심이 요구된다.

영재 아동

영재 아동은 중증 장애 아동들보다 통계적으로 더 드문 경우이다. 그들의 높은 지능은 또래들과의 의사소통에 문제를 가져올 수 있는데, 아동들은 감정적으로 깊이 있는 중요한 놀이 경험을 놓치게 되고 정서적 깊이, 감각적 인식 및 직관을 희생시키면서 지적 능력을 선호하는 발달 능력에 치우치게 된다. 개별 세션은 치료적으로 집중된 악기 수업이나 창의적인 사운드 플레이 세션으로 계획될 수 있으며 관계의 질이 중요한 요소이다. 치료사는 높은 지능, 따뜻함 그리고 매우 수용적인 접근이 필요하다.

노인 대상

청년 시절의 노래들을 듣는 것은 기억을 자극하며 노인들에게 놀라운 활기가 생기게 할 수 있지만 치료사는 그 음악을 듣고 살펴볼 시간이 있어야 한다. 음악과 함께 표현적인 리듬 운동과 몸 전체를 움직이는 운동(필요한 경우 앉은 자세)은 도움이 된다. 타악기를 사용한 리듬 세션은 팔다리를 움직이고 혈액순환을 돕는데 도움이 된다. 놀랍게도 노인들도 새로운 음악적 경험을 시도하기를 원한다.

90대의 한 노인은 크게 기뻐하며 바이올린을 연주했다. 노인 대상 치료사는 인내심과 온화함이 필요하다.

수감자 대상

수감자 대상 작업은 그룹으로 시작된다. 음악은 바깥세상의 사회생활과 통합될 수 있는 행복한 방법이 되며 많은 수감자들에게 큰 위안이 되어 준다. 밴드와 합창단은 이미 교도소 생활의 일부이다. 소소한 의사소통과 즉흥연주 혹은 정신역동적 움직임과 릴렉세이션 그룹은 일반인으로서 제도화된 생활 패턴에서 잃어버린 자발성과 창의성을 회복하는 데 도움이 될 수 있다. 치료사는 견고함, 안정성 및 다양한 사람들과 쉽게 의사소통할 수 있는 능력이 필요하다.

제5장
레퍼토리와 악기

치료사들이 필요로 하는 음악적 레퍼토리는 이들이 치료하고 있는 대상자와 상황에 따라 달라진다. 내가 레퍼토리 주제에 대해 말할 때 피하고 싶은 것은, 이 주제에 대한 궁극적인 권위자로서 자신을 설정하고 그다음에 어떤 종류의 바람직한 음악의 공식 목록을 제공하는 것이다. 그 이유는 그것이 미래의 음악치료사들이 귀중하고 독창적인 사고를 하지 못하도록 방해할 수 있기 때문이다.

솔로 레퍼토리

치료사는 개별 세션이 끝날 때 연주할 짧은 곡들이 여러 개 필요할 수도 있다. 이는 구조화된 음악을 통하여 외부 세계로 내담자의 의식을 이끌어 내기 위한 것이다. 음악치료사는 병원의 병동이나 콘서트에서 연주할 음악이 필요할 것이다. 최소 17개 정도의 느린 곡들과 동일한 수의 빠른 곡들을 준비한다면, 매주 한 곡씩만 연주하여도 한 해 3회 정도 반복할 수 있게 될 것이며 이는 내담자들, 직원들 또는 치료사가 감당하기에 무리가 되기도 할 것이다.

어떤 종류의 음악이 적당한가? 환자들, 무엇보다 정신장애인들에게는 특히 그들의 상태에 영향을 줄 수 있는 음악이 필요할 것이다. 깊은 감정을 표현할 수 있는 거의 모든 음악이 환영받을 것이다. 단일악장이 긴 소나타, 콘체르트보다 더 나을 것이다. 너무 기교가 많은 음악은 어울리지 않을 수도 있다. 치료사가 음악적 기교를 향상시키기 위한 도전적인 시도는 제외하고 말이다. 나아가 환자들의 견해와 무관하게 치료사들이 자신의 연주에 완전히 집중하기란 매우 어렵다. 그의 청중(병동에 다른 직원들이 없을 수도 있기 때문에 치료사들이 책임져야 할 청중)은 일어서거나 치료실로 가는 길에 스탠드를 밀거나 발작을 하거나 창문을 깨뜨리거나 다투거나 머리에 불을 붙이거나 기존 세션 동안 사고가 발생할 수 있다. 나는 병동의 상황이 치료사들의 잠재적인 기술을 20% 정도 감소시킬 수 있으며 굳이 어려운 음악에 도전하라는 조언은 하지 않을 것이다.

음악치료사들은 인간의 감정 전반을 포괄하는 솔로 레퍼토리가 필요하다. 그의 현재 레퍼토리는 무의식중에 집단 또는 개인의 감정적인 공명에 대한 완전한 접근을 위하여 꼭 필요한 하나 이상의 감정을 제외시켰을 수도 있다. 예를 들어, 죄책감 같은 중요한 감정이 제외되곤 하는데, 죄책감은 에르네스트 블로흐(Ernest Bloch)와 같은 작곡가의 작업을 위하여서는 중요한 감정이다. 치료사로서 연주할 때는 음악가로서 평소보다 더 많이 음악의 내적 의미를 찾기 위하여 더 깊이 자기 자신을 탐색해야 할 것이다. 이를 통하여 자신만의 연주가 아니라 자신의 전반적인 존재가 이러한 감정을 상기시키게 될 것이다.

재즈와 팝 음악은 어떤가? 이런 음악은 대부분의 병동에서 거의 하루 종일 틀어 주는 라디오 프로그램을 통하여 자주 접할 수 있다. 환자들은 종종 자신들에 대하여 특별한 감정적 연상이 있는 특정 음악을 연주해 달라고 치료사들에게 부탁할 것이다. 음악을 구입하고 배우며 연주하는 것이 모두 유용할 수 있다. 그러나 자신이 예술을 판매하고 있다는 느낌이 들 정도로 내담자 중심적이 되도록 강요받을 필요는 없다. 내담자가 원하는 음악 연주가 치료사에게 불쾌한 경우, 치료사는 솔직하게 이런 종류의 음악을 연주하지 않겠다고 밝히고 내담자가 대신 노래를 부르게 하고, 그 노래에 대한 느낌을 말하게 할 수도 있다. 음악과 함께하는 내담자를 거부할 필요는 없다.

풍요롭고 다양한 레퍼토리를 찾는 데 있어서 각각의 치료사는 평생 탐색자가 되어야 한다. 그는 적절한 곡을 찾기 위하여 출판자의 리스트를 찾아보고 특정 음악 상점에 들르고 라디오와 콘서트에서 들을 수 있는 음악이나 작곡자를 눈여겨볼 수도 있다, 영국음악치료협회(British Society for Music Therapy)의 동료 치료사들이 판매하는 리스트를 참고할 수도 있다. 현대의 작곡가들의 작품들을 포함시킨다면 흥미로울 것이며 환자들이 진흙탕에 갇혀 있다는 느낌을 극복하고 활기찬 삶의 흐름 속에 있도록 하는 데 도움이 될 것이다. 바이올리니스트인 나는 차임 바(chime bar)에서 연주 기술이 높지 않은 사람들과 함께 연주하도록 바이올리니스트나 피아니스트를 위하여 특별히 만들어진 음악을 할 수 있는 특권이 있었다. Arthur Bliss 경, Michael Head, Frank Spedding, Alfred Nieman, Humphrey Searle, Peter Wright, Gordon Jacob 박사, Alan Bush와 같은 많은 사람과 음악을 즐길 수 있었다. 또한 Lennox Berkeley, Adrian Crufts, Priaulx Rainer, R. Sherlaw Johnson, John Joubert, Jeremy Dale Roberts, Karlheinz Stockhausen 등에게 음악을 제공해 주겠다는 약속도 받은 바 있다. 우리 세대의 매우 재능 있는 예술가들이 이렇게 잘 알려지지 않은 공동체에 생기를 불러일으켜 주는 창작활동을 위하여 시간과 생각을 투자하고 공을 들였다는 사실이야말로 놀랍고 용기를 주는 일이다. 이것은 나에게 달의 어두운 면을 탐구하는 것과 동등한 인간적이고 감정적인 수준을 나타낸다. 환자들에게 그것은 기쁨이자 즐거움이다.

일반적 레퍼토리

병동에서 치료사들은 환자들이 좋아하는 다양한 옛날 노래로 구성된 기초적인 레퍼토리가 필요하다. 이로써 반응이 적은 노인들의 기억을 불러일으키고 그에 반응할 수 있게 할 것이다. 이는 종종 치료사가 대화를 자극시킬 수 있게 해 주는 기억을 불러일으키는 것이다. 잘 알려진 선율의 행진곡 모음집은 타악기 작업에 있어 유용할 것이다. 노인들의 음성은 너무 약해서 완전하게 적절한 표현을 하기 어려울 수 있다. 이것은 노화의 과정으로, 극복될 수 있는 것이 아니다. 그러나 그들이 관절염이 있는 손으로 타악기 행진곡을 연주하는 동안 하게 되는 운동은 운동 기술에도 도움이 될 뿐만 아니라 공격적인 감정을 해소할 수 있는 귀중한 배출구가 될 수 있다.

대부분의 병동에는 한두 사람의 외국인이 있기 마련이다. 이들은 현재 영어를 잃어버리고 과거의 모국어로 회귀함으로써 더욱 소외된다. 전 세계의 민요 모음집은 매우 가치가 있는 자료이다. 나는 노인 전용 의자(어린이들의 식사용 의자와 같다)에 앉아 낙담한 모습을 보여준 바 있는 폴란드 여인을 기억한다. 우리가 그녀에게 폴란드의 민요를 들려주자 그녀는 눈이 빛나며 폴란드어로 이야기하기 시작하고 피아노에 맞추어 최대치의 음성으로 노래를 불렀다. 그녀는 바로 생기가 돌았고 온전해졌으며 에너지가 생겼다. 그녀의 건강했던 과거가 되돌아온 것처럼 보였으며 그 변화는 매우 놀라웠다.

19세기에 아동이 배우는 첫 번째 주일 학교 노래는 찬송가였다. 그래서 그들이 아무것도 기억할 수 없고 글을 읽을 수 없게 되어도 결정력과 즐거운 마음으로 오래전 찬송가를 부르기도 하는 것이다. 왜소한 노부인 곁에 서서 감동을 받은 나는 그녀가 부르는 노래를 듣기 위하여 더 가까이 몸을 기댔다. "나쁜 놈은 집으로 보내라. 그는 오늘도 술을 마셨다!" 이런 노래였다. 그녀는 남성 파트까지도 확실히 기억하고 있었다.

음악치료실에서

치료사들이 없을 때 이 방을 연습실로 사용하여 초급자들을 위한 강사나 베토벤 및 모차르트의 소나타 그리고 쇼팽의 프렐류드와 같은 가벼운 클래식 피아노 곡들을 들을 수 있게 해 주는 것도 유용한 일이다. 단기 입원 환자들에게는 잠시라도 자기 자신일 수 있고 자신을 위하여 또는 친구들을 위하여 연주를 한다는 것 자체가 진정한 위로가 되어 줄 수 있다. 많은 듀엣 송들을 연주하는 것도 매우 유용하다. 발라드, 길버트 앤 설리번, 슈만, 슈베르트, 혹은 브람스 등의 노래들을 비롯하여 쉬운 버전의 팝송들은 그 가치를 인정받을 것이다. 이러한 레퍼토리는 환자와 치료사 모두의 필요와 취향에 맞게 발전할 것이다.

음반

병동의 레코드 세션, 치료사와 함께 듣는 개인 세션 및 음악에 사용된 자원에 대한 논의 그리고 운동과 이완 세션에 있어서 레코드가 필요할 것이다. 최초의 두 가지 종류의 세션에서 환자들은 자신의 음악을 가지고 올 수도 있으며 이것은 환영하고 격려해 주어야 한다. 환자가 선택해서 가져온 환자의 음악은 자신의 숨겨진 측면을 보여 줄 수 있으며 치료사가 환자의 음악을 받아들였을 때는 환자 자신이 현실 속에서 받아들여지는 듯한 경험을 할 수 있다. 내가 치료하는 개별 환자는 내가 눈여겨보고 들어 보라고 조언한 적이 있는 재즈 바이올린 음반을 가지고 온 적도 있다. 그의 즐거워하는 반응과 나의 반응을 알아보기 위하여 조심스럽게 그리고 진정으로 면밀하게 나를 관찰하는 것을 볼 때 그의 음악은 매우 흥미롭고 어쩌면 성적인 측면을 보여 주는 것이었다. 이 음악을 즐겁게 듣고 나서 그는 우리가 함께 연주할 유사한 음악을 가지고 왔다. 그는 매우 흥분하여 거친 금속성의 바이올린 톤으로 음악을 완전히 파괴하고 말았으며 동시에 그는 말하기 시작하였다. "데이트할 여성 또는 아내를 맞이하는 듯한 그런 느낌이었다." 치료사가 그의 거친 감정이 담긴 음악을 안전하게 수용하고 존재할 수 있게 해 준다면 또 다른 여성과 현실에서 그 음악을 함께 나누는 것도 안전해질 것이다.

녹음된 레퍼토리는 끝이 없었다. 그러나 치료사는 다양한 음악의 제목을 붙이고 그가 음반을 모을 수 있게 하면서 작업을 시작할 수도 있을 것이다. 이러한 음악은 다음과 같다.

- **리듬 있는 음악**: 스코틀랜드 춤곡, 라틴 아메리카 음악 및 그리스의 민요
- **편안하게 해 주는 음악(relaxing music)**: 모차르트의 클라리넷 콘체르토 A장조, 딜리어쓰의 5중주 〈봄날 첫 뻐꾸기의 노랫소리를 들으며〉, 사무엘 바버의 〈현악을 위한 아다지오〉

Relaxing Music. Mozart's *Clarinet Concerto* and *Quintet in A*, Delius' On *Hearing the First Cuckoo in Spring*, Samuel Barber's *Adagio for Strings*.

- **기억을 떠올리게 하는 음악**: 스트라빈스키의 〈봄의 제전〉, 시벨리우스의 F장조 바이올린 콘체르토, 드뷔시의 G 장조 현악 4중주 그리고 스톡하우젠, 존 케이지, 리게티, 부소티 및 달라피콜라

  Evocative Music. Stravinsky's *The Rite of Spring*, Sibelius' *Violin Concerto in F*, Debussy's *String Quartet in G Major*, and the most advanced works of Stockhausen, John Cage, Ligeti, Busotti and Dallapiccola.

- **자신감을 주는 음악**: 비발디의 〈사계〉, 모차르트의 A 및 D 장조, 바이올린 콘체르토, 요한 스트라우스의 왈츠

  Reassuring Music. Vivaldi's *The Four Seasons*, Mozart's *Violin Concertos in A and D Major*, Johann Strauss's Waltzes

- **감정**: (분노) 바르톡의 현악 4중주 No. 5, (슬픔) 브람스의 B단조 클라리넷 5중주, (죄책감) 에른스트 블로흐의 첼로와 오케스트라를 위한 셀레모, (사랑) 바그너의 〈리베스토트〉

  Moods. (Anger) Bartok's *String Quartet No. 5*, (Sadness) Brahms' *Clarinet Quintet in B Minor*, (Guilt) Ernest Bloch's *Schelomo for Cello and Orchestra*, (Love) Wagner's *Liebestod*.

- **이국적인 음악**: 시타르와 타블라를 위한 클래식 인디안 음악

  Exotic Music. Some classical Indian music for sitar and tablas

지역에 이민 온 사람들이 있는 경우 그들 나라의 음악을 확보하는 것도 유용한 일이다. 그렇지 않으면 치료사는 음악 도서관에서 짧은 기간 머무는 외국인 환자들의 음악을 구할 수도 있을 것이다. 나의 음반 세션에서 태국에서 온 정신장애 청소년을 만났을 때 어느 날 저녁 나는 대사관에 가서 감사하게도 네 개의 태국 음반을 빌릴 수 있었다. 그것이 이 젊은이에게 끼친 영향은 놀라웠다. 그는 당황스러움을 떨쳐내고 태국의 음악을 열심히 들었으며 서양음악 세션 나머지 시간

을 모두를 할애하여 서투른 영어로 나와 길게 대화하였다. 이것이 매우 특별한 경우였다는 것을 한 환자가 다른 환자에게 이야기하는 것을 우연찮게 들었을 때 알게 되었다. 환자들은 "간호사들은 그렇지 못하는데 저 여자는 어떻게 그에게 말을 걸고 그를 이해할 수 있었을까?"라고 되물었다. 음악은 함께 듣는 사람들에게 신비한 영향을 미친다. 나는 그의 음악을 수용하였고 그는 나의 음악을 들을 준비가 되어 있었다.

악기

거의 대부분의 치료사는 피아노와 함께 적어도 하나 이상의 악기를 다룰 수 있다. 음악치료 수업을 받을지 여부에 대해 고민하고 있는 피아노 전공 학생이 부전공으로 어떤 악기를 다룰까? 내가 바이올리니스트가 아니었고 바이올린의 레퍼토리와 그 악기의 놀랍고 신기한 민감함에 빠져 있지 않았다면 기타나 플루트를 배울 것 같다. 기타리스트는 청중을 마주 보고 앉으며 반주자에게 의존할 필요가 없다. 무언가 잘못되면 그는 한 손으로 악기를 잡은 채로 다른 손으로는 자신을 보호할 수 있을 것이다. 바이올리니스트는 손을 사용하고 비싸고 연약한 악기를 그의 턱과 어깨 압력으로 지탱하기 때문에 세션에 사용하기에는 취약한 악기일 수 있다. (한번은 조현병을 앓고 있는 여성이 분노하여 나의 바이올린과 활을 빼앗아 갔는데 이것을 그녀의 손에서 빼앗아 제자리에 놓는 데 3명의 직원이 달려들어야 했다. 악기의 윗부분은 긁혔고 나는 새파랗게 질리고 말았다) 치료사가 리허설을 할 시간이 없는 경우 반주자까지 필요하다면 매우 어려운 상황이 될 것이다. 각각의 악기는 그 장단점이 있으며 연주자가 마음을 빼앗기는 악기가 주로 자기 자신을 그대로 잘 표현하는 악기이다.

개인 연습에 관한 장에서 나는 집에서 사용할 수 있는 악기에 대하여 제언한 바 있다. 이 장에서는 다른 방식으로 병원에서 사용 가능한 악기에 대해 기술할 것이다. 기본적으로 세 가지 종류의 악기가 존재한다. 부는 악기, 타악기 및 마찰음이 나는 악기가 바로 그것이다. 본질적으로 이 악기들은 새소리, 지면을 탁탁

쳐서 위험이 있다는 경고음을 만들어 소통하는 토끼 그리고 조용한 짝의 주의를 끌기 위하여 오른쪽 날개에 왼쪽 날개를 쳐대며 문지르는 메뚜기의 소리와 같다고 할 것이다. 심리학적으로 이들 소리는 프로이트의 유아 성 발달단계, 즉 구강기, 항문기 및 성기기와 대략 같다고 말할 수도 있을 것이다. 이 세 가지 악기는 구석기 초반 이후 사용되어 왔고 현재 대부분의 원시 종족들이 사용하고 있다. 병원에서 치료사가 가장 필요로 하지 않는 악기는 세 번째 카테고리이다. 현악기 연주는 날카로운 청력과 뛰어난 능력 그리고 민감성을 필요로 한다. 병원에서는 기타와 현악기 덜시머(사다리꼴의 현이 달린 타악기의 일종)와 별도로 현악기 학습을 가능하게 할 시간이나 연습시킬 가능성이 없다. 그러나 이미 현악기를 사용하고 있는 환자들은 언제나 실내악을 계속 즐길 수 있다.

다른 악기에 대한 설명을 하자면, 피아노는 수명이 다할 때 병원에 기증되는 경우가 많다. 음악치료사들은 이러한 낡은 악기에 대하여 최선을 다하여 적응해야 한다. 이런 피아노는 콘서트의 음의 높이를 맞출 수 없어서 고정된 음높이의 악기와 함께 사용할 수 없다. 바이올린을 3개의 세미톤 아래로 맞추어야 하는 바이올리니스트는 비참하다고 할 수 있다. 그가 완벽한 피치를 확보하는 경우에 그 딜레마는 더욱 악화될 수 있다. 이러한 악기는 음악치료사에게도 환자에게도 치료적 효능이 없다 할 것이다. 치료에 이러한 악기를 사용하는 것은 의사에게 청진기 대신 9인치짜리 나무를 건네는 것과 마찬가지이다. 좋은 피아노를 사용하여야 하며 난방이 센 병원에서는 전기 가습기를 설치하는 것이 좋다. 작은 사이드 드럼(small side drums)은 피아노의 음악적 봉쇄에 대해서 감정을 표현하기를 시작할 때 유용하다. 플라스틱 헤드는 가죽보다 더 저렴하지만 더욱 거친 소리를 낼 수 있다. 스탠드 위의 심벌즈는 가능한 한 커야 한다. 부드러운 헤드 스틱으로 연주할 때는 안심이 되는 육체적 생존과 결합되어 극도의 파괴감을 주며 매우 만족스러운 느낌을 준다. 반음계 실로폰(chromatic xylophone, 철금이나 철판으로 만든 글로켄슈필이나 메탈로폰을 말하는 것이 아니다.)은 감성적인 타악에 대하여 지적인 활동을 추가하여 주는 멜로디를 제공하며 치는 막대를 위아래로 사용하면 마찰음의 기분 좋은 감각적 느낌을 준다. 중국 공(chinese gong)은 최소 20인치가 되어야 한다. 한 번만 짧게 불어도 아주 길게 지속되는 소리를 낼 수 있으면서 매우 만족스러운 악기라 할 것이다. 그것은 정당하게 옳고 또는 잘못 지시된 단어나 행동의 거대한 파급효과의 실제 음향의 전형으로 받아들여질 수 있다. 차임 바(chime bar)는 치료사와의 5음계 즉흥연주에 있어 병동에서도 유용한 악기이다. 그들의 소리 표현이 추할 수 있다는 것을 두려워하는 환자들에게 특히 더 유용한 것으로 칼림바(kalimba)는 언제나 아름다운 자음 소리를 낸다. 이는 실제 연주가 공격적이거나 연주하는 사람이 손에 류머티즘을 앓고 있는 경우에는 어려울 수 있지만(치료사가 동전 하나로 음을 맞춘다는 조건하에서) 세 번째로 음이 맞추어지기 때문이다. 글로켄슈필(glokenspiel)은 절제적인 연주를 즐기는 사람들에게는 섬세하고 아름다운 톤을 낸다. 트라이앵글은 이 앙상블에 차가운 음색을 더한다. 봉고 또는 모로코의 도자기 드럼(bongos or moroccan pottery drums)은 리듬감이 있는 대화에 있어서 유용한 트윈 드럼과도 같다. 병동에서 또는 개인 세션에서 한 사람이 각각의 드럼을 친다. 탬버린(tambourines)은 흔들면 활기찬 즐거움을 표현할 수 있으나 긁힌 경우에는 타악 연주 및 소리가 달라질 수 있다. 멜로디카(melodica)는 반음계의 관악기로 피아노 키와 같이 각각의 키는 하나의 음을 만들어 낸다. 작은 피아노처럼 생긴 더욱 큰 모형은 연주하기가 훨씬 더 쉽다. 이 악기는 표현력이 강하며 코드 연주가 가능할 뿐만 아니라 깊은 슬픔에도 적격이다. 리코더(recorder)는 훨씬 더 복잡한 악기로 더 나은 조화를 필요로 한다. 이는 자체 레퍼토리가 있는 진정한 악기이다. 치료적 음악 수업이나 리코더 그룹에서 유용하다. 현악기 덜시머(chordal dulcimer)는 작은 해머 또는 손가락으로 연주하는 악기로 4개의 유쾌한 코드와 16개의 줄이 달려 있다. 기타보다 더 단순한 악기로 연주하는 가수들에게 유용하다. 부드럽고 마음을 달래 주는 소리를 낸다. 오토하프(autoharp)는 동일한 종류의 악기 중 더욱 복잡한 것이라 할 수 있다. 매우 실용적이기 때문에 틀릴 위험이 적다. 칫솔과 같은 마우스 오르간(mouth organ, harmonica)은 공유해서는 안 된다. 그러나 환자가 숨을 쉬는 한 그 누구라도 소리를 낼 수 있다는 점에서 가장 유용하다. 피아노 아코디언(piano accordion)은 교습 없이 일반적으로 활용하기에는 다소 복잡하지만 병원 악기 컬렉션 용도로 기증된 경우에는 잘 사용할 수 있다. 전자 키보드(electronic keyboard)는 가볍게 터치하여 멜로디가 유지되므로 노인들이 손으로 연주하기 매우 쉽다. 이완 연습 시에는 마음을 달래 주는 악기로 사용할 수 있다.

악기 만들기

일부 병원에서는 환자가 악기를 만들 수 있는 시설이 있으며 악기가 단순히 빈 깡통이거나 내부의 튜브가 악기가 되어 공중에서 연주될 수 있다는 매우 큰 만족감을 줄 수 있다. 제조를 위한 완전한 지침이 있는 가능한 악기들은 로널드 로버츠(Ronald Roberts)가 집필한 『연주용으로 만들어진 악기(Musical Instruments Made to be Played)』에 담겨 있다. 이 책에 따라 나는 몇 가지 악기를 만들기도 하였다. 쉽게 만들어진 다른 악기들은 페인트가 칠해진 것으로 마라카스를 만들기 위하여 쪼개진 완두콩을 채운 세척액 컨테이너를 예로 들 수 있을 것이다. 좁게 절개하여 톱질을 한 길이 2인치 지름의 대나무 부위가 있고 남미의 귀로에 나 있는 것과 같은 이랑에 대고 문지를 수 있다. 고무로 된 내부 튜브가 있는 커다란 빈 깡통은 드럼 헤드로 사용할 수 있다. 목재로 된 2개의 2인치 사각형이 가장자리 주변에 붙어 있어서 클래퍼가 움직이는 말굽소리처럼 들린다. 그리고 음을 달리 구성한 길이에 따라 메탈 파이프를 잘라 내고 목재 틀에 걸어 두는 튜블러 벨도 있다. 몇몇 환자들은 그들만의 바이올린을 만들어 연주까지 배웠다. 음악치료사들은 직업 치료사들과 악기를 만드는 프로젝트에서 함께 협력해 일할 수 있다.

음악치료사 그리고 악기

병동 일의 경우 언제든 필요하여 한 병동에서 다른 병동으로 옮겨 가기 쉬운 드럼, 탬버린, 마라카스, 손목 벨, 트라이앵글, 차임 바와 비터(beater) 그리고 다른 모든 악기를 휴대용 쇼핑 트롤리에 채울 수 있다. 새로운 종류의 악기를 구매할 때마다 음악치료사들은 즉석에서 사용해 보고 자연스럽게 만들고 치료로 사용하기 전 표현의 도구로 사용하는 데 시간을 분배하여야 한다. 진정한 감정을 재생산함으로써만 악기의 한계와 표현적 가능성들을 발견할 수 있다. 그는 또한 동료들과 함께 실험해 보며 이 악기가 그룹에서 다른 어떤 악기와 결합하여 다양한 기분을 표현하는 여러 다른 소리효과를 만들어내는지 알아보아야 한다.

기계적 장비

최소한 하나의 고정된 스테레오 레코드 플레이어와 또 다른 하나의 휴대용품이 음악치료 부서에 필요하다. 휴대 가능한 몸체와 영상 카운터가 달린 배터리 테이프 레코더가 음악실과 병동에서 그리고 미팅에서 잘 사용될 수 있다. 많은 환자가 자신이 연주한 곡을 스스로 들어 볼 때 매우 큰 영향을 받는다. 그들이 음악을 연주할 때는 자신들의 감정의 힘을 통하여 반의식적으로 음악이 형성된다. 자신이 연주한 음악을 다시 들으면 음악을 의식적으로 평가할 수도 있게 된다. 나에게 자신이 감정적인 사람이 아니라고 반복적으로 말하던 한 조용한 우울증 여성은 그녀가 심벌즈를 치고, 드럼을 치고, 실로폰을 연주하는 것을 우리가 함께 들었을 때 자신의 말이 틀렸다는 것을 인정하였다. 30대 남성인 또 다른 환자는 자신의 음악을 듣고 너무나 감동하여 자신의 즉흥연주와 제거의 주제가 되었던 신체적으로 불쾌한 신체화 증상을 일시적으로 경험하였다. 치료사는 다음과 같이 말할 수 있을 것이다. "그때 어떤 느낌이 드셨나요?" 그리고 음악적 분위기 또는 악기의 변화가 어떤 의미였었는지에 대해 알 수 있을 것이다. 사례 노트와 더불어 일련의 즉흥연주가 담긴 테이프는 음악이 어떻게 나중에 발현된 성격과 행동의 변화를 먼저 표현해 주는지에 대한 소중한 기록이라고 할 수 있다.

병동 일에 있어서 가치 있는 장비는 배터리, 마이크, 확성기를 갖춘 휴대용 통합 회로가 될 것이다. 이것은 연약한 노인 환자 또는 수줍음 많은 10대 소녀가 병동 안에서 자신의 음악을 마치 프리마돈나가 된 것처럼 들을 수 있게 해 준다. 또는 그녀에게 음악을 통하여 타인을 즐겁게 해 주는 능력은 물론 그녀의 정체성에 대해서까지 긍정적인 피드백을 가질 수 있게 해 주는 것이다.

고려하여야 할 또 다른 것은 치료실 음향시설이다. 특히 어떤 정신병 환자들은 과도한 공명에 극도로 민감할 수 있다. 긴장하고 있는 환자들 역시 거칠거나 큰 소리를 참아 내기 어렵다. 그러나 카펫, 커튼 및 쿠션을 통한 지나친 소리 흡수는 이러한 활동을 생기 없는 분위기에서 힘들고 재미없는 일로 만들고 말 것이다.

마지막으로 나는 나의 선생님이자 실용적이면서도 이상적인『음악치료』의 저자인 음 줄리엣 앨빈(Mme Juliette Albin)의 말을 인용하고자 한다. "음악대학의 예산은 치료사의 연봉을 포함하여 필수적인 것들을 제공할 수 있도록 균형이 잡힌 것이어야 한다. 큰돈을 들여 비싼 장비를 사고 중대한 인간적 요인들을 간과하는 방식으로 재정을 집행하는 예가 너무 많다. 이러한 상황은 여러 병원에서 확인한 바 있다." 하루에 최소 한 시간씩, 일주일에 5일 동안 자신의 집에서 악기를 연습하는 것으로 음악치료사들은 일 년에 83회가 넘는 3시간 세션 또는 32.5회의 8시간 무보수 작업을 하는 것이나 마찬가지가 된다. 분석적 음악치료사로서 자기분석이나 분석적 심리치료에 사용한 시간과 돈을 합해 보았을 때, 필수적인 인간적 요인이 현실성 있게 기억됨으로써 공동체에 다시 기여하게 된다는 점을 이해할 수 있을 것이다.

Music Therapy in Action

제2부

실제적인 경험과 기법

제6장
커다란 뒷공간에 있는 병동

이곳은 난치병 병동이라고 기술할 수 있으며 '제멋대로 구는' '다루기 어려운' '고집불통의' '변태의'와 같은 단어들의 사전적 해석보다 '일반적인 치료와 자극에 저항하는' 의미가 더 적합할 것이다. 이곳에 있는 많은 장기 환자는 현대의 화학적 요법이 사용되기 전 발병하였으며 현재 그들의 상태는 회복될 수 없는 것으로 여겨지며 거의 절망적 상태라고 할 수 있다. 이곳은 나의 외래 환자들 중 한 사람이 말한 것과 같이 "우체국 직원들이 머리에 슬라이드를 달고 일렬로 앉아서 다음 식사 시간을 기다리는 것 같은 모습이다." 이러한 현실은 정신병원에 오는 모든 환자가 은연중에 두려워하는 것이며 이런 점에 대해 더 알려지게 된다면 환자들은 재확인할 수 있게 될 것이다. 그러나 그들의 치료가 진행됨에 따라 그것은 침묵과 공포에 휩싸이게 된다.

음악치료사로서 이러한 병동에서 일하는 것은 그가 믿는 모든 것에 대한 예리한 도전이 될 수 있다. 배설의 냄새와 더불어 악취가 진동하는 숨, 그로테스크한 신체적 모습, 불안, 공격, 무관심과 같이 고착된 태도, 창백한 아이보리 색의 피부, 축 늘어진 커다란 가슴이 있는 기형의 몸, 브래지어를 하지 않은 가슴, 스타킹은 반으로 접혀 내려져 있고 통통한 허벅지 위의 튀어나온 배를 가진 환자들을 맨 처음 보았을 때 나는 상당한 충격을 받았다. '손가락을 꼬고 공중을 멍하니 바라보기만 하는 삶이 무슨 의미가 있을까?'라는 질문이야말로 음악치료사가 돌로 된 복도 끝 병동의 문을 열고 들어갔을 때 드는 생각이라 할 것이다. '단기 입원 환자들의 힘든 감정을 다루어 주고 다시 생산적인 삶에 복귀할 수 있게 해 줄 수 있으니 자신의 시간을 이러한 사람들에게 써야 할까?'와 같은 질문들은 모든 음악치료사가 접하는 질문이다.

나는 이것이 병원의 생활에 있어서는 정체된 역순환과 같고 우리가 특정 수준으로 모두 결합되어 있는 한 이러한 수준에 있는 개인들의 삶의 질을 개선하기 위한 모든 가능한 일을 하는 것이 옳고 바람직하다고 본다. 공동체의 삶에서 종종 감탄할 만한 헌신, 인내 그리고 부드러움으로 환자의 낮과 밤을 챙겨 주어야 할 직원들에게 영감을 주고, 사기를 올려 주며, 자존감을 높여 주는 것은 바람직하다. 이러한 병동 또는 그 일부에서 이러한 수준의 의식과 인식을 갖추는 것에 따라 전체 수준을 가늠해 볼 수 있다. 이렇게 함으로써 더 노력하고 훈련할 수 있는 건강한 장소가 되어서 더 거주하고 싶고 방문할 수도 있는 그런 곳이 되는 것이다.

이것을 잘 이해하고 있다 하더라도 실제적인 수준에서 이러한 병동에서 일하는 것이 쉽지 않다는 것을 이제는 인정하게 된다. 라이브 음악과 환자와의 음악적 소통에 마음을 열고 즐거움을 나누는 데 있어서 종종 무관심과 절망의 부담을 직면하게 된다. 치료사는 자신의 희망과 삶의 근원을 단단히 붙잡고 있어야만 한다. 환자들은 2주에 한 번씩 진행하는 음악 세션에서 도움을 받을 수 있지만 이러한 병동은 다른 장기 병동과 교대되며 두 달에 한 번씩 진행하는 세션을 가진다. 이상적이지는 않으나 그래도 도움이 될 수 있다.

세션

오늘 세션에서 나는 시니어 음악치료사인 미스 케이를 돕는다. 커다란 활동실에는 공간의 2/3를 차지하는 그랜드 피아노, TV, 카펫이 깔린 중앙 및 파란색 리놀룸 주변에 두 줄로 놓인 팔걸이가 있는 의자들이 있는데, TV를 마주 보고 있는 남쪽의 열을 제외하고는 모두 중앙에 마주 놓는다. "여기서 좀 더 상쾌한 바람을 쐴 수 있어요."라고 미스 케이가 말하고 나는 그녀의 말에 즉시 동의한다. 답답하기도 하고 자연스럽지 않은 온기가 있었지만 물리적 열감 이면에 심리적 부담감이 있다. 의자에 앉아 있는 환자들은 25명이고 좀 더 기능이 좋은 사람들은 작업부서로 배치가 되었다. 미스 케이는 창문을 열고 나는 TV 의자를 돌려 놓는다.

피아노를 치며 미스 케이는 "저들을 천천히 깨워야겠어요."라고 말한다. 그리고 그녀는 물결치는 것과 같은 왈츠를 조용히 연주한다. 나는 미스 케이 뒤에 있는 의자에, 나나 옆에 앉는다. 나나는 키가 작고 뚱뚱한 여성으로 마치 두 살배기 캐리커처처럼 보인다. 그녀는 이 병동에서 54년을 살았다. 그녀는 나를 바라본다. 우리는 미소 짓는다. 그녀는 왼쪽 신발을 벗어 분홍과 파랑의 리본을 잡아당긴다. "이것을 주신 게 당신인가요?" 그녀는 딱 부러지게 최고의 톤으로 묻는다. "아니요, 나나. 그건 아니에요. 하지만 지난 크리스마스에 다른 것을 주었지요." "지난 크리스마스." 그녀는 리본을 가지고 놀고 그 끝이 너덜너덜해질 만큼 만지면서 나를 따라 말한다. 음악이 생기 없는 공간을 통해 움직인다. 나는 의자 옆을 지나쳐 한 환자 앞에서 웃으며 서 있다. 나는 손바닥을 위로 하여 손을 내민다. 그녀는 태아 모양으로 의자에 몸을 동그랗게 말고 있다. 그녀는 분노한 듯이 머리를 흔든다. 나는 머리를 끄덕여 그녀의 거부를 받아들인다. 다음 환자는 몸집이 매우 크고 창백한 누런 얼굴에서 눈은 표현 없는 악어의 눈과 같았지만 그녀는 자신의 차가운 가죽과 같은 손바닥을 나의 손 안에 밀어 넣는다. 손가락이 하나 없다. 우리는 부드럽게 음악에 맞추어 손을 흔든다. 그녀는 아무런 표정도 없이 나를 바라보는데 손은 무겁지만 의지가 있다. 왈츠는 좀 더 생기를 띤다. 다음 환자인 로즈는 몸집이 작은데 겁먹은 아홉 살 아이처럼 보인다. 그녀의 손은 뼈와 피부밖에 없어서 굶주린 아이처럼 보이고 팔을 움직일 때는 너무 긴장이 된다. 그녀의 눈은 엄숙하게 나의 눈을 바라본다. 신생아의 첫 번째 의사소통 양식들 중 하나인 이러한 눈 맞춤이 이토록 오래가는지를 보면 생경해진다.

전에 입원 경력이 있는 자원봉사자인 제나가 악기가 든 바구니를 굴리면서 다가온다. “이것을 나누어 주시겠어요, 제나 씨?” 내가 물었다. “저보다는 이 환자들에 대해서 더 잘 아시잖아요.” 미스 케이는 〈할로, 여자친구가 누구지(Hallo, Who's Your Lady Friend)?〉 〈라구나의 릴리(Lily of Laguna)〉 그리고 〈몬테 카를로의 둑을 부순 남자(The Man Who Broke the bank at Monte Carlo)〉와 같은 리듬감 있는 옛날 노래들을 연주한다. 병동 이곳저곳에서 목적이 있고 연합할 수 있는 비트가 있는 음악이 들려 오고 적어도 환자들 중 한 명은 노래를 따라 부른다. 나는 의자별로 돌아다니며 탬버린을 연주한다. 환자들은 각각 타악기를 가지고 있는데 이를 다른 사람에게 연주해 준다는 느낌 그리고 긴 직선으로 앉아 서로 거의 의사소통을 하지 않는 사람들에게 음악을 들려 준다는 느낌을 가지게 해 준다. 제나는 무정위형 뇌성마비 환자(athetoid spastic patient)의 비틀린 팔목에 벨을 달아 주고 참여할 수 있도록 돕는다. 악기에서 발생하는 펄스 에너지가 분위기를 생기 있게 하지만 이는 공명할 수 있는 하위 그룹일 뿐이다. 언어장애가 있고 신경마비 상태로 자신의 내부에만 관심을 가진 움직이지 못하는 환자들에게는 어려운 일이며 무감각한 존재 상태일 뿐이다.

금발의 스페인 수녀가 2명의 간호사와 함께 들어오고 미스 케이가 그들을 반긴다. “이 사람들이 설 수 있게 하는지 봐야 하겠어요.”라고 말하며 콩가 리듬을 연주하기 시작한다. 팔을 흔드는 것을 싫어하지 않는 환자들로부터 시작해서 제나와 나는 콩가 체인 속에 들어와 춤을 추는 10명의 환자들을 모은다. 수녀와 간호사들이 많이 웃으며 참여한다. 나는 나나에게 간다. 그녀는 “춤은 안 출래요. 작전”이라고 말한다. 내가 그녀를 앉히고 리본을 가지고 놀게 한 것은 40년 전이다. “알겠어요, 코키?”라고 묻는다. “그래요. 우리는 당신을 위해 호키코키를 하겠어요, 나나” 미스 케이가 말한다. 제나와 나는 환자들을 둥글게 앉힌다. 즐기는 분위기, 미소 띤 눈, 무엇인가 하고 있다는 느낌 그리고 약간의 당황감이 행동을 제대로 취하지 못하는 환자들의 얼굴에 나타난다. 다음에 우리는 〈뽕나무숲을 돈다(Here We Go Round the Multberry Bush)〉에 맞추어 춤을 춘다. 잠시 동안이지만 나는 제나와 함께 프랑스 및 아프리카 출신의 간호사들, 스페인 수녀 그리고 10명의 환자에게 ‘이를 닦는’ 방법을 알려 주면서 스스로 바보 같다는 느낌을 받았다. 그러나 적어도 한 환자가 '손을 씻고' 외국에서 온 직원들이 우리가 무슨 일을 하고 있는지 알게 되니 나는 마음이 더 편해진다.

환자들이 자신의 자리로 돌아가자 머리가 하얗게 세고 배 모양의 얼굴을 한 환자인 에디스가 피아노 앞에 앉아 우월감을 보이며 머리를 뒤로 젖히고 키보드를 치는 기교를 보인다. "멋져요, 에디스! 다시 해 봐요."라고 나는 외친다. 그녀는 다시 한번 연주했다. "아주 좋아요! 좀 더 해봐요." 나는 외친다. 이번에는 에디스가 키보드를 바라보며 손을 움직여 자신의 곡을 연주한다. 이는 격려를 통한 발전이라는 완벽한 사례이다. 그녀가 피아노로 다시 돌아오자 미스 케이는 축하해 준다. "우리를 위해 노래 불러 주겠어요, 진?" 그녀가 묻는다. 진은 아주 작은 체구로 성인이기는 하지만 마치 아이와 같다. 그래서 나는 그녀가 담배를 피우는 것을 보았을 때 무척이나 놀랐다. 그녀는 똑바로 서서 노래한다. 〈말할 수 있다면(If Those Lips Could Only Speak)〉을 즐거운 목소리로 리듬에 맞추어 부른다. 노래를 듣던 환자들도 흥미를 보인다. 에디스는 이제 앉아서 뜨개질을 한다.

미스 케이는 내게 바이올린을 켜 달라고 부탁한다. 나는 〈그라나도스의 스페인춤(Spanish Dance of Granados)〉을 가져왔다. 탬버린과 드럼은 가열차고 리듬있는 비트를 선사해 준다. 수녀님은 열정적으로 박수를 쳐 주신다. "저는 스페인에 있는 그의 딸을 알아요."라고 말한다. 그라나도스의 딸의 친구가 떠올려지다니 얼마나 놀라운 곳인가. 제나와 간호사들 중 한 명이 악기를 거두어 갈 때도 우리는 소소한 대화를 나누었다. 한 명의 여성이 괴성을 지른다. "물러가! 이건 내 거야! 가!" 그녀는 소리친다. 그러면서도 스타킹 속에 넣어 마라카스를 숨긴다. 그녀는 팔과 다리로 격렬하게 저항한다 "그녀가 가지게 놔둬요."라고 미스 케이가 말하지만 유색 인종의 수녀님이 다가가 악기를 빼앗고 승리에 찬 표정으로 바구니에 담아 온다.

무언가 조용한 음악이 필요한 시점이다. 우리는 타르티니(Tartini)의 〈안단테 칸타빌레(Andante Cantabile)〉를 연주한다. 손을 함께 흔들며 작은 몸집의 환자인 로즈가 의자에서 일어나 나에게 천천히 다가온다. 나는 내 자리를 빼앗기지 않고서 그녀를 바라볼 수 없게 음악을 연주한다. 그 작은 몸이 더 가까이 다가오고 이제는 내 앞에 섰다. 나는 한 번 얼핏 보았다. 그녀의 눈은 내 눈과 마주치기 위하여 격렬하게 움직였고 그녀의 팔은 가슴팍에서 단단히 팔짱이 껴졌다. 아름답고 평화로운 멜로디가 우리 병동에 울려 퍼진다. 우리는 이제 일을 마쳤다. 다른 사람들은 박수를 친다. 나는 로즈를 바라본다. 침묵이 흐른다. 나는 "로즈, 음악이 어땠어요?" 부드럽게 묻는다. 우리가 친밀한 순간을 공유하였음을 느끼면서 말이다. 그녀의 말은 작은 송곳처럼 분명하다. "바이올린은 싫어요."라고 말한다. 격렬한 눈빛으로 또 말한다. "삐걱대는 소리가 너무 커요." [왕립음악대학(Royal College of Music)과 제네바 음악학교 거장클래스(Virtuoso Class of Geneva Conservatoire)에 낸 돈을 다시 내놓으라고 해야겠다.] "멋져요!" 제나가 말했다. "제가 이 병동에 왔을 때부터 '영광의 할렐루야'만을 말하던 분인데 그 말이 아닌 다른 말을 듣는 게 처음이군요." 그녀를 거부하여 그녀가 나에게 미루어도 안전할 것이라고 느끼게 만든 사람은 누구일까? 너무나 아름답게 전달된 것이었다. 그리고 나는 여기서 상처를 조금 받았다.

"E 여사는 어디 있나요?"라고 수녀님이 주변을 바라보며 말한다. "지난주에 생일이었으니 그녀를 위해 연주해 주면 좋겠네요." "그녀는 방에서 쉬고 있어요. 데리고 올게요." 블론드인 간호사가 말했다. 미스 케이는 그녀와 함께 나간다. "바구니에 차임 바가 있나요?" 나는 제나에게 묻는다. 그녀는 5음계 악보와 비터(beater)를 찾아낸다. 나는 피아노 곁으로 가 〈예수의 병사들이여 진격하라(Onward Christian Soldiers)〉를 친다. 그때 미스 케이가 이해한다는 표정으로 들어온다. E 여사는 말한다. "저는 이 교회를 40년째 다니고 있습니다." 그녀는 그녀 앞에 놓은 작은 테이블 위에 차임 바를 놓고 의자에 앉는다. 나는 바이올린을 들었고 미스 케이와 함께 〈생일축하곡(Happy Birthday To You)〉를 친다. E 여사는 몸집이 작고 분홍에 흰색이 들어간 옷을 입었으며 여전히 약간의 붉은색이 깃든 금발인데 마치 다른 차원에서 온 사람처럼 보였다. 그녀는 그곳에 있지만 마음은 먼 곳을 여행하는 듯하였다. 생일축하 노래가 나오자 그녀는 활짝 웃었다. "나는 103세예요."라고 말한다. "선생님의 생일에 맞춘 곡을 연주해 주시겠어요?"라고 내가 묻는다. "당신과 함께 연주할게요."라고 답한다. 나는 재빨리 나의 바이올린을 차임 바의 피치까지 톤을 올린 3/4박자로 맞춘다. 그녀는 비터를 들고 엄숙하게 한 음 한 음 치기 시작한다. 마치 찬송을 하는 것 같다. 나는 5음계 음악을 즉석에서 만들어 내었다. (이 지점에서 노동이 곁들여지는 병동에서 온 환자들이 와서 차를 마시고 어울린다. 예쁘고 젊지만 들을 수 없고 볼 수 없는 어떤 사람이 미스 케이에게 다가간다. 그 얼굴은 행복으로 빛이 나고 그녀는 작은 스커트를 들어 올려 스타킹 서스펜더를 승리에 찬 얼굴로 보여 준다. 맞다. 저걸 가지고 있는 사람은 이 병동에서 저 사람밖에 없다. 그녀가 브래지어를 했을까 하는 궁금증도 생긴다. 아니면 다른 사람들처럼 30년을 보내며 몸매가 엉망이 되어 갈까?) 서서히 E 여사의 연주는 점점 더 모험적인 것이 되었고 우리가 함께하며 열광에 찬 랩소디를 만들어 갈 때까지 두드림을 계속하였다. 그녀는 비터를 바닥에 던지며 곡을 끝냈고 팔로 미스 케이를 안았다. 그녀가 미스 케이의 뺨에 소리 나게 키스를 한다. 심하게 아파 움직일 수 없는 환자들을 제외하고 모두가 박수를 친다. 그러나 분위기는 바뀌었고 병동은 삶 그리고 공동체의 일부가 되었다. 우리는 차를 마시는 시간에 20분 늦었고 또 다른 힘든 병동이 있지만 이러한 일은 가치가 있다.

난치병 병동에서 일하는 것에 대한 생각

치료사에게 있어 가장 큰 적은 무의미함일 것이다. 다른 상황에서라면 다른 사람에게 얼마나 유용할 것인가와 무관하게 공허한 이론이나 아이디어를 통하여 자신에게 유의미한 일을 만들고자 하는 유혹을 물리치는 것이 매우 필요하다. 치료사로서의 주요 목적은 희망, 민감한 감수성 그리고 열정을 유지하는 것이다. 이것을 할 수 있다면 치료 중재의 질이 그 결과를 보증할 것이다. 응답이나 협력의 차원에서 환자들의 결과만을 찾아다닌다면 그들에 대한 의미를 직접 전달할 존엄성을 잃는 것이며, 환자들의 영향을 받아 절망, 무관심, 불필요함의 희생양이 되고 말 것이다.

이러한 종류의 병동 전체 그룹 세션을 하는 것은 거의 불가능하다. 구성원들이 치료사와 상호작용할 수 있고 타악기에 맞추어 춤을 추거나 활동할 수 있는 작은 서브 그룹을 만듦으로써 더 나은 결과들을 도출할 수 있다. 치료사가 차임바와 같은 멜로디 악기로 환자와의 음악적 소통을 가능한 한 많이 이루어 낸다면 내담자의 불안은 감소할 수 있을 것이다. 이러한 방식으로 한 명의 치료사가 세션을 진행하면서 누가 언어로, 음악으로, 혹은 움직임으로 의사소통하는지 알 수 있게 된다. 그룹 세션을 만들 준비가 되었을 때 동료가 투입될 수 있다.

모든 병동의 환자는 각각의 장점을 가지고 있다. 누군가는 노래하고 누군가는 낭송하고 누군가는 악기를 연주할 수 있다. 간호사들이 악기 연주를 해 줄 수도 있을 것이다. 창의적으로 그리고 수용적으로 가용한 모든 자원을 사용하는 것은 치료사가 하여야 할 일이다.

춤은 치료사가 참여하고자 하는 의도와 사용하기 적절하다고 판단될 때 이루어져야 한다. 그의 활발하고 즐거운 참여가 환자들에게 유의미한 활동으로 유도된다. 자신은 한쪽으로 빠지고 환자들에게 춤을 추라고 한다면 다소 모욕감을 줄 수도 있고 무의미한 것이 될 수 있다. 전혀 불가능하지는 않다고 해도 말이다. 치료사와 병동의 직원도 춤을 춘다면, 충분한 에너지와 열정이 발생하여 이미 관성화된 환자들의 무관심을 극복할 수도 있을 것이다. 치료사의 눈 그리고 손과 접촉하는 것이 춤이라는 의사소통에 중대한 측면이 될 것이다. 리듬을 나누는 것과 같이 음악이 집단 무의식 수준에서 모든 사람들을 내적으로 결속시킨다면, 따뜻하고 생기 있는 손과 눈을 접하는 것을 통하여 환자가 공유된 외부의 현실에 대하여 더욱 잘 받아들이게 할 것이다.

"우울하지는 않나요?"라는 질문은 이러한 종류의 병동에서 종종 발생한다. 치료사가 생기 없는 관찰자로서 해당 현장을 돌아본다면, 실제로 진정한 우울감이 발생할 것이다. 그러나 자신을 삶과 사랑, 에너지의 채널로 보고 공동체의 돌봄을 이끌어 간다면 그는 가장 희망에 찬 일을 관찰하게 되는 것이다. 그의 책임감은 크고 그가 할 일은 무의미함에 의미를 발현시키는 것이 될 것이다. 어떤 경우에도 치료사는 가장 깊숙한 내면에 있는 화합의 근원들에 따라 진정으로 생기를 불러일으키는 능력을 잃어서는 안 될 것이다.

제7장
여성 폐쇄병동

이곳은 주 단위의 음악치료 세션이 매우 필요한 곳이다. 폐쇄병동에서의 의사소통은 소리를 통한 감정표현의 상호연결 요소를 이용한다. 이것은 감정을 나누기 위해 사용되는데, 환각이나 자폐적 환상을 통해 개인 내적인 다른 방법으로 경험되는 감정을 서로 공유한다.

다른 병동의 환자들에게 말을 걸면 여성적인 관점에서 보았을 때 이 병동은 귀신과 같은, 다른 말로 하면 경찰서의 유치장과 같다는 것을 알게 될 것이다. "다시 그러면 체리 트리 병동에 가게 될 거야."라는 말은 환자들에게 위협이 된다. 그리고 이렇게 함으로써 여기서 일하는 사람들이 더욱 편하게 일하지 못하게 된다. 장기 입원 환자들 중 특정 백분율로 차이를 분간하기는 어렵다. (주로 처벌로 경험하게 되는) '가두어 두는' 기간을 가지게 되는 경우 환자들에게도 궁극적으로 좋지 않은 경험이긴 하지만 이곳에 사는 사람들에게는 집이나 마찬가지이다. 다른 사람들은 극도로 흥분하거나 충격을 받아 움츠러든 상태에서 병동에 들어오게 되며 성격을 극적으로 변화시키고 병동의 일상과 통합될 수 있을 때 떠나게 된다. 그러나 삶의 어떠한 흐름이든 장기 환자들을 바깥세상에 내놓기는 어렵다. 더 큰 세상의 분출물과 같이 우리는 이 병동에 들어가 예술을 통하여 인간의 감정을 나누는 서비스를 적용하게 될 때 환상의 창조적 가능성을 인정하는 현실의 작은 부분을 받아들이게 되는 것이다.

세션

오늘은 나의 동료이자 피아니스트이자 클라리넷 연주자인 미스 브이가 함께하고 있다. 좀 더 엄격하게 말하자면 내가 그녀와 함께 있다. 우리는 의사결정에서 혼돈을 피하기 위하여 누가 세션을 할 것인가를 결정한다. 오늘은 그녀의 차례이다. 병동은 광대하고 오픈되어 있다. 동·서·남·북쪽으로 향해 있는 문들이 있다. 거실 카펫의 작은 부분도 모든 방향에서 진행되는 발자국들의 공명소리를 없애 주지 못한다. 벽에 밀어붙여진 팔걸이의자들 일부에서도 환자들은 태아의 모습으로 고양이처럼 몸을 말고 있다. 발은 몸 아래에서 튀어나와 있고 눈은 꼭 감겨 있다. 이렇게 철회된 표현의 단계에 대한 지속적인 요구를 병원의 고위자들이 현실적으로 받아들이지 않는다는 것이 놀라울 따름이다. 왜 이 단계의 환자들을 위하여 설계되고 만들어진 편안하고 기억을 불러일으키는 안락한 의자를 두지 않는가?

> 환자들이 병원에서 허가받지 않은 한 가지는 질병을 가지는 것이다. 이러한 질병은 결국 그들의 현재 현실일 뿐이다. 이것이 자신만의 꽤 다른 직장 생활의 현실을 가진 이들에게 얼마나 기이하고 위협적이며 수용 불가능하고 불편한 일인가와 무관하게 말이다. 그러나 이는 지엽적인 문제이다.

미스 브이는 그녀가 환자들을 볼 수 있는 각도로 피아노를 움직이고 나는 커다란 원으로 의자들을 재배치하는 것을 돕는다. 서쪽 문 부근에서 와당탕 거리는 소리와 함께 숨죽인 외침들이 있다. "누구지?" 미스 브이가 이제는 조용한 단계에 접어든 조울증을 앓고 있는 몸이 자그마한 장기 환자인 조에게 묻는다. "베티예요. 다시 패드를 차는 모양이에요."라고 조가 달관한 모습으로 말한다. 조 자체가 벽에 패드를 부착한 방에 매우 익숙하다. 미스 브이는 단정하게 잘 꾸민 인도인 병동 수녀에게 가서 대화를 한 후 얼마 되지 않아 베티가 마치 어머니와도 같은 서부 인도인 수녀에게 매달린 채로 등장한다. 베티는 60대로 키가 작고 이가 없으며 통통한데 그 눈은 고통과 분노로 가득 차 있으며 손질을 하지 않은 채 땋아 내린 회색빛 머리가 타월 실내복 아래로 내려와 있다.

"안녕하세요 베티! 음악치료에 참여하니 기쁘네요. 우리에게 노래를 불러 주겠어요?" 미스 브이가 말한다. 베티는 눈을 떴다 감았다 하며 무엇인가를 중얼거린다. 미스 브이가 그녀에게 가서 팔을 잡고 피아노 쪽으로 이끈다. "스페인 사람에 대한 노래를 불러 줘요."라고 또 다른 장기 입원 환자가 말한다. 베티는 웃으며 돌아선다. 폭력에 대한 위협과 함께 분노에 찬 노래를 부르며 머리를 자랑스럽게 들어 올린다. 그 눈은 불처럼 번뜩이지만 몸은 주저앉아 가며 표현을 하지 않는다. 미스 브이는 도와주기 위해서 몇 번의 부드러운 코드를 잡아 주지만 그녀는 노래를 따라 하지는 않는다. 우리는 모두 열정적으로 박수를 친다. 베티가 미소 지으며 평화롭게 앉아 있다. 이러한 방식으로 그녀의 공격성을 수용하는 것이다.

바바라는 다른 병동에서 왔는데 40대로 단기 조울증 환자이다. 나는 그녀가 심적인 불편함과 더불어 거의 녹색을 띤 흰 옷을 입고 앉아 있는 것을 지켜본다. 그리고 다가가 여기서 만나게 되어서 미안하다고 말한 후 대화를 나누었다. 그동안에 미스 브이는 드럼, 탬버린, 마라카스를 가지고 이것을 받고자 하는 이들에게 나누어 주고 스페인어로 음악을 즉석으로 작곡한다. 나는 잘라 낸 의자 다리와 오래 사용한 탬버린(우리는 언제나 악기가 더 필요하다.)의 목재 가장자리를 잡고 중앙에 선다. 그리고 리듬적인 의사소통을 시작하며 인사를 받을 준비가 된 사람들과 눈인사를 한다. 병동 북쪽에는 40대의 오드리가 서서 혼잣말을 하며 환각 중에 보이는 사람들과 함께하며 손을 비틀면서 뛰어다닌다. 몸집이 작은 블론드 간호사가 그녀를 앉히려 하지만 실패하고 만다. 간호사가 다가갈 때마다 벽쪽에 앉은 편집성 조현증 장기 입원 환자가 그녀에게 욕을 퍼붓는다. 아름다운 라일락 사리를 입은 젊은 인도인 여성은 긴 검은색 땋은 머리를 잡고 있다. 그녀는 원으로 만든 자리에 앉지만 세션이 진행되는 내내 자신의 모국어로 무엇인가를 조용히 중얼거리고 있다.

다음으로 나는 피오코(Fiocco)의 〈G 알레그로(Allegro in G)〉를 미스 브이의 반주와 함께 바이올린으로 연주한다. 이 병동은 연주회용으로 조율이 된 2개의 병원 피아노들 중 하나를 가지고 있다. 지판 주변에서 바이올린 줄을 연주하지 않고 일반적인 활과 현의 관계를 유지하는 것은 하나의 즐거움이다. 타악기 반주는 활기차고 리듬감 있게 피아노에 이어서 연주된다.

"그 곡이 요한 세바스찬 바흐 것이었나요?" 덩치가 큰 또 다른 기분장애 환자인 넬리가 묻는다. 그녀는 이 이름에 마음을 빼앗겼고 모든 음악이 이 작곡가의 작품이기를 바라는 사람이다. "아니요, 넬리. 그러나 18세기 초에 만들어졌으니 동일한 시대의 작품인 것 맞습니다." 넬리는 옆자리에 앉은 사람들에게 승리에 차서 고개를 끄덕인다. "제가 요한 세바스찬 바흐 곡을 약간 연주해 보아도 될까요?" 미스 브이에게 물으니 미스 브이가 "네, 그래 주세요."라고 답한다. 넬리는 피아노 앞에 앉았다. 그녀는 집중하고 팔을 들어 올린 후 상상 속의 표현력 있는 무조로 즉흥연주를 들려준다. "오, 그만둬요, 넬리. 당신은 피아노를 못 치잖아요."라고 또 다른 장기 입원 환자인 루스가 말한다. 우리는 박수를 친다. "고마워요, 넬리, 음악 멋졌어요."라고 미스 브이가 말한다. 넬리는 루스에게 다시 한번 승리에 찬 표정을 지어 보인다. 나는 타악기들을 모았고 우리는 피오코의 아름다운 〈아리오조(Arioso)〉를 연주한다. 병동의 동쪽 구석에서 들것 위에서 몸을 밀어붙이는 남성이 눈에 띈다. 소름이 돋는다. 움직이고 있다. 살아 있으니 잘 되었다고 생각한다. 나는 바바라가 많이 울고 있고 혈색이 더 나아진 것 같다고 생각한다. 느린 곡들은 종종 슬픔을 표현하여 주고 이로써 좋은 결과를 낸다. "그 음악 어땠어요?" 라고 미스 브이가 묻는다. "평화로워요." "슬퍼요." "저를 울리는 노래는 처음인 걸요. 너무 멋졌어요."라고 바바라가 말한다. "당신이 작곡한 노래를 연주해도 될까요, 바바라?"라고 미스 브이가 묻는다. 미스 브이는 개인 세션에서 바바라가 연주한 곡을 받아 적어 음악을 탄생시켰다. "멜랑콜리라는 제목의 노래를 연주하실 수 있겠어요?" 바바라가 묻는다. 미스 브이는 상당한 감성을 담아 연주를 하였고 모두 열정적으로 박수를 쳤다. 바바라가 갑자기 생기가 차오른다. "이젠 저도 연주할 수 있을 것 같아요."라고 말을 마친다. 그녀는 피아노에 다가가 더 큰 분노와 망설임으로 연주를 시작한다. 그 차이는 현격하다. 우리는 박수를 친다. 바바라는 다시 기쁘고 희망에 찬 사람이 되었다.

빰에 크고 둥근 파란색 패치를 달고 있는 장기 정신분열증 여성이 다가와 미스 브이에게 귓속말로 이야기한다. "네 그럼요, 에니드."라고 미스 브이가 말한다. 에니드는 피아노로 곡을 치려고 하지만 그녀가 원래 알고 있던 것과는 달리 혼란스럽고 왜곡된 곡이 나왔다. 그녀는 기분이 나쁘고 당황해 보인다. "우리에게 그 노래를 들려 주시겠어요?"라고 미스 브이가 부드러운 음성으로 말한다. 에니드는 원으로 앉아 있는 사람들을 마주보며 노래를 한다. "나는 초콜릿을 사랑해요……." 이 노래를 여러 번 반복한다. 우리는 박수를 치고 그녀는 웃으면서 제자리로 돌아간다.

기계 트롤리를 가지고 한 남자가 병동의 남쪽에서 동쪽으로 시끄럽게 이동해 간다. 젊은 정신분열증 소녀는 낙하산이 떨어지는지 아닌지를 확인하기 위하여 불안하게 창가에 서 있다. 오드리는 그녀 가까이로 왔다 갔다 하면서 재잘거린다. 우리는 몇 개의 곡을 함께 부르지만 음성은 약하다. "솔로로 불러 주실 분 없나요?"라고 미스 브이가 묻는다. 새로운 환자인 아이리스는 실내복 자원봉사를 한다. 그녀는 모든 사람이 함께 부르는 코러스와 더불어 노래를 선택한다. "〈로크 로몬드(Loch Lomond)〉를 불러도 될까요?"라고 아이린이 묻는다. 그녀는 뚱뚱하고 젊은 장기 환자로 느린 듯한 겉모습에 살인자의 성향을 감추고 있다. 그녀가 서서 노래를 부르는 동안 그녀의 머리가 올라가고 구부정한 모습이 사라졌다. 그리고 감동적이고 거의 조각적인 위엄을 갖춘다. 기계 트롤리를 가지고 다니는 남성이 다시 나와 이번에는 동쪽에서 남쪽으로 움직여 간다. 그는 왜 서둘러 움직여 나가지 않는가? 그때 바라보니 그는 움직임을 멈추고 음악을 듣고 있다. 나는 갑자기 이곳이 쫓겨난 영혼들로 가득 찬 폐쇄병동이 아니라 세계의 중심이 아닌가 싶다. 영속적으로 존재할 남성이 작업을 잠시 멈추고 영원히 존재할 여성의 음악을 듣는 것이다. 나는 이런 순간을 사랑한다.

박수가 터져 나와 침묵이 깨진다. 넬리는 트롤리를 움직이는 남성을 관찰하다 그에게 다가가 키스를 하지만 그는 장비가 움직여 바로 문 밖으로 사라진다. “왈츠를 연주할 수 있겠어요?”라고 넬리가 다시 철학적으로 변하며 묻는다. 미스 브이는 신나는 왈츠곡을 연주한다. 나는 일어서서 넬리와 함께 춤을 추고 그녀는 내가 움직여 갈 곳에 대하여 필요한 지시를 내리며 열정적으로 병동 주변을 돌며 숨을 헐떡이며 불평을 쏟는다. 미스 브이는 재즈 톤으로 바꾼다. 2명의 다른 환자들이 참여하여 원을 만든다. 그리고 이제 음악은 그 어떤 것도 해낼 수 없었던 일을 해낸다. 병동 동쪽 끝에서 오드리는 완전히 음악에 맞추어 춤을 춘다. 그녀는 리듬을 통해 집단의 일원이 되어 자신의 전체 자아(whole self)를 춤 속에 담아낸다. 몸이 마르고 지능이 낮은 소녀인 릴리도 끼어든다. 성냥개비와 같은 다리로 엄청난 열정을 보이며 미소 지으며 예쁘고 큰 짙은 색 눈으로 주변을 살펴본다.

4명의 새로운 환자들이 이 원에 참여한다. 나는 완전한 움직임에 대해서는 환자들이나 마찬가지로 잘 알지 못하지만 우리는 미소 짓는다. 차가운 가죽 같은 손을 따뜻하게 잡으니 춤이 즐거움으로 이어진다. 환자 몇 명이 더 참여한다. 그들을 환영하는 손길들이 있다. 나는 정신과 전문의가 남쪽 문 옆에 조용히 서 있는 것을 본다. 마침내 우리는 마친다. “환자들 모두에게 활력을 불러일으켜 주니 좋군요.”라고 의사가 말한다. “내가 아니라 음악이었어요.” 미스 브이가 바바라, 에니드, 넬리에게 말한다. 나는 내 바이올린을 챙긴다. “안녕히 가세요. 와 주셔서 감사해요.” “안녕히 가세요. 미스 케이는 이번 주에 어디에 있지?” “비치사이드 병동에요.” “안부 전해 주세요.” “그럴게요.” “내 오빠가 바이올린을 연주했었죠. 그는 전쟁터에서 죽었어요. 상상 속에나 나올 듯한 최고의 오빠였죠. 그가 떠난 이후 모든 것이 변했어요. 엄마는 바이올린 소리를 듣는 것을 싫어해요. 하지만 전 좋아하죠…….” 체리 트리 병동에서는 일을 중단하기가 종종 어렵다.

이런 종류의 병동에서 행하는 세션에 대한 생각

이러한 병동에서는 집단 경험보다는 표현과 칭찬이 주는 자아존중감의 경험을 통한 개인의 성취가 더 필요하다. 여기서는 모든 것이 그룹으로 이루어진다. 식사하기, 수면 취하기, 앉아 있기, 매점에 가기, 병동에서의 회의 등을 포함해서 말이다. 치료사는 환자들을 격려하여 앞으로 나오게 하고 이런 일을 할 만큼 대담하게 다른 사람들을 받는 방식으로 기여한다. 음악이나 춤을 통하여 소통하는 것이 안전하다는 것을 알게 되며 이로써 참여하게 되는 것이다. 그러고는 말을 하게 된다.

이러한 병동의 특징은 매주 변화한다. 언젠가 한번은 2~3명의 조증 환자들이 있었는데 그들의 흥분 상태를 세션의 구조 안에 담아내야만 했다. 이곳에서는 춤 또한 유용한 배출구이다. 좌절시켜서 폭력으로 이어지게 하는 것보다 에너지를 좋은 표현 안에 담고자 하는 것이 훨씬 더 낫다. 조증 상태의 환자가 한 명 이상이라면 타악기를 사용하는 것은 때로 어리석은 일이 될지도 모른다. 그들이 흥분하면 보조 음악치료사들이 한 번에 한 명만을 잡을 수 있기 때문이다. 그리고 피아노를 치느라 바쁠 때는 탬버린 연주가 불쾌할 수 있다.

병동은 냉담하고 우울한 곳이 될 수도 있다. 이 경우에는 이러한 감정에 빠져 있는 환자를 참여시키고 우울증 아래에 잠겨 있는 폭력과 에너지를 표현할 음악을 천천히 소개하는 것도 좋다. 또한 이러한 환자들이 음악에 따라 춤을 추거나 자유로이 몸을 움직이게 하는 운동을 하는 것도 도움이 된다. 이러한 활동으로 우울감을 조금이라도 없앨 수 있기 때문이다.

음악적 재능이나 선호가 있는 환자들을 초대하여 수녀님의 허락하에 병원의 다른 음악 집단에 포함시켜 다른 병동에서 온 사람들을 만나고 월간 콘서트에 참여함으로써 더 넓은 삶을 경험하는 것을 즐기게 할 수도 있다.

이렇게 매우 힘든 환자들에게 있어서는 감정이 너무 손상되어 그들이 얻을 수 있는 보람 있는 감정적 경험을 할 수 있게 해 줄 필요가 있다. 음악을 통하여 그들은 질병과 함께 없어져 버렸던 느낌들을 발견할 수 있게 된다. 마치 바바라가 눈물을 흘릴 능력을 다시 찾은 것과 마찬가지이다.

음악치료사는 잠긴 문으로 떨어져 나가 버린 현실 세계와 병동의 삶을 이어주는 다리가 되어야 한다. 환자의 정신 세계의 보이지 않는 인격분열과 타인들에게 내보이는 보이는 자아의 관계 역시 마찬가지이다. 우리는 두 세계에서 살아야 하고 그들의 하나 됨을 깨달아야 한다. 이런 일을 할 수 있게 해 주는 것이 바로 음악이다.

제8장
남성 폐쇄병동

이런 종류의 병동에는 음악치료가 매주 제공되는 것이 효과적이다. 이러한 폐쇄병동에 있는 불안한 성인 남성은 대부분 폭력 전과가 있다. 이곳을 격주로 방문하는 것은 점진적인 효과를 기대하기에 쉬는 기간(term)이 너무 길다고 생각된다. 가능하면 한 주에 두 번 방문하는 것이 더 구조적이고 음악적으로도 창조적인 접근이 될 것이다. 그러나 만약 병원의 치료사 대 환자의 비율이 낮다면, 매주 한 번 정도 방문하는 것이 합리적이다. 최선의 결과를 위해서는 두 명의 음악치료사가 같이 하는 것도 좋다. 이 병동에는 39명의 환자가 있었다. 모든 환자가 음악치료를 같이 받아 본 적은 한 번도 없었다. 어떤 환자들은 일과를 하거나, 몸이 좋지 않아서 침대에 누워 있거나, 방 안에 있거나, 그렇지 않으면 그냥 앉아 있거나 편지를 쓴다. 음악치료사들이 예측할 수 없는 개인으로 구성된 그룹과 가까이 앉아서 그 그룹에게 음악을 통해 최대한의 관심을 준다는 것은 어려운 일이다. 나를 비롯해 많은 분은 이런 것을 해내긴 했지만, 그것은 부담이 되는 일이기도 하다. 음악, 환자, 치료와 치료사 모두 이런 과정 중 불필요하게 고생을 하기도 한다.

이것은 전형적인 세션의 있는 그대로의 모습이다. 피아니스트이자 음악치료사인 O 씨(Mr. O)는 나와 함께 드럼, 탬버린과 그 외 다른 작은 타악기가 든 카트를 밀면서 병동에 들어갔다. 우리가 병동으로 들어가자, 몇몇 환자분들이 인사를 해 주었고, 우리도 기분 좋게 인사를 했다. 우리가 수간호사실 쪽을 보자, 그는 쓰고 있는 서류 작성이 끝나면 우리에게 오겠다고 말하였다. 우리는 협업을 목적으로 그가 필요한 것은 아니었지만, 그런 반응은 병동에 있는 스태프들과도 음악을 나누기에 좋은 분위기로 만들었다. 한 젊은 남자 간호사가 휴게실에 앉아 있었고, 우리는 O 씨가 청중들을 볼 수 있도록(적어도 곁눈질로라도 볼 수 있게) 피아노를 옮겼고, 텔레비전의 전원을 껐다. 그러자 사람들이 자리에 앉기 시작했다.

자리가 완전히 정돈되지 않았지만 O 씨는 피아노에 앉아 슈베르트(Schubert)의 〈즉흥곡 내림라(Impromptu in A Flat)〉를 조용히 연주하기 시작했다. 정말 좋은 음악으로 시작하는 것은 병동의 분위기를 바꾸고 세션의 핵심을 설정하는 데 도움이 된다. 이것은 그것에 반응하는 사람들에게는 신호 같은 것이다. 사람들이 조금 더 빠르게 자리를 정돈하고 조용히 앉아, 음악에 목말랐던 것같이 흡수하듯 감상했다. 나는 그들을 유용한 그룹 공명체(resonator)들로서 주목했다. 점차적으로 대부분의 사람이 그들을 따랐다. 간호사는 코너에 앉아 있는 환자들에게 움직여 보라고 말했다. 그리고 그들도 움직였다.

피아노 상태는 끔찍했다. 온음만큼 음이 떨어지고, 듣기 힘들 정도로 음이 맞지 않았으나, 음악은 그것을 극복하고 감미롭고 아름다움을 쏟아 내는 감정적인 빛으로 끌어올렸다. 앞줄에 앉아 있던 한 사람은 머리를 힘없이 숙이고, 그의 팔꿈치를 허벅지에 올렸다. 그는 항상 그런 상태로 세션에서 앉아 있었다. 그는 슈베르트를 들었을까? 그것이 그의 우울증의 감옥에 침투했을까? 그도 우리가 느끼는 만큼 철저히 가망 없음을 느꼈을까? 그러나 우리는 이러한 큰 그룹 세션 안에서 그것을 알아보는 것이 불가능했다.

박수 소리는 나로 하여금 나의 역할로 돌아오게 하였다. 이제 우리는 이 그룹의 격렬한 내면 음악을 조금 풀어내 볼 것이다. O 씨는 기운을 돋우는 행진곡을 연주하기 시작했고, 나는 드럼, 탬버린, 마라카스, 심벌즈를 카트에서 꺼내어 들고, 사람들의 옆을 걸었다. 나는 악기를 달라고 하거나, 손을 뻗어 잡거나, 음악에 맞춰 사지를 움직일 수 있거나, 팔짱을 끼고 다리를 꼰 자세로 긴장상태에 있는 분들에게 악기를 나누어 주었다. 그러고 나서 나는 활동에 참여하고 싶어 하지 않아 물러나 있는 환자분들의 거절을 수용하기 위한 핑곗거리로 이러한 자연스러운 악기 제공을 사용하였다. 이것은 세션 안에서 단지 그들의 의사소통 방식이었을지도 모르지만, 치료사가 그것을 기꺼이 수용하는 것은 그들이 보다 쉽게 그것을 해내고, 그 후에 다른 사람들이 그들을 거절하는 것을 받아들일 수 있도록 하는 것일지도 모른다. 여느 때와 같이, 모두에게 돌아갈 만큼 악기가 충분하지는 않았다. 그러나 리듬을 주고받으면서 그룹의 표현이 아주 진지해진 것으로 보였다. 그것은 엄숙하고 가차 없는 군대 같은 소리였다. 나는 피아노 음의 가장 높은 라인을 연주할 수 있게 하기 위해서, 내 바이올린을 F, C, G 그리고 D로 조율했다. 타악기 연주자들의 흥겨움과 활기 넘치는 표정은 그들의 엄숙한 음악과 매우 비교가 되었다. 뚱하고 생기 없던 분위기가 쇄신되었다.

이러한 강렬하고 아무 상관없는 감정적인 그룹 표현은 차별적인 사고의 혼합물이라고 느껴졌다. "누가 지휘자가 되어 보고 싶나요?" 내가 물었다. 두 명의 남자가 나왔다. 한 사람은 크고 흥분된 눈으로 끊임없이 이야기했다. 그는 작은 지휘봉을 잡고 버스 차장에 관한 외설적인 이야기를 시작했다. 버트(Bert)는 조울증을 앓고 있고, 지금은 우울 에피소드에 있다. 그의 이야기가 끝났을 때, 나는 "당신이 어떻게 해야 할지 알 수 있도록 도와주기 위해서, 밥(Bob)이 먼저 지휘를 해도 될까요?"라고 말했다. 그는 동의하고 기분 좋게 자리에 앉았다. "밥은 언제 우리가 아주 크게 연주해야 할지를 알려 줄 거예요. 크게 연주해야 할 때 어떻게 할 것인지 보여 줄 수 있겠어요?" 내가 말했다. 그는 아주 커다란 움직임으로 박자를 맞추었다. 그는 아주 작게 연주하는 것 역시 보여 주었다. 밥이 O 씨가 연주하기를 기다리고, O 씨는 그를 기다리는 동안 잠깐의 침묵을 가졌다. 그러고 나서 밥은 진정한 지휘자란 우리가 연주해야 할 때와 쉬어야 할 때를 알게 해야 한다는 것을 깨달았다. 같은 병동에 있던 사람들은 그를 집중하여 쳐다보며 크거나 작게 연주하였으나, 모자를 쓴 한 어르신은 계속해서 자신의 드럼을 크게 연주하고, 모두의 연주가 끝났음에도 몇 마디를 더 연주하였다. 나는 수간호사에게 그가 청각장애가 있는지, 아니면 노인의 고집스러움을 보여 주기 위한 것인지 물어봐야 했다. 무심하다고 느껴지던 대그룹이 끝나고 소그룹 시간이 되었다.

이젠 연주할 시간이다. "우리는 이제 소리 그림(sound picture)의 일종인 우리만의 음악을 연주할 거예요. 이야기를 만들어 갈 아이디어 있는 분 계신가요?" 이전까지 조용히 앉아 있었고, 웃을 때 몸을 흔들던 어떤 덩치 큰 남자가 갑자기 대답했다. "뱀파이어." 그순간 하얀색 가운을 입은 4명의 의료진이 들어와서 신경이 쓰이게 쳐다보고 병동을 지나 먼 침실 쪽으로 천천히 걸어 나갔다. (왜 그는 지난 주에 했던 가을의 모닥불같이 유익하고 점잖은 주제를 선택하지 않은 걸까? 나는 결연한 마음으로 그것을 해 나갈 뿐, 아무것도 할 수 없었다) 의사들이 있어서 약간 신경이 쓰였지만, 그룹의 집중을 위해 노력했다.

"그 뱀파이어는 무엇을 하나요?"

"그는 성에서 살아요."

"그는 침실의 창문으로 날아들어서 아름답고 젊은 여자들의 피를 빨아먹어요."

"아름답고 젊은 여자들이라……. 알겠어요. 다른 건요?"

그 의사들은 이제는 잊혀졌다.

"그는 늑대의 무리를 가지고 있어요."

"그는 교회 묘지에 가고 동굴에서 잠을 자요."

"종이 울리면, 그는 자신의 집인 성으로 돌아가요."

나는 정보들을 수집했고, 뱀파이어, 늑대, 위축된 소녀, 종 그리고 성을 악절로 배치하고 음을 붙이고서 O 씨의 무조 즉흥연주에 맞춰 다양한 환자가 연주하는 음악에 내가 바이올린으로 가끔씩 구슬픈 울음소리를 연주했다. 그들의 타악기 소리는 그들의 행진하고자 하는 열정과 달리, 감성적이고 신비스러웠다. 긴장감과 강렬함이 감돌았다. 바닥을 보고 있던 환자를 제외하고 모두의 집중력을 포함한 구조화된 즉흥연주였다. 주제를 제안했던 남자가 조용히 웃었다. 나는 이것이 조현병의 기이한 형태 중 하나인지, 아니면 조증의 방어기제인지 확인해야만 했다. 하지만, 지금 생각할 시간은 없었다. 나는 나의 활에 송진을 발랐다.

무언가가 창조되었고, 다른 감정이 파고들 공간이 생겼다. 이상하게도 나는 시벨리우스(Sibelius)의 〈슬픈 왈츠(Valse Triste)〉를 바이올린과 피아노로 연주하는 것이 이 분위기에 맞을 거란 생각이 들었다. 나는 그것을 말하였고, O 씨와 나는 버트의 병에 대한 절망과 포기를 연주하였다. 그들이 박수를 치기 전 아주 경이롭고 깊은 적막이 있었다.

"이 곡을 듣고 무엇을 느꼈나요?" 내가 물었다.

"슬픔."

"행복."

"제 삼촌은 바이올린을 연주하곤 했어요. 초보자여서 그 곡을 연주하지는 않았지만요."

그 이야기가 어떠했을 것인지에 대한 제안도 있었다. 다음으로 우리는 앨버트 러셀(Albert Roussel)의 아름답고 조용하고 감각적인 아리아(Aria)를 연주했다. 나는 그 음악이 적절하게 필요한 곳에 맞았다고 느꼈다. 내가 연주를 하면서 그들이 필요로 하는 본질을 찾기 위한 내 감정의 깊이에 걸맞게 더욱 열심히 연습을 해야겠다고 느꼈다. 나는 방어적이지 않고 음악 너머에 있는 진정한 욕구나 경험에 대한 비판적 감상을 하는 그들의 태도에 감사했다. 아무도 무의미한 재능, 듣기 좋은 소리, 겉만 번드르르한 기교에 신경 쓰지 않았다. 그들은 진심으로 박수를 쳐 주었고, 나는 O 씨와 함께 진심으로 인사하였다. 그들은 이 공간에서 많은 것을 주지 않았지만, 소중한 것을 간직한 것임에 틀림없다.

바이올린 솔로 연주는 개개인의 표현을 위한 촉진제였다. "다른 분들 중에서 연주하거나 노래하실 분 계시나요?" 내가 팔을 밖으로 스트레칭을 하면서 물었다. 머리에 터번을 쓰고 길고 얇은 얼굴에 눈과 같이 하얀 콧수염과 수염을 기른 남자가 걸어 나와 루빈스타인 같은 품위를 가지고 피아노에 앉았다. 버트는 그와 함께하려고 서둘러 일어섰지만, O 씨는 그가 다시 자리에 앉도록 하였다. 우리는 공통의 언어를 가지고 있지 않아서 무엇을 할 것인지에 대한 아무런 아이디어가 없었다. 근엄하고 웅장한 위엄을 가지고, 그는 무조 음악으로 즉흥연주를 하며 피아노를 위아래로 쓸어내리고 종종 건반의 위아래에 있는 나무 부분을 노크하듯이 두드리기도 하였다. 나는 그가 살면서 한 번도 피아노를 쳐 보지 않았을 것을 확신했다. 그는 O 씨를 모방하며 연주했다. 우리의 선생님이신 알프레드 니먼(Alfred Nieman)교수님은 그의 통통 튀는 불협화음을 좋아하셨을 것이다. 아주 의미 있게 자신을 표현하는 것이 명백하게 보였다. 환자들은 완전히 몰입해 있었다. 간호사들만 웃었다.

우리가 행진곡을 연주하는 동안, 나는 어떤 분이 기교적이고 활력 넘치게 박자를 연주하는 것에 주목하게 되었다. 나는 그를 지목했고 그에게 우리에게 노래를 불러 줄 수 있는지 물었다. 다른 사람들은 "샌디(Sandy), 노래 불러 줘!"라고 소리쳤다. "부끄러워."라고 그가 말했고 다시금 뒤돌아섰다. 그러나 마침내 우리 모두는 그를 설득해서 입으로 연주하는 오르간(mouth-organ)으로 모두가 아는 영국 노래를 하도록 설득했다. 그는 입으로 하는 반주 스타일로 아주 연주를 잘했다. 버트가 일어나 그의 옆에 서서 어깨동무를 하고 그가 노래하는 모든 노래에서 그의 목소리로 높은 음역을 불렀다. 샌디가 끝냈을 때, 버트는 좋다고 할 수 없는 솔로를 시작했고, 어떤 나이 있는 분이 그의 다리를 잡아당기고 나서야 끝냈다. 루이스(Louis)는 천둥 같은 소리로, "나 좀 내버려 둬!"라고 말했다. 그러자 긴장감이 감돌았다. 나는 그들이 그것을 해결할 것이라고 믿었다. 그러나 O 씨는 빠르게 버트에게 탬버린을 주며 루이스가 연주하는 〈내 조상의 나라(Land of My

Fathers)〉에 맞춰 연주하도록 하였다. 위험은 지나갔다.

딱 맞는 중재를 딱 맞는 상황에 맞춰 해결한 나의 동료를 어찌 사랑하지 않을 수 있겠는가! 이런 일은 결코 혼자서 해낼 수는 없다. 웨일즈식의 멜로디가 연주되자 표현의 강도는 더 커지고 루이스의 음은 더 날카로워져만 갔다. 나는 그가 피아노로 4분 음표를 때리듯이 연주하자 마음속으로 움찔했다. 열정적인 박수가 쏟아졌다.

다른 줄 끝에 앉은 어떤 남자가 바닥에다 물을 쏟았다. 간호사가 무슨 말을 하기도 전에 버트는 걸레질을 했고, 그 남자를 안심시켜 주었다. 나는 남성 병동에서 일이 생기면 기꺼이 돕는 영혼이 있는 것 같은 반면, 여성 병동에서는 심술궂음과 분노와 계속되는 말다툼을 자주 보게 된다. 여자가 없을 때 남자들은 그들에게 아주 사랑스럽고 여성적인 모습을 드러내고, 남자가 없을 때 여자들은 끔찍한 남성의 모습을 드러낸다.

"간호사님, 노래책을 좀 볼 수 있을까요?" 수간호사가 노래책을 가지고 실내 가운을 입은 유색인종의 환자와 함께 돌아왔다. 이제 분위기는 즐겁고 편안해졌다. O 씨와 나는 의료진들이 다시금 지나가도 괜찮았다. 글을 읽을 수 있는 어떤 사람이 노래책을 가지고 있었고, 숫자를 불러 줄 때까지 나는 조용히 기다렸다. 약이 환자들의 목을 건조하게 만들기도 하고, 이 병동에서의 문화적인 차이 때문에, 노래 부르기활동은 표현하면서 긴장을 풀 수 있는 타악기 연주보다 좋은 활동인 것 같지는 않다. 모두가 노래를 부르든 그렇지 않든지 간에 노랫소리는 실망스러울 정도로 작았다. 그러나 내향적인 어르신들이 오래된 찬송가에 소리 없이 입을 움직이시는 것을 종종 보기도 한다. 병동 스태프들도 보통 노래하는 것을 즐긴다.

밥은 솔로로 찬송가를 부르는 것을 제안했다. 버트는 갑자기 자리에 앉았고 소외된 것처럼 보였다. 몇몇의 사람들이 함께했다. 그다음 나는 한 동양인에게 그의 나라에서 부르던 노래를 불러 줄 수 있는지 물었다. "나는 당신들의 언어로 노래할 수 없어요." 그가 대답했다. "그럼, 그냥 당신 나라의 언어로 불러도 돼요." 그는 걸어 나와 그룹 앞에 서서 눈은 감고 머리는 들고 등은 약간 구부리고 낯선 음악적 패턴을 진지하고 동경하는 소리로 노래했다. 모두가 주의를 기울여 들었다. 그는 마치 수천 마일 떨어져 있고, 수천 년이 지난 것으로부터 나오는 소리로 깊은 곳에 있는 내적 경험을 나누고 있었다. 그가 멈추었을 때, 박수를 치며 내가 물었다. "무엇에 관한 것인가요?" "이것은 나의 신(god)에 관한 것입니다." 그가 담담하게 말했다. 그러고 나서 성공적인 연주를 통해 용기를 얻어 내게 질문했다. "이 음악치료 너머에 있는 심리학이 무엇인지 내게 말해 줄 수 있습니까?" 나는 그에게 대답했다. 나는 그에게 긴장감 해소, 창조성, 의사소통, 사회성에 관한 작은 정보를 주었다. 반면에, O 씨는 〈맥도날드 아저씨의 농장(Old MacDonald had a farm)〉을 연주하려고 준비하고 있었다. 스태프가 같이 참여하자, 버트는 다시 지휘자로 돌아왔고, 바닥을 쳐다보고 있는 남자를 제외하고는 생기발랄한 파티 분위기가 되었다. 다른 피부 색깔을 가진 또 다른 사람이 노래를 부르도록 제안하였으나 그가 위엄을 가지고 "우리나라에서는 다 같이 노래를 부르거나 아니면 듣거나 둘 중 하나만 합니다."라고 말했다. 흥분을 잘하는 조증의 환자가 드럼 옆에 있는 작은 테이블을 들고 격렬하게 드러밍하며 "내 형제의 결혼식 같다."는 가사로 노래를 불렀다. O 씨는 피아노로 동양적인 음악을 즉흥으로 연주하였다. 그 드러머의 실내복은 금빛 뱀들이 춤을 추는 것 같았다.

어떤 사람이 그룹 활동으로 다시 이끌어 주는 뱃노래를 선택했다. 그러고 나서 시간이 다 되었다. O 씨와 내가 애국가를 시작하자, 모든 사람은 일어나 다리를 움직였고, 어떤 사람들은 다른 사람들의 도움을 받기도 했다. 세션은 끝이 났다.

이러한 여러 문화요소가 섞여 있는 크고 위협적인 병동에서는, 치료사들은 그룹 전체 안에서 위험한 요소들로 변할 수도 있는 활동에 참여하지 않는 사람들이 소그룹으로 형성되는 것을 피해야만 한다. 여러 인종 간의 리듬 표현을 통해서는 공격성에 관련된 주된 감정을 꺼냄으로써, 좀 더 개인적인 감정의 표현을 수용할 수 있는 그룹으로 확실하게 남게 되었다. 가능하다면 치료사들은 퍼포먼스를 하길 원하는 모든 환자의 요구를 들어주는 것이 좋다. 만약 특별한 음악이 필요하다면 그것을 살 수도 있다. 분위기는 대체적으로 명백하게 정의 내려진 규칙 안에서 관대하다. 예를 들어, 나는 내 바이올린을 그 누구에게도 연주할 수 있도록 허락하지 않을 것이다. 나는 보험 약관에서 그것을 금하고 있다고 설명한다. 거의 모든 제안은 수용되지만 누구도 다른 사람이 자신의 음악을 나누는 기회를 박탈하는 것 같은 접근은 허용하지 않는다. 그러나 조증을 가진 환자들은 해가 가지 않는 선에서 비록 그들이 그들의 몫보다 오히려 더 많은 것을 얻고 있다 할지라도 그들의 에너지를 조금 더 사용할 수 있도록 허용한다. 그것은 안전을 위한 밸브로 사용하기에 도움이 된다. 환자들은 강압적이지 않게 활동에 참여하게 된다. 연주하거나 노래하고 싶지 않다는 표현은 존중된다. 가끔 이러한 병동에서 어떤 성적인 노출을 보이는 사람이 있곤 한다. 그러나 만약 환자 자신은 수용되고 말할 기회를 얻게 되고, 그의 문제 행동들은 무시당하게 되면 중단되는 경향이 있다. 만약 그것이 계속 지속된다면, 병동 스태프 중 한 분에게 부탁해서 그 환자와 뒷줄에 같이 앉아 주도록 할 수도 있다. 나는 〈나와 함께 거하소서(Abide With Me)〉라는 곡을 단3도 낮춰서 연주하려는데, 그룹의 앞줄에서 그러한 행동들로 인해 방해를 받아서 아주 힘든 시간을 가진 적이 있다.

대상들이 바뀌는 큰 병동에서는 진단명을 외우는 것은 고사하고, 환자들의 이름을 외우는 것도 아주 힘든 일이다. 보통 이러한 종류의 병원에서는 익명성을 위해서 환자의 성이 아닌 이름만을 사용하기 때문이다. 그래서 나는 그들이 명백하지 않은 이상 모든 환자의 진단명을 받지는 못한다. 환자들은 그들의 상황에 따른 행동으로 대해지게 된다. 치료사는 금방 편집성 조현병 환자들을 알아챌 것이고 그들에게 전문적인 주의를 가지고 접근하는 것을 배울 것이다. 한 명 또는 두 명의 환자들에 대한 특별한 연구가 이루어지면, 치료사는 그들의 이름을 물어볼 수 있고 수간호사와 세션 후에 그들에 대해서 이야기를 나눌 수도 있다. 그러나 큰 그룹 세션에서는 이러한 지식들은 그렇게 필요하지는 않다. 중요한 것은 우리가 이러한 기관에서 종종 간과하곤 하는 감정적이고 영적인 필요가 있는 사람들이 속한 진실된 경험을 하는 그룹에 들어가야 한다는 것이다.

너무나 자주 감정은 추잡하고 불편한 상황이나 행동으로 인해서만 나온다고 생각한다. 감정의 긍정적이고 창조적인 관점은 정말 치유적이고 현실적이다. 텔

레비전에서 나오는 어떤 사람의 노래나 연주를 수동적으로 듣는 것은 음악가들이 라이브로 연주하는 음악적 행위로 인한 창조적인 것과는 상당히 다르다. 라이브를 듣는 청중들은 단지 수동적이지만은 않다. 그것은 음악가의 연주 안에 있는 창조적인 힘 때문이다. 누군가가 비어 있는 스튜디오만을 방송한다면 그것은 경악할 만한 일이다.

이러한 분위기 변화, 공격성의 발산, 구별과 통제에 대한 소개, 자유로운 창조성의 환경설정, 진지한 음악 후에 만들어지는 즉흥연주, 개인적인 솔로와 그룹 노래들은 이러한 타입의 병동에서 성공적인 세션을 하는 데 도움이 된다. 이것은 모든 병동에서 모든 치료사가 이렇게 하는 것이 맞고 다른 시도나 다른 곳에서 효과적이었던 것을 이곳에 적용하지 않아야 한다는 것을 의미하지는 않는다. 치료사들은 그 순간에 함께하고 있는 그룹의 특징과 능력을 가지고 시도하고 반응해야만 한다.

제9장
심리분석적 운동과 이완 세션

원인(인과관계)

나의 분석적 심리치료의 초창기 동안, 즉 상호치료(intertherap)의 시작 전, 나는 세션 중 논의되었던 상상과 생각(fantasies and ideas)에 관한 나의 감정들을 적절한 음악과 춤으로 표현하는 것이 아주 유용하다는 것을 알았다. 나는 심리치료사에 의해 알게 된 억압된 감정은 처음에 몸의 움직임과 긴장으로 나타날 수 있고, 이러한 표현으로 기억과 연상의 전체적 주체가 될 수 있으며, 정신적 수용과 감정의 모든 영향이 나에게 올 수 있다는 것을 알았다. 나 자신의 한계치에 다다른 이러한 감정에 대한 경험으로, 나는 나의 환자들과 긴장감 없이 마주하게 되었다는 것을 알았다. 나는 이를테면, 환자의 바이브레이션에 의지를 가지고 공명하거나 또는 공명하지 않을 수 있으며 조율할 수도 있는 드럼이 되었다. 그래서 시니어 음악치료사인 K 씨(Miss K)는 일상적인 신체 훈련, 현재 내가 듣고 있는 이완 세션 수강의 필요성, 계획된 심리분석적 운동과 이완보다 환자들이 더욱 발산할 수 있는 수단으로서의 기회를 주는 음악에 따른 움직임에 대한 필요를 가지고 나를 만났다. 그것은 환자와 음악치료사의 관계뿐만 아니라, 환자와 그들 자신의 신체적 감각, 감정 그리고 생각 간의 새로운 음악적 기술의 만남이 될 것이었다. 그것은 쉬운 구상은 아니었다. 첫 세션에서 내가 맡게 된 세 명의 환자 중 한 명은 전기 경련 치료(Electro-convulsive therapy)를 받고서 몸이 편치 않아서 올 수 없었고, 다른 한 사람은 거의 경직되어 있고 외부 자극에 거의 반응하지 못하는 정도의 불안을 가지고 있었으며, 마지막 한 사람은 너무나 말랐고 크고 바람이 잘 통하는 곳에서 그 어떤 이완도 할 수 없을 정도로 너무 추워했다. 내가 K 씨에게 이러한 음울한 상황을 얘기하자, 그녀는 지체 없이 "좋아요, 우리는 그럼 일주일에 두 번 하도록 하고 음악치료실로 옮기기로 해요."라고 말했다. 대단한 믿음이구나! 나는 같이 연구를 하게 된 흥미로운 정신과 의사인 치치스터(Chichester)에게 전화했다. 그는 "리듬을 좀 해 봐!"라고 말했다. 우리는 시도를 해 봤다. 그렇다. 이것은 그룹으로 하나가 되게 하면서도 개별적으로는 풀어 주는 도입 요소가 필요했다.

다른 환자들이 왔고 우리가 준비했던 것을 잘 사용했다. 주고받는 것이 모두 되었다. 이제 시작되었다.

목적

이 세션의 목적은 인식과 의사소통을 통한 이완이다. 의사소통의 첫 번째 방법은 가장 원시적이고 자연스러운 형식인 표현적인 움직임이다. 만약 환자가 이것을 어떻게 해야 하는지 모른다고 말하면, 치료사는 그들과 이야기를 좀 나눈 뒤에 다리를 꼬는 방법, 발끝을 펴는 방법, 손을 흔드는 것, 몸의 자세를 잡는 방법을 짚어 준다. 그들은 나머지 사람들이 서서 팔짱을 끼거나, 손을 엉덩이에 대거나, 허벅지 사이에 두거나 하는 것을 보게 된다. 그들은 이러한 형태의 의사소통에 대해서 인지하게 된다. 이것은 그들에 의해 항상 사용되고 있으며, 그들도 그것을 사용할 수 있다.

리드하는 음악치료사(주치료사)는 그룹 안에서 그룹 심리치료의 방법을 사용한다. 그는 그룹을 분석하려고 시도하지 않고 개개인이 자신을 인식하고 이러한 특별한 인식에 대해 나눌 수 있기를 기대한다. 이것은 다른 사람으로부터 시도되거나 그룹 구성원을 따라 시도하는 것이라기보다는 개인의 중심으로부터 나오는 내면의 지향성을 위한 격려이다. 움직임이나 언어를 통해서 감정이 표현되어 그들의 긴장감이 처음 풀어지게 되면, 환자들은 그들의 신체를 이완하기가 더욱 쉬워진다.

구성

치료사는 환자들 자신이 불리기 원하는 이름으로 다른 병동에서 왔을지도 모르는 환자들을 소개한다. 그는 새로 온 환자에게 세션의 목적에 대해서 설명한다. (개인적으로 나는 한 사람을 병원에 입원시키고, 정상 이하로 대하고, 아무것도 설명해 주지 않고서, 왜 그들이 불안해하고 어린아이처럼 의존적이고 이기적이며 자기이해에 결핍을 보이는지에 대한 의문을 갖는 것이 전부라고 생각하지 않는다.) 이 시간에 2명의 음악치료사들이 고용되었고, 한 명은 이 연구를 이끌면서 움직임에 참여하고, 다른 한 명은 두 번째 움직임과 이완을 즉흥으로 만든다. 첫 번째 활동은 모든 사람이 참여하는 준비운동이다. (나는 또한 최근에 준비운동 전에 서로를 인지하고 우리들 자신이 함께하는 그룹이라는 것을 모두 인지하게 하는 스트레칭, 다리 운동, 긴장이완운동을 소개해 왔다) 준비운동에서는 라틴 아메리카 음악 같은, 보통 라이브로 녹음된 리듬음악을 사용한다. 리드하는 주치료사는 완벽하게 모방해야 할 것 같은 깔끔한 발놀림을 보여 주는 것은 피해야만 하고, 진심으로 자신을 움직이도록 허락되어야 할 필요가 있는 신체 부분들과 연결이 되도록 이끌어야 한다. 초보자들에게는 음악을 시작하기 전에 다리에서부터 시작하는 것이 좋다. 그렇지 않으면 그들은 일어나서 움직일 용기가 없을지도 모르기 때문이다. 환자가 자리에 앉아 있다면 치료사는 그에게 다가가서 그의 손을 꺼내게 하고, 손바닥을 위로 향하게 한다. 그리고 환자는 아마도 자신을 발산하는 춤추는 것에 끌어들이는 것을 허락하게 될 것이다. 발목을 삔 환자, 심장 문제가 있는 환자, 불안정한 임신을 한 환자 등은 앉아 있을 수 있고, 그들의 팔, 손, 다리와 머리로 춤을 출 수 있다. 그룹에서 참여하지 않는 사람들이 있는 것은 피해야만 한다. 만약 누군가가 활동에 참여한다면, 우리가 허락해 줄 수 있는 단 한 사람은 세션의 의미의 내적 이해를 더욱 많이 가지고 관찰하고 있는 정신과 의사이다. 나는 최근에 준비운동 전에 하는 스트레칭을 소개해 왔다.

음악이 끝났을 때, 그룹 멤버(7명이 넘지 않는 게 좋다)들은 자리에 앉았고, 주치료사는 차례에 따라 질문을 하였다. 질문의 구성은 "당신의 신체는 움직임을 할 때 어떤 것을 느꼈나요?" "나누고 싶은 생각이나 아이디어는 무엇인가요?" "지금 느끼고 있는 감정은 무엇인가요?"이다. 이런 질문의 목적은 신체 기능에 대한 환자의 인지를 자극하는 것과 이것을 다른 사람들과 의사소통할 수 있도록 하는 것이다. 처음에는 얼마나 많은 환자가 자신의 신체를 느끼는 것에 대해 말하는 것을 어려워하는지를 보고 놀랐다. 또 다른 사람들은 그들의 신체에 대한 모든 불평은 이야기하고, 자신이 느끼는 감정에 대해 이야기하는 것은 어려워했다. 세 번째 부류의 사람들은 큰 즐거움이나 고통 그리고 신체 감각에 대해 이야기하지만, 생각이나 아이디어에 관해서는 백지 상태였다. 한 주, 한 주 지나감에 따라서 이것은 아주 흥미롭게 변화되기 시작했다. 치료사의 질문은 신체 감각, 감정 또는 생각을 하기 위한 발판이 되었고, 어떤 초기에 보류되었던 중요한 경험에 대한 허가가 되었다. 좁은 틀 안에서 의사소통을 하도록 하는 것의 창조적인 욕구불만은 긴급한 문제를 아주 강력하게 표면 위로 가져오고, 치료사는 그룹이 유용해 보이는 무엇이든 알아보도록 도울 수 있다.

다음 움직임을 위한 음악은 주어진 자극에 대한 환자들의 연관성을 위한 반응을 위해 무조(atonal)로 즉흥연주를 했다. (무조로 연주한 이유는 음악적 연관성을 피하기 위해서였다) 치료사는 움직임이나 말하는 것에서 자신을 표현하는 데 어려움이 있는 환자가 세션 안에서 어떤 시도를 해 볼 수 있게 하기 위해 자극을 선택하도록 해야 한다. 그 외에 새로 온 환자나 신뢰에 대한 문제가 있는 사람은 시도해 볼 만한 어떤 영역이나 호기심을 가지고 있는 영역에 대해서 도움을 받아 볼 수 있다.

선택하는 것에는 아주 특별한 무언가가 있다. 어떤 면에서 그것은 사람들을 모으는 데 도움이 된다. 선택을 하는 동안, 그들은 특별한 관심을 얻게 되고 동시에 거절이냐 선택이냐에 대해 균형을 잡고 충분히 강해지게 된다. 그러나 정서적으로 불안정한 사람들은 "이것을 선택하는 것은 나야. 나는 내가 무엇을 원하고 있는지 알고 있고, 그 누구도 나보다 먼저 그것을 가로채서는 안 돼."라는 강한 감정을 느낀다. 선택을 한다는 행동은 믿을 만한 정체성과 연관시킨다. 이러한 선택과 음악에 따르게 된 그룹은 상당히 안정적이다.

현재 사용된 자극은 색깔 있는 펠트로 된 책, 감각 주머니(털, 사포, 동물장난감, 면 실패, 지우개, 금속 원판 등의 촉각 자극), 의도적이지 않은 모양에 이미지를 투사할 수 있는 두 개의 풀려 있는 긴 리본 끈, 단어카드 뭉치(공기, 불, 물, 땅, 감정적 반대말, 미완성된 문장, 고속도로 표지판, 인간관계, 식물의 다른 부분 등의 7개 세트), 시적 인용구 그리고 신비한 상징물이었다.

각각의 환자에게 자극에 대한 어떤 연관성이 주어졌을 때, 악기를 연주하는 치료사는 그룹에 의해 표현된 아이디어를 통해 의식적인 연관성에 의해 연주하거나 긴장감을 야기시키는 표현되지 않은 감정의 그룹 역전이에 의해 즉흥연주를 한다. 이러한 음악은 일정한 리듬이나 조성이 없다. 그것은 아주 초보적인 내부 세계를 대표하며, 그 세계에서 의미와 질서를 창조하고, 공유될 수 있는 외적인 형태의 힘의 일부를 허용하는 것이다. 많은 환자가 이러한 위협을 처음에 찾아낸다. 그들은 음악은 리듬이 유지되는 구조라고 여기는 것에 익숙하다. 그리고 지금은 음악에 대해 그들 자신의 구조를 가지도록 요구받았다. 그는 언제 이 개인을 위해 희생해야 하는지, 또 언제 개인이 그룹을 위해 희생해야 하는지 판단하는 것을 배워야만 한다. 그것은 민감하게 다뤄져야 할 필요가 있다.

주치료사가 자신의 신체 표현에 참여한 움직임 이후에(그룹 반응을 기록할 수 있는 관계자를 충분히 확보할 것), 그들은 다시 앉았고 치료사의 질문에 대답했다. 분위기는 '할 수 있게 하는(enabling)' 그룹처럼 따뜻해야 한다. 움직임 안에서 음악과 표현(또는 표현하지 않는 것)은 숨겨진 감정을 풀어내는 데 필요한 모든 것을 할 것이다. 이것은 내가 치료사와 그룹이 서로를 발가벗기고 서로의 상처를 드러내 무감각함을 전반적으로 강화하는 일종의 그룹이 아니다. 음악이 내적인 감성을 드러나게 함에 따라, 치료사와 그룹은 개인이 내면의 감정을 혼자 마주하도록 돕는 지지기반을 형성한다.

이후에, 환자는 바닥에 있는 러그 위에 눕고, 주치료사는 잠재적으로 공격적일 수 있는 영역인 손과 입에서부터 시작해서 그다음 발부터 머리까지 가는 계획된 이완 기법을 통해 환자가 각각의 신체 부위에 순서대로 조용히 속으로 '내려놓자(Let go)'라는 지시를 하게 한다. 음악이 재생되는 동안 간단한 시각화가 유지되도록 제안한다. 치료사가 상징에 대한 특별한 지식과 경험을 가지고 있지 않으면, 발달과 성장에 관한 자연스러운 이미지가 적합하다. 예를 들어, 눈 덮인 땅에 피는 샤프란 꽃, 떠오르는 태양, 별, 봄에 바다로 흐르는 물, 둥지 안의 새, 병아리의 부화, 촛불의 불꽃, 날아다니는 제비, 쟁기로 갈아 놓은 들판 등과 같은 것이다. 연주하는 치료사는 제목이 그의 음악에 영향을 줄 수 있도록 한다. 주치료사는 환자가 호흡을 깊게 하는지, 얕게 하는지, 느리거나 빠른지, 그리고 그들이 얼마나 긴장을 풀 수 있는지를 본다.

음악

정신역동적 운동을 위한 즉흥연주는 깊고 본능적인 수준에서 고안되어야 한다. 여기에서 치료사는 무용수의 이러한 동일한 수준을 공명하게 할 동적인 소리 패턴의 유기체적 흐름(wave)과 연결할 것이다. 그의 판단은 신중해야만 한다. 5명의 환자들은 달콤함(sweetness)과 아이스블루 색을 띠는 빛에 연관성을 부여했다. 그들은 얼마나 그것의 다른 측면으로 얼어붙은 두려움에 직면할 준비가 되어 있는가? 오직 그만 결정할 수 있다.

종종 앞이 보이지 않을 정도의 눈물이나 분노로 카타르시스가 발생했을 때, 보조 치료사는 언제 주 3화음을 토대로 한 음악을 제공해야 하는지 알아야만 한다. 반면에, 주치료사는 인간에 대한 이해와 상황에 따른 언어적 수용을 다룬다. 이 순간에 환자가 자신의 감정을 충분히 표현하고 그룹이 제공할 수 있는 확신을 얻을 때까지 전체 그룹이 지지기반(Holding matrix)을 형성하고 일반적인 패턴은 중

지한다. 나는 이것을 의도적으로 하지는 않는다. 이것은 그냥 자연스럽게 일어난다. 그리고 이것은 한 여성이 출산할 때 그녀를 둘러싸고 아이가 태어날 때까지 보호하는 남미의 원시적인 종족에 대한 보고서를 생각나게 한다. 그녀가 그래야만 하는 것처럼 그녀는 홀로 감내하지만, 이곳의 환자들이 그렇듯이 안전하게 지켜졌다. 내가 듣기로는, 이러한 지지적인 감정은 세션 밖에서도 계속되었다. 그룹 구성원 그 누구도 이러한 그룹 치료 기회에 대한 관례적인 패턴(customary pattern)의 상실을 원망하는 것으로 보이지 않았다. 그들은 그들의 가치를 알게 되었다. 카타르시스의 감정은 다른 그룹 멤버들을 상기시킬 수 있고, 치료사는 다음 세션에서 비슷하거나 보통은 조금 덜한 감정 폭발을 볼 수 있다. 지금까지 모든 즉흥적인 카타르시스 사건은 환자의 정서적 경험에 대한 진정한 순간(genuine nadir)이었던 것 같다. 따뜻하고 허용적인 중재를 통해, 그 어떤 환자도 패턴에 갇혀 있거나 그것을 반복해야 할 필요성을 느끼지 못했다. 그와 반대로 모두가 용기와 독립심으로 앞서갔다.

이완을 위한 음악은 민감해야만 한다. 오직 이완을 하고 있는 동료의 피드백이나 자신의 음악 녹음만으로 편안한 휴식을 취할 때, 훈련생은 자신의 기술을 완벽하게 활용할 수 있다. 이 음악은 움직임을 제안해야 하지만, 사지를 경련시키는 종류의 움직임이 아니다. 그것은 고요함을 제안해야 하지만, 얼어붙은 듯한 감정과 침체의 고요함은 아니다. 가장 중요한 것은 치료사가 마음과 감정을 깨끗한 만족감으로 채우고 거기에서부터 연주하는 것이다. 그는 이러한 감정으로 내부 저수지를 채우고, 삶에서 한 방울씩 그것을 끄집어내야 한다. 그것은 또한 주치료사의 휴식 지침을 따르는 데 도움이 된다.

환자

특정 인지 능력을 가진 환자만이 이 치료법을 사용할 수 있다. 매우 편집증적이고, 아주 나이가 많거나(senile) 강박이 있는 신경증 환자는 일반적으로 적합하지 않으며, 움직임의 표현을 사용하기에 너무 심각한 손상을 입었거나 움직이기 어렵거나 취약한 환자들도 적합하지 않다. 그렇지 않은 대부분의 환자는 이러한 세션을 잘 활용할 수 있다. 어떤 사람들은 운동 중에 갑작스런 민망함을 경험하지만, 만약 치료사가 이것에 대해 이야기하고 다른 구성원의 경험과 비교하도록 독려할 수 있다면, 6회기 또는 3주 이상 지속되는 경우는 드물다.

그룹

이 그룹이 특별히 인지, 의사소통, 이완에 관해 훈련함에도 불구하고, 활동 그룹(activity group)이라고 불릴 수 있다. 그러나 미국의 정신분석학자이자 그룹 치료사인 얄롬(Irvin Yalom)의 열 가지 치료 효과에 대한 관점에서 살펴보는 것이 도움이 될 수 있다. 다음은 그의 리스트이다.

1. 정보전달(imparting of information)
2. 희망의 고취(installation of hope)
3. 보편성(universality)
4. 이타심(altruism)
5. 초기가족의 교정적 재현(corrective recapitulation of primary family group)
6. 사회화 기술의 발달(development of socialization techniques)
7. 모방행동(imitative behavior)
8. 대인관계의 학습(interpersonal learning)
9. 집단 응집력(group cohesion)
10. 카타르시스(catharsis)

- **정보전달(imparting of information)**: 이 세션에서 전달된 정보는 매우 개인적이며 특이한 수준이지만, 정보를 제공하는 사람들에게는 그것이 받아들여

지고 다른 사람들이 그것을 이해하고 자신의 감정 및 경험과 비교하려고 노력하는 것이 중요하다.

- **희망의 고취**(installation of hope): 이러한 세션에서 중요한 요소이다. 환자들은 서로서로 지지해 주기 때문에, 절망의 깊이를 자유롭게 표현할 수 있다.
- **보편성**(universality): 환자들에게는 다른 사람들도 그들의 문제를 가지고 있으며, 아마도 그것을 받아들이기 시작한 것을 아는 것이 위로가 된다.
- **이타심**(altruism): 이것은 주로 세션 밖에서 다른 사람들에게 좀 더 배려하는 태도로 표현된다. 환자가 세션이 끝나고 치료사를 도와서 의자를 방 안으로 가져다 놓는 것 또한 좋은 예라고 할 수 있다.
- **초기가족의 교정적 재현**(corrective recapitulation of primary family group): 이 환자들이 오고 있는 단기 입원병동에서 출석하는 것은 그것의 완전한 효과를 보기에 너무 불안정하다.
- **사회화 기술의 발달**(development of socialization technique): 정말로 그런 종류의 그룹은 아니지만, 일반적인 공손함, 평범함 및 불평보다 다른 종류의 의사소통을 실현한다.
- **모방행동**(imitative behavior): 주의를 기울이는 경청, 진지한 생각과 의견의 패턴은 모방된다. 많은 환자는 처음에 다른 사람의 움직임을 모방하다가 그들 자신의 개인적인 신체 표현을 하게 된다.
- **대인관계의 학습**(interpersonal learning): 이러한 세션에서 도움이 되는 비교 및 토론이 많이 제공되었다.
- **집단 응집력**(group cohesion): 다섯 번째 문항을 참고할 것. 그러나 그룹 내에서 방향의 일치라는 아주 좋은 정서가 때때로 형성된다.
- **카타르시스**(catharsis): 이것은 이 그룹의 가장 가치 있는 특징 중 하나이다. 따뜻한 분위기에서도 문제는 발생한다. 환자는 자신의 감정적 폭발을 풀어버릴 적절한 순간을 포착하고, 그룹이 그녀와 그녀의 개인적으로 받아들일 수 없는 고통을 감당하도록 한다. 그룹의 이러한 분출에 대한 수용은 엄청나게 용기를 북돋곤 한다.

환자는 더 나은 구조화된 그룹 댄스를 수행하지 않을지 여부를 묻는 질문을 받을 수 있다. 그들이 집에 갈 때나 병동에서 작업치료사와 사회적 관계를 맺을 야간 수업의 장소는 분명히 있다. 그러나 이 세션에서의 오리엔테이션은 그룹 안에서 한 사람을 다루기 위해서이며, 견디고, 신뢰하고 자신의 실제 경험을 말할 수 있게 하기 위해서이다. 음악에서의 움직임, 말하기, 이완하기를 통해 환자는 다른 종류의 긴장을 완화하는 법을 배운다. 어깨와 허벅지의 긴장과 분노와 질투의 감정에 대해 인식하는 것을 배우는 것과 그들의 원인에 대해 연구하고 그 감정과 관련하여 어떤 것을 시도하는 것은—7명의 스코틀랜드 사람과 백파이프 피는 사람이 갑자기 나타나는 경우에 대비하여 스코트랜드 고지인들이 추는 포크댄스(highland fling)와 여덟 사람이 추는 전통 춤(eightsome reel)을 추는 법을 아는 것처럼—일상생활에 혼자 돌아가고 회사에서 일하는 환자들에게 아주 유용하다.

대인관계 의사소통은 그룹 외부의 누군가에게 자주 가치 있는 것이 되고 강조된다. 이 세션에서 치료사가 가장 자주 반복하는 말은 "당신은 그/그녀에게 그것을 말했나요?"이다.

사건

내가 최고라고 기억하는 사건 중 하나는 레나(Lena)와의 일이다. 그녀는 10대 후반의 특이한 소녀였고, 볼품없는 외모는 가장 민감하고 감동을 주는 시를 위한 내면 음악의 바깥쪽 껍질에 불과했다. 그녀가 자신의 시를 몇 편 읽게 한 후로 나는 처음으로 이 껍질을 통해 볼 수 있게 되었다. 감정표현의 반대말의 짝을 선택하는 레나의 차례가 되었다.

그녀는 수용과 거절이 적힌 2개의 카드를 잡았다. 나는 그녀가 손에 거절이라는 카드를 들고 앉아서 다른 환자와 함께 소파에 모여 있는 것을 볼 수 있었다. "이건 나야." 그녀가 씁쓸하게 이야기했다. "거절! 그건 나야. 그냥 공장에 있는 컵처럼. 별로야." 비록 일방적이지만, 아버지나 어머니 또는 오빠가 원하지 않거나, 일자리를 잃어버리고, 밤에 문을 잠가서 들어오지 못하게 하거나, 병원 입원을 거부한 비극적인 이야기가 있었다. 음악이 시작되었을 때, 우리는 춤을 추었다. 그리고 레나는 머리를 무릎에 대고 팔은 늘어뜨린 채 울었다. 그리고 울고 또 울었다. 나는 그녀의 어깨에 손을 올려 감싸 주었다. 그녀의 흐느낌을 통해 우리는 그녀가 집과 가까운 다른 병원에서 면접으로 보려고 한다는 것을 가까스로 알게 되었다. "그리고, 그들이 나를 거절한다면, 나는 끝난 거야."그녀는 다시금 좌절했다. 세션 시간은 점점 짧아지고 있었다. 내가 무슨 말을 할 수 있을까? "레나." 내가 말했다. "너의 엄마, 아빠, 오빠 그리고 고용인들, 병원조차도 너를 거부했다고 느끼는 건 정말 끔찍한 일이야. 하지만, 그건 정말 중요한 일은 아니란다. 너를 결코 거절하면 안 되는 단 한 사람이 있어." 그녀는 눈을 들었다. "그건 바로 너야." 놀란 그녀는 얼굴을 닦았다.

그다음 세션에서 그녀의 친구는 나에게 그녀가 '백만장자'처럼 보이는 정신병원 사회복지사와 인터뷰를 하러 갔었다고 말해 주었다. 그녀는 빛나고 미소를 지으며 합격을 하고 다시 돌아왔다. 나중에 그녀는 처음에는 많은 것을 잃었다고 느꼈지만, 지금은 마침내 진심으로 수용됐다고 느낀다며 다른 병원에서 편지를 썼다.

이것은 잠재적으로 제한적인 춤 제목(Hazrat Inayat Khan, 페르시아 수피 시인의 작품에 대한 인용문)이 어떻게 세 가지 다른 여성 문제에 대해 강한 감정을 드러내는지 보여 주는 예이다. 두 딸이 있고 우울증이 있는 30대의 기혼 여성 잉에(Inge)는 '사랑하는 것과 소유하는 것은 별개의 것이다(To love is one thing, to own another)'를 택했다. 병원에 있다는 것은 그녀가 그의 가족에게 더 이상 속해 있지 않다는 것을 느끼게 하였고 눈물을 흘리게 하였다. 장성한 아들이 있고, 별거 중인 40대 초반의 여성 애나벨(Annabelle)은 그녀가 자신의 외동아들을 소유하려고 노력했다는 것을 깨닫고 몹시 울었다. 20대의 젊은 여성인 린다(Linda)는 그녀의 엄마가 자신을 소유하려 했다는 것을 알았다. 이러한 감정은 춤을 추게 하였고, 이어지는 이야기는 대단한 열의를 보였으며, 우리가 전혀 휴식을 취하지 못하고 다음 병동에 7분이나 늦을 정도로 여성들의 깨달음은 흥미로웠다.

다른 시간에 바바라(Babara)는 불에 관련된 카드의 일곱 가지 항목에서 '화산'

을 선택했다. 대가족과 지내는 중년의 조울증 환자 바바라는 그녀의 병에 관한 불을 춤으로 표현했다. 그녀의 빨간 코트를 불꽃처럼 펄럭거리고 나서, 죽음—죽임을 당한—을 표현하듯 땅에다 내려놓았다. 잉에는 그녀의 병이 가족을 혼란스럽게 만들었다고 느끼며 그녀가 화산이라고 말했다. 우울증과 불안장애가 있는 50대 여성 에드나(Edna)는 자신이 분노한 화산이 될 수 있다고 생각했지만, 그녀가 음악을 들었을 때, 우울증이 있는 진(Jean)이 그랬던 것처럼 자신도 희생자처럼 느꼈다. 이것은 그들의 표현적인 움직임을 통해서 처음 정서적으로 경험한 것보다는 더 타당한 분노와 박해자와 희생자에 관한 어떤 흥미로운 이야기를 불러일으켰다.

한 세션에서, 덩치가 있고 수염을 가진 정신분열증이 있는 젊은 남성은 내 만화경을 들여다보았고, "나는 하나님을 보았다."라고 말해서 나를 경악하게 했다. 그 사람에게 부적절한 자극이 될 수 있다고 생각—어쩌면 꽤 잘못된 것일 수도 있는—하면서, 나는 "그 밖에 무엇을 볼 수 있나요?"라고 비이성적으로 물었다. 그는 "정원이요."라고 대답했다. 환자들은 이 세션의 구조를 현재 자신에게 의미 있는 것들로 자유롭게 가득 채운다. 치료사들은 그의 의지적인 수용을 통해 빈 공간을 만들어 낸다.

다른 관찰

움직임을 하는 동안, 치료사는 일반적으로 감정과 생각을 억제하는 부분에 해당하는 무용수의 신체에서 경직된 흥미로운 부분을 관찰할 것이다. 어떤 사람들은 간신히 자신의 다리를 움직이고, 어떤 사람들은 자신의 손을 어깨 위로 절대 올리지 않고, 어떤 사람들은 자신의 어깨와 허벅지 사이에서 경직되어 있고, 어떤 사람은 정형화된 댄스 스텝대로만 움직이고, 다른 사람들은 나머지 그룹의 방향과는 반대로 방을 돌아다니며 고집을 부린다. 어떤 특성은 설명을 할 수 있으며, 다른 것은 의미가 명확해지거나 부적절할 수 있는 최종 획득 과정(unsuitable end-gaining process)으로 갈 때까지 더 잘 관찰된다. 치료사가 너무 빨리 말해 줘

버리거나, 받아들일 수 없고 이해할 수 없는 정보, 방어적 태도 및 부적절한 느낌으로 부담을 주는 것보다, 느리더라도 환자가 허용할 수 있는 통찰력을 갖는 것이 더 좋다.

제10장
소규모 즉흥연주 그룹, 보컬 그룹, 녹음 세션

개별 세션의 집중적인 동조와 병동 세션의 모든 것을 포함하는 반향을 시도하는 것 사이에는 여러 가지 가능한 음악치료의 구조가 있다. 내담자에게 요구되는 활동적인 신체적·정서적 및 정신적 개입이 다양하며, 이러한 변형(variation)은 매우 유용할 수 있다. 그렇기 때문에 자신이 권위 아래에 있다고 생각되는 모든 상황에서 아버지에게 반항하는 19세의 B 씨(Mr. B)는 드럼과 심벌즈를 격렬하게 연주하는 소규모 즉흥연주 그룹에 쉽게 참여할 수 있고, 혈기왕성한 타악기 연주자로 받아들여질 수도 있다. 반면에 그는 보컬 그룹이나 녹음 세션에서는 엄청난 불편을 겪을 수 있다. 반대로, 내성적이고 불안해하는 F 씨(Miss. F)는 병원에 머무는 짧은 기간 동안 자아 강점(ego strength)이나 자기 내면의 깊은 감정을 다루고 싶어 하지 않는다. 그래서 즉흥연주 그룹과 정신역동적 운동은 거부되고, 조화와 아름다움을 주는 일치(conformity)가 있고, 리더가 이끌어가며, 표현된 모든 감정이 이미 작곡된 음악 안에서 안전하게 시작되고, 중간 및 끝이 있는 보컬 그룹을 선호한다.

소규모 즉흥연주 그룹

이런 종류의 그룹은 개별적으로 생성되는 소리 패턴의 형태로 자신의 감정을 표현하고, 그룹의 다른 사람들을 동일하게 연주한 후에, 이러한 감정과 그에 따른 상호 관계를 말로 표현할 수 있게 하려는 환자 또는 내담자를 위한 것이다. 특히, 신경증적 내담자, 관계나 자기표현에 도움이 필요한 사람들, 더 깊은 표현을 불가능하게 만드는 엄격한 가면(역할 마스크)을 가진 사람들에게 적합하다. 경계선 정신병(borderline psychotics)을 가진 사람들에게도 유용하지만, 그들에게는 아무래도 1:1 세션이 더 바람직하다.

개인적인 음악치료보다 그룹치료가 갖는 특별한 이점은 무엇인가

어떤 감정들은 그룹 내에서 보다 쉽게 나타난다. 첫 번째로, 그룹 심리치료 세션을 12회 이상 받을 수 있는 그룹 내에서 완전히 수용되고 받아들여지는 감정은 음악그룹 안에서 즉시 적용할 수 있다. 음악적 표현을 통해서 멤버들은 의식의 전언어적(pre-verbal) 깊이에서 연합된다. 이것은 프로이트의 성 발달의 구강기와 동등한 정신 상태일지 모르지만, 나는 태아 상태로 돌아가 완전히 몰입되고 포용되어 자신보다 더 크게 될 것이라고 믿는다. 자신이 그것을 풍부하게 하는 것과 다르게, 그것은 집단적 의식의 바다에 잠기고 풍성하게 되는 것같이 매우 자유롭고, 개인이 가져야만 하는 책임감으로부터 활기차고, 안심할 수 있는 경험이 될 수 있다.

두 번째로, 음악적 표현에서 자기 자신의 개성이 드러난 경험과—자기 자신을 음악 안에 던져 버리고—자기 자신에 대한 인식에서 모든 음악을 배제한 경험이 있다. 그룹을 자기가 아닌 것으로의 인식하는 것과 강력한 개별적 표현으로 어떻게 배제시킬 수 있는지에 대한 인식은 유용하고 필수적인 저항의 단계이다. 이것은 프로이트의 항문기와 부합한다. 이 단계에서, 공격성에 대한 '이것이든 저것이든 어느 한쪽(either/or)'의 잔혹한 자기학대적(sado-masochistic) 감정이 있다. '죽일 것인가 또는 죽임을 당할 것인가' 같은 것이다. 권위적인 부모이거나 무기력한 자녀인 어떤 사람이 있다. 나는 이 강력한 감정의 완전한 강도를 그룹에서 안전하게 경험할 수 있는 몇 가지 다른 방법을 안다. 이 그룹의 생존에 대한 깨달음, 격렬한 공격에 대한 수용과 이에 따른 개인의 어떠한 절망, 무기력한 감정에 대한 그룹의 수용은 내담자에게 매우 강력한 인상을 줄 수 있다. 원래의 항문기는 유아기 때 경험되어야만 한다. 가장 중요한 것은 어른으로서의 삶에서 본래의 모든 것을 휩쓸어 버리는 포악함과 함께 이 단계의 지연된 감정이 나오는 것이, 거의 단언컨대 개인과 내담자의 환경에 극도의 상처를 줄 것이라는 것이다. 그룹 안에서 모범적 경험을 가진다는 것은 내담자가 대응이 필요한 이러한 외적 상황에 보다 다루기 쉽도록 반항할 용기를 가질 것이라는 것이다. 이 단계를 성공적으로 지나가는 것은 내담자가 일이 일어나게 하고 그것을 끝내도록 내담자 자신의 의지를 죄책감 없이 사용할 수 있게 한다.

세 번째로, 음악 안에서 서로에게 관련이 있는 다른 멤버들에 의해 배제되거나 거부될 때 느끼는 질투의 경험, 그룹 안에서 누구와 관계를 맺을지 누구를 배제할지에 대한 선택의 경험, 어느 한쪽에 치우쳐 굳어진 지배나 복종이 아닌 두 명의 동등한 파트너 사이에서 재미있고, 쾌활하고, 진심으로 반응하는 경험이 있다. 이는 프로이트의 남근기 단계와 일치한다. 어떤 사람에게는 이러한 경험이 개별 세션을 통해서는 작업하기 거의 불가능하기도 하다.

그룹 안에서, 연주자들은 삶에서 초월하지 못한 다른 발달단계에서 적응하지 못한 반응을 보여 줄 수도 있고, 그것은 논의를 위한 유용한 시작점이 될 수 있다. 온전한 사람(whole person)만이 다른 사람과 진정으로 관계 맺을 수 있다. 이 단계에 도달하기 전에, 내담자는 투사된 자신의 부분과 관계를 맺고, 그녀가 자신의 에너지를 회복함에 따라 전체의 더 큰 감정을 경험한다.

구조

그룹 멤버는 치료사를 포함하여 4명에서 8명 정도가 좋다. 만약 멤버 수가 너무나 많아서 각각의 사람이 말을 하거나 연주를 하는 데 충분한 시간이 제공되지 못한다면, 적극적이지 못한 사람은 흥미를 잃거나 좌절감으로 힘들어하거나 아마도 그 환경에 불편하게 행동할 것이다. 3명으로 이루어진 그룹을 진행하는 것은 가능하지만, 불가피하게 질투와 배제의 감정과 주의 깊은 접근을 필요로 한다. 그러나 두 명은 파트너로 선율악기를 연주하고, 배제된 세 번째 멤버는 타악기를 연주하도록 하는 어려움들을 활용함으로써 좋은 결과를 얻게 되었다. 같은 효과를 내는 외부 상황에서 경험한 감정의 관계를 논의하는 것은 매우 교육적(계몽적)이다.

그룹은 가능하다면 원 모양으로 앉는 것이 좋다. 만약 피아노 연주자가 전체 그룹을 볼 수 없다면, 적어도 자신의 양쪽에 연주자들을 배치하는 것이 좋다. 선율악기는 피아노, 실로폰, 멜로디카를 포함하고, 타악기는 사이드 드럼, 봉고, 탬버린과 스탠드에 걸린 심벌즈를 포함할 수 있다. 음색 구별을 지원하고 풍성함을 더하기 위해서, 가능하다면 다양한 음색을 가진 악기들을 제공하도록 한다.

한 번도 연주해 본 적이 없는 사람들에게 자신의 연주는 즉각적으로 의미가 있는 음악적 표현이 되고, 단순히 지적·신체적·미적인 활동뿐만이 아니라는 점은 중요하게 여겨진다. 이를 위해, 자원한 멤버가 제기한 문제를 즉시 음악적으로 탐색하는 것을 통해 그룹을 공명하는 것이 유용할 수 있다.

자기표현을 위한 좀 더 자연스러운 접근을 하는 데 흥미가 있는 선생님들이나 피아노 치는 학생들이 있는 그룹에서 시간에 맞춰 연주하는 것에 대한 어려움을 이야기함으로써 시작하였다. 우리는 리듬을 없는 것으로부터 부과되는 것보다는 내면에서 오는 것으로 느끼는 필요성에 대해 말했고, 이것은 C 씨로 하여금 유쾌하지만 빈둥거리는 활동을 즐기는 충동과 그녀가 지역사회복지 및 기타 진지한 추구에 헌신해야 한다고 느낀 불쾌한 측면의 감정 분할에 대하여 말하게 하였다. 나는 우리가 이것을 음악적으로 탐색해 보기를 제안했다. C 씨는 충동 외에는 아무것도 하지 않아도 된다는 허용을 받고 실로폰 앞에 앉았고, 반면에 나머지 그룹 멤버들은 타악기로 못마땅한 부모의 목소리를 연주했다. 그러나 그녀를 그냥 내버려 두는 것은 상당히 불가능했다. 그녀는 못마땅하고 듣기 힘들 정도의 고상하고 정확한 멜로디를 연주하였고, 이어서 어떻게, 언제 그것을 해도 된다고 허용되었는지에 대한 인식보다 충동에 대한 불안의 감정들만을 언어로 표현했다. 그다음, 38세의 주임 선생님 U 씨(Miss U)가 충동적 감정을 연주했다. 그녀는 좀 더 자유로웠지만, 중간 이후부터 부모의 역할을 하고 있는 연주자들을 인식하게 되었고, 공(gong)으로 불확실한 리듬을 연주하며 보복하기 시작하였다. 이것은 자유로움 속에서 자기 정당화의 감정과 연결되어 있다. 40세의 피아노 선생님이자 노련한 연주자인 R 씨(Mrs. R)는 충만한 감정의 홍수에서 충동의 감정으로 놀았고, 나중에 부모의 모든 목소리를 "완전히 지우려고 했다."는 말을 했다. 46세의 선생님 M 씨(Mrs. M) 또한 충동 속에 빠져 있었지만, 즉흥연주의 절반쯤 연주했을 때 부모의 역할을 하는 밴드가 그녀의 언니의 못마땅한 목소리로 느껴지는 생생한 감정을 갖게 되었다. 이 시간까지 그룹은 생동감이 넘쳤고, 부모의 역할을 하는 밴드가 안전하게 연주한 반면, C 씨는 이제는 꽤 자발적이고 충동적으로 심벌즈를 연주하였다.

다음 즉흥연주는 전형적인 아이디어 안에서 그룹을 통합시키기 위해 디자인(고안)되었다. 우리는 빗방울이 떨어진 샘물이 조금씩 흘러서 시내로 흘러가고, 그다음은 호수로, 그다음은 강으로, 그다음은 바다로 가는 것을 표현했다. 첫 번째 음부터 각 개인의 의식이 그룹 안에서 펼쳐졌다.

> "그룹은 마치 다른 입을 통해 다른 방식으로 자신을 표현하는 살아 있는 존재인 것처럼 공통된 주제에 대해 말하고 반응하는 경향이 있다. 모든 참여자는 그룹이 의식적으로 주제를 인식하지 못하고 그들이 진정으로 이야기하는 것이 무엇인지 모를지라도 하나의 주제에 다양하게 반응한다."

나는 이것이 심리치료 그룹에서는 그렇게 명확하게 느껴지지 않지만, 음악치료 그룹 안에서는 가장 강력한 경험이라는 것을 알았다. 한 가지 분명한 것은 사람들 사이의 음악적 메시지가 한 사람의 음악을 통해 그룹으로 전달되어 무의식을 의식화한다는 점이다. C 씨는 꽤 원초적으로 심벌즈를 세게 연주하였고, 나는 풍부하고, 깊은 불협화음을 피아노로 연주했다. 즉흥연주의 마지막 부분에서 그녀가 표현되지 않았던 그녀의 저장고(reservoir)를 두드렸다는 것이 명백했다. 그녀는 이것이 어떻게 그녀가 마음속에 어떤 분노도 표현하지 못하고 불안정한 상황이 전개되도록 허용하게 된 아픈 가정사를 떠올리게 되었는지에 대해 우리에게 말했다. 그녀는 홍조를 띠며 흥분하였고, 그녀가 시작했던 도자기 인형에 대한 표현과는 꽤 다르게 이것에 대해서 말할 때 분노하였다.

신체와 감정적인 참여를 더욱 촉진하기 위해서, 나는 다음번 즉흥연주에서는 바람을 연주해 보도록 제안했다. 내담자들이 그들의 음악적 상황에서 필요하다면 자신의 목소리를 하나의 자유로운 악기로 사용할 수 있도록 하였다.

우리는 아주 작게 피아니시모로 시작하였다. 바람은 재잘거리며 가볍게 툭툭 두드리듯 표현되었다. 그것은 대나무 귀로우와 금색의 심벌즈에서 나는 소리였다. 북(tambour)이 둥둥거리면 드럼이 대답했다. 문득 손으로 연주하는 것만으로는 성에 차지 않았다. M 씨(Mr. M)는 C 씨(Miss C)와 R 씨(Mr. R)가 참여하면서 만들어진 고통에 시달리는 구슬픈 소리에서 빠져나왔다. U 씨(Miss U)도 역시 노래를 불렀을까? 즉흥연주가 끝날 때 즈음, 그녀가 하지 않았다는 것을 알게 되었다. 즉흥적 표현에 그녀의 몸을 직접적으로 사용한다는 것은 너무 위협적이었을 것이다. 그녀는 인디언 플루트로 연주하고 있었다. M 씨는 바람 소리를 통해서 커다란 슬픔의 저장고를 풀어 낼 수 있다는 것을 깨닫게 되었고, 그녀가 혼자서 그것과 있기 위해 그녀의 안에 가둬 놓는 것 대신에 그것을 끄집어내는 것이 아주 가치 있는 경험이라는 것을 알았다. 슬픔을 언급한 다른 사람은 없었다.

방 안의 분위기는 이 세션 이후에 완전히 달라졌다. 수월하고 편안한 의사소통, 나이와 직업 및 계층의 장벽은 정서적인 소리 경험의 일치로 제쳐 놓게 되었다. 새로 온 멤버들은 어느 정도 그들 자신에게 놀란 것 같았으나 기분 좋은 놀라움이었다.

만약 그룹이 보통 그들 자신의 감정적 상황을 자극으로 제공하는 것을 금기하거나 내키지 않아 한다면, 신화나 요정 이야기를 이러한 목적을 위해 사용할 수 있고, 그룹으로 하여금 그들 자신의 감정을 그것에 투사하도록 할 수 있다. 그림의 좋은 재현, 지질학적 표본의 사진, 꽃, 새, 동물들은 소리의 효과로 다시 변환할 수 있는 그룹으로부터 그들의 반응을 끌어내는 데 사용될 수도 있다. 치료사는 그룹 안에서 고정화된 감정 패턴을 조심해야 한다. 한 사람이 항상 즉흥연주를 끝내게 되는가? 왜 그녀가 종결을 결정해야만 하는가? 이것은 생활에서 어떻게 연관되는가? 한 멤버는 항상 제일 크거나 또는 제일 소리가 작은 악기를 선택하는가? 다른 사람은 스포르찬도(sforzando)로 연주해야 하는 포르테(forte) 부분에서 스포르찬도로 연주하고, 또 다른 사람은 항상 뒤로 밀리거나 빠지게 되는가? 누가 자주 크레센도(crescendo)를 시작하고 전개시키는가? 누가 가장 먼저 클라이맥스에 도달하는가? 이러한 모든 흥미로운 패턴들은 담당 음악치료사의 직감에 가장 적합한 그들의 메시지와 의미를 가지고 있다. 여기서 질문과 대답의 해석을 시도하는 것은 우리를『꿈 해석(The Housemaids' Dream Book)』으로 인도할 뿐이다.

그룹 즉흥연주 음악치료의 목적은 무엇인가

그룹 즉흥연주 음악치료의 목적은 그룹 안에서 소리를 가지고 자기인식을 통해 기본적으로 더 나은, 더 진실한 자기인식을 이루는 데 있다. 그것은 높은 활동률을 보이는 치료적 그룹으로 분류될 수 있다.

보컬 그룹

보컬 그룹은 다음과 같은 환자들에게 특별한 기회를 제공하며, 적어도 1년에 한 번, 그들이 생활하는 곳의 기관의 대표로써 통합되며, 계급적인 장벽을 허물고, 의사들, 정신과 의사들, 비서들, 간호사들, 수녀님들, 수간호사들, 족병 전문의들, 정원사들, 목수들, 물리치료사들, 미술치료사들, 음악치료사들, 작업치료사들, 전기기술자들, 환자들을 소프라노, 알토, 테너, 베이스로 만들어 헨델(Handel)의 〈메시아(Mesasiah)〉나 멘델스존(Mendelssohn)의 〈엘리야(Elijah)〉 같은 감동적인 작품으로 대중 연주를 한다. 감정의 자극을 조금 즐기며 장기로 머무는 환자들을 위해, 청중들에게 집단이 노래하는 것의 설렘(thrill)은 인생이 좀 더 목적 있는 것으로 보이고 그들이 방문자를 맞이하거나 친인척들을 방문하러 갈 때, 그들에게 무언가를 해 줄 수 있는 사람으로 변하는 하나의 이벤트가 될 수 있다.

이러한 이벤트 후에, 17세 때는 가끔이었지만 18세 때부터는 병원에 있었던 조현병 환자 O 씨(Mr. O)가 선임 음악치료사(senior music therapist)로 지휘를 하고 있던 K 씨(Miss K)에게 "나는 우리가 그것을 할 것이라고 생각하지 못했지만, 우리가 그것을 해냈어요!"라고 말했다. '그것을 하도록 하는 그들'이 아니라 '우리'라는 표현을 썼다. 그는 자신의 금붕어가 죽었을 때 빼고는 리허설에 정기적으로 참석해 왔다. 그는 연주를 할 때 너무 긴장될 것 같다고 생각해 왔지만, 그는 같은 치료사의 통원환자 옆에 앉아서 "나는 내 옆에 있는 밥(Bob)과 있는 것이 괜찮았어요. 나는 그걸 즐겼답니다."라고 말했다. 장기적으로 입원하고(long-stay), 우울증이 있으며 말이 적은 중년 여성이 "사랑스러웠단다, 얘야."라고도 이야기했다. 장기 입원 중이며 간질이 있는 여성은 "제 여동생이 들으러 올 거예요. 제가 여동생이 좋아할 거라고 얘기했어요. 그녀는 내게 진주로 된 목걸이를 하라고 얘기했어요."라며 기대에 가득 차 있었다. 그녀가 이날을 제외한 364일 동안 무엇을 걸칠지 상관하겠는가?

보컬 그룹 세션은 매주 한 시간 동안 진행되었다. 신체적 관점에서 가장 명백한 이득은 심호흡의 향상이었다. 거절에 대한 감정을 기반으로 하는 감정적 불안이 있는 많은 사람들은 호흡이라는 수단을 통해 이루어지는 세상과의 완전한 교류를 거부함을 통해 보복한다. 그들은 얕은 흉식호흡으로 최소량의 공기를 간신히 얻는다. 그들은 그들 자신에 대해 표현하기 시작하자마자, 깊은 심호흡과 그 후의 한숨, 웃음과 노래를 통해 세상이 그들에게 들어오도록 허용한다.

이 세션은 진정효과를 볼 수 있는 진짜 집중력(real concentration)을 요구하고, 일하는 것과 노는 것 두 가지 요소 모두를 서로에 대한 지지와 책임감이 있는 자기훈련이기도 하지만, 유쾌한 환경 안에서 통합한다. 가능한 한 세련된 공연을 위해 준비된 노래는 간단한 민속 음악에서 파트노래, 대위 선율, 오라토리오, 솔로 및 합창곡으로 다양하다. 한 번 배우면, 그들은 다른 사람들에게 줄 것이 거의 없는 사람들에게 그들 주위에서 조금 즐거움을 창출하는 기회를 제공한다.

마지막으로, 노래하는 것의 중요한 관점은 재활의 가능성이다. 교회, 음악 클럽 또는 야간 교실에서 합창에 합류할 수 있는 사람은 비슷한 취향을 가진 작은 그룹의 사람들을 매주 지원하고 교제할 것을 확신한다. 이것은 정신과 환자였던 사람이 지역 사회로 돌아갈 때 경험할 수 있는 소외감과 외로움의 감정을 극복하는 데 많은 도움이 될 수 있다.

녹음 세션

자존감(self-respecting)이 있는 음악치료사가 피아노 없는 병동에서 특히, 의사소통을 자극하기 위해 음악을 사용해야 하는 상황에 녹음된 음악을 사용하는 세션을 소개한다. 이것은 음악적인 정신과 의사(musical psychiatrist), 심리학자, 간호사 또는 작업치료사와 공유되는 영역이다. 그러나 훈련된 음악치료사는 음악의 선택에 대해서 훨씬 더 민감한 경향이 있고, 일반적으로 그의 환자들의 선택에 따른 가능한 감정적인 효과를 더욱 잘 인식하고 있다. 퇴원을 간절히 기다리고 있는 일부 기민한 환자들과 나머지 환자들은 약으로 인해 감각이 무뎌진 채로 자신들의 안락의자에 앉아 쉬거나, 가만히 있지 못하고 끊임없이 휴게공간과 주방과 화장실을 오가는 단계의 환자들이 있는 일반적인 개방형 단기 입원병동이 주어지는 경우, 치료사의 목표는 의사소통을 향상시키고, 일주일에 한 시간 동안 자신과 환자가 훌륭한 음악적 경험을 나누는 것이 될 수 있다. 치료사의 태도가 수용적이고 관대하며 반응이 좋다면, 관심을 필요로 하는 사람들은 그에게 끌릴 것이다. 그는 세션에 약 6개 정도의 녹음된 음악을 가져와야만 한다. 어떤 것들은 그의 이전 세션에서 요구된 것일 수도 있다. 그들은 치료사가 한 젊은 환자에게 음악을 듣기 전에 자신이 좋아하는 것을 그룹에 소개하기 위해 가져온 팝 레코드로 강화될 수 있다. 치료사가 가져온 6개의 녹음된 음악은 평온함, 슬픔, 유쾌하며 리듬이 있는 것, 고귀함(nobility), 격렬함, 안정적인 다양한 분위기를 포함해야만 한다.

병동에 들어갔을 때의 분위기를 주목해야 한다. 우울한 분위기에는 우울함으로 맞춰서 지배적인 분위기에 들어가는 것이 현명하고, 그런 다음 그 분위기를 좀 더 중심으로 가져오도록 한다. 한 명 또는 그 이상의 잠재적인 공격성을 가진 환자들이 있는 곳에서는 잠깐 동안 조용히 연주되는 아방가르드적인 음악 작품이 흔히 비난에 대한 건강한 흐름을 불러일으키고, 다른 모든 기록을 모두 합친 것보다 더 많은 토론을 하도록 촉진한다. 팔다리가 꽉 조여서 꼬여 있고, 턱이 뒤와 아래로 물러서 있는 경직된 환자들이 있는 곳에서는 리드미컬한 곡이 작은 반자발적(semi-voluntary) 움직임을 통해 긴장감을 풀어 줄 것이다. 이러한 환자들이 말하기 좋은 시간이 될 것이다. 처음에 대화는 그룹이 두 명의 작곡가 중 누구를 더 선호하는지 묻거나, 아마도 혹시 그들과 연관해서 누군가 강한 감정을 느꼈는지 묻거나, 관심이 있는 사람에게 음반 커버(record sleeve)를 건네주는 등의 방법으로 시작될 수 있다. 한 곡을 들은 후—처음엔 짧은 곡을 제공함으로써, 음악이 대화를 하는 것에 방어적인 요소로 작용하는 것을 막을 수 있다—곡에 대한 의견, 감정, 이미지, 기억을 나눠 볼 수 있다. 환자가 묻는 특정한 질문보다는 환자의 내적 감정을 불러일으키는 것이 치료사의 수용성(receptivity)이다. 치료사는 그들이 기꺼이 그것들을 끌어낼 수 있도록 해야만 한다. 마지막 음악은 다소 길 수 있고, 마지막에는 각각의 환자에게 차례대로 대답해 보도록 요청할 수 있다. 이것은 음악이 더 의사소통하도록 만드는 내향적인 환자들과 관계를 맺어 보도록 시도하는 유용한 시간이다.

조용하고 닫혀 있는 방에서 선택된 환자 수만큼 그룹은 다르게 다루어질 수 있다. 환자들은 바닥에 있는 러그에서 이완을 할 수 있고, 음악에 따라 어떤 장면(예: 좋아하는 휴일)을 상상해 본 뒤에 그들의 다른 경험을 나눠 볼 수도 있다. 걱정의 긍정적인 면 같은 상상력을 장기간 사용하면 적절한 음악을 반주하는 것이 훨씬 쉬워진다. 공포증이 있는 환자들에게 이것은 탈감각적(desensitization) 운동의 한 형태로 사용될 수 있다. 예를 들어, 음악이 제공되는 동안, 광장고포증이 있는 환자는 첫 주에 그녀의 집 앞에 있다는 상상을 할 것이다. 그녀가 이것을 현실에서 했을 때, 가장 가까운 가로등으로 걷는 등의 단계적 구조를 밟아 갈 수 있다.

음악에 대한 기억은 현실에서 시도할 때 긍정적인 강화의 매개체가 된다. 이런 것들은 녹음된 세션의 몇 가지 용도에 불과하다. 창조적인 음악치료사는 자연스럽게 자신의 특정 환자의 필요와 주어진 환경의 가능성에 맞는 치료 구조를 고안할 것이다.

제11장
음악 동아리

이 장을 통해, 티타임 후 매주 한 시간 동안 음악치료실에서 이루어지는 음악 동아리에 대해 이야기할 것이다. 음악치료실은 열한 명의 인원을 여유 있게 수용할 수 있지만, 여분의 의자를 가져와 그랜드 피아노 주위에 2열로 배치할 경우 약 열여덟 명까지 수용 가능한 공간이다. 이 음악 동아리는 보통의 경우 한 시간 정도 진행되지만, 필요하고 유익하다 여겨질 경우 한 시간에서 한 시간 반 정도 진행된다. 음악 동아리의 참석은 자발적이다. 환자들은 의사들 혹은 다른 병원 스태프들의 권유에 의해 참여하기보다, 동료의 이야기를 듣고 참여하거나 혹은 음악치료사가 권유한, 음악치료를 통해 이득을 얻을 것이라 여겨지는 환자들의 참여로 이루어지는 경우가 더 많다. 때문에 이 음악 동아리는 지적능력과 정서장애를 가진 다양한 사람에 의해 구성원이 계속 달라진다. 병원이 집과 마찬가지일 수 있는 환자들에게 이 음악 동아리는 친구 집에서 함께 경험할 수 있는 음악의 밤이 될 수 있고, 병으로 인해 내면의 고립감을 경험하는 곧 병원을 떠나게 되는 환자들에게는 첫 번째 사교모임이 될 수 있다. 이들에게 이 동아리는 사회 복귀 이전에 예행연습의 장을 제공한다.

활동 그룹 혹은 치료 그룹

이 음악 동아리의 목적은 따뜻하고 수용적인 분위기 안에서 음악을 통해 서로의 감정을 나누는 것이다. 음악은 서로 생동감 있는 반응의 기회로서 치료적 경험을 제공한다. 소그룹 안에서 구성원으로서의 소속감 경험은 중요하다. 일주일 중 단 한 시간의 동아리 경험은 또 다른 교류적 상황에서 결실을 맺을 수 있는 중요한 계기가 되기도 한다. 35명 이상의 대규모 그룹에서 구성원으로서의 기여는 쉽지 않다. 하루 종일 직선 대형으로 앉아 서로 관계하지 않도록 통제된 병실은 잘 정돈된 정상의 모습처럼 보일 수 있다(환자들이 원 대형으로 의자를 옮겨 대화하지 못하도록 막아, 긴 직선 대형으로 조용히 앉아 있도록 하는 것이 병원 스태프의 주요 일인 것 같다. 과거에 수녀였던 노인 환자가 "나는 하루 종일 누워만 있는 일이 익숙하지 않아. 일어나 주위도 둘러보고 싶고 사람들과 이야기하고 싶지만 그들은 내게 앉아 있으라고 말해. 이는 정상적이지 않아." 그녀는 자신의 발목이 부러지는 일을 통해 이 갈등을 해결했다). 하지만 5~15명 정도의 따뜻하고 친교적인 소그룹 안에서 다른 환자들과 나누는 경험은 새로운 관계에 대한 기대감을 가지게 한다. 제한된 공간의 소그룹 안에서 서로 교류하지 않는 것은 적절하지 않다.

동아리 운영

음악치료사들은 교대로 음악 동아리를 진행하는데, 보통은 두 명의 음악치료사가 한 팀을 이루어 한 명은 리더로서, 다른 한 명은 보조자로서 역할을 한다. 각 음악치료사는 음악 동아리에 대한 각자의 개인 관점과 기본 가정에 따라 조금씩 다른 분위기를 만들어 간다. 예를 들어, 음악치료사에 따라 노래하는 분위기를, 자유롭게 악기를 연주하는 분위기를, 이야기 나누는 분위기를 그리고 실험적 즉흥연주와 그룹 표현 중심의 분위기를 형성한다. 나 역시 나만의 방법을 설명할 수 있지만, 이는 언제든 변할 수 있다. 왜냐하면 사람은 모든 순간을 통해 배울 수 있기 때문이다. 음악치료사는 누가 혹은 몇 명이 음악 동아리에 참여할지 알 수 없다. 물론 장기 입원 환자들이 주요 구성원이 되지만, 퇴원 직전의 단기 입원 환자들이 참여하기도 한다. 이런 이유로, 음악치료사는 매주 특별히 어떤 것을 계획하기 어렵고, 오직 그룹에서 나타나는 구성원의 표현과 창조 안에서 즉흥적으로 음악 동아리를 진행해야 한다.

나의 첫 번째 임무는 낯선 사람들의 모임 안에서 각 개인이 자신을 안전하게 드러낼 수 있고, 병실 생활 안에서 자신과 타인의 더욱 커진 존엄성과 위상을 받아들일 수 있는 따뜻한 그룹 분위기를 만드는 것이다. 내가 보고 듣고 직관하는 것 이외에, 그들의 진단명, 사회에서의 역할, 결혼생활 및 가족에서의 위치 그리고 다른 이들에 대한 그들의 지향을 알기는 어렵다. 분명 쉬운 일은 아니지만, 이러한 정보를 수집하고자 하는 노력을 멈추는 것은 불가능한 일이다.

초반에 나는 리더십을 좀 더 발휘하여, 각 구성원으로 하여금 그룹 안에서 자신이 수용될 수 있을지에 대한 두려움을 극복할 수 있도록 자신의 침묵을 깰 수 있도록, 내재된 음악을 발견할 수 있도록 이끌어 낸다. 이와 같이 리더로서 주도권을 형성하는 초반 이후에는 조금 덜 주도적인 태도로써 그룹에 반응하는 역할을 주로 수행한다. 이러한 분위기 아래 환자들은 새로 오는 다른 환자들과 함께 공간을 마련하기 위해 의자를 옮기거나, 연주를 위한 준비들을 하거나, 다른 구성원들을 데리고 오거나, 악기들을 나누자는 제안을 하는 등 주도적 태도로 변화하게 된다. 이를 통해 환자들은 자신들이 그룹 안에서 수용되고 있을 뿐 아니라 보다 적극적인 일원으로서 그룹에 속해 있음을 알게 된다. 여전히 주도권과 자발성이 부족한 의존적인 그룹으로 보일지 모르겠지만 실상은 정반대이다. 나의 동료 음악치료사 V 양은 한 세션의 진행을 환자 한 명이 자발적으로 책임지도록 하는 방법을 시도했는데, 해당 환자들은 자신의 차례 한 주 전부터 이 사실을 미리 알고 있을 정도로 자발적 태도를 보였다. 일부 장기 입원 환자들이 보이는 온화한 존엄성과 조용한 통제를 관찰할 수 있어 기뻤다. 그러나 그들 중 어느 누구도 노래를 부르는 정도의 활동을 제외하고는 그 어떤 그룹 음악 활동도 시도하지 않는다. 그들은 그저 수동적인 자세로 그룹을 인식하며 참여하고 있을 뿐이다.

세션

오늘은 나의 동료 앤과 요하네스가 함께하지 못해 길드홀 음악과 연극 학교에서 온 두 명의 훈련생이 그들의 실습 과정으로 나와 함께 세션을 진행한다. 앤은 바이올린을 연주하고 독일에서 온 요하네스는 피아노를 연주한다. 몇몇 환자들이 음악치료실에 모여 있고, 우리가 바이올린을 바닥에 내려놓고 악기들을 꺼내며 외투를 벗을 즈음 다른 환자들이 치료실 안으로 더 들어온다. 내가 외투를 벗으려 할 때 스물세 살 여성인 에바가 "외투가 좋아 보이네요. 한번 입어 봐도 돼요?"라고 묻고 나는 이를 허락한다. 그녀는 외투에 팔을 집어넣고 외친다. "지금 나는 음악치료사에요. 보세요, 여러분. 나는 음악치료사에요!" "오늘 밤 음악치료사가 되기 원한다면 당신은 아마도, 아니 내 생각엔 당신은 좀 더 매력적인 외투를 찾을 수 있을 거예요." 그녀는 또 말한다. "아니, 아니. 나는 할 수 없어요. 내가 말하려던 것은 그게 아니에요." "오늘 밤 음악 동호회를 에바가 이끌어 가도록 도울 분이 계신가요?"라는 나의 요청에 대해 호의적이지 않은 반응이다. 에바는 아직 그룹의 신뢰를 얻지 못한다. 나는 일부 환자들을 이 경험으로부터 보호하고, 에바는 개인 음악치료를 통해 자신의 상처를 다룬다.

약 열네 명의 사람들이 모두 앉아 있다. 나는 주위를 살펴보며, "내가 기억하지 못하는 두 분이 있는데, 이름을 알려 줄 수 있나요?"라고 말한다. "앨버트." 즐거워 보이는 30대의 날씬한 남자가 대답하고, 그를 데리고 온 20대의 여성이 "헬렌."이라고 대답한다. 그들은 노래는 부르지만 악기를 연주하지 않는다. 장기 입원 환자들이 "모두 함께 연주해요."라고 말한다. 나는 나머지 그룹 멤버들의 이름, 나 자신과 훈련생들을 소개한다. 나와 벤 부인을 제외한 모든 사람은 자신의 이름을 사용한다. 벤 부인은 회색의 턱수염과 함께 과체중, 마약, 브래지어가 없는 상태에서 젖꼭지가 허리에 닿아 있는 모습을 한 60대 후반의 여성이다. 그녀는 몇 개의 핸드백을 가지고 다니며, 친구들이 그녀에게 주거나 혹은 그녀가 마는 많은 담배를 피우고, 정상적인 소화를 가능하게 할 틀니를 가지고 있다. 그녀는 매우 작게 말하지만, 때때로 어떠한 포인트에 대해 과하게 돌발적인 반응을 한다. 세상을 바라보는 그녀의 눈은 따뜻하고 다정하다. 그녀가 성을 사용하는 의미와 내가 성을 사용하는 의미가 같을지 모른다. 이렇듯 각자가 의미 있는 이름을 고수하고 싶은 권리는 거부될 수 없는 일이다.

음악치료실 안에는 봉고, 작은 드럼, 마라카스, 핸드벨 그리고 탬버린 등이 놓여 있고, 모든 사람은 하나의 악기를 가지도록 권유받는다. 나는 자일로폰 옆에 앉는다. "이제 우리는 서로의 이름과, 우리의 모습이 어떻게 비추어지는지 알고 있어요. 하지만, 저는 소리 패턴들 안에서 우리의 감정들을 각자 연주하면서 지금 이 순간 우리가 어떻게 내면을 느끼는지 함께 나누기를 제안해요. 제가 먼저 연주를 시작할게요." 나는 편안하고 유쾌하게 검은색과 하얀색 키들 사이를 부드럽게 오르내리며 글리산도로 연주한다. 내가 연주를 멈추자 그들은 "당신의 소리는 행복하게 들려요." "당신의 소리는 평온하게 들려요."라고 반응한다.

각자 자신의 소리를 표현할 때, 흥미로운 집중이 일어난다. 이러한 연습을 통해 치료사는 환자의 표현 능력, 표현의 억제, 민감함 그리고 움직이지 못하는 신체 부위 등 많은 것들을 알게 된다. 이 연습은 또한 특별히 폭력적이거나, 짧거나 길거나, 혹은 정형화된 블로킹 형태의 환자의 연주에 대한 치료사의 언급과 질문에 대한 기회를 제공한다. 음악치료 경험이 적었던 시절의 나는 이에 대한 중요성을 깨닫지 못하고 폭력적으로 드럼을 강하게 연주하는 남자 내담자에게 질문하지 않은 채 상황을 그대로 흘러가도록 했다. 결국 그 내담자는 주말에 집으로 가서 손도끼를 들고 자신의 부인을 찾아갔다. 만일 그 남자가 자신의 폭력적 감정을 이야기할 수 있었다면, 그러한 상황을 피할 수 있었을 것이다. 부인은 다치지 않았지만, 그녀와 내게는 끔찍하고 충격적인 일이었다.

시작 의식 종결 후, 우리는 그룹으로서 함께 연주하지만 개개인이 받아들여지는 그룹을 경험한다. 나는 "요하네스, 우리가 함께할 수 있도록 우리를 위해 리드미컬한 즉흥연주를 해 줄 수 있어요?"라고 말하자, 그는 조성적인 16마디의 곡을 연주하기 시작하고 그룹원은 모두 그의 연주와 함께한다. 그의 연주는 점점 조성을 잃으며 사나워지고 더욱 감정적으로 변해 간다. 그의 손은 키보드 위아래를 뛰어다니고, 탬버린들은 마치 화가 난 개들처럼 그를 향해 짖는다. 우리의 연주가 끝날 즈음, 우리는 모두 편히 앉아 미소를 짓는다. 거기에는 "이게 바로 우리야."라는 감정이 존재한다. 강한 성격을 가진 장기 입원 환자인 메리온은 밖으로 나가 한 잔의 물을 가지고 들어온다. 그는 "나는 인후염에 걸려 오늘 노래를 할 수 없어요. 의사는 내게 편도선이 점점 자라나 세 번째 편도선 수술을 해야 할 수도 있다고 말했어요."라고 이야기한다. 나는 고개를 끄덕인다.

헬렌이 "그것은 자일로폰인가요?"라고 묻는다. 나는 누군가가 이에 대해 "네, 당신이 연주해 줄 수 있어요?"라고 대답해 주기를 기다린다. 우리는 위치를 바꾸고, 나는 헬렌의 마라카스를 잡는다. "우리는 작은 협주곡을 만들 거예요. 우리는 헬렌보다 더 작게 연주할 것이고 그녀와 비슷한 분위기로 연주할 거예요." 그녀는 조성들에 대해 아는 바가 없기 때문에, 조성이 없는 즉흥연주가 되어 간다. "당신은 이 연주를 무엇이라 부를 수 있겠어요?"라고 물으니, 헬렌은 "아침."이라고 대답한다. 이는 마치 매우 나쁜 아침인 듯했고, 젊고 여린 이 여성은 격렬하게 음을 치고 음들을 계속 내리눌러 쳐 이를 없애려고 한다. 헬렌이 연주를 마치고, 나는 "연주에 대한 느낌이 어떠세요?"라고 묻는다. "화난 소리를 만들고 싶었어요." 나는 어떻게 음들을 없애 소리를 작게 만드는지, 이전에 두드렸던 음들에서 어떻게 두드리는 것을 없애서 반음 불협화음을 칠 수 있는지, 그리고 어떻게 화나는 소리를 효과적으로 만들 수 있는지를 설명한다. 지금 이 시점에서 나는 작은 즉흥연주 그룹 안에서 이루어졌던 그녀의 분노 원인을 밝히려 하지 않는다. 에바가 "제가 지금 협주곡을 연주할 수 있을까요?"라고 묻는다. 그녀는 본래의 자신보다 훨씬 지능이 낮은 것처럼 자신을 드러낸다. 에바는 그 협주곡을 '반달족'이라 부르며, 모든 악기를 통해 실수 없이 반음 불협화음을 찾는다. "그 소리는 화가 났나요?" "몹시 화가 난 소리예요." 벤 부인은 으르렁거리고 다른 사람들은 그녀와 함께 반응한다. 앨버트는 연주에서 전환을 보이는데, 매우 세심하다.

짧은 흰머리에 이가 없고 어린아이 같아 보이는 장기 입원 환자인 이디스는 지친 자신의 몸을 흔들며 턱을 공중으로 치켜 올리고, 입술을 내밀며, 거친 고음으로 동요를 부르기 시작한다. 나는 피아노로 가서, 운이 좋게 조성을 찾아 몇 개의 1도, 5도 그리고 4도의 화음을 연주한다. 우리가 박수를 칠 때, 이디스가 참여한다. 이디스는 무슨 일이 일어나는지 알지 못하는 아이의 세상에 살고 있는 것처럼 보이지만, 그럼에도 불구하고 일주일 중 오직 한 시간 동안 진행되는 음악 동호회를 제대로 찾아올 수 있을 만큼 자신을 관리하는데, 이는 의문을 갖게 하는 일이다.

검은 머리의 키 큰 30대 남자인 이안은 일어나 "저는 지금 술집을 떠납니다."라고 말한다. "당신이 떠나기 전에 우리를 위해 노래를 불러 줄 시간이 있어요?"라고 묻자 그는 환한 웃음과 함께 중얼거리며 일어나 "오, 주님……."이라 말하며, 턱을 치켜올리고 눈을 중간 정도 거리에 두며 〈올드 컨트리 홈(The Old Country Home)〉이라는 노래를 부른다. 2절에서 열렬한 박수가 터져 나온다. 벤 부인은 얇게 쭉 뻗은 담배를 들고 이안을 향해 일어나 비틀거린다. 그녀는 "제게 불을 줄 수 있어요?"라고 웅얼거린다. 이안은 얼굴에서 천사와 같은 웃음을 보이며 "오래된 늙은 악마야, 여기 당신을 위한 좋은 담배가 있어요."라고 대답한다. "아니요, 불이요." 하며 벤 부인은 계속 부탁하자, 이안은 "이 늙은 사람아, 이제 가지고 가요. 당신은 당신이 원하는 것을 알고 있어요."라고 말한다. 벤 부인은 웃으며 불을 가지고, 굶주린 듯 담배를 빨면서 자신의 자리로 돌아간다. 그 술집에서 그들은 서로에게 좋은 친구가 된다.

나는 "올리버, 무엇을 가져왔어? 리코더? 하모니카? 노래……?"라고 묻는다. 올리버는 30대 조현병 환자로 20여 년 동안 병원생활을 해왔고 음악치료를 적절히 잘 이용해 왔다. 그는 "솔직히 나는 피아노를 연주하고 싶어요."라고 말한다. 그는 목이 앞으로 약간 기울어진 모습으로 앉아, 가능한 한 몸을 거의 사용하지 않으며 우아하고 질서 있게 모차르트와 슈베르트 곡을 연주한다. 공연 중 움직이지 않는 신체 부위에 대한 연구는 병원과 콘서트 플랫폼 모두에서 흥미로운 분야이다. 박수를 받을 즈음, 그는 수줍게 미소를 나타낸다. 이는 급여 수표 혹은 진급이 없는 곳에서 그의 노력에 대한 공동체의 감사의 중요한 상징이 된다.

문이 열리고 50세가 넘어 보이는 켄틴이 들어온다. 그는 화난 모습으로 치료사에게 인사하고, 몇몇 다른 환자들은 그에게 의자를 마련해 준다. 1분 후, 메리온은 고상한 어조로 "프리슬리 부인, 당신은 우리를 양해해 주겠지만, 켄틴과 나는 결혼할 예정이에요. 우리는 지금 가야만 해요."라고 말한 후, 그 한 쌍은 좋은 밤의 합창으로 떠난다. 메리온은 모자와 핸드백, 의상과 보석이 제공되는 최상의 시간과 장소를 꿈꾸는 풍부한 환상의 삶을 살고 있다. 그녀는 폐쇄병동에서 지내고 있지만 자신의 행동을 언제나 외부에서 발견해 내며, 세상이 얼마나 잔인한 곳인지를 잘 인식하고, 익숙해진 병원생활에 창조적으로 잘 적응하고 있다. 병동에서의 그녀는 다른 사람들과 같이 자신의 능력을 발휘하지 못할 것이라 생각될 수 있다. 정신과 의사들이 무한한 고통을 겪는 환자와 소중한 시간을 함께 보내며 그들의 장애와 정상적이지 않은 모습을 발견하는 것은 슬픈 일이다. 그들의 가능성은 발견되지 않을 수도 있기 때문이다.

앤은 두 개의 바이올린과 피아노로 편곡한 헨델의 〈시바여왕의 도착(Arrival of the Queen of Sheba)〉이라는 곡을 가져온다. 이전에 오르간 연주자였던 요하네스는 잃어버린 피아노 파트를 화려하게 즉흥연주한다. 나는 두 번째 파트를, 앤은 첫 번째 파트를 연주하고, 다른 모든 이는 타악기를 통해 동참한다. 얼마나 멋진 소리인가! 얼굴들은 엄숙하지만 악기를 두드리는 소리는 오히려 의기양양하다.

"앨버트는 노래하지 않았어요." 헬렌이 말한다. 그는 요하네스가 잘못된 속도로 다소 성심껏 받아들였던 민요집의 곡들을 세련된 음악성과 함께 노래한다. 이유를 알 수 없지만, 모든 영어 노래들은 독일어처럼 들린다. "내가 개입해야 하는가, 아니면 그냥 놓아 둬야 하는가?" 나는 후자를 선택한다. "우리를 위해 무엇인가를 가지고 있는 분이 있나요?" "시를 가지고 있어요." 신사적이고 덩치가 큰, 믿기 어렵지만 가끔은 야만적이고 자기파괴적 폭발을 보이는 장기 입원 환자 아이리스가 말한다. 약들은 그녀의 팔과 다리의 불안정한 반복적 움직임을 일으킨다. "당신이 만든 곡이에요?" "네, 토요일에 만들었어요." 그녀는 봄의 자연 소생과 관련한 신선하고 활기찬 구절을 읽는다. 이는 그녀의 숨겨진 모습의 일면이다. 나는 우리가 그녀의 이러한 모습에 대해 더욱 잘 알기를 바란다. 또 다른 시간에 우리는 이에 대한 즉흥연주를 할 수 있지만, 오늘은 그럴 시간이 없다.

위엄 있는 60대의 장기 입원 환자는 저녁 식사를 위해 식탁으로 가야한다고 말하며 자리에서 일어난다. 그는 자주 일찍 돌아가곤 하는데, 그가 떠나기 전에 그를 포함했어야 하는 것을 잊어 미안하다고 생각한다. 하지만, 사람은 모든 것을 기억할 수 없다.

"마치기 위한 연주를 제가 해도 될까요?" 제나가 묻는다. 예전에 환자였던 그녀는 우리를 돕고자 비공식적 역할로서 함께하는데, 매우 도움이 된다. "올리버가 베이스를 연주해 준다면, 제가 듀엣으로 연주할 수 있어요." 올리버는 수줍게 미소를 짓고, 그들은 연주를 위한 의자를 마련한다. 오늘 저녁 작은 왈츠는 끝나고 사람들은 박수를 친다. 좋은 밤이다. 사람들은 의자와 악기 정리를 돕는다.

분위기

음악적으로 무슨 일이 일어났는지를 단순히 묘사하는 것만으로 분위기의 느낌을 설명하는 것은 쉽지 않다. 환자들은 각기 다른 병실의 외로운 구성원 중 한 사람으로 이곳에 들어온다. 그들은 맛있는 음식에 포함되기를 기다리는 재료들처럼 앉아 있다. 시간이 지남에 따라 음식이 만들어진다. 작은 원들 안에서 눈 마주침은 점점 증가되고, 미소들이 오가며, 음악 혹은 연주들이 만들어지고 자세들은 점점 더 편안해진다.

환자 스스로 모든 것을 처리할 수 있을 때, 이와 같은 그룹이 유용할 수 있다고 비평가들이 때때로 제안해 왔지만, 나는 이에 동의하지 않는다. 보통, 사회에서 한 사람이 파티에 가거나 혹은 파티를 마련할 때, 주인은 손님들의 편안함을 위해 책임을 느끼기 마련이다. 하지만 손님들을 소중히 여기는 경험이 전혀 없을 경우, 감정적으로 장애가 있는 열세 명의 낯선 사람들과 무엇인가를 함께 생각하고 만들어 낼 가능성은 거의 없을 것이다. 사람들은 서로 사랑하고 수용하는 경험을 통해, 다른 이들에게 같은 경험을 줄 수 있는 자신의 차례를 기다릴 수 있을 것이다. 몇몇의 장기 입원 환자는 자신들의 병동으로 돌아갔다가, 파티에 필요한 노래 혹은 춤을 위한 음악치료사의 요청에 응답해 왔다. 많은 단기 입원 환자는 술 혹은 다른 음료 없이도 놀랍도록 친근한 분위기가 만들어질 수 있다는 사실에 주목해 왔다.

다른 입문 활동

환자의 감정표현이 그룹에서 수용될 수 있음을 느끼는 것이라면, 입문 초기 활동으로 적절하다. 그들의 표현력이 아직은 부족하기에, 그들의 이름 혹은 좋아하는 곡의 리듬을 제공하는 것과 같은 게임은 초기 시점의 게임으로서 부적합하다. '나의 가장 행복한 휴일' '나의 가장 격렬한 기억' 또는 '내가 병원에 대해 느끼는 것'과 같은 그들만의 방식으로 표현하는 고정된 제목은 매우 유용할 수 있고, 만약 치료사가 이 주제들이 그들에게 도움이 될 것이라 생각한다면 그 주제에 대해 꽤 많은 토론을 장려할 수 있다. 내가 발견했던 '우호적이지 않은 사슬'이라는 입문 활동은 유용하다. 한 사람이 옆에 앉은 사람에게 화난 감정을 연주하면(그들은 서로 쳐다볼 수 있도록 격려받는다), 옆에 앉은 사람은 화난 감정을 연주했던 사람에게 같은 연주를 한 후 다른 모든 이웃을 향해 화난 감정을 반복하여 연주한다. 화난 감정을 연주하는 것을 통해, 그리고 웃음을 통해 그룹 안에서의 긴장들이 완화되고, 각 사람은 우호적인 그룹 안에서 박해를 하기도 하고 당하기도 하는 경험을 한다.

그룹 표현을 위해 제31장에 설명된 '심장박동 활동'은 매우 효과적이다. 그림책 혹은 그룹의 환자들에 의해 그려진 몇 장의 그림들은 그림의 다양한 측면을 자발적으로 연주하는 것으로 시작되는 그룹 즉흥연주의 시작 포인트로 사용될 수 있다. 자극이 되는 그림을 고를 수 있도록 허락받은 다른 환자들(많이 기여하지 않는)과 함께하는 몇 개의 작은 즉흥연주들은 더욱 흥미로운 악기들을 함께 나눌 수 있는 범위 또한 제공할 수 있다.

입문 기간 동안 치료사들은 누가 무엇을 할 준비가 되어 있는지를 발견하고, 훗날 숙련된 연주자로 성장할 준비를 정신적으로 시도하고자 하기에, 환자들은 높은 수준의 기대를 요구받지 않는다. 분위기를 고조시키기 위해, 치료사들은 마치 숙련된 연주자들이 그룹에서 생음악을 연주하는 것처럼 연주에 초대받지 않는 경우에서조차 언제나 스스로 연주에 참여해야 한다. 또한 치료사는 자신의 연주를 통해 환자들을 존경할 수 있는 연주자가 되어야 한다. 이는 환자들로 하여금 자신들을 돌보아 주는 공동체로 병원 전체를 친근하게 느끼도록 만드는 일이기도 하다. 아름다운 생음악은 환자들 자신을 육체적 존재일 뿐 아니라 영적인 존재로 여기도록 하고, 특별한 종류의 배고픔에 만족하게 한다.

제12장
치료적 가르침과 실내악

비치료적 가르침

치료적 가르침의 본질을 고려할 때, 오늘날에도 여전히 발생하고 있는 해로움을 끼치는 음악 가르침이 여전히 만연해 있음을 알 필요가 있다. 이것은 창의적이고, 탐색적이고, 표현적이고, 관대하고, 즐거운 방법을 부인하는 가르침이고, 징벌적인 분위기에서 경험되는 융통성 없고 부패된 권위주의적 가르침이다. 후자의 방법에 의해 가르침을 받는 많은 학생에게 음악은 등급시험이라는 좁은 의미로 국한되어 왔다. 그들은 이미 지니고 있는 작은 재능이나 약점에 맞춰 음악을 선택하기 때문에, 그 음악을 통해 자신을 온전히 표현해 내기 어렵다. 지금까지도 음악치료사들은 학생이 틀린 음을 연주할 때 자로 학생의 손가락 관절을 세게 후려치는 등의 부적 강화를 사용하는 선생님에게 피아노를 배우는 학생들을 만나곤 한다.

완벽한 손가락 위치를 놓치는 것이 두려워 친구 앞에서 피아노를 연주하지 못하거나, 악보를 읽지 못하거나, 듣고 치지 못한다면, 완벽한 손가락 위치를 찾는 것이 무슨 소용일까? 삼십 년 후 자신의 곤혹스러운 기분 표현을 위해 즉흥연주나 작곡을 할 수 있는 영속적 즐거움과 비교했을 때, 모든 음계와 등급에 따른 악보들을 정확하게 연주할 수 있는 공인된 능력을 갖춘다는 것은 무슨 의미일까? 최근에 시작한 예비 음악을 위한 기초 기악 개인 세션에서 아이(어른일 경우도 마찬가지일 것이라 생각한다.)는 내가 가진 40개의 악기들을 가지고 음악적 소리를 탐구하며 연주하고, 즉흥연주하고, 작곡하고, 음악적 이야기를 만드는 등, 나를 청중으로, 선생님으로, 보조자로, 듀엣의 파트너로, 서기관으로, 레코딩 기술자로 잘 활용하고 있다. 이것은 음악에 입문하는 많은 학생에 대한 비치료적 가르침에 대응하는 나의 작지만 중요한 노력이다. 음악치료사는 자신의 일 안에서 문제들을 수습해야 하기 때문에, 이러한 사안에 대해 반드시 주의를 기울여야 한다.

무엇이 치료적 음악 가르침인가

내담자에게 이것은 음악 레슨이다. 내담자는 치료사에게 음악과 악기를 가져와 연주를 배운다(만약 내담자가 피아노 연주자가 아니라면). 하지만 치료사에게 이것은 보통의 레슨과는 다르다. 즉, 중요한 우선순위가 달라지는 것이다. 보통의 레슨에서의 주요 목적은 학생이 더욱 연주를 잘하는 것이다. 하지만 치료적 가르침에서는 각 내담자에게 필요한 다양한 목적이 있다.

예를 들면, 15세의 진은 매우 부끄러움이 많고 학교와 집 밖에서 사람들과 관계를 맺기 어려워했다. 그녀의 이전 피아노 선생님에게 이는 매우 유감스러운 일이지만, 실제로는 이에 대해 책임지려 하지 않았다. 음악은 진의 고독을 증가시켜 줄 수 있는 유일한 것이었지만, 진을 위한 음악치료 세션의 주요 목적은 그녀가 다른 사람들과 관계를 맺기 위한 능력을 만들어 주는 것이었다. 치료사는 가능할 때마다 진이 대화를 시작할 수 있도록 허락했고, 그녀의 의사소통에 대한 문제보다는 그녀의 태도에 대해 따뜻한 반응을 보였다. 진의 피아노 연주 또한 치료사에게는 의사소통의 하나로 경험되었고, 이와 같이 피아노 연주를 통해 서로 의견을 나누었다. 음악을 선택하는 것은 관계를 맺어 가는 것들 중 하나였다. 처음에 그녀는 치료사가 자신이 연주하기를 원한다고 생각하는 곡을 선택했다.

이것은 그녀가 치료사에게 과감히 듀엣 연주를 제안하기 이전, 스물다섯 번째 세선 때의 일이었다. 하나의 관계(치료사와 진)가 확고하게 확립되면서, 치료사는 또 다른 학생의 콘서트에서 그 학생과 진이 함께 듀엣 연주를 할 수 있도록 주선했고, 진의 선택에 의해 이전에 그녀가 배웠던 작품을 또 다른 학생에게 가르치는 것에 대한 진의 동의를 얻을 수 있었다. 음악 인생과 함께 진은 친구를 만드는 능력이 점점 더 증가되었고, 그녀의 연주 또한 발전을 보였다.

여기 또 다른 예가 있다. 정신과 의사에 의해 40대 전문인이 내게 의뢰되었다. 그는 강박 신경증 환자였고, 작은 뇌수술을 받았지만 여전히 매우 불안하고 우울했다. 그는 음악을 사랑했지만, 아버지는 음악이 그의 직업 경력으로 적절하지 않다고 여겨 왔다. 그는 자신의 음악이 남은 인생과 결코 화해할 수 없다는 것을 느꼈다. 그는 바이올린을 연주했고 자신이 바이올린 레슨을 받아야 한다는 것에 동의했다. 나는 그의 인내심, 경험 그리고 그의 감정표현을 우리 작업의 주된 목표로 삼기로 결정했다. 처음엔 이러한 목표들이 두려움으로 다가왔기에 대부분 언어적으로 소통되었다. 음악은 즐거운 표현을 빼앗긴 찢겨진 영역인 것 같았다. 나중에는 많은 화가 언어적으로 표현되었다. 우리는 그가 공부하고 있던 바흐(Bach)의 〈바이올린 협주곡(Violin Concerto)〉에 대한 확고함과 해결책을 주기 위해 이 방법을 잘 사용할 수 있었다. 우리는 그의 작업 상황에서 이 방법의 사용에 대해 논의했고 이것은 좋은 결과와 함께 그의 인생으로 스며들었다. 몬티(Monti)의 차르다시(czardas)와 오페라 곡을 함께 가져왔고, 이 곡들은 '나의 오래된 적'으로 소개되었다. 그가 그 적들로부터 더 나은 것과 최고의 것을 얻을 수 있도록, 우리는 그 적들과 씨름하였다. 나는 그의 음색과 표현의 향상을 위해 그를 칭찬하였다. 나는 경직되고 강박적인 움직임과 음의 패턴들 대신 진정한 음악을 만들기 위해 그를 칭찬하였다. 나는 시간 가치에 대한 말도 안 되는 오역과 서투른 억양을 무시했다. 그는 "내 억양에 대해 말해 보지 그래요?"라고 물었다. "당신은 그것에 대한 주의가 필요하다고 알고 있지만, 반드시 그래야 하는 것은 아니에요. 당신은 좋은 귀를 가지고 있고, 당신이 원하기만 한다면 당신의 지적능력과 교육을 통해 당신 스스로 시간 가치를 계산할 수 있다는 것을 나는 아주 잘 알고 있어요.” 그는 계산적인 자기 자신을 음악으로 끌어들이는 것을 꺼렸지만, 결국 그렇게 했다. 그의 향상된 연주는 놀랄 만한 일이었다. 그의 강박은 감소되었다. 그는 색깔 있는 셔츠를 구입했고, 외부로 나가 작은 모임을 위해 바이올린을 연주했고, 그의 작업은 계속 성장해 가는 등, 그는 자신의 인생을 더욱 모험적으로 살아가게 되었다. 그는 더 이상 음악과 일, 감정과 의무 사이의 불가능한 격차를 느끼지 않았다.

유럽 예술 학교에서 훈련받은 음악가가 치료적 선생님으로 변모하는 것은 결코 쉬운 일이 아니다. 쉽지 않은 일이지만, 그 낡은 기질은 점점 사라져 간다. 때때로 치료사 안에 남아 있는 작은 잔재는 “넷까지 셀 수 있을 때까지 돌아오지 마라.”라고 고함치며 바이올린, 케이스, 음악, 학생을 복도로 내던지고 싶어 한다. 그러나 그 중심을 음악에서 사람으로 옮겨 가는 경험을 통해 음악 또한 꽃을 피우며 발전해 가고 있음을 기쁘게 확인할 수 있게된다.

왜 분석적 음악치료보다 치료적 가르침인가

많은 환자가 정신병원에 와서 악기 연주를 배우고 싶다고 요청한다. 특히 그들은 당황스럽고 감정적인 고통 속에서 음악이 그들에게 가치가 있을 것이라고 느낀다. 그러나 그들은 대부분 단기 입원 환자이기에, 치료적 가르침의 관계를 맺기 시작한 지 삼 주 만에 이 관계를 정리하는 것은 의미 없는 일이다. 우리는 그들이 집으로 돌아갈 때, 선생님을 찾아 병원과 그 병원 환경 안에 속한 다양한 음악 그룹에게 그들을 소개하라고 조언한다.

장기 입원 환자에게 이것은 또 다른 문제이다. 치료적 가르침은 그들의 삶에 기분 좋고 정상적인 비의료적 활동의 요소를 안겨 줄 귀중한 지원 치료이다. 따뜻하고 수용적인 관계, 그들의 연주를 통해 그들 자신을 발전시키려는 매주의 노력, 다른 사람들과 공유할 수 있는 대화 지점, 리허설의 흥분과 함께 무대 뒤에서 다른 연주자들과 함께 하는 콘서트, 그들의 노력에 대한 수용과 감사의 박수, 그 후에 공유되는 파티와 피드백 토론, 이것들은 모두 그들 삶의 질을 향상시키는 것이다. 나의 동료들 중 한 명은 현재 매주 리허설 그룹을 진행하고 있는데, 이 그룹에서 음악적인 장기 입원 환자들이 6주에 한 번씩 입소 병동에서 열리는 작은 콘서트를 준비한다.

1대1 관계에서의 연습 상황은 또 다르다. 만약 내담자가 지원적인 보살핌을 필요로 할 뿐 아니라 음악에 대해 무언가를 배우기 원한다면, 이 두 가지 필요는 치료적 가르침을 통해 매우 잘 충족될 수 있다. 내담자는 자기 자신을 '비정상적으로' 느끼지 않으며, '치료'가 필요한 상황에서 스스로를 음악 레슨을 받는 존재로 여기며, 이에 대해 자유롭게 이야기할 것이다.

매우 경직된 성격 구조를 동반한 내담자들, 감정적 위기로 인해 분석을 중단한 내담자들, 그들의 생활 방식을 바꾸려는 충분한 동기 부여는 어렵지만, 매우 의존적인 내담자들은 분석적 음악치료보다는 치료적 가르침에 보다 매료될 것이다.

어떠한 종류의 치료적 가르침들이 있는가

내담자가 기꺼이 노래 혹은 악기를 배울 의지가 있고 연습할 가능성이 있다면, 성악 혹은 기악 가르침은 분명한 해답이 된다. 이를 실행하는 것은 의심을 떨쳐버릴 수 있는 일이다. 지역 유아원 연극을 위해 음악을 연주하는 것일지라도, 그것이 기술을 즐기고 그 기술과 함께 기쁨을 주는 것이라면, 이는 삶을 풍요롭게 하는 것이다. 그러나 모든 내담자가 연주자가 되는 것은 아니며, 일부 내담자들은 그저 음악에 대해서만 배우기를 원한다. 음악을 듣고 악보를 보고 악보와 관련한 형식, 음색, 효과 등에 대해 이야기 나누는 세션은 꽤 많은 치료적 상호작용이 일어나는 편안한 휴식시간이 될 수 있다. 한 비즈니스맨은 휴식시간으로 한 시간 동안, 청음 훈련, 시창 훈련, 치료사와 함께 두 개의 드럼에서 리듬 읽기 연습, 리듬에 맞춘 즉흥연주, 피아노 반주에 맞춰 노래 부르기 등을 경험했다.

나는 조울증을 경험하는 56세의 G 부인과 함께 그녀 인생에서 처음으로 시도하는 작곡 작업을 시작했다. 그녀는 작고 깔끔한 네 마디 프레이즈의 18세기 스타일 곡을 만들었고 이를 나와 함께 연주한 후, 음정 패턴에 대해 이야기 나누며 많은 즐거움을 느꼈다. 재미를 위해 작곡을 즐기는 대부분의 내담자는 먼저 짧은 시를 만든 후, 목소리의 높낮이를 사용하여 멜로디의 진행을 이끌어 간다. 보잘 것없는 창작의 시도라 할지라도 이는 거장들의 창조 과정을 이해하는 것에 있어 풍부한 경험을 가져다주는 것이다. 35세의 F 부인은 나와 함께 즉흥연주를 만들었다. 그녀는 먼저 소리들 뒤에 있는 이야기를 만들고, 어떤 소리가 어떤 감정을 표현할지 결정한 후 상징적인 스케치를 하고, 나와 함께 녹음하며 다시 들어 보곤 했다. 그녀는 이러한 연습이 그녀로 하여금 가정생활 속 상호작용 패턴을 알게 했고, 이전에 느꼈던 압도적이고 우울했던 가정생활에 대해 보다 창의적 접근이 가능함을 발견했다고 말했다.

내담자가 시험을 통한 외부 기관의 승인 필요성을 느끼고, 그 시험들이 동기부여의 요인이라는 것을 알게 된다면, 내담자가 시험요구 기준을 잘 넘어설 수 있을 때 시험을 치를 수 있게 된다. 그러나 가능한 일이라면 치료사는 대안적 동기로서 작은 콘서트 상황을 마련하여 즐거움과 함께 내담자의 내적 심사관인 자기평가 기능을 장려해야 한다.

가르치는 것을 위해 어떤 종류의 음악이 유용한가

음악은 다른 사람들과 함께하는 특별한 연관성과 의미를 가지고 있기 때문에, 그 음악이 내담자 자신에게 너무 어려운 수준임을 스스로 깨닫게 되는 범위까지의 한계 안에서, 내담자가 정말 듣고 싶어 하거나 혹은 연주하고 싶은 음악이 사용되어야 한다고 믿는다. 그래야만 내담자는 치료사가 제공하는 단순한 음악을 더욱 행복하게 받아들일 것이다. 내담자의 선택과 병행하여, 치료사는 내담자의 강인함과 견고함을 길러 주기 위해 내담자에게 필요한 자질들을 성장시키게 하거나 혹은 실현되지 않은 기술력을 끌어낼 수 있게 하는 치료사 자신의 선택을 제안할 수도 있다. 때로는 내담자가 연주하고 싶어 하는 어려운 곡을 고른 후, 내담자 수준에서 연주 가능한 작은 구절들만을 선택할 수도 있다. 앞서 언급했던 바이올리니스트는 멘델스존(Mendelssohn)의 〈바이올린 협주곡(Violin Concerto)〉

의 시작과 카덴차의 일부인 두 번째 주제 구절을 배웠다. '멘델스존을 배우는 것'은 중요한 일이었다.

나는 장기 입원 환자들이 아주 멋진 음악을 최소한 조금이나마 연주할 수 있도록 하는 것이 중요하다고 믿는다. 왜냐하면 이에 적응하고자 하는 내담자의 내적 활동은 좋지 않은 기술을 보완해 주기 때문이다. 이러한 내적 활동은 정신병원의 정서적 분위기를 고려해 볼 때 매우 중요한 일이다. 동료들과 달리, 나는 좋은 음악은 서투른 연주를 견디어 낼 수 있을 것이라 믿는다. 무슨 수를 써서라도 흠잡을 데 없이 연주해야 하는 음악은 나쁜 음악이다.

치료적 실내 음악

일반적으로 음악치료사에게는 실내 음악 세션을 진행할 수 있는 기회가 제한되기에, 음악치료사는 실내악 음악 세션에서 일어나는 모든 일을 최대한 활용해야 한다. 실내 음악은 음악 작품을 통해 그룹 정체성을 제공한다. 연주 수행을 위해서는 각 연주자가 필요하며, 음악으로 표현되는 수준까지 각 연주자의 관계는 깊어지는 등, 실내 음악 세션 안에는 유용한 상호 의존과 지지가 있다. 규율이 존재하지만, 그 규율은 어떤 외부적 권위보다는 음악 자체에 의해 부과된다.

나의 첫 실내 음악 세션은 알코올 중독에 시달리는 56세 바이올리니스트인 Y 씨와 진행되었다. 그는 매우 우울했고 좋지 않은 자기 이미지를 가지고 있었다. 이후 공연을 위한 바흐(Bach)의 〈이중 바이올린 협주곡(Double Violin Concerto)〉을 연습하기 위해 사이드 룸에 갔을 때, 그는 "이는 내 영혼을 위한 음식이다. 나는 이 곡을 다시 연주하리라고는 생각치 않았다."라고 말했다. 우리는 느린 움직임으로 아름답고 시원하게 떨어지는 선율을 연주하기 시작했고, 병원 환경은 우리 주변으로부터 사라지는 것 같았다. 우리는 함께 연주하고 연습하기 위해 그의 주간 시간을 사용했고, 나는 때로는 피아노를 때로는 제2바이올린을 연주했다. 초반 Y 씨의 유일한 이야기는 오케스트라와 관련된 농담과 이야기가 대부분이었고, 이는 그의 치료사로 하여금 18년간 함께해 왔던 오케스트라 경험으로부터 벗어날 수 있도록 하는 즐거움을 느끼게 했다. 이후 Y 씨는 슈베르트(Schubert)의 〈D 장조 소나티나(D Major Sonatina)〉 악장들을 넘나드는 연주를 통해 그의 과거 인생의 보물들, 성공의 순간들을 나에게 전달하기 시작했다. 우리는 Y 씨가 그의 바이올린 솔로를 연주하면서 우리와 함께 병동에서 동행할 수 있도록 했다. 그의 자존감은 점점 향상되기 시작했고, 그는 자신의 의상에 조금 더 신경을 쓰는 듯 했으며, 흠잡을 데 없는 태도를 취함으로써 노인 병동의 여성 장기 입원 환자들로부터 많은 사랑을 받게 되었다. 그의 의사소통 방식은 바뀌기 시작했다. Y 씨는 선생이 되기 위한 연습을 원하는 듯 했고, 운궁법과 운지법에 대한 시연을, 자신이 갈망했던 신체 접촉과 발병 이전에 이미 파괴됐던 그의 가정에 대한 변명으로 삼고자 했다. 그가 자신의 진짜 두려움과 문제의 실제에 대해 말할 수 있었던 것은 입원 기간이 끝나갈 무렵이었다. Y 씨는 이제 약점들을 지닌 자신에 대해 스스로 가치 있는 사람임을 느끼게 되었다. 그에게 있어 이는 매우 고무적인 시간들이었다. 불행히도 Y 씨가 병동을 떠날 즈음, 이와 같은 지지적인 시간들이 지속되지 않았던 사실을 미루어 짐작해 볼 때, 그를 둘러싼 병원 환경은 그에게 협조적이지 않았던 것 같다.

54세 B 씨와의 세션은 또 다른 흥미로운 경험이었는데, 그는 너무 우울한 나머지 거의 입을 다물고 있었다. B 씨는 사무직에 종사했지만 일요일에는 즉석에서 악보를 연주할 수 있는 능력을 갖춘 전문적인 오르간 연주자였다. 우리는 병동에서 함께 연주하기 위해 B 씨가 좋아할 것이라 여겼던 소나타의 악보들을 연습하는 것으로 세션을 진행하곤 했다. B 씨를 데리러 갔던 어느 날, 그의 수간호사는 그가 너무 심란한 상태여서 나올 수 없다는 이야기를 내게 전했다. 그래서 나는 "그를 오게 해 주세요. 함께 연주할 때 그의 의식은 매우 또렷해져요."라고 간호사에게 말했고, 결국 그는 왔다. 그 세션에서 그는 난생 처음으로 세자르 프랑크(Cesar Franck)의 〈바이올린 소나타(Violin Sonata)〉 악보를 완벽하게 읽어 냈다. 하지만 그 연주는 B 씨의 깊은 감정과 접촉하고 있는 자유롭고 확장된 연주가 아니라, 모든 음표가 정확히 제시간에 존재하는 솔로 연주였다. 그리고 B 씨는 수간호사와 함께 일관성 있는 대화조차도 나누기 힘들 정도로 혼란스러운 환자였다.

음악은 하부 지배적인 대뇌 반구를 자극한다고 하는데, 이러한 방식의 도움을 통해 음악은 특별한 힘을 불러일으킬 것이다. B 씨의 경우, 음악은 말을 대신해 주는 것이었고, 황량한 바다 속에 있는 온전한 정신 상태로서의 섬 역할을 해 주었다. 하지만 그는 함께 일하는 동안 점점 더 많은 단어를 사용했다. 나는 세션 중간 즈음 일부러 피곤한 척을 했고 이로 인해 우리는 함께 앉아 커피를 마셨는데, 이때 그는 자신의 외적 생활에 대한 정보를 조금씩 나누기 시작했다. 마치 참새와 함께 커피를 마시는 것 같았다. B 씨가 음악치료 경험을 잘 해내고 있다는 사실은 병동 직원들이 B 씨에 대한 전체 그림을 보고 있지 못하다는 사실을 깨닫게 했다.

왜 내담자들은 악기를 배우고자 하는가

이것은 치료사가 다소 조심해야 할 부분이다. 언뜻 생각하기에 악기 배우는 것을 외향적이고, 소통적이고, 표현적인 행위라 여길지 모르지만, 실제로 이것은 치료사가 보다 신경 써서 노력해야 하는 부분이다. 치료사는 많은 사례를 통해, 인생의 혹독한 현실에서 벗어나기 위해 이상화된 영역을 만들고자 하는 강력한 욕망 때문에, 자신의 성장을 고려하지 않은 채 그저 좋아하는 선생님 혹은 부모님과 함께하는 1대1 상황을 지속시키고 싶은 바람 때문에, 혹은 실제 삶 안에서 인간관계를 통한 감정을 전혀 공유하지 않은 채 끝없이 독방에 갇혀 '감정적 자위'에만 빠지려고 하는 이유 때문에, 내담자가 악기를 배우고자 한다는 사실을 깨달아야 한다. 치료적 가르침 안에서, 삶의 현실들은 세션 안으로 유용하게 흘러들어야 하고, 음악은 즐거운 방식으로 학습되는 것을 통해 관계를 나누는 삶의 흐름으로부터 멀어지지 않도록 도움이 되어야 한다.

치료의 현장에서는 음악 활동들의 사회적 측면이 강조된다. 음악을 좋아하는 내담자가 병원에서 집으로 돌아갈 때, 그 내담자는 음악 동호회, 마드리갈 혹은 레코더 그룹, 합창단, 저녁 수업 혹은 아마추어 오케스트라로부터 환영받을 수 있다. 내담자는 치료사와 관계 맺음으로써 내담자가 사무실과 자신의 집 사이에서 사라지지 않도록 지역사회를 통해 내담자의 지지 그룹을 형성하도록 돕는다. 음악 애호가가 된다는 의미는 동지와도 같은 대가족과 함께 바흐(Bach), 베토벤(Beethoven) 그리고 시벨리우스(Sibelius) 등과 서로 친구가 되는 것이다. 하지만 내담자들이 그들의 동료와 우정을 나누는 법을 배우기 위해서는 인내심 있는 리허설 경험이 필요하다. 만일 한 사람이 세 살 반 나이 즈음에 타인과 관계 맺는 방법을 배우지 못했다면, 60세에 이를 다시 시작해도 그리 늦은 것은 아니다.

제13장
미술치료사 및 다른 동료들과의 협력

음악가에게 있어서, 병원에서 일하는 것은 외롭고 무기력해지는 경험이 될 수 있다. 따라서 음악가에게는 미술치료사들 그리고 되도록 예술 관련 심리치료사들과의 정기적 만남을 통해 자신의 일, 문제 그리고 아이디어를 보다 풍부하게 나누는 것이 유익한 일이다. 세 가지 표현 방식(음악, 미술 그리고 언어)은 서로 많은 공통점을 가지고 있어, 각각의 영역을 담당하는 세 치료사들은 그들 자신의 치료 과정 안에서 이 세 가지 표현 방식을 가장 많이 사용한다. 심리치료사는 '말'을 주로 사용하면서도 환자의 전체 그림 완성을 위해 누락된 '전경(figure)'을 발견하고자, 환자 '배경(ground, 게슈탈트 'Gestalt' 언어)' 안의 내면 그림을 포착한다. 치료사는 또한 환자 감정이 담긴 음악, 언어의 리듬, 깊은 감정이 담긴 음조, 방어적인 공허하고 건조한 음조, 언어 뒤에 숨겨진 반복되는 선율 형태를 민감히 경청한다. 미술치료사 또한 내담자의 작품 안에 표현된 붓 혹은 연필의 리듬 혹은 정지 동작을 알고 있으며, 내담자가 창조하는 색깔과 형태에 의해 야기되는 겉으로 표현하기 어려운 감정을 언어화하려는 걸림돌의 노력을 포착한다. 음악치료사는 환자들의 즉흥연주 이후 그들에 의해 표현된 이미지들의 기억, 그들의 전경/배경 그리고 음악 창작물들의 정신적 저장(원시적 음악 악보의 형태로)을 시각화할 수 있는 능력이 필요하다. 또한 음악치료사는 환자가 자신의 깊은 감정을 매일의 삶을 통해 언어화할 수 있는 가사들이 필요하다.

음악치료사와 마찬가지로, 미술치료사들은 그들의 내담자를 역동적 존재로 여긴다. 내담자는 그들과 함께 창조하고 이러한 창조는 다시 창조되어진다. 이를 통해 내담자는 더 이상 상황에 의한 단순한 희생자 혹은 훈련된 전문가에 의해 치유되기를 기다리는 수동적 생명체가 아니라, 내담자 자신의 삶과 감정에 대한 책임을 수용하는 것을 향해 긍정적 발길을 내딛는 '에이전트'인 것이다. 에리히 프롬(Erich Fromm)은 또 다른 맥락에서 이를 다음과 같이 서술했다. "수용적 존재에서 생산적 방향으로 성장하기 위해 인간은 철학적 혹은 과학적으로뿐 아니라 예술적인 방법으로 자기 자신을 세계와 연관시켜야 한다." 예술은 성인 존재가 만족해하지 않는 내적 아동의 일부 에너지를 흡입하는 불가능한 갈망들 사이의 유용한 다리를 형성한다.

그 세 가지 표현 형태는 서로를 보완한다. 미술은 이차원 혹은 삼차원 형태의 표현을 유지하는 활동적이지 않은 인간 본성의 경향과 관련되어 있다. 내담자의 음악적·미술적 표현을 비교해 볼 때, 미술이 주제의 방어적이고 구조적 측면에 더욱 강조점을 둔다는 사실을 발견하는 것은 매우 흔한 일이다. 음악은 시간 안에 존재하기에, 생생한 감정적 소리 표현의 힘을 통해 경험되어지는 역동적 변화 과정을 허용한다. 바인스(Baynes)는 "인간은 변화에 저항하는 원시적이고 활동적이지 않은 상태 안에서 정신 에너지를 유지하고자 하는 본능적 경향을 지닌다." 반면 개개인의 목적에 맞춰 조절할 수 있다면, 에너지는 흐르고, 증가하고, 변화를 일으킨다. 따라서 심리적 측면에 있어 시간은 에너지 기능으로 볼 수 있는데, 그 이유는 변화 과정의 흐름 없이는 시간 감각이 있을 수 없기 때문이다.

말은 다른 종류의 경험을 표현하기 위한 정신적 속기 역할을 하며, 말 뒤에 숨어 있는 의미를 이해하기 위해 청자 혹은 독자는 적극적인 번역 작업을 해야 하는데, 이 작업은 그들로 하여금 근원적 경험을 잘못 이해하게 할 수도 있다. 사람이 말을 사용할 때, 더욱 많은 거짓과 오해를 부를 수 있다. 그러나 말은 음악처럼 시간을 통해 동적으로 흐르면서도 형식적으로는 미술보다 더욱 정적이고 구속력 있는 신비스러움을 지닌다. 하지만 이러한 차이점들 안에 이 세 가지 치료방법 사이의 협력의 힘이 존재한다.

상호보완적 표현의 트리오

특정 내담자의 경우, 하나의 예술 형식은 오직 하나의 감정군을 표현하는 것에만 사용될 수 있다. 하지만 이러한 방식 안에서만 작업하는 그림은 불완전하다. A 내담자의 경우, 분노, 경멸, 실망 등을 표현하기 위해 단어들을 사용한다. 이는 외부 세계에 대한 내담자의 습관적 반응이다. 놀라움, 흥분 그리고 부드러움은 먼저 음악을 통해 그 모습을 드러낸다. 이것은 내면의 숨겨진 힘이다. 그런 다음, 다시 견고함, 색채의 생명력, 그리고 일의 수행능력 등은 그림을 통해 나타나게 된다. 이것은 현재 음악적 표현 뒤에 숨겨진 감정들을 차단하는 벽을 유지하는 분주한 형태 제공 능력이라 할 수 있다.

B 내담자의 경우, 온화하고, 부드럽고, 달래는 감정을 표현하기 위해 단어들을 사용한다. 음악은 강건한, 화나는, 갈망하는 감정표현을 위해 사용되고, 오직 미술의 안전하고 정적인 형태 안에서만 본능의 혼란스러운 충동이 표현된다.

C 내담자의 경우, 조절 가능한 형태의 힘으로 결속시키기 위해 현학적으로 단어들을 사용한다. 그는 엄청난 공포, 공격성과 함께 혼란과 파괴를 표현하기 위해 음악을 사용하고, 일련의 잠정적 형태 안에서 체계적인 변화와 함께 조심스러운 실험을 위해 미술을 사용한다.

미술치료사와의 협력

유도된 심상과 함께 일하는 음악치료사는 환자들로 하여금 그림으로 심상을 표현하게 한 후, 음악치료사에게 그 그림을 다시 가져와 심상이 어떻게 발전되었는지 확인할 수 있도록 해야 한다. 심상을 통해 초원의 수영장에서 자신의 모습을 보았던 젊은 여성은 미술치료실로 가서 수영장과 중앙에 있는 집 주변에 동물들로 가득 찬 3개의 동물 축사들이 있는 재미있는 만다라 그림을 그렸다. 그 젊은 여성의 음악에는 본능의 동물적 측면을 억제하는 것이 생략되어 있었다. 우리는 그다음 세션에서 집의 내부를 살펴본 후 이를 그림으로 표현했다. 이후 그녀는 축사들 안에 있는 한 마리의 말을 타고 숲속으로 들어가는 것에 대한 심상을 경험했고 이 경험을 또한 그림으로 나타냈다. 이처럼 생동감 넘치는 경험은 치료의 시작점에서 꽤 위협적일 수 있다. 매우 소심하고 억압받는 그녀에게 나는 네 가지 색을 선택하게 한 후 즉흥연주하도록 제안했다. 그녀는 분홍색, 파란색, 노란색 그리고 '처참한' 초록색을 선택했고, 이후 미술치료실로 가서 이 색깔들을 사용해 단순한 형태의 그림을 그렸다. 우리는 점차 감정적 내용을 담고 있는 느낌을 향해 나아갔다.

신체 긴장감과 함께하는 혼란스러운 감정의 환자들은 음악치료사와 함께 25분 이상 즉흥연주를 녹음할 수 있고, 이후 이 경험에 대해 그림 그리는 동안 치료사는 녹음했던 그 즉흥연주곡을 배경음악으로 제시한다. 이와 같은 그림은 다소 혼란스러울 수 있지만, 대체적으로 자유로운 움직임으로 가득 차 있으며, 그림을 통한 자기인식은 이후 계속되는 그림들의 평온함 속에서 발전된다. 미술치료사는 자신의 환자들 중 한 명의 그림에서 반복되는 이미지들, 예를 들어 화산, 초승달, 슬픈 새, 위협적인 기계 혹은 이러한 이미지들 중 그 어떠한 것도 환자 스스로 끝내 버릴 수 없다는 사실 자체를, 음악과 함께 경험해 볼 수 있도록 음악치료사에게 부탁하고 싶을 것이다. 음악 역동의 4차원적인 측면은 정적 형태나 패턴을 바꾸기 위한 무언가를 위해 작용할 것이다. 이 같은 즉흥연주 결과의 발견들은 새로운 일련의 그림들로 다시 돌아갈 수 있게 된다.

바흐(Bach), 슈톡하우젠(Stockhausen)의 음악에 대해 그림 그리거나, 또는 렘브란트(Rembrandt), 클리(Klee) 그림에 대해 즉흥연주를 하는 것과 같이, 서로 다른 매체를 통해 표현을 이끌어 내는 것은 유용하다. 하지만 이것은 음악과 미술을 통해 환자 내면을 탐험하거나 발전시키는 것과는 또 다른 기능을 한다. 음악과 미술을 통한 자기표현의 기회가 다른 이들의 예술작품에 대한 건강한 욕구를 불러일으키게 하는 것과, 한없이 가벼운 음악과 잡지 삽화 같은 사이비 양식보다는 거장들의 작품을 통해 예술적 욕구를 표현할 수 있는 기회를 가지는 것은 중요한 일이다. 예술에 대한 수용적 방법과 표현적 방법 사이의 건강한 균형은 감정이 고여 있도록 하는 정서적 정체와 감정의 흐름을 주체할 수 없도록 하는 정서적 소화불량을 예방하는 것에 도움을 준다.

작업치료사와의 협력

주중에도 매일 내담자와 함께 일하는 작업치료사는 일주일에 한 번, 한 시간 동안 집중적으로 개별치료 혹은 그룹치료를 진행하는 음악치료사에게, 환자의 정신적·감정적 상태에 대한 귀중한 정보를 제공할 수 있다. 또한 작업치료사는 환자의 일상생활에서의 사회 교류 기술, 외부 현실 그리고 쇼핑 혹은 병원 친구들과 함께하는 파티와 같은 활동 등에 대한 대처 능력에 대해 보다 명확한 그림을 가진다. 음악치료사가 이와 같은 치료사들과 함께 좋은 협력 관계를 형성하고 자신의 치료 시간을 그들에게 알려 주는 것은 가치 있는 일이다. 그렇지 않으면 모든 환자가 반복적으로 시골 나들이, 병동간 탁구 경기, 혹은 수영파티로 몰래 빠져나가는 사실을 발견하게 될 것이다.

정신과 의사의 태도

다양한 예술치료법에 대한 정신과 의사의 접근 방식은 매우 다양하지만, 주로 세 가지 유형으로 정리해 볼 수 있다. 일부 정신과 의사들은 모든 환자를 산업현장으로 보내고, 공장 작업이 현실에 보다 부합한다는 이유로 어떠한 종류의 예술치료에 참여하는 것을 금지한다. 초등학교 교사, 더블베이스 연주자, 혹은 무대디자이너들에게 있어 매일 여섯 시간씩 비닐봉지에 솜뭉치를 넣는 것이, 훈련받은 예술치료사들의 도움과 함께 예술적 창조를 통해 환자들 내면 삶의 어떤 종류의 질서를 창조하려는 것보다 더 현실적이어야 하는 이유가 무엇인지, 나는 도저히 이해할 수 없다. 예술가에게 있어 예술은 바로 현실이므로, 나는 단 한 번도 이러한 방법을 시도하지 않았다. 산업훈련은 특히 이런 종류의 일을 계속할 준비를 하고 있는 환자들에게는 도움될 수 있지만, 이러한 종류의 산업훈련과 더불어 미술 및 음악 치료 모두에 참여하고 있는 환자들의 성공적 결과를 통해 입증됐던 것처럼 서로 배타적일 필요는 없는 것이다. 하지만 이런 유형의 정신과 의사들은 모든 예술을 정직하게 땀 흘려 일하고자 하는 노동자들의 생각을 꾀어내는 일종의 매혹적인 사이렌과 같은 존재로만 볼 뿐, 공장 내에서 예술이 소비될 때조차도 나날의 일상을 윤택하게 만드는 역할을 하는 하나의 산업 그 자체로 보려 하지는 않는다. 이와 같은 정신과 의사의 환자들은 다른 방식의 접근법들에 대해 지나치게 예민하고 민감한 반응을 보일 수 있기에 관련한 모든 전문 예술치료사에게 부담을 줄 수 있으므로 그 환자들을 내담자로 받아들이는 것은 현명하지 못한 일이다. 새로운 환자가 치료그룹으로 의뢰되지 않을 때, 다양한 예술치료사의 방식을 통해 치료적 효과를 얻지 못할 만한 환자들을 미리 분류해 놓을 수 있도록, 각 환자의 정신과 의사가 누구인지를 미리 알아 놓는 것은 바람직한 일이다.

여기서부터 한 걸음 더 나아간 정신과 의사는 예술치료에 대해 실용적 접근 방식을 적용하고자 하는 정신과 의사다. 한 정신과 의사는 미술치료사에게 6명의 환자를 보내면서 "그들에게 당신이 가진 프로이트에 대한 허튼 생각이 아닌, 대상물에 대한 소묘 혹은 음영법을 가르쳐 주세요." 혹은 음치에 리듬감까지 없는, 그러나 정신과 의사에게 이미 압도적 관심을 가지고 있는 한 여성 환자를 위해 "그녀에게 문화적 관심을 가지도록, 피아노를 가르쳐 주세요."라고 부탁한다. 하지만, 여기에는 적어도 환자들이 있고 함께 주고받는 대화가 존재한다. 치료사는 환자 진보에 대한 기록과 그 기록의 제출을 위해 자신의 접근 방식을 염두하고 있어야 한다.

세 번째 유형의 정신과 의사는 어떻게 해서든 음악치료사 혹은 미술치료사에게 환자의 병력과 문제를 이야기해 주고, 치료사의 질문에 대답하고, 치료사에게 '이 환자를 위해 자신이 할 수 있는 일이 무엇인지' 질문할 수 있도록 시간을 마련한다. 이러한 유형의 정신과 의사는 예술치료사들과 함께 합리적으로 일할 수 있고 환자와 함께 좋은 관계를 맺을 수 있기에 충분하므로, 소중히 여겨야 할 존재이다. 치료 과정 안에서의 작업, 작업들의 결과물, 환자 상태에 대한 관찰 등에 관한 기록들은 매주 제출된다. 이러한 과정들은 "공격성으로부터 성적 감정을 가려내고, 이를 위해 노력해 보세요." 혹은 "어머니 이슈에 대한 작업을 할 수 있겠어요?"와 같은 유용한 제안들로 발전될 수 있을 것이다.

모임에 대한 전반적인 인상 및 느낌

일주일에 한 번, 음악치료실에서 이루어지는 점심 모임에 대한 대략적인 느낌에 대해 이야기하고자 한다. 4명의 음악치료사, K 양, V 양, O 씨, 나, 3명의 미술치료사, G 씨, U 양, A 부인 그리고 상담심리치료사 W 박사는 복잡한 커피 테이블 근처에 놓인 작은 대나무 안락의자에 앉아 G 씨와 K 양이 관찰했던 헬렌에 대해 이야기를 나누었다.

독신인 서른 살 헬렌은 사춘기 이후 피부발진을 일으켜 매우 고통스럽게 살아왔으며, 이로 인해 많은 시간을 씻는 시간으로 보내는 강박을 가지고 있으며, 이인증과 조현병을 동반한 인격장애 증상을 보인다. 그녀는 볼품없이 창백했고, 다른 사람에게 자주 사과하는 등, 타인과 관계 맺는 일에 있어 어려움을 가지는데, 그 이유는 주체적인 태도로 타인과 관계 맺기보다는 자신에 대한 타인의 시선에 보다 관심을 가지고 있기 때문이다. 그녀는 마치 키는 크지만, 물기 없는 슬픈 꽃과 같았다. 그녀의 양육에 있어 제일 많은 역할을 했던 사람은 친할머니였다. G 씨는 "헬렌은 손에 항상 젖은 수건이 들려 있었던, 그리고 자신이 무엇을 만질 때마다 손과 얼굴을 닦으라고 야단쳤던 친할머니 모습을 기억했어요."라고 말했다. 헬렌에게는 3명의 동생이 있었다. 헬렌의 어머니는 할머니가 그녀를 잘못 키웠다고 이야기했다. G 씨는 우리에게 그녀의 그림들을 보여 주었다. "나는 그녀에게 그림에 대해 느끼는 것을 그려 보라고 부탁했어요." 그것은 분리된 색 배경 바깥쪽을 향해 있는 못들이 박힌 장벽에 둘러싸인 어두운 녹색 자궁의 왼쪽을 바라보고 있는 태아 모양을 덮고 있는 붉은색의 물음표였다. "그녀는 보통 음악만을 감상하거나, 아니면 음악은 무시한 채 그림만을 그리는 편인데, 자신에게 익숙하지 않은 브람스(Brahms)의 〈피아노 협주곡 2악장(Second Piano Concerto)〉에 대해 그림을 그리게 되었어요." 그다음 그림은 완성되지 않은 황량한 욕실 안에 홀로 놓인 세면대였다. "그녀는 그것을 미완성인 채로 놓아두고, 견딜 수 없어 했어요." 그는 그녀에게 다른 맥락에서 물을 칠해 달라고 부탁했다. 빙하처럼 생긴 가공할 만한 폭포가 협곡 옆으로 쏟아져 내리고 있었고, 대지는 물보다 훨씬 더 유동적으로 보였다. 바닥에는 푸른 잔디 다발이 있었다. "나는 그녀에게 물에 대한 '느낌'을 요청했고, 그녀는 그 느낌이 덜 나쁘다고 표현하면서, 자신은 신체 감각과 더욱 접촉하고 있지만, 이는 스스로의 엄청난 노력이라고 이야기했어요." 나는 축늘어져 있는 그녀의 그림에 드러났던 표현의 범위에 대해 놀랐다.

G 씨는 다음과 같이 이야기했다. "나는 이 환자에 대해 무력감을 느껴요. 어느 날 그녀는 나를 찾아와 노인 병동에 계신 할머니들을 돌보기 위해 오전 여섯 시 삼십 분에 일어날 수 있을지, 거의 모든 할머니가 그녀의 담배를 원하고 있는데 어찌해야 할지, 그리고 이 모든 것이 그녀를 얼마나 우울하게 하는지에 대해 감정적 고통을 호소했는데, 과연 나는 이에 대해 무엇을 할 수 있을까요? 헬렌과 같은 환자에게 있어, 그녀 내면에 있는 나쁜 할머니에게 '아니요'라고 말할 수 있는 좋은 경험은 반드시 필요해요. 나는 그녀가 자기 자신에 대해 절망하고 있음을 느꼈어요. 헬렌의 애인 혹은 밥(지난주에 언급했던)의 따뜻한 어머니와 같은 타인들과 깊은 관계를 맺는 경험은 이들과 같은 환자에게 매우 필요하지만, 분명 쉽지 않은 일이에요. 나는 이러한 그들의 고통을 다룰 수 있는 기량이 없는 것 같아요."

K 양은 다음과 같이 말했다. "나 역시 당신처럼 헬렌에 대해 같은 어려움을 느껴요. 나는 즉흥연주를 통해 그녀에게 용기를 주려고 했지만, 이 방법으로는 그녀의 문제를 해결할 수 없어요. 나는 그녀에게 어떠한 희망을 주어야만 한다고 느껴요."

W 박사는 다음과 같이 말했다. "헬렌 내면에 존재하는 그녀의 물이 그녀의 모든 좋은 것을 익사시켜 버리는 것처럼, 당신은 당신 내면으로부터 그녀에게 도움을 주어야만 한다고 느껴요(폭포 그림을 가리키며). 당신은 헬렌이 자신의 나쁜 할

머니를 원상태로 되돌리고자 대모(도움이 간절히 필요할 때 도와주는 사람)에게 도움을 청하는 그녀의 바람을 그대로 반영하고 있어요."

K 양은 이렇게 말했다. "분명 그녀 안에는 살아 있는 무엇인가가 있을 거예요. 그렇지 않다면, 그녀는 그림을 그리거나 시를 쓸 수 없을 거예요."

G 씨는 다음과 같이 이야기했다. "그녀가 매우 우울하고 절망적인 기분을 느꼈을 때, 모든 그림은 경직된 혼란으로 끝났고 그녀는 다시 자신 안으로 숨어 버렸어요. 그럴 때마다 나는 '마주한 감정으로부터 도망치지 말고 당신이 느낀 그 절망감을 그림을 통해 그대로 표현하세요.'라고 했어요." 그는 우리에게 중앙에 아주 작은 검은 아메바를 감싼 빨간 새장을, 빨간 새장을 감싸고 있는 작은 보라색 아메바를, 작은 보라색 아메바를 감싸고 있는 커다란 사각 모양의 새장을, 그리고 그 큰 빨간 새장 밖에 매우 큰 초록색 아메바를 그린 용기 있고 색채감 있는 분필 그림을 보여 주었다.

"그녀는 탐험하고 싶은 바람, 자신을 가두는 할머니, 성장하고 싶은 욕구, 그리고 자신을 가두는 병원을 표현하고 싶었어요. 그림을 완성한 후, 그녀는 보다 분명해짐을 느꼈고, 보다 강해진 문장을 구사했고, 이러한 감정과 함께 결국 무엇인가를 성취할 수 있었어요. 그녀는 또한 할머니 역시 자신의 과거 밖에 존재했던 것이 아니라, 자신의 일부분이라는 것을 어느 정도 깨닫게 되었어요."

W 박사는 이렇게 이야기했다. "그녀가 자신 안의 내적 자원과 접촉할 수 있도록 다시 양분을 제공하고 해석할 수 있는 방법이 이것밖에 없는 것일까요? 당신은 그녀에게 애인이 필요하다고 여길 거예요. 하지만, 당신은 결코 그녀에게 그러한 존재가 될 수 없고, 결국 이러한 자각이 그녀에게 도움이 될 거예요."

G 씨는 "(그녀의 그림 속 아메바들을 가리키며) 이를 통해 그녀의 성장 과정이 표현되었다고 생각해요. 그리고 (새장들을 가리키며) 이것은 그녀의 할머니에 대한 투사예요."라고 말했다.

폭포 그림: 이 환자의 땅은 물보다 더 유동적으로 보였다

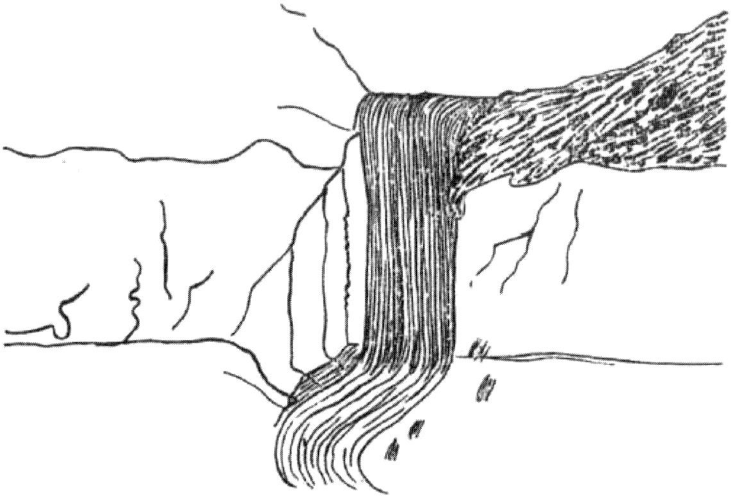

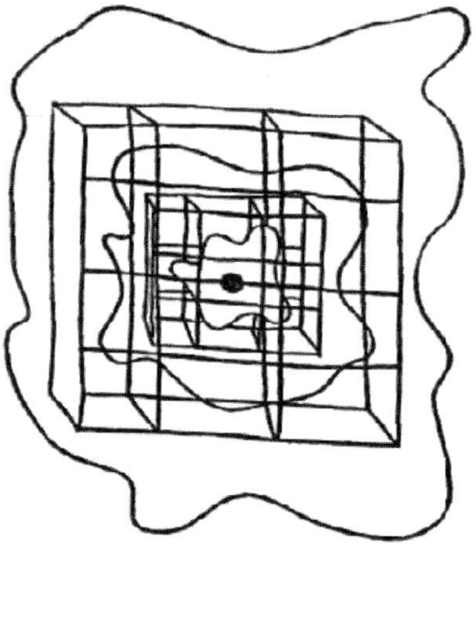

W 박사는 이야기했다. "그녀는 그녀의 절망 속에서, 당신이 제공하는 어떠한 구조든 그것을 넘어설 수 있고, 삼켜버릴 수 있다고 말하지 못하고 있지 않은가요? 그렇게 절망적인 느낌을 가지게 하는 것이 무엇인가요? 당신은 그 그림과 일

치하는 인간의 감정을 찾을 수 있나요? 음악치료사이자 미술치료사인 당신은 우리 심리치료사들보다 환자를 도울 수 있는 더 많은 치료적 도구를 가지고 있어요."

O 씨는 K 양에게 "당신은 음악 안에서 이 그림을 이용해 본 적이 있나요?"라고 물었다.

K 양은 이야기했다. "헬렌은 그림을 가져왔고, 우리는 그림에 대해 함께 이야기했어요. 그녀는 자신의 피부에 대한 두려움, 그 피부에 닿는 모든 것들에 대해 이야기했어요. 또한 '모든 것이 섹스로 귀결되는 것 같아요.'라고 말했어요. 그녀는 그녀의 경계들을 느낄 수 없다고 말했고, 이를 통해 우리는 그녀가 타인과 관계 맺는 것이 어려울 것이라 추측했어요. 그녀는 누군가를 너무 강하게 끌어들이는 것을 두려워했어요. 그녀는 '그래서 나는 사람들과의 관계에 있어 거리를 유지하고자 하지만, 동시에 그들 모두를 잃을까 두렵다.'라고 말했어요. 그녀와 함께 우리는 그녀가 싫어하는 자신의 어떠한 부분에 대해 즉흥연주를 했고, 그녀는 그 측면을 '모양 없는 덩어리'라고 묘사했어요……."

나는 "아메바?"라고 말했다.

K 양은 "아메바일 수도 있겠네요. 이후 그녀와 나는 그녀의 발진에 대해, 그리고 우울할 때조차도 유머감각을 잃지 않고, 아이들과 함께 잘 지내고, 생생한 이미지를 가지고, 그림물감과 소리를 통해 창의적인 표현을 해내는 등의 그녀의 좋은 면들에 대해 함께 분리기법을 사용해 즉흥연주를 경험했어요. 그녀는 발진을 동반하는 자신의 싫은 면에 대해 먼저 즉흥연주를 했고, 역할을 바꾸기 위해 종을 울렸어요."라고 이야기했다.

V 양은 다음과 같이 질문했다. "그녀의 좋은 면을 연주했던 당신의 음악에 대해 그녀는 어떻게 느꼈나요?" K 양은 다음과 같이 대답했다. "그녀는 나의 연주를 알아차리지 못했고, 때문에 자신의 표현과 보다 깊은 관계를 맺어야 하는 것에 동의했어요. 그래서 나는 그녀의 좋은 면들에 대한 모양과 형태가 없는 즉흥연주를 유지하는 것이 쉽지 않다는 것, 그리고 명백히 형태가 없는 그녀의 표현은 강한 의미를 지니고 있을 것임을 그녀에게 이야기했어요."

A 부인은 "그것에 대해 그녀는 뭐라고 말했나요?"라고 질문했다.

K 양은 다음과 같이 대답했다. "그녀는 내 말에 대해 어느 정도 수긍했지만, 그녀 나름의 방법을 통해 이것을 받아들여야만 한다고 말했어요."

V 양은 "이는 G 씨의 견해와는 조금 다른 견해인 것 같아."라고 이야기했다.

W 박사는 "이것은 마치 교류하는 전경-배경 그림의 시각적 양방향 인식과 같아요. 이 구조적 사각형들이 자유롭지만 형태가 없는 아메바들과 어떠한 관계를 가지고 있는 것일까요? 한 가지 방법만으로 이 상황을 보는 것은 좀 절망적인 것 같아요……. 새장(그림 속에 나타나 있는)을 극복하고자 하는 그녀의 생각이 어떻게 그녀에게 떠오르게 되었는지 궁금했어요. 그것을 바라보는 편협한 그녀의 방식을 통해, 새장은 언제나 아메바를 좌절시키고 방해할 뿐 아니라, 창의적인 반대편 사각지대를 볼 수 없도록 해요. 마치 아메바 내부 구조로서의 새장처럼요."라고 말했다.

나는 "유머감각을 지닌 창의적인 아동보호자의 구조 안에서 형태 없는 덩어리는 유용해요."라고 말했다.

W 박사는 "환자들은 그들의 시스템과 동일시하도록 우리를 유혹해요."라고 이야기했다.

G 씨는 "그녀는 자신의 인생에서 단 한 번도 유기적이고 자발적인 존재로서 자신을 경험하지 못했어요. 그녀의 인생에는 항상 이 새장이 있었어요. 현실에 대한 그녀의 정신적 관점은 제한되어 있기에 그녀의 절망 또한 제한되어 있어요. 닫혀 있는 구조에 대한 그녀의 생각은 잘못된 것일 수 있지만, 그녀는 그 새장에 의해 에워싸고 있는 것으로 봐야 해요. 그녀는 이 새장을 사용할 수는 있지만, 그 새장이 될 수는 없어요."라고 말했다.

W 박사는 "만일 새장이 초자아라면, 그것을 제거하는 것을 통해 평화가 찾아오진 않을 거예요. 만약 그것이 중단된다면 그 대가를 치르게 될 거예요. 그녀는 즉각적인 안도를 얻는 마약 중독자 혹은 알코올 중독자처럼 그것을 잊기 위해 노력할지 모르지만, 곧 정신병, 숙취, 실추 등과 같이 대가를 치르게 될 거예요. 반대로 아메바가 내보내진다면 자아는 너무 많아질 거예요. 우리 모두는 어떤 게임

에서도 우리의 경계를 정해야 해요. 당신의 어려움은 그녀의 상상에 의해 공유되고 제한되기 때문에 일어나는 거예요. 음악, 예술, 심리치료의 목적은 이전의 수축을 확대하고, 이를 풀어 주게 될 경우 다른 결론들로 이끌어 낼 수 있도록 하는 자기의 일부와 접촉하는 거예요."라고 이야기했다.

G 씨는 "그렇다면, 우리는 또 다른 방법을 찾기 위해 그녀의 경험을 부인해야 해요."라고 말했다.

W 박사는 "그녀는 그것들을 제대로 묘사해 오지 않았을지 몰라요. 일차적 사고 과정은 꿈, 비유, 신화, 그리고 일부의 시 등과 같이 여러 가지 의미가 담긴 한 이야기의 응축 요인에 관한 것이고, 이는 무의식의 표현이에요. 우리의 교육시스템이 바탕을 두고 있는 이차적 사고 과정은 하나의 의미에 대한 지적 구속력을 가지는데, 이러한 이차적 사고 과정은 실제로 그것을 바라보는 당신의 방식을 배제할 수 있지만, 일차적 사고 방식에서는 보다 많은 의미를 찾게 돼요."라고 이야기했다.

V 양은 "헬렌이 그 어려움을 다루고 싶어 하지 않는다면, 그녀는 그 어려움을 새장에 가두어 버릴 거예요."라고 말했다.

U 양은 "그녀는 가두어 두는 것, 그리고 그러한 구조에 대한 자신의 책임을 부인하고자 해요."라고 이야기했다.

W 박사는 "헬렌의 논지와 관련해 당신은 그녀의 반대되는 논지를 찾아야 하는데, 그 이유는 그 방법만이 통합을 이룰 수 있기 때문이에요."라고 말했다(W 박사는 그녀의 그림을 응시하고 있다). "그림 속 이 내용들은 남성과 여성의 모양을 하고 있는 것 아닌가요? 이런 관점에서 볼 때 그녀는 항상 아메바들의 창조적인 음경을 목 졸라대는 영구적인 새장이라는 관점에서 자신의 여성성을 보지 않는 건가요?"

지면은 모든 각도에서 검토되고 아이디어의 상호 교류는 새로운 접근을 위한 방법을 준비토록 한다. 관련된 단어들 혹은 말들은 그 문제들을 조사하고 명확히 하는 것에 있어 도움을 주기도 하지만, 문제들을 속박하고 난해하게 만들기도 한다. 나는 살아 있고 변화하는 음악의 신선한 진실로 돌아가고픈 필요성을 느낀다. 말 안에서는 이것은 이것이지만, 미술 안에서 이것은 저것이다. 그러나 음악 안에서는 이것도 저것도 아닌 신비로운 역동의 경이로움이 존재한다.

제14장
분석적 음악치료 기법 I

분석적 음악치료 기법은 치료사가 내담자와 함께 음악을 통하여 감정을 탐색하는 것에 특별히 중점을 둔다. 정서적 내면 세계는 너무나 방대하고 복잡하기 때문에 내담자들의 마음에 중심 체계를 정립하고 유지하도록 하는 것은 치료사와 내담자 모두에게 도움이 될 수 있다. 물론 이와 유사한 기법이 이제까지 음악치료사들에 의해 사용되었으나, 정서적 이슈들에 대하여 이 기법들을 사용하여 내담자의 무의식적 상징성을 해석하는 것은 더 어려울 수 있으므로, 보다 의식적으로 실질적인 수준에서 기법들을 사용함으로써 좀 더 자신 있게 일할 수 있게 될 것이다. 이 장과 다음 두 장에 연이어 설명할 기법들은 실제 치료적 상황에서 발생하는 필요에 부합하기 위해 고안되고 적용되었다. 새로운 상황은 항상 발생할 것이지만 내담자들의 요구들은 미래의 분석적 음악치료사들의 창의성에 의해 충족될 것이라고 믿는다. 다음의 기법들은 현재 분석적 음악치료에서 사용되는 기법이다.

왜 특별한 기법을 다른 기법 대신 사용해야 할까

분석적 음악치료사는 상호 간 치료 훈련 세션에서 이 모든 기법을 경험하고 실험적으로 시도해 보았으므로 어떤 특정 시점에 어떤 기법이 요구되는지 감지할 수 있을 것이다. 아마도 내담자는 더 깊은 수준에 이르기 전 차단될 수도 있고, 상징, 꿈 및 심상 작업이 필요할 수도 있다. 아마도 내담자는 분리기법을 통해 갈등을 완화시키는 데 도움이 필요하거나, 아니면 그녀가 현실에서 다음 단계로 나아가는 것을 주저하게 하는 내적인 두려움이 무엇인지 현실연습 기법을 사용하여 알아볼 수 있다. 내담자가 말하는 대로, 치료사는 내담자의 어떤 내부 상황에 대한 이해를 발전시켜 나가게 될 것이다. 탐색을 위하여 무엇인가는 표출되어야 한다. 만약 아무것도 알아낼 수 없다면 유도된 심상 기법 중 하나를 사용하여 내담자의 무의식 안에서 무슨 일이 벌어지고 있는지 살펴보아야 할 시점일 수도 있을 것이다.

한 세션 안에 얼마나 많은 기법이 사용되어야 할까

기법들을 사용하는 것은 내담자가 음악에 의해 얼마나 영향을 받는지, 음악을 회피하려고 말을 하는지 혹은 해석 및 토론을 피하기 위하여 음악을 사용하는지 등 여러 요인에 따라 달라질 수 있다. 어떤 때는 내담자가 전혀 연주를 하지 않고도 세션을 진행할 수도 있고, 어떤 때는 전혀 말을 하지 않고 네다섯 번의 긴 즉흥연주를 할 수도 있다. 세션이 거의 끝나 갈 때까지 계속 시간을 끌면서 방어적으로 수다를 늘어놓는 내담자에게는 10분 정도의 자유 즉흥연주를 권한다. 이와 같은 방법으로 저항은 지나가게 되고, 내담자의 진솔한 감정이 표현되고, 치료사는 이후에 다루어져야 할 내담자의 진짜 감정에 대하여 대략적인 계획을 세울 수 있게 된다. 내담자가 기법을 인지하고, 치료사와 함께 특정 기법을 사용하여 감정, 관계 또는 문제 영역을 탐색하도록 요청함으로써 효과적인 상호작용을 하게 되는 경우도 많다. 물론, 내담자가 이미 알고 있으면서도 직면하는 것이 불편한 대답을 치료사에게 말해야 하는 그 순간을 미루기 위해서 종종 이렇게 하기도 하지만 이 시점이 되면 치료사와 내담자와의 치료적동맹이 이루어진다.

홀딩기법

이 기법은 '담아 주기'라고 불리기도 한다. '수용기의 역할'로서의 치료사와 환자의 개념은 『Seven Servants: Four Works』(1977)에서 비온(W. R. Bion) 박사의 '경험으로부터 배우기'로부터 유래되었다. 홀딩기법의 목적은 치료사의 음악적 본질에 의해 감정적으로 몰입하여 내담자가 감정적 소리 표현을 통해 자신의 감정이 최고조에 이르기까지 완전히 경험할 수 있도록 하는 것이다. 그것은 어린아이가 짜증을 부리고 가슴이 찢어지게 울음을 터트리거나 열광적인 기쁨을 전할 때 부모가 안전하고 사랑스럽게 붙잡고 지켜 주는 것과 같은 음악적 기법이다. 이것은 높은 정서적 스트레스로 인한 붕괴에 대한 두려움을 감소시키고, 감정이 다른 무엇인가로 발전할 수 있는 기회를 제공해 주며, 그 이슈에 대해 덜 영향을 받도록 충분히 결합된 에너지를 방출하도록 해 준다.

치료사는 음악으로 내담자의 정서적 표현을 위한 안전한 수용기가 되어 주어야 한다. 어떠한 경우에라도 내담자가 치료사를 이끌어 가야 한다는 부담감을 느끼지 않도록 하여야 하지만, 반면에 치료사의 과격한 표현이 내담자를 위축시켜 표현하는 데 제한을 받지 않도록 내담자가 감정을 표출하기 전에 치료사가 너무 강요해서도 안 된다. 만약 이런 시도가 적중하면, 내담자에게 긍정적 영향을 줄 수 있지만, 그렇지 못한 경우 내담자는 불안해하고, '실망'하거나 더 위축될 것이다. 대화하는 동안, 치료사는 탐색해야 할 문제의 감정에 대하여 인식할 수도 있고, 처음에는 내담자가 주도하게 하고, 다음에는 치료사가 조금 앞서서 내담자가 감정표현의 절정을 경험할 수 있도록 촉구할 것이다. 이렇게 함으로써 내담자의 필요가 충족될 수 있지만 바람직하지 않은 상황에 처하게 될 수도 있다. 치료사의 임무는 조성 음악과 분명한 주 화음들을 내포한 음악을 사용하여 내담자를 현실로 돌아오도록 인도한다. 그리고 나면 내담자는 자신의 이슈들이 실제 삶에서 조화로운 자리를 가지며, 자신의 환경에 어떠한 해도 미치지 않는다는 것을 느낄 수 있게 된다. 치료사는 내담자가 그렇게 되는 바로 그 순간에 연주를 마친 후 내담자의 연주에 대하여 즉시 언어로 자유롭게 표현하도록 하는 것이 중요하다. 다시 치료사는 내담자를 담아 주는 수용기의 역할을 하게 된다. 이 순간 감정이 덜 역동적이거나 더 구체적인 방법으로 표현될 것이고, 경험이 분명해진 후에 감정의 원인을 규명하려는 시도가 있을 수도 있다. 만약 그 감정이 슬픔이나 신비로운 평온함 중 하나라면, 내담자가 침묵을 지키고 싶어 할 수도 있을 것이다. 하지만 치료사의 세심한 관심과 이 침묵에 대한 자발적인 수용 또한 일종의 억제이다. 치료사는 자신의 수용력과 관계를 유지함으로써, 의도적으로 차단된 침묵을 가장 친밀한 공유 경험으로 만들 수 있다. 이러한 순간들은 가장 생산적이고 유익할 수 있는데, 내담자가 대화를 중단해 버리는 행동에 영향 받지 않고, 아무것에도 견제받지 않으며, 오히려 반대로 지지하며 기다려 주면서 내담자가 필요한 만큼 시간을 가지고 스스로 무언가를 도출해 갈 수 있도록 유도한다.

음악적으로 담아 주는 경험은 치료사에게 극도의 부담이 될 수도 있다. 치료사의 열정적이며 전적인 통찰 없이 이 일을 수행하는 것은 현명하지 못하다. 그럼에도 불구하고 나는 마음을 흥분시키고 주체 못 할 정도로 많은 부담을 가지고 가야만 했던 병동에서 바이올린을 연주하며 작곡하는 것이 매우 어려웠던 특정 세션을 기억한다. 이것은 내담자들에도 가장 끔찍한 경험이었을 것이다. 이 세션 이후로 내담자도 나 자신도 좀 더 편안하게 세션을 진행할 수 있었다.

사례 1

33세의 한 여성이 매우 긴장한 상태로 세션에 왔는데, 그녀는 남편을 성적으로 거부하고 집단치료에서 심리치료사의 상담도 차단하였다고 하였다. 그녀와 네 번의 대화를 시도한 끝에 우리는 '거절'을 주제로 즉흥연주를 했다. 그녀가 숨을 헐떡거리며 "아이고, 팔이 아파!"라고 하며 잠깐씩 멈추긴 하였지만, 오랜 시간 열정적 에너지로 자발적으로 드럼을 연주했다. 그녀는 이 경험 후에 훨씬 더 편안해졌으며, 과거에 누구를 거절했는지에 대하여 자유롭게 논의할 수 있었다.

사례 2

32세의 한 여성 내담자는 자신의 따분한 삶에 대하여 이야기했다. 우리는 '일상'이라는 제목으로 즉흥연주를 했고 그녀는 침울한 비트로 간단한 곡을 연주했다. 우리는 '모험'이라는 주제로 드럼, 탬버린과 마라카스로 다소 소심하게 연주를 시도했으나, 부자가 되어 새 옷을 입고 매일 머리를 손질하는 생생한 상상과 좀 더 모험적인 일상생활의 시작을 위해 화려한 카페에 가는 것과 동시에 그녀의 자녀들을 양육하는 것에 대한 즐거움을 발견하였다.

사례 3

두 달 째 매주 세션을 받고 있는 33세의 남성 내담자는 자신의 질병에 대한 희망과 절망의 감정을 탐색하기를 원했다. 그는 두 번이나 희망적인 감정을 경험했고, 그 두 번의 희망적 감정이 다시 끔찍한 갈등으로 이어졌다. 그러고 나서 그는 졸음이 왔고 그 느낌들이 '사라져 버렸다.'고 하였다.

이와 같이 졸린 느낌은 자신과의 갈등 속에서 강한 느낌의 정서 인식에 대한 그의 후속 반응이었다. 다음 세션에서도 그는 자주 '긴장이 풀리는' 기분을 느꼈지만, 회복되기 위한 투쟁의 한 단계라고 이해하고 용기를 내었다.

분리기법

분리기법은 내담자가 자신을 다른 대상에게 투사함으로써, 이 대상에게 투영된 감정을 놓치는 경우 특히 유용하다. 그레이스의 예를 들면, 그녀는 유복한 집안에서 자라났고 소심하며, 그녀 자신의 깊은 감정에 익숙하지 않고, 집주인인 플럼 부인의 참견에 무의식적으로 분개했다. 그녀 자신의 분노에 직면하고 싶지 않은 그레이스는 자신의 분노를 플럼 부인의 행동에 투사했다. 그레이스는 이 부인에게 공포를 느껴 치료를 받게 되었다. 치료사가 화가 난 플럼 부인의 역할을 연주하는 동안 그레이스는 자신을 표현하는 즉흥연주를 하고, 치료사가 괴롭힘을 당하는 그레이스를 표현할 때, 그레이스는 그 상황에서의 그녀 자신의 분노와 접촉할 수 있는 기회를 가지게 되고, 의식적으로 습득한 힘에 의해 보호받을 수 있게 된다. 그레이스는 플럼 부인에 의해 덜 위협받는다고 느낄 수 있게 되었고, 이젠 그녀의 투사된 무의식적인 분노가 다시 분출되지 않고, 플럼 부인의 실제 분노만 직면할 수 있게 되었다. 이러한 과정은 시간이 걸리는 작업이므로, 지나치게 단순화된 예일 수 있지만 분리기법의 원리를 설명해 줄 수 있다.

이 기법의 또 다른 용도는 현재의 상황을 위해 모든 에너지가 유지되어 아무 일도 없는 것처럼 보이는 갈등 상황이지만, 동시에 내담자가 상당히 소진되어 아무것도 할 수 없을 때 사용된다. 이런 경우에 내담자는 갈등의 양면에 대한 자신의 감정을 묘사해 주며, 음악치료사는 내담자와 그의 아이디어의 특성에 대하여 철저히 탐색하기 시작한다. 시간이 지나면 음악이 듀엣이 되도록 하는 것이 유용하며, 이 두 가지를 함께 섞어서 사용하는 것이 좋다. 이 시점에 이르기 전에 내담자가 거부한다면, 중재 과정에서 더 많은 작업을 수행할 수 있는 분리기법과 두 가지 주제 모두를 포함한 세 번째 즉흥연주를 시도할 수 있다.

사례 1

바바라는 강박증적 성향을 가진 엄마이자 젊은 주부이다. 그녀는 폭력적인 언니 로즈에 대한 공포와 증오심을 가지고 있었다. 나는 그녀의 예의 바름을 표현하는 연주를 했고 그녀는 엄청난 흥분과 에너지를 가지고 언니를 표현하며 연주했다. 그다음에는 내가 거칠고 통제할 수 없는 언니 로즈를 표현했고, 그녀는 흥분을 거의 감당할 수 없을 때 특히 세게 8분 음표와 16분 음표를 오스티나토로 연주했으며 거친 로즈를 묘사하는 나의 음악에 참여하지 않을 수 없었다. 이 세션 후에 그녀는 로즈에 대한 자신의 거친 감정을 점차 인정하기 시작했고, 처음에는 사실상 거의 직면하기도 힘들었던 로즈의 방해에 대하여 저항하기 시작했다. 그녀의 엄격하고 부자연스러운 표현은 점차적으로 편안해졌고, 결국 로즈와 같은 머리색을 가진 자신의 어린 딸에게도 애정을 보여 줄 수 있었다.

사례 2

젊은 회사원 델마는 자살 충동의 문제를 가지고 있었다. 우리는 '혼돈'과 '징계'로 분리하여 다루었다. 델마는 항상 삶, 관계 그리고 치료를 분리시키길 원했기 때문에 델마의 치료 과정은 어려웠다. 나는 매우 거칠게 '혼돈'을 표현하는 연주를 했고, 그녀는 '징계'에 대하여 마라카스를 약간씩 흔들며 표현했다. 그러나 곧 연주를 멈추고 어떻게든 나를 밀어내려 하였으므로 연주를 지속하기는 불가능했다. 그녀는 나를 완전히 그녀에게서 분리시키는 느낌을 주는 데 성공하였다. 이 세션에서 그녀는 성관계의 경험을 되풀이했다. 그녀는 남자친구와 만족감도 없는 성관계를 가진 후 한밤중에 집으로 돌아오곤 했다. 자연스러운 또는 정서적인 클라이맥스에 대한 그녀의 두려움에 대한 토의는 매우 흥미로웠다.

사례 3

델마는 직장에서 해외로 파견을 나가기 전에 혼자가 되신 엄마를 두고 떠나는 것에 대해 복잡한 감정을 가지고 있었으며 또한 자신의 열정이 갑자기 사라지는 것을 두려워했다. 내가 '명랑한 엄마'를 표현하는 동안 그녀는 슬픈 자신을 연주했는데 델마의 음악은 점점 화를 내는 것 같았다. 그러고 나서 나는 '슬픈 엄마'를 표현했고 그녀는 '열정적인 델마'를 연주했다. 엄마의 슬픔은 그녀에게 죄책감을 들게 하였고, 죄책감이 늘어나면서 연주를 멈추었는데 이것은 위험한 것이었다. 전체적인 아이디어를 생각하고 그에 대한 행동 계획을 세움으로써 그녀는 열정을 유지하고 계획을 수행할 충분한 자신감을 얻었다.

사례 4

대학생인 에바는 그녀의 불공평한 관계와 관련된 경험에 대하여 탐색하기를 원했다. 그녀가 '문간에 깔아 놓는 신발 바닥 닦개'를 표현하는 동안 나는 '바닥 닦개'가 된 것처럼 행동하였다. 그런데, 그녀는 그녀 자신의 감정에 집중하지 않고 지속적으로 날 자극하려고 하였고, 나에게 말하기를, 만약에 내가 끝까지 견뎌낸다면, 자신이 '바닥 닦개'의 역할을 하려고 했었다고 말했다. 다음 순서에는 내가 '바닥 닦개'의 역할을 했으며 나는 그녀가 음악적으로 반응할 수 있도록 여지를 주었지만 그녀는 반응하지 않았다. 다음으로, 그녀가 역할을 바꿀 수 있는지 보기 위하여 나는 아주 길고 점점 여리게 연주하였다. 내가 매우 여리게 연주했을 때 그녀는 아주 여리게 연주했고, 내가 갑자기 아주 여리게 연주하는 것이 끝나 갈 무렵, 그녀는 단호하게 자신을 주장하기 시작했다. 다음으로, 그녀는 자신의 원칙을 무시한 학교에서 일을 다시 시작하게 하려는 강사의 권유를 거부할 수 있었으며 그녀 자신이 정직하고 행복하게 느낄 수 있는 자리를 찾으려는 도전을 할 수 있게 되었다.

감정적 투자에 대한 탐색

이 기법은 상담 중 말이 맴돌며 더 이상 진전할 수 없는 경우에 사용된다. 나는 이 기법이 내담자가 자신의 배우자와 저항할 수 없을 정도의 매력을 느끼는 애인에 대한 감정을 비교하는 데 매우 좋은 방법이라는 것을 발견하였다. 내담자와 치료사는 함께 두 대상을 주제로 역할을 바꾸어 번갈아 가며 즉흥연주를 하는데, 치료사는 이때 홀딩기법을 사용한다. 이때 치료사는 매우 민감하게 연주하여야 하며, 무엇보다 잘 경청해야 한다. 치료사는 절대로 역전이의 느낌을 나타내서는 안 되며, 오로지 들리는 소리에 반응하고, 두 사람에 대하여 어떻게 말하는지 살피고 소리의 특색을 비교한다. 여기서 말하는 역전이는 하인리히 레커(Heinrigh Racker) 박사의 '일치적 동일시(concordant identification)'와 같은 개념으로 내담자의 무의식 혹은 전의식의 감정을 치료사가 지각하는 것이다. 폴라 하이만(Paula Heiman)은 연구에서 역전이에 대하여 "나의 연구는 분석상황에서 내담자에 대한 분석가의 정서적 반응이 중재에 있어서 가장 중요한 도구 중 하나임을 의미한다. 분석가의 역전이는 내담자의 무의식을 탐색할 수 있는 도구이다."라고 하였다(International journal of Psychoanalysis, 1950, volume 31, p. 81).

감정적 투자에 대한 탐색기법을 사용할 때 녹음한 것을 다시 듣지 않는 것이 좋다. 이 단계에서는 내담자가 진실을 직면하는 것에 대하여 매우 방어적일 수도 있기 때문이다, 그러나, 이 녹음 자료가 이후 작업에 사용될 수도 있다. 이 기법은 특정한 의미와 정서가 내포된 문구가 반복해서 튀어나올 때도 유용하다. 이러한 경우 치료사는 홀딩기법으로 역전이 감정을 사용할 것이다.

사례 1

베릴은 아이가 둘 있는 젊은 주부로서 그녀의 결혼 생활은 자녀양육, 집안 문제와 경제적 어려움으로 점점 악화되어 갔다. 그런데, 그녀에게 반한 나이 많은 남자 올리버를 만났다. 그녀의 남편과는 달리 베릴을 우상화하고 병원에 매일 찾아왔으며, 아이들이 다 자랄 때까지 그녀를 기다리겠다는 낭만적인 편지를 써 주었다. 그는 어떠한 성적 요구도 하지 않았다. 올리버에 대한 즉흥연주는 매우 리드미컬했고 부드러운 감정을 표현했고 마치 요람을 흔들어 주는 것 같았다. 남편에 대한 즉흥연주는 불규칙한 리듬과 매우 다양한 종류의 표현을 나타내는 역동적 연주였다.

나는 그녀가 자신의 결혼 관계를 깨지 않을 것을 확신했다. 다음 주 베릴은 충동적으로 예고 없이 올리버를 방문했는데, 그가 다른 여인과 침대에 있는 것을 목격했고 이후로 그녀의 결혼 생활은 회복되었다. 그녀가 말로는 자신의 결혼 생활이 끝났고, 올리버는 친절하고 이타적인 사람으로 남편을 대체할 수 있을 것이라는 기대를 했다고 하였지만, 그녀의 음악은 다르게 말하고 있었다.

사례 2

세 아이의 엄마인 33세의 캐서린은 이안과 열정적 사랑에 빠졌다. 남편과는 아무런 감정도 느낄 수 없었지만 자신의 아이들은 사랑했다. 우리는 '불륜'이라는 주제로 즉흥연주를 하였지만, 그다지 감정적 표현은 없었다. 우리가 '결혼(현재의 결혼)'을 주제로 연주했을 때 더 깊이 있고 결혼 생활과 아이들과 함께하는 만족감이 느껴졌다. 캐서린은 이러한 감정들로 갈등했고, 이안이 다른 여자와 바람을 피우고, 그녀와 남편은 서로를 점차적으로 더 이해하기 시작하게 되었다. 캐서린은 잠깐 불륜을 저지르면서 이안과 헤어졌지만, 다시 남편에게로 돌아와 결혼생활에 충실하게 되었다.

사례 3

30세의 베라는 버스로 여행하는 것, 특히 정류소에서 기다리는 것에 대한 두려움을 호소하였다. 우리는 '기다림'에 대하여 즉흥연주를 하였다. 그 음악은 다소 억눌린 느낌이었으나 치료실에 있는 모든 악기를 다 사용하였다. 그녀의 내적 경험은 기다림, 기절한 상태, 버스를 타는 것, 어머니를 방문할 수는 없지만 남편에게 돌아갈 수 있는 것 등이었다. 이것은 그녀의 남편과 아버지에 대한 감정들을 정리해 나가는 여러 세션에 걸쳐 이어졌다. 시간이 지나면서 그녀는 세션에 올 때 매우 자신 있게 버스를 타고 올 수 있었다.

신체화 증상과의 소통 시작하기

때때로 신체화 증상들은 당신이 근육을 무리하게 사용하고 있는지 당신이 어떻게 움직이는지 주의해야 한다는 메시지를 전해 준다. 때로는 의식적인 경험에 의해 우회된 감정에 관한 의사소통인 '장기-특수 용어/유기적 용어'이다. 후자의 경우 그들은 보통 도움이 되는 치료에 완강히 저항할 수 있다. 내담자가 증상에 완전히 빠져 있는 동안 치료사에게 '자신'을 연기하게 할 수 있도록 허용한다면, 내담자는 자신의 우회적 감정에 자주 접근할 수 있으며, 음악 안에서 긴장을 해소할 수 있으므로 그 감정을 허용할 수 있게 된다. 이렇게 하는 것이 그녀에게 매우 고통스러울 수도 있을 것이다. 이러한 기법을 아무 근거 없이 사용하는 것은 아니다. 우리가 경험하는 것은 말하고, 생각하고, 작업할 수 있는데, 감정이 숨겨져 있을 때는 무력하다. 때때로 진정으로 유기적인 신체화 증상은 감정에 대한 의사소통의 매개체가 되기도 하지만 이로 인해 수용과 치료가 더욱 어려워질 수도 있다.

사례 1

30세의 베라는 우울한 모습으로 세션에 왔다. 그녀는 남편과의 말다툼 끝에 심한 두통을 앓았다. 그녀는 '두통'이라는 제목으로 연주를 했고, 내가 그녀의 역할을 했는데, 그 연주는 마치 멋진 실내악 같았으나 이 연주를 하는 동안 그녀는 몹시 화를 냈다. 우리가 역할을 바꾸어 그녀가 참을성 많은 피해자로서 그녀 자신을 연주하자 그녀는 두통을 느꼈다. 그녀는 자신의 공격성에 대하여 죄책감을 가지고 있었고 자신이 어떤 표현이라도 하게 될 때 항상 자신에게 남아 있는 그 감정을 되풀이했다. 이러한 감정으로 인해 수면제를 과다 복용하게 되었는데 이 내담자의 경우 두통은 이 감정을 더 구조적으로 억제함으로써 발생한 것이었다.

사례 2

그는 부분적으로 표현되는 공격성에 대처하고 있었고 때때로 목과 어깨가 아프고 머릿속에서 '떠돌아다니는' 듯한 느낌을 경험했다. 그는 엄청난 힘으로 자일로폰의 핀들이 떨어져 나올 정도로 건반을 두드리면서 '떠돌아다니는' 느낌을 표현했고, 그러고 나서 자신이 녹음한 것을 다시 들었을 때 그는 통증을 느꼈다. 내담자의 손은 긴 의자를 움켜잡고 있었고 손가락 관절들은 긴장으로 하얗게 변해 있었다. 그는 점차적으로 좀 더 흥미를 가지고 그의 다양한 증상에 대한 실험적 접근에 적응하며, 무기력한 피해자로만 느끼지 않고, 조금 후에는 외부의 강요 없이도 기꺼이 더 어려운 도전을 감당했다.

이상의 기법들에 대한 사례로 등장하는 모든 내담자와 환자는 매우 심각한 장애로 인해 일정 기간 동안 음악치료를 받고 있었으며 일회적 세션에 대한 사례는 아니었다. 병원에 입원한 환자들에게 화학요법, 그룹 심리치료, 개별 심리치료, 예술치료, 음악치료, 작업치료, 산업치료, 동료 환자, 간호사, 요리, 목사님, 치유의 시간 중 무엇이 가장 최선인지는 그 누구도 장담할 수 없다. 나는 내가 도움을 줄 수 있다고 생각하는 모든 내담자의 회복을 위해 모든 동료를 따뜻하게 격려하는 것이 좋은 선례임을 안다. 자신의 세션에서 본 것은 확실하지만 팀 미팅에서 그것을 설명할 때는 전체 그림의 일부에 불과할 수 있다. 모든 사람은 마땅히 감당해야 할 본인의 역할이 있고 그 누구도 중요하지 않다고 느끼게 해서는 안 된다.

제15장
분석적 음악치료 기법 II

상징의 사용

제14장에서 기술된 기법들은 치료사와 내담자 모두가 충분히 인식하고 있는 상황을 탐색하는 데 적합하다. 아마도 그 기법들이 일반 독자들이 이해하기는 가장 쉽겠지만 치료에 적용되는 첫 번째 기법들은 아니다. 내담자는 자주 무의식 상태와 어떤 창조적이며 유익한 관계와의 결핍 때문에 성가시고 무미건조한 상태로 의식적인 마음을 전달한다. 그들은 결코 꿈을 꾸지 않거나, 그들이 꿈을 꾸는 것이 매우 무의미하거나 즉시 잊혀진다고 말한다. 내면의 상태는 척박하며 비관적인 사막처럼 영원한 겨울을 보내며 그들 외부의 삶은 이 그림을 반영하는데, 이때가 상징을 사용할 시점이다.

상징은 정신적 에너지의 축적이며 변형이다. 그것은 빙산과 폭포의 관계처럼 생각과 행동의 관계를 가지고 있다. 치료사는 상징들을 사용하여 힘의 변화에 대하여 다룬다. 일반적으로 이것은 매우 까다로울 수 있지만, 음악치료사는 독특한 조명을 조정하는 것처럼 공유하는 소리 표현을 통해 과잉 감정의 역동성을 제어한다. 빛나는 뺨, 빛나는 눈, 신체를 통한 콧노래, 웃음, 열정, 눈물로 변하는 것만으로 정신적 에너지로 여기는 것은 위험하다. 냉정하고 냉혹하게 감정을 부정하는 것은 끔찍한 마음의 분열을 일으키고 이상한 생각, 무자비한 목소리 그리고 차가운 달빛이 비치는 내면의 풍경 모드로 흘러 들어가기도 한다.

치료를 시작할 때, 종종 무의식이 의식적인 마음을 윤활하게 할 수 있도록 이완 과정이 필요하다. 이때 내담자의 상징은 치료사에게 내담자가 인식하지 못하고 자신이 말할 수 없는 것을 알려 줄 것이다. 그러나 일단 표현하고 경험하고 나면 그 상징들은 내담자에게 영향을 미친다. 그 상징들은 가장 설득력 있는 현실성을 가지고 있으며 이 현실은 아무 소득이 없는 내면의 삶에 풍요로움과 부가적 차원을 더하는 느낌을 주기도 한다. 또한 상징들은 외적 현실에서의 목적도 가지고 있으며, 이 분명한 상징과 외적 현실에서 의미 있는 표현으로 연결하는 것은 치료사의 임무이다. 이것이 이루어지지 않으면, 내담자는 마치 마약 중독자와 같이 말려들 수도 있고 상징만을 즐기며 의미와 일상생활, 일과 노력에 대한 상징의 변형된 목적에 대한 모든 책임은 대수롭지 않게 여긴다. 이런 방식으로는, 내담자의 에너지를 실제 현실의 의식 생활로 변환시키는 것과는 거리가 멀기 때문에, 내담자에게 남은 작은 에너지는 자신의 만족을 찾기 위한 내면의 삶 속에 머물게 될 것이다. 이런 이유 때문에 분석적 음악치료사는 상징을 사용하는 내담자가 가능한 한 많은 방식을 통한 에너지를 '구체화'하도록 권유할 것이다. 예를 들자면, 먼저 음악적인 표현과 함께 내면의 깨달음이 올 것이다. 다음에는 음악적 표현 중에서 경험한 내담자의 느낌과 신체적 감각에 대하여 자세한 언어로 상징을 설명할 것이다. 그 후에 내담자가 크레용이나 물감으로 그려 볼 수도 있고, 집에 돌아가서 상징의 또 다른 특성과 의미를 발견하기도 한다. 이것들은 좀 더 의식적인 수준에서 또 다른 음악적 탐색의 기초가 될 수 있다. 이러한 방법으로 에너지를 안전하게 변형시켜 주고, 외적 삶에 대한 의미도 논의한다.

두 가지 유형의 내담자는 이런 방식으로 작업하기가 매우 어렵다. 그중 한 유형인 외향적인 내담자는 표면 아래의 것은 아무것도 볼 수 없고 삶의 실체도 인식하지 못한다. 만약 그녀의 저항이 부드럽게 완화될 수 있다면, 그녀는 이러한 기법을 사용함으로써 큰 혜택을 받을 수 있을 것이다. 또 다른 유형의 내담자는 매우 내향적이고 잘 확립된 연결 통로를 통해 무의식에서부터 의식까지 현실을 좀 더 확고히 지켜 나가며, 내적 실현의 소리 표현을 통해 외적 표현에 대한 책임감이 커진다. 치료사의 음악에 담긴 소리 표현을 통해 감정을 바로 터트리는 것은 무의식적인 것에 의한 '홍수'의 가능한 위험성을 크게 감소시킨다.

음악치료사마다 내담자가 이러한 내적 이미지를 실현하도록 하게 하는 능력이 다르며, 한 내담자가 한 치료사와 경험할 수 있는 것도 다른 내담자는 경험할 수 없을 수도 있다.

유도된 심상

이 기법은 로베르트토 아싸올리(Roberto Assagioli) 박사의 저서 『심리적 통합(Psychosynthesis)』에 제공된 몇 가지 예에서 채택되었다. 처음 세 개는 중재 초기에 매우 유용하고, 네 번째는 치료 전반에 걸쳐 유용할 수 있다. 내담자는 어떤 장면이 연상되는지 말할 수 있지만, 어떤 일이 일어날지에 대하여는 생각하지 말아야 한다. 치료사는 "떠오르면, 연주하기 시작하세요. 어떤 것이라도 당신의 소리를 통해서 표현하거나 나에게 이야기해 주세요."라고 요청한다. 어떤 내담자들은 그들의 음악이 그들의 감정적 압박의 일부를 감소시키기 전에 어떤 것도 시각화하는 것을 어려워한다. 긴장 완화를 위해 불안감이나 두려움에 대한 예비작업으로 홀딩 연습을 할 수도 있다. 어떤 사람들은 매우 인상적인 경험을 하고 두려워서 멈추기도 한다. 치료사는 내담자가 그 심상으로 돌아가서 어떤 결론에 도달하도록 격려하고 그들을 안심시킨다. 이때 치료사는 홀딩기법을 사용하고 그의 역전이의 표현은 내담자의 내적 실현을 지원하는 가장 큰 가능성이 될 수 있다.

동굴의 입구

내담자에게 숲속에 있는 동굴의 입구를 바라보고 있는 것을 상상해 보라고 한다. 동굴 입구에서 무엇인가가 나타나는 연상을 하게 될 때, 출현하는 양상은 대개 내담자의 책임에 대한 억압이나 다루어지지 않은 영역에 대한 상징적 투사이며 그것들은 언어 전 이미지로 이해될 수 있다.

사례 1

결혼 생활과 자녀양육에 심각한 어려움을 겪고 있으며 우울증이 있는 32세 여성은 생동감 있는 음악으로 즉흥연주를 했고, 동굴 안으로 들어가 박쥐에게 공격을 당하는 경험을 하게 되는데, 그녀는 박쥐를 쫓아 버리고 해적의 보물을 발견했다. 그것을 꺼내도록 격려하자 그녀는 용기를 내어 그 보물들을 집으로 가지고 와서 파티를 하는 것을 경험했다. 그녀의 경우, 심각한 우울증을 상징하는 검은 박쥐들은 그녀가 진정한 내부의 풍요로움을 누리는 것을 막고 있었다. '도움을 얻으려고' 하는 시도는 이후의 치료 기간 동안 유용한 방법으로 실행된 중요한 발전의 계기가 되었다.

사례 2

내적 자아와 외적 자아의 분리된 감정을 느끼는 대학생에게도 차갑고 축축하며 불길한 것이 숨어 있고 벽이 무너져 내리는 느낌이 있는 동굴로 들어가는 기법을 적용했다. 음악은 몹시 예민했고 표현적이었다. 그것은 존재의 진정한 중심으로부터 보호받는 긍정적인 반영이 없는 일종의 붕괴에 대한 두려움과 결부되었다. 그녀의 경우, 동굴로 들어가는 연상은 그녀가 즉흥연주를 하면서 자아의 중심을 찾을 수 있도록 준비하며 나아가는 방법을 알려 주었다.

사례 3

히스테리성 자살 충동을 가진 젊은 아내이자 엄마는 사자가 동굴에서 나오는 것을 보았고, 즉흥연주의 마지막에 이르러 규칙적인 리듬으로 그녀가 이겼다는 것을 표현하기까지 계속해서 그 사자와 싸웠다. 그녀는 자신에 대한 이러한 감정을 바꾸는 대신에 서서히 정신과 의사들과 공격할 만한 대상들과 싸우려고 그 대상자들을 사자로 여기며, 궁극적으로는 사자가 정복당할 상황을 만들게 된다.

산에 오르기

이 기법은 내담자가 산을 오르는 것을 상상하게 한 후, 기후나 주변 지형, 산의 높이, 정상에 올라서 보는 경관, 자신이 착용한 복장 그리고 오르막길에 만난 장애물 등에 대한 자세한 내용들을 이야기하게 한다. 이 기법에서 산은 삶의 열망과 내적 또는 외적 장벽에 대한 척도로 사용된다.

사례 1

49세의 택시 기사인 내담자는 즉흥연주를 할 때 거의 감정을 보이지 않았다. 그는 극도로 비만하며 행복한 동료들 사이에서 매우 불행하다고 생각하는 사람이었다. 그가 연상하는 산은 그저 작은 동산에 지나지 않았고, '굳이 왜 그 동산을 올라가야 할까?'라고 생각하며 차라리 햇빛을 받으며 걷고 싶다고 했다. 이러한 생각은 내담자의 행동의 누적된 결과이나 더 오래 지속될 수 있는 다른 가능한 만족의 원천과 관계없이 삶에서 일시적이고 감각적인 즐거움을 얻기 위해서만 살아가는 그의 삶에 대한 전형적인 태도였다.

사례 2

정체성 문제를 가지고 있는 대학생은 영국에 있는 산의 정상에 오르면서 팽창감을 느끼는 상상을 했다. 우리는 그 산이 왜 그렇게 낮은 동산이었는지 토의했고, 그녀는 외국의 다른 산을 오르는 것을 시도했다. 내담자가 몸을 숙일 때 나는 역전이로 엄청난 우울을 경험했고, 그녀는 멈춰서 잿빛이고, 단단하며, 춥고, 외로워서 계속할 수 없었다고 말했다. 그녀는 두 형제에 대하여 이야기했는데, 그녀가 경멸하는 한 형제는 안전하고 일상적인 일을 하고 있으며, 다른 한 형제는 그녀의 이상형으로, 그의 일에 너무 헌신적이고 열심인 감정과 즐거움을 위한 여지를 남기지 않는 것처럼 보였다. 우리는 가능한 다른 모형들도 볼 수 있었고, 그 후에 그녀는 자신의 직업과 재능에 대해 훨씬 더 창의적이고 개별적인 접근을 했다.

사례 3

29세의 청년은 미성숙한 인격을 가지고 있었으며 그의 연주는 극도로 예민했다. 처음에는 드럼과 심벌즈를 교대로 사용했으며 약간 흥분한 상태로 치료사와 함께 음악적 상호작용을 시도했다. 그 연주는 형식적인 느낌 없이 매우 오랫동안 지속되었다. 그는 온몸에 눈과 비바람을 맞으며 산을 오르는 것을 상상했었고, 즉흥연주를 하면서도 길을 잃었다고 말했다. 그의 부모는 그가 16세 때 돌아가셨고 친척들과 함께 살면서 다양한 직업을 가졌지만 뿔뿔이 흩어졌으며, 그의 직장 동료들과의 말다툼으로 실직하였다. 그가 감정적 상호작용을 하는 즉흥연주 과정에서 길을 잃어버리는 것은 그의 출세지향적인 목적을 잃어버린 삶의 패턴을 시사한다고 말할 수도 있을 것이다.

사례 4

강박적인 자살 충동을 겪는 한 젊은 여성은 산에 등반할 때 매우 분명하고 리드미컬한 드럼 연주를 했다. 그녀는 정상에 오르면서 그녀가 뒤로 미끄러지는데도 불구하고 거기에서 고군분투했다는 것이 놀랍다고 말했다. 이것은 우리가 다음에도 종종 그런 종류의 진보에 대하여 되돌아보는 노력과 성취의 한 패턴이 되었다.

초원의 웅덩이

내담자에게 초원으로 가서 그 초원에 있는 웅덩이에서 무엇이 보이는지 상상해 보라고 한다. 이 기법은 대개 성적 욕구에 저항이 있는 성격의 억압적 또는 퇴행적 경향을 탐색하게 해 준다.

사례 1

엄마이자 불감증이 있는 32세 여성은 이 기법을 통하여 초원에서 소와 말들을 지나 오리들이 있는 웅덩이를 들여다보면서, 그녀가 싫어한다고 말했던 그녀 자신의 모습을 보았다. 이것은 그녀의 자기 이미지에 관한 나쁜 감정과 그녀가 풍만한 가슴을 갖게 될 때까지 소녀로서 얼마나 부끄러워했는지에 대한 흥미로운 토론을 할 수 있게 해 주었다. 이 장면에 대한 그녀의 그림은 더 많은 즉흥연주와 그림을 그리도록 해 주었고, 이 과정을 통하여 그녀의 상태는 계속 호전되었다.

높은 벽에 있는 문

이 기법은 언어 전 심상에서 탐색이 필요하다고 생각되는 어떠한 발상과 연관된 상징을 방출하는 것을 목표로 한다. 내담자에게 '두려움' '사랑' '왜?' 와 같은 질문들이 쓰인 길고 높은 벽을 생각하며 그 문을 지나서 반대쪽에 무엇이 있는지 상상해 보라고 한다. 이 기법은 때때로 혼란스러운 이미지들 속에서도 내담자에게 확신과 큰 평온함을 주기도 한다.

사례 1

40대의 한 여성은 매우 고통스럽고 오래된 질투심을 경험하고 있었다. 높은 벽의 '질투'라고 표시된 문은 새장으로 바뀌었고, 녹색 독수리의 머리는 자신의 목을 쪼고 커다란 발톱으로 가슴을 공격하였다. 이 새장은 푸르스름한 구름으로 희미해졌다가 갑자기 빨간 점으로 퇴색했다. ("한 번에 한 마리만 먹을 수 있는 젖꼭지처럼요."라고 그녀는 말했다.) 다음에는 가려진 달과 하얀 불꽃이 있었다. ("녹색 구름 때문에 달이 태양 빛을 받아들일 수 없다는 느낌이 들었어요.") 그녀는 달이 되라는 요청을 받고 말했다. "아름답고 신비로운 비너스는 달에 갇혔고 그녀는 나에게 놀라운 여성의 비밀의 세계를 속삭였어요." 새가 되었다고 상상하는 상태에서 내담자는 "내가 귀로우로 연주하며 귀에 거슬리는 소리를 지르는 동안 목과 가슴의 끔찍한 느낌을 경험했고, 그러고 나서 갑자기 '이것이 바로 내가 질투하고 있는 대상인 X구나.'라고 생각하며 부끄러움을 느꼈다."고 말했다. 그녀는 이 경험을 통해 깊이 감동받았고, 그 후 고통스런 감정과 잠재적으로 악의에 찬 행동에 대하여 평온한 생각을 가질 수 있도록 열심히 노력했다.

신화

이 기법은 내담자들이 직접적인 개인적 심상과 감정이 어떤 면에서 위협적으로 느껴질 때 적용한다. 치료사는 오르페우스의 전설이나 신데렐라 이야기와 같은 신화나 동화를 읽어 주고 이 스토리에 기반된 각각의 장면을 연상하면서 홀딩 기법을 사용하여 함께 즉흥연주를 한다. 개인적 편차와 세부적으로 더해지기도 한 원래의 스토리들은 토론에서 유용하게 사용될 수 있고, 음악적 표현과의 관계를 통해 내담자가 치료사에게 너무나 숨기고 싶어 했던 감정에 대해서도 말해 줄 수 있을 것이다.

나는 이 기법이 아동 대상 세션에 매우 유용하다는 것을 발견했다. 아동들과 나는 교대로 잘 알려진 이야기나 만들어 낸 이야기를 들려주고, 즉흥연주를 한다.

내적 소통

이 기법은 꿈 작업을 하기 위한 방법이다. 평범한 꿈의 모든 내용은 꿈을 꾼 사람의 일부로 잠시 동안 분리하여 내담자의 의식 밖에 두고 생각해 보게 할 수 있다. 치료사는 내담자의 꿈 또는 꿈의 단편을 기록하는데, 도출되는 단어들을 정리하여 기록한다. 꿈의 일부를 즉흥연주로 연주할 수 있고, 꿈에서 서로 만나지 않았거나 서로 직면하지 못한 것은 분리기법을 통하여 다루어 볼 수도 있다. 다음 단계에는 내담자 스스로 실제 삶의 상황에서 꿈의 의미를 발견하도록 격려한다. 내담자가 꿈마다 의미가 있다는 것을 믿든지 안 믿든지 간에 의미를 찾는 그 자체는 소중한 경험이며, 치료를 위한 유용한 자원이 되어 준다.

사례 1

공포증을 가진 38세의 시간제 근무자이자 아내이며 어머니인 내담자와 함께, 치료가 두 달째 진행된 시점에 다음의 꿈을 주제로 작업을 하였다. 그 꿈은 다음과 같이 연상은 괄호 안, 내적소통은 인용문으로 표기하였다. 그 꿈은 다음과 같다. 그녀는 관(회색의 깡통 상자) 위에 앉아 있었다. "뚜껑을 열어." 벽에서 물이 흘러내리는 무너져 가는 건물에서(엄마는 망가지고 무섭고, 어둡고 칙칙한 벽) "이것이 바로 너야." 그녀는 누군가와 같이 있었는데(그녀가 꽤 좋아하는 것 같음) "내 상자 위에 앉아서 그녀가 무엇을 하고 있는 거지?" 누가 "그것을 열자." 라고 말했지? 상자 안에는 네 구의 시체가 엎어져 있었다(나는 그들이 아직 완전히 죽지 않았기 때문에 뚜껑 위에 앉아서 그들을 질식시키고 싶어). "나는 아름다워." "나는 따뜻하고 안전해." "난 죽었어." "난 그녀를 떠날 거야." "갈색 양복을 입은 마지막 한 사람(무미건조한 남편?) 작은 상자 하나를 들고 가 버렸다." "난 영혼을 가져가 버릴 거야." 우리는 분리 기법을 사용하여 박스에 앉아 있는 사람들에 대하여 즉흥연주를 하였고—질식시키는 사람—사람들은 질식사하였다. 질식시키는 사람으로서의 내담자는 느린 북소리와 함께 무겁고 지루함을 느꼈다. 질식당하는 사람으로서 내담자는 생생하게 숨이 막힐 듯 드럼과 심벌즈 연주하였으며 격렬하게 "나는 질식하지 않을 거야!" 하는 것처럼 느껴졌다. 그 후 우리가 이야기를 나눌 때, 그녀가 두 살 때 방에 갇힌 것에 대한 도전적인 기억들에 대하여 다루었다. 공포증 때문에 그녀의 창조적인 면이 질식당하고 있었고, 그녀의 이 부분에서의 에너지와 삶의 의지뿐만 아니라 노출과 성장에 대한 도전과 두려움에 대한 강렬한 깨달음이 있었다. 얼마 후 그녀는 그녀의 남편 외에는 아무도 보지 못한 이야기들로 가득 찬 비밀스러운 여행 가방에 대해 내게 말했다.

꿈 해석

이 기법을 사용하여 내담자는 즉흥연주를 통하여 며칠, 몇 주 또는 심지어 몇 년 동안 지속된 불만족스럽거나 무서운 상태로 깨어난 꿈에 대한 다른 결말을 만들 수 있다. 내가 유일하게 기록한 사례가 불행히도 이런 종류의 출판에 적합하지는 않아서 공유할 수는 없지만 그것은 마치 어지러운 방을 정돈하는 것과 같은 가장 안전한 경험이 될 수 있다.

조개껍데기, 조약돌, 모래 그리고 소리

이 기법은 거의 최면 상태에 가까운 진정 효과를 가져올 수도 있지만 때로는 극도의 자극을 일으킬 수 있다. 이 기법의 시작은 해변에 앉아서 바다 소리를 들으며 조개껍데기를 아무렇게나 만지작거리던 경험을 바탕으로 한다. 내담자는 하얀 모래가 담긴 쟁반과 조개와 돌들이 담긴 그릇과 함께 윈드 차임 옆에 앉아 있고, 치료사가 자일로폰과 심벌즈를 브러시 멜릿만으로 연주하는 동안 모래 위에 돌과 조개들을 쌓는다. 내담자가 충분하다고 생각할 때까지 이것을 반복한다. 아무런 의식적인 이슈에 대하여 말하지 않고 그저 이런 행위만 반복하는데 이렇게 나태하고 무의미한 것 같은 행동으로 가장 깊은 의미를 발견하게 할 수 있다. 한 양식에 대한 표현을 차단하는 내담자라도 다른 양식으로 자신을 발산하는 것을 허용하는 것을 거부할 수 없는 경우가 많다.

사례 1

'공허함'을 느끼는 40대의 여성은 건반을 조심스럽게 오르락내리락 치다가 점점 강하게 음계를 연주했다. 내가 역전이에 대한 반응으로서 심벌즈로 화가 난 듯 연주할 때, 그녀는 깊은 음색을 원했고, 처음에는 멜릿으로 진동하지 않도록 소리를 막아서 연주하다가 다음에 소리가 울리도록 연주하며 오랜 시간 동안 지속했다. 그녀는 조개껍데기로 단란한 두 가정을 만들었는데, 오른쪽 아래 구석에 여섯 명과 그 위에 다섯 명의 형태를 쌓았다. 나중에 그녀는 그녀가 사랑하는 '사람들을 하나씩 죽여 가는 것'에 대하여 이야기했다. 그 여섯 개와 다섯 개의 조개껍데기는 여섯이었던 그녀의 부모의 가족이 아버지가 죽은 후 다섯 명이 되는 것을 의미했다.

사례 2

바쁘게 일하는 전문직 기혼 여성은 조개껍데기, 조약돌과 모래들로 쟁반 전체를 채우는 조화로운 디자인을 만들고 신중한 음색으로 연주했다. 그녀는 그것이 마치 아이들이 어른들과의 대화를 통해 도움을 받으면서도 방해받지 않으려는 것처럼 경이로운 '수용하는' 느낌이라고 생각했다. 이와 같이 만족스러운 비언어적 경험은 그 자체로 타당한 이유가 되어 주었으며 그것에 대하여 일일이 설명하거나 조사할 필요는 없다.

제16장
분석적 음악치료 기법 III

이 장에 설명될 대부분의 기법들은 지난 장에서 기술된 것들보다 자아가 더 확실히 다루어질 수 있도록 고안되었다. 이 중 현실 연습, 온전함 그리고 관계 탐색 기법은 무의식의 접근에 대하여 익숙해지기 시작했을 때, 그리고 중재의 후기에 외부 현실 속에서 의식적 통제와 창조성을 강화해야 할 필요가 있을 때 사용하는 것이 적절하다.

현실 연습

내담자가 현실에서 취해야 할 방향과 관련하여 결정이 필요한 시점에 도달하게 되었을 때 현실 연습 기법을 적용할 준비가 되어 있다고 본다. 이 기법의 목적은 의도하는 목표에 도달하는 과정 중에 맞닥뜨리게 되는 내면의 두려움, 불안, 양가감정 및 부정적이고 파괴적인 충동을 받아들이는 법을 배우고 직면하여 결국은 극복할 수 있도록 하는 것이다. 이 기법을 통하여 내담자가 문제 상황을 직면할 수 있도록 하고 적어도 부분적으로는 극복할 수 있도록 하여, 면접, 시험이나 강연 등 어떠한 상황을 직면하게 되더라도 놀라거나 당황하지 않게 될 것이다. 특정 초자연적 학파들은 이 심리적 현상에 대하여 어떠한 경지에 입문하기 전에 예상되는 '경계 거주자'라고 칭한다.

'쟁기에 손을 얹고 뒤를 돌아보는 사람은 하느님의 왕국에 적합하지 않다.'는 것의 의미는 처음부터 다루지 않은 것이나 뒤에 남겨져 있는 것들로 인해 진보를 방해 받을 수 있다는 것을 의미한다.

이 기법에서, 내담자는 자신의 목적과 시도를 위해 모든 표현을 유지하면서 새로운 단계를 밟고 있다고 상상하며, 마음속으로 경험하고, 발생할 수 있는 두려움과 부정적인 충동을 스스로 경험하고 이것을 음악적으로도 탐색한 후 음악치료사와 언어적으로도 공유한다. 치료와 정신분석이 끝날 때쯤 새로운 독립적 생활을 시작하려 할 때, 경계 거주자로서 증상의 재발이 있을 수 있다는 것은 잘 알려진 현상이다. 이 기법은 마치 동화 속 아이들이 감시자들을 달래기 위해 음식을 가져가는 것처럼 창조적이고 건설적인 방법으로 이 현상을 충족시킬 수 있다.

사례 1

결혼 생활이 위기에 처해 있고 어린 자녀를 둔 26세의 여성이 있었다. 그녀의 남편이 와서 화해를 요청했고, 그녀는 "그렇게 해 보자."라는 주제로 즉흥연주를 했다. 그녀의 연주는 불규칙적이고 점점 소리가 작아지긴 하였지만, 그녀는 아이들의 방을 칠하고 화목하게 지내는 즐거운 환상을 가지고 있었다.

부정적인 측면에서 강렬한 감정을 표현할 수 있는 많은 내담자(이 내담자는 특히 강렬했다)가 긍정적인 정서를 표현하는 일을 극도로 어려워하는 것을 발견하는 것은 흥미로우며 이것에 대하여 반드시 숙지해야 했다. 연상은 부정적 표현과 마찬가지로 감정을 만들어 내는 반면, 표현하고 연속적으로 환기시켜 준다. 첫 번째 경우는 억압되어 있지만 사용 가능한 에너지의 근원을 활용하며, 두 번째는 훨씬 더 어려운 에너지 생산자와 감독자의 역할을 해 주었다.

온전함

분리기법, 홀딩기법과 무의식을 경험하게 하는 기법들은 매우 획기적이다. 온전함 기법에서는 내담자가 선택한 악기로 자신이 완전히 온전한 것처럼 연주하라고 하고 치료사는 경청하기만 한다.

사례 1

40대의 여성 내담자는 다음과 같이 말했다. "나는 마치 창조되기 전 신과 같은 힘을 느끼면서 한참 동안 조용히 앉아 있었다. 나의 균형은? 나의 온전함은? 내가 이전에 그렇게 완전한 허락을 받은 적이 없다는 것을 느꼈고 나는 겁이 났다. 그 치료사의 침착한 태도는 나로 하여금 시도하도록 했으며 마침내 나는 징을 주도적으로 연주했다. 나는 좀 더 연주하였지만, 항상 나는 갑자기 껍데기를 빼앗긴 달팽이처럼 나의 불특정한 반응과 저항으로 내부가 주름 잡히는 것을 느꼈다. 내가 얻은 것은 무엇일까라는 질문을 위한 잠정적 순간에 나는 종종 인생의 번잡함 속에서 그 순간으로 돌아가는데 그것은 나에게 일종의 비밀스러운 성장점이 되었다."

관계 탐색

관계 탐색은 다양한 방식으로 진행될 수 있다. 분리기법에서는 내담자가 상대방이 되고 치료사가 내담자의 역할을 한다. 감정 투자 탐색에서처럼 상대방의 이름을 제목으로 하여 연주하기, 혹은 다른 관계를 음악적으로 표현하기 등이다. 실제로 표현하는 말은 그녀가 동화하기 어려운 통찰을 발견하는 수준의 이해로 제공될 수 있으며, 음악에 담긴 감정적인 표현은 치료사에게 어떤 말을 듣지 않더라도, 내담자가 의미 있는 통찰을 얻을 수 있도록 해 주는 것 같다.

사례 1

35세의 남성 내담자는 자신의 결혼 생활이 평탄하지 않다고 말하긴 했지만, 혼외관계를 가졌다고는 보고하지 않았다. 치료사와 내담자는 음악과 관련된 다양한 방법을 시도했는데, 처음에 내담자의 방식대로 연주했고 치료사는 아내의 역할을 그녀의 방식대로 연주했다. 연주하는 동안 그들은 서로의 소리를 들었고, 내담자는 치료사를 따라 연주하였으며, 치료사는 내담자를 따라 연주하였다. 그 후에 내담자는 치료사에게 두 번째 연주에서의 관계가 가장 좋았다고 하면서 자신의 삶과 사랑에 대해 아주 자유롭게 이야기하기 시작했다. 결국 내담자는 자신의 아내에 대한 사랑을 인식하고 그 감정을 확인하는 결론에 도달하였다. 이 세션은 내담자가 종결함에 따라 추가 세션은 없었다.

사례 2

아이들이 있는 28세의 기혼 여성은 자신의 애인에 대한 감정을 탐색했다. 그의 이름으로 즉흥연주를 한 그녀는, 후에 그녀가 사랑, 성적 감정, 행복을 느꼈다고 말하면서 특이하게 규칙적이고 신중한 박자로 연주했으나 연주를 하면서 남편과 아이들을 떠나고 싶지 않다는 느낌을 받았다. 그 이후 내담자의 불륜 관계는 끝났다.

사례 3

내담자가 네 살 때 자신을 떠난 엄마에 대해 분노를 가진 32세의 남성은 치료사에게 엄마의 역할을 요구했고, 떠나간 것에 대한 모든 분노의 감정을 소리로 표현했고, 치료사는 내담자의 엄마의 느낌을 소리로 표현하며 반응해 주었다. 내담자는 심벌즈를 마구 두드리고 북을 치고 나서, 모든 감정을 말로 아주 아름답게 표현했는데, "난 화가 나고 괴로워요……."로 시작해서 7분 동안 멈추지 않고 모든 논쟁을 계속했다.

긍정해 주기

음악치료가 항상 난관과 스트레스만 다루는 것은 아니다. 인생에 있어서 기쁨과 평화는 기억이나 연상을 통해 신체에 활력을 불어넣는 효과가 있다. 때때로 내담자는 이러한 경험들을 통해 희망과 믿음을 재경험할 수 있다.

사례 1

26세의 기혼 여성은 '내 인생에서 가장 행복했던 순간'이라고 제목을 정했고, 그녀의 아기가 태어났던 3년 전에 대하여 다루었다. 정신과 의사에게서 의뢰될 때 '자신감 결여'라고 하였지만, 그녀는 이 즉흥연주를 위해 피아노를 선택할 용기가 있었고, 정말 아름다운 음악을 연주했다. 이후에 그 경험을 설명하면서, 치료사는 그녀의 눈이 행복으로 빛났으며 그녀가 매우 밝아 보였다고 말했다. 내담자의 우울증은 일시적으로 사라졌다.

잠재 언어적 의사소통

이 기법은 제목이나 주제 없이 치료사와 내담자가 연주하는 것으로 5분, 10분 또는 20분 정도의 시간제한을 두고 진행된다. 분석을 경험해 본 음악치료 실습생조차도 "무엇이 나타날지 누구도 준비되지 않았다."라고 말하듯 매우 강력한 경험이 될 수 있다. 내담자가 부끄러움으로 실제 감정을 막을 때, 부정적이거나 긍정적인 전이로 인해 일어나는 표현의 어려움이 있다고 느낄 때, 혹은 내담자가 더 이상 아무 말도 못 한다고 느낄 때 이 기법을 사용한다.

사례 1

자아를 찾을 수 없었던 여학생 내담자가 있었다. 우리는 10분 동안 연주를 했는데—아마도 우리는 '중심으로부터'라는 무언의 주제—그녀의 연주는 점점 안정되었고 커졌으며 마지막에는 매우 조심스럽게 끝맺었다. 내담자는 보다 내부 지향적인(혹은 원심적인) 연주를 향한 이러한 변화를 인식하기 시작했다.

사례 2

자녀가 있는 35세의 기혼 여성은 치료사에 대한 전이로 나를 훌륭한 치료사로 전 치료사는 나쁜 치료사로 분리하여 제목이나 주제 없이 10분 동안 연주하였다. 그녀는 심벌즈와 드럼으로 점점 더 격렬한 감정을 연주했고, 그 후에는 매우 부드럽게 연주했다. 이 연주를 통하여 우리는 세션에서 매우 격렬하거나 부드러운 감정을 이야기했고, 나중에 어떤 세션에서는 더 많은 분노에 대하여 논의할 수 있었으며, 이는 지속적으로 세션에서 유용하게 사용될 수 있었다. 결론적으로 내담자는 한 사람에 대한 양면적 감정을 용인하기 시작했다.

주요 인생사의 패턴

이 기법은 인생에서 중요한 사건들을 둘러싼 내면의 패턴과 감정을 발견하는 데 사용되며, 특히 인생 후반기에 있는 내담자들에게 유용하다. 지금까지 주제로 사용된 주요 사건은 출생, 출산, 결혼, 죽음 등이었다. '죽음'에 대한 즉흥연주에는 육체적 죽음이나 실직 혹은 장애를 겪는 등 어떤 종류의 손실도 포함될 수 있다. 또한 '출생'은 신체적으로 태어나는 것, 성인이 되는 것 혹은 새로운 직업이나 삶의 단계에 들어가는 어떤 종류의 시작도 될 수 있다. '출산'은 아기를 분만하는 것, 작품이나 아이디어의 탄생을 다룰 수 있으며, '결혼'은 남자와 여자가 결합하는 것이 될 수도 있고, 어떤 작업의 동맹 관계일 수 있으며, 창조적이고 수용적인 음양의 기운이 정신 활동 발달에 풍요로운 수용이 될 수도 있다.

치료사는 홀딩기법을 사용하여 연주하는데, 주요 인생사 패턴을 다루는 기법의 결과는 감정의 형태로 나타나지만 모든 일상의 외부 사건보다 현실을 기묘하게 질적으로 보다 설득력 있게 보여 준다.

사례 1

50세의 미혼 여성은 '결혼'을 주제로 즉흥연주를 했다. 그녀 앞에는 암석으로 된 구릿빛 성배와 같이 생긴 계곡이 있었는데, 그 계곡에서 암석들이 서로 메아리치고 있었고 그녀는 '깊은 곳으로부터의 깊은 부름'이라는 단어들을 떠올렸다. 그곳에 가까운 느낌, 친밀감 또는 어떤 개인적인 느낌도 없이 엄청난 거리감이 있었다. 치료사의 역전이는 이러한 깊은 소리를 표현하는 직관을 가지고 연주했다. 그들의 연주가 끝났을 때 치료사는 큰 그릇이 그녀의 어머니의 재혼일 수도 있고 그녀의 모든 관계가 이것과 관련되었을 수도 있다고 제안했다. 치료사는 내담자에게 다시 그곳으로 되돌아가서 계곡을 무너뜨리라고 하였다. 내담자는 그렇게 하는 것에 대하여 처음에는 매우 불안해하였으나 곧 결심하고 계곡을 향해 돌진했고, 북소리가 울리고 심벌즈들을 칠 때, 계곡이 무너지면서 신들과 여신들이 바위들 사이에 던져졌다. 다음에는 짙은 녹색의 풀잎과 순백색의 모래(아마도 남자와 여자의 상징)가 있었다. 내담자는 이 이미지에 대하여서도 다소 불안감을 느꼈으며 충격을 받았다고 했다. 그녀는 연주를 하면서 끓는 물이 분수가 되어 깊은 만족감을 느끼게 될 때까지 물의 세류가 점점 더 커지는 것을 보았다. 내담자는 이 즉흥연주를 통하여 많은 것에 대하여 생각하고 토의할 수 있었다.

사례 2

32세의 교사인 내담자는 '출산'이라는 제목으로 즉흥연주를 하였다. 처음에는 매우 여리게 연주했는데, 점차적으로 내부로부터 무엇인가가 점점 더 크게 자라나는 것을 느꼈다. 그는 무거운 드럼 비트로부터 벗어날 필요가 있다고 느꼈지만, 그것으로부터 분리되기는 어려웠다. 그는 무엇인가를 잃어버렸다고 느꼈기 때문에 마지막 연주에서 그러한 끔찍한 슬픔을 표현했다. 그는 "모두 매우 이기적이었고, 그것이 성공했다고 그리고 성공했기 때문에 행복하다고 생각하려 했지만 깊은 슬픔의 암류가 있었다."라고 말했다. 그러고 나서 우리는 학생들이 학업을 마치고 유능한 학생들을 세상으로 나가게 하는 것과 내담자에 대한 감정이 어떻게 유사한지에 대하여 토론할 수 있었다.

자살

이 기법은 자살 충동이 있는 내담자—혹은 환자들—와 그러한 경험에 대한 감정을 다루는 데 사용된다. 이 훈련을 통하여 그들이 어떻게 믿든지, 의식하고는 있지만 완전히 극복하지 못하였더라도, 가족과 친구들을 만나서 말하거나 접촉하는 것을 상상해 보라고 요청한다. 내담자 스스로가 자살 의도에 대하여 심각하게 제기하지 않는 한(치료 상황 외에), 결코 가볍게 사용되는 기법은 아니다.

사례 1

이 사례는 응급 상황에서 다른 기법과 함께 자살기법을 사용하는 예이다. 18개월 된 아기의 엄마인 한 내담자는 급작스러운 기분 변화로 인해 고통받고 있었는데, 심리 역동 운동 세션에 와서는 너무 비참해서 죽고 싶다고 하였다. 그녀는 그날 세션에 있던 유일한 내담자였다. 그녀의 얼굴은 창백하고 부어 있었으며 눈은 가려져 있었다. 우리는 인디안 음악을 틀어 놓고 '그만두고 싶다.'라는 감정으로 춤을 추자고 제안했다. 갑자기 첨예한 충돌이 있었다. 그녀는 유리잔을 창문에 던져서 깨뜨렸고, 가만히 서 있다가 기절했다. 나는 그녀의 손을 살펴보았으나 커튼 때문에 전혀 다치지는 않았었다. 그녀가 눕기를 원했기 때문에 나는 그녀에게 쿠션과 무릎 덮개를 깔아 주고 대화를 지속했다. 동료 치료사가 유리를 치워 주면서, 아마도 그녀의 분노와 고통을 소리로 느낄 수 있게 해 줄 것이라고 말했다. 그녀는 그 치료사의 말에 동의하면서도 치료사가 드럼과 심벌즈로 격렬하게 연주하는 동안, 헝클어진 검은 머리의 그녀의 얼굴은 분노로 일그러졌다. 그녀는 연주를 끝마쳤을 때 자신이 지금 감금되어야 한다고 말했다.

나는 "만약 그렇게 생각한다면 가서 당신의 언니에게 말합시다. 당신은 성인이에요."라고 말했다. 그녀는 그렇게 생각하지 않는다고 대답했다. 동료 치료사는 그녀가 몇 살이라고 느끼는지 연주해 보라고 요청했다. 그녀는 "세 살쯤."이라고 대답하고, 매우 긴장된 방식으로 연주하기 시작했고 점점 더 거칠게 심벌즈를 연주했다. 나는 그녀의 형제자매에 대하여 물었다. 그녀에게는 남자 형제가 하나 있었는데, 그녀가 세 살이었을 때 그녀보다 18개월 더 나이가 많았었고, 그 오빠는 그녀가 돌보지 않는 그녀 자신의 아이와 같은 연령이었다. 내담자가 자녀를 돌보지 않는 것은 그녀의 유아기 질투의 변형처럼 보였다. 그녀는 그러고 나서 기차에 치여 자살하는 것에 대하여 즉흥연주를 하였다. 그 연주는 매우 거칠었고, 그녀가 죽은 후에 "괜찮아."라고 말하고 멈췄다. 그때가 치료사가 두려워하는 순간이어서 우리는 재빨리 그녀에게 돌아가 그녀의 가족을 방문하라고 부탁했다. 그녀는 잠시 동안 연주하다가 멈추고 눈물을 흘리면서 그들을 사랑했지만 지금은 좋은 사이가 아니라고 말했다. 그녀의 고통은 심각했지만 그 후에 그녀는 빛나는 눈, 밝은 표정으로 한동안 완벽하게 일관성 있게 말을 했다. 그녀는 진정제 없이 하루 종일 집안일을 잘 관리하며 지냈다. 물론 그녀가 즉흥연주로 인하여 심각한 장애가 완치된 것은 아니지만, 증세는 호전되었으며 그녀가 더 정상적인 방법으로 의사소통하는 것을 도와줄 수 있었다.

사례 2

아내이자 어머니인 30대 여성은 깨진 유리잔과 칼로 손목을 자르는 자살 충동을 가지고 있었기에, 자살을 주제로 즉흥연주를 하였다. 그녀는 자신을 죽이는 경험을 하고, '드디어 해냈다.'라는 행복한 생각을 했지만, 곧 이젠 더 이상 그녀의 가족들과 소통할 수 없다는 사실을 발견하였다. 죽은 그녀의 친척에게 가서 '나는 내가 한 일에 대한 괴로움 때문에 그들에게 말을 걸 수 없었다.'라는 것을 깨달았고, 그녀의 가족에게 돌아와서 그들의 눈에 띄지 않는 것에 대해 심란하다고 하였다. 이 내담자는 또한 매우 심각한 장애를 가지고 있었고 이 기법으로 완치되지는 않았으나 그녀는 그녀의 아이들이 그녀에게 얼마나 큰 의미를 주는지 그리고 자신의 손에 쥐어진 그들의 사진이 이런 충동을 견뎌내는 것을 여러 번 도운 사실을 깨닫기 시작했다.

계획된 퇴행

정서장애를 겪는 동안 사람들은 자주 퇴행을 경험하고 자살 사례 1의 젊은 어머니처럼 더 어린 나이의 상태로 살아가기도 한다. 퇴행을 의식하게 함으로써 그들에게 일어나고 있는 현실을 인식하고 현재로 돌아가도록 하는 것이 용이하다. 내담자에게 "여섯 살 때를 기억해 보라."라든지 혹은 내담자가 원하는 연령으로 가 보라고 요청하지는 않는다. 내담자들은 그냥 몇 살이라고 말하고 연주하기 시작한다. 이렇게 하는 것이 그들에게 조금도 어렵지 않아 보였다. 방출된 감정은 대개 강하고 종종 그 시간의 외부 사건과 내부 사건의 생생한 기억들을 수반한다. 유아기 퇴행의 경우 언어 전 이미지의 기억을 점검할 수는 없지만 그것들을 다루게 되는 내담자들에게는 의미가 있는 것처럼 보인다. 그 경험들이 정말로 유아기 때의 이미지이거나 그 시간에 대한 감정인지 정확히 알 수는 없지만, 그러한 퇴행적 즉흥연주를 할 때 감정의 힘을 경험할 수 있고, 규정된 나이의 실제를 그렇게 생생하게 느낄 수 있다. 나는 이 모든 것이 중단되고 더 이상 가능한 기억이 없는 유아기 이전의 기억을 상상할 이유는 없다고 보지만 이 기법은 과거에 발견되지 않은 저장고를 건드리거나 또는 특정한 두려움이나 느낌이 시작된 나이를 알아내는 데 유용하다. 치료사는 홀딩기법을 사용하거나 때때로 기억되는 장면의 중요한 등장인물에 대하여 분리기법을 사용한다.

사례 1

아이가 있는 젊은 내담자는 그녀의 남편과 여동생이 불륜을 저지른 것에 대한 이야기를 하였다. 내가 그 일을 알게 되었을 때 그녀의 반응이 어떠했는지 물었을 때, 그녀는 그저 "멋지군!" 하고 걸어 나왔다고 하였다. 나는 그녀에게 그 장면을 되돌려 보라고 하고, 나와 함께 그 상황에 대한 진짜 감정을 표현해 보자고 하였다. 그녀는 몇 분 동안 "나쁜 년!"이라고 큰 소리로 외치면서 드럼을 맹렬하게 두드렸다. 자신의 감정을 통제하고 있었던 내담자는 그렇게까지 자신의 감정을 있는 그대로 표현하는 것이 가능해졌다.

사례 2

36세의 공황장애가 있는 조앤은 자신의 생일에 실망했던 경험이 있었다. 우리는 그녀의 두 살 때 생일 파티에 대하여 즉흥연주를 하였는데, 그녀는 드럼을 연주하며 '행복하고 즐거운 파티'였다고 말했다. 세 살 때 생일은, 드럼과 심벌즈를 행복하게 연주했다. 네 살 때 생일은 자이로폰을 연주했고, 다소 상실감을 느꼈다고 했으며 그것은 마치 전쟁 전과 같았다. 그러고 나서 그녀는 다섯 살 때 생일은 기억할 수 없다고 말했다. 나는 그녀에게 그렇다면 기억할 필요는 없지만 그냥 그 시절로 가서 연주해 보라고 하였다. 조앤이 기억하는 것을 멈추었을 때, 그녀의 파티 드레스를 보여 주던 보모가 조앤의 아버지와 함께 갑자기 사라졌고 조앤은 그것에 대하여 몹시 부끄러워했다. 음악으로 감정을 표현하는 데 있어 음악이 어떻게 그녀의 차단된 기억을 열어 가는지 흥미로웠다.

사례 3

자신이 깊이 아끼는 사람과의 분리불안을 가진 한 젊은 아내는, 삼촌이 암 병동에서 자신이 많이 사랑했던 숙모를 방문하기 위해 그녀를 데려갔던 12세로 되돌아갔다. 그녀의 음악은 공포로 가득 찼고, 매우 격정적이고 폭력적이었다. 그녀는 그 당시 아무에게도 자신의 감정을 말할 수 없었다. 그녀는 "난 그저 그 자리를 벗어나고 싶었어요."라고 말했다.

이 사랑과 공포와의 갈등은 수년간 그녀의 마음에 갇혀 있었다.

사례 4

감정기복이 심한 60세의 미망인은 생후 5분의 시점으로 돌아갔다. 그녀는 빛과 밝은 색깔을 느꼈으나 그녀의 주변으로 다가오는 것은 그림자였다. 이것은 그녀가 간신히 감춰진 형상의 상징으로 압축해 낼 수 있었는데 그녀는 그것이 죽음의 형상이라고 말했다. 이후 세션에서 그녀는 빛과 어둠 그리고 그것들이 상호작용하는 이미지를 보았다. 어둠에 휩싸인 빛은 어둠이 사라지기를 원했다. 어둠은 빛이 가는 곳마다 함께하기를 원했고 어디를 가든지 빛이 먼저 있었다고 말했다.

다른 분석적 음악치료사와 함께 일하는 감정기복이 심한 또 다른 내담자가 그녀의 '출생'에 관한 즉흥연주에서 깨닫게 된 깊은 어둠이나 악과 유사한 모습을 가지고 있었던 것은 주목할 만하다.

제17장
감정 스펙트럼

내가 음악치료 훈련을 받는 기간 동안, 음악치료사로 일하는 것은 본질적으로 감정적이라는 것이 분명해졌으며, 나는 이 기능 영역을 세밀히 나타낼 수 있는 편리한 방법을 찾아내는 것이 필요하였다. 나는 이것에 대해 깊이 생각하였고 마침내 감정 스펙트럼의 개념적 모형을 고안하게 되었다. 과녁 형태의 디자인은 사랑을 중심으로 증오의 감정들이 둘러싸고 있는 알렉산더 로웬(Alexander Lowen) 박사의 모형에서 가져왔다. 일곱 가지 주요 감정의 위치는 브루노 베텔하임(Bruno Bettelheim) 박사가 설명한 자폐 아동의 일부가 정상적인 기능으로 돌아가려고 취했던 경로 연구에 기반하였는데, 이러한 방법은 또한 오래 진행된 집단 치료에서 사람들이 무너지고 깨지던 방법이기도 하다.

물론, 스펙트럼에 나온 이런 감정들보다 더 많은 감정의 단어가 있으나, 제시된 이것들은 복합적 감정들이다. 예를 들면, 질투(jealousy)는 사랑, 두려움 그리고 분노의 혼합물이다. 존경(respect)은 사랑과 꼼짝 못 할 두려움(freeze-fear)의 복합이다. 자존감(pride)은 방어적 두려움과 함께 자신에 대한 사랑일 수 있다. 우울(depression)은 슬픔, 죄책감 그리고 분노를 숨기려는 꼼짝 못 할 두려움의 혼합물일 수 있다.

이 모델에서 각 감정은 긍정적인 면과 부정적인 면을 갖고 있다. 세 개의 중심 감정인 사랑, 기쁨 그리고 평화가 매우 고르게 균형 잡힌 삼화음을 이루고 있다. 어떤 사람들에게 사랑은 으뜸음이며, 기쁨은 딸림음 그리고 평화는 가온음일 수 있다. 다른 사람들에게는 기쁨이나 평화가 으뜸음이기도 하다. 대부분의 사람들은 그들 중 하나를 잘 표현하지 못하기 때문에 의식적으로 균형을 회복하기 위해 작업할 필요가 있다. 이러한 것은 음악치료를 통해 유용하게 달성될 수 있다.

여기에 제시된 다양한 감정의 경계는 노란색이 초록색으로 600미크론과 500미크론 사이의 어느 지점에서 바뀌는 것보다도 덜 정확하다. 그럼에도 불구하고 그것들은 치료사의 작업에 유익한 대략적 지침이 될 수 있다. 다음은 그 감정에 대한 설명이다.

- 꼼짝 못 할 두려움(freeze-fear): (+7) 동물 세계에서 이것은 위험에 대해 토끼가 보이는 첫 번째 반응이다. 인간에게는 사람들이 지레 무분별하게 뛰어들지 않고 어떻게 하는 것이 최선인지를 생각하고 이해할 수 있도록 만드는 유용한 목적으로 사용될 수도 있다. (-7) 꼼짝 못 할 두려움의 부정적 측면은 긴장증 같은 정신과 질환에서 관찰될 수 있다. 몸이 경직되는 것은 폭력이나 성욕처럼 한편으로는 원하지만 다른 한편으로는 두려운 행동들을 방지하는 것을 덜 강력하게 한다. 또한 이것은 결정하고, 행동하고, 느끼거나 생각하는 것을 불가능하게 하는 원인이 될 수도 있다.
- 도피하는 두려움(flight-fear): (+6) 해로운 것으로부터 도망가는 것은 정상적이고 건강한 반응이다. (-6) 부정적인 면에서 그것은 부주의한 공황상태나 신체적 혹은 정신적 질병으로 비약될 수도 있다.
- 방어적 두려움(defensive-fear): (+5) 사람, 사물 그리고 가치에 대한 정상적이고 유용한 방어가 이 범주에 해당된다. (-5) 이것은 항상 부적절한 방어적인 행동을 말한다. -5에 가까운 성향은 놀란 고슴도치나 코뿔소처럼 행동하며, 자기

내부의 취약점을 기억하고 자신이 이것을 다룰 수 있도록 하지 않는 한 의사소통하기가 어렵다. 방어적이고 강박적인 의식과 강박적 행동들이 이 범주에 포함된다.

• 분노(anger): (+4) 정의로운 분노와 기꺼이 자신이나 그 대상과 가치를 대신하여 공격을 취하는 감정이다. 이것이 폭력적인 파괴로 바뀌면 (-4)가 된다.

• 죄책감(guilt): (+3) 죄책감의 고통이 더 나은 변화를 가져온다면 이것은 유용한 감정이지만 너무 자주 꼼짝 못 할 두려움과 경직되어 고착된 감정들의 부정적인 면들과 결합되기도 한다. (-3)은 술이나 약을 남용하여 천천히 혹은 빠르고 극적으로 자신을 파괴하려는 충동이다. 이것은 부정적이거나 심지어는 긍정적인 분노의 감정에 뒤따라 온다. 이 감정은 부정적인 분노의 일종이라고 논란이 될 소지가 있다. 그러나 공격성이 내면으로 향하고 있기 때문에, 부정적인 분노를 느끼게끔 되어 있는 외부의 학대자와 동일시될지라도 분노와는 완전히 다른 성질을 갖고 있다.

• 슬픔(sorrow): (+2) 이것은 일상적으로는 그러지 못하던 것을 자유롭게 흐를 수 있도록 허용하는 대단히 치유적인 감정이다. 표출되지 못한 슬픔에 대해 그램리히(E. P. Gramlich) 박사는 "신체적 증상은 슬픔의 일부분이며 만성적 슬픔은 진단 가능한 정신신체적 상태나 질병으로 규명된 통증과 기능 이상 증상 등의 만성적 신체 증상으로 나타나게 된다. 파크스(Parkes)는 골관절염, 대장염, 대장 경련, 두드러기, 편두통, 천식, 기관지염, 궤양성대장염 등을 상실로 인해 빠져들거나 더욱 악화될 수 있는 질병들로 목록에 올리고 있다."라고 기록하였다. (-2) 자기연민은 그것의 수동적인 가학성으로 인해 앞으로의 발전을 막는 매우 무모하고 중독적인 감정들 중 하나이다.

• 사랑(love): (+1a) 이것은 따뜻한 주고받기이다. (-1a) 욕구는 일종의 역동적 공허함 같은 것에 대한 필요를 인식하는 것이다.

• 기쁨(joy): (+1b) 이것은 기쁨의 활력을 표현하는 힘이다. (-1b) 마니아라는 말이

이 맥락에서 사용될 수 있는데, 다른 감정들에 대한 방어나 차단에 바탕을 둔 공허한 기쁨이며 정서장애의 조증 상태에서 최악의 상태를 볼 수 있다.

- 평화(peace): (+1c) 이것은 성격에 평안을 가져다준다. (-1c)는 냉담함이다. 이는 부정적이고 꼼짝 못 하는 두려움의 긴장된 비활동이 아니라 자기만족적이고 활기가 없는 상태이다.

사례 노트에 나타난 감정들의 기록

스펙트럼의 숫자들은 신체의 다른 부분들을 통해 표현된 감정들을 기록하기 위한 적합한 방법이다. 예를 들면, 실어증이 있는 아이의 치료 상황을 상상해 보자. 그의 유일한 의사소통은 비언어적 소리나 신체 표현일 것이다. 사례 노트를 작성할 때 이 숫자들로 깔끔하게 기록할 수 있다. 그 아이를 대략적으로 그려 본 후에 세션에서 신체의 적절한 부분에서 보이는 감정들을 숫자로 기록해 본다. 몸집이 작은 11세 자폐 소년 존의 경우, 수주 동안 치아로 딱딱 소리를 냄으로써 −4의 공격적 반응만을 보였다. 이것은 수유기의 아기에게는 정상적인 반응이다. 이때 그는 가슴 위에서 손을 안쪽으로 꽉 쥐는 −7의 꼼짝 못 하는 두려움 반응만을 보였다. 어느 주에는 내가 아침 커피를 마시고 있을 때 그가 들어왔다. 그는 나에게도 달려들어서 커피를 움켜쥐었다. 그날 밤에 나는 그의 손에서 나타난 −1과 −4의 반응을 기록할 수 있었다. 분명하게 치아에서 발생하던 −4의 반응을 그 세션 동안에는 나타나지 않았다.

내담자와의 인터뷰 도중에도 그가 반응을 잘 하고 미소 짓는다 해도 다리와 손에서 −7의 반응이 표현되고 있을 수도 있고, 꼼짝 못 할 두려움이 그녀의 손에서 나타나는 −4의 반응과 습관적으로 다리에서 나타나는 −1a의 반응을 덮고 있을 수도 있다. 신체에서 나타나는 이러한 감정 반응들을 기록할 수 있다는 것은 치료사가 내담자들의 모습과 변화에 더 집중할 수 있게 하며, 시간이 흐름에 따라 신체를 통해 나타나는 이런 감정표현의 역동적 흐름을 표시할 수 있다.

진단평가 도구로서의 감정 스펙트럼

감정 스펙트럼은 내담자와의 첫 인터뷰 시 유용한 진단평가 도구로 사용될 수 있음이 증명되어 왔다. 치료사는 내담자에게 기본적 감정들이 적혀 있는 카드를 보여 주며 바닥 위에 펼쳐 놓는다. 이 단계에서 부정적 측면들에 대한 설명은 필요하지 않으며, 내담자는 자신이 원하는 대로 해석할 수 있다. 일련의 악기들을 앞에 두고 앉아서, 내담자는 (보통 급성 -7의 상태에 있는) 감정을 소리로 표현하는 것이 비교적 수월하다는 것을 발견하게 된다. 내담자의 연주는 녹음되며 이 감정에 대해 내담자가 어떻게 생각하는지에 대해 많은 양의 유용한 정보가 반응으로 보일 때, 또한 내담자의 삶에서 그 감정이 파괴적으로 혹은 도움이 되는 것으로 경험되는 특별한 경우에 그녀에게 들려준다. 거기서부터 치료사는 전체의 스펙트럼으로 나아갈 수 있다.

내담자가 다른 감정들을 연주할 때 얼마나 많은 신체 부분들이 사용되는지를 관찰하는 것은 중요하다. 예를 들어, 젊은 정신과 의사는 단지 그의 손과 손목만을 사용해 두려움을 표현하였다. 그는 분노에 찬 어깨와 사랑의 상태에 있는 등과 배 그리고 다리 등을 사용시키며 스펙트럼의 중심을 향해 준비해 나갔다. 그는 직장에서는 습관적으로 부정적인 공포 반응을 억제하곤 했지만 업무에서는 성공적이었고 사랑에서도 충분한 표현을 발견했던 행복한 기혼자였다.

다음의 예는 어느 대학원생과 사업가의 감정 스펙트럼 검사에 대한 간략한 기록이다.

감정	대학원생	사업가
꼼짝 못 할 두려움	위에서 연주, 높이 두드림	연주하지 못함
도피하는 두려움	치열한 심벌즈 연주에서 부드럽게 물러섬	실로폰에서 글리산도 연주
방어적 두려움	매우 격렬히 연주	매우 폭력적으로 연주
분노	꽤 조직적이고 즐거움	엄청나게 폭발적인 연주
죄책감	음흉한 심벌즈 연주, 우울증과 연결되어 있음	연주하지 못함
슬픔	부드럽고 아름다운 실로폰 연주	사색적 연주
사랑	강한 4/4박자 심벌즈 연주	연주하지 못함
기쁨	4/4박자 행복하고 살아 있는 연주	틀에 박힌 리듬
평화	심벌즈에서 점점 커짐	예민함

이것은 무엇을 의미하는가? 말로 정확하게 답할 수는 없다. 이들은 치료사가 직관적으로 반응할 수 있도록 하는 단서가 된다. 그러나 약간의 추가 정보가 도움이 될 수 있다. 대학원생은 질병으로 도피하려는 경향을 갖고 있었다. 그녀는 공격성을 긍정적으로 사용하는 것에 자유롭지 않았지만 결과적으로 음악치료를 통해 성공적인 발전을 할 수 있었고, 자신의 더 큰 장점에 익숙해졌다. 그녀 성격의 너무 많은 부분은 실제의 자기 자신이 되어 살기보다는 어떤 사람이 되어야 한다고 들어 왔던 것에 대한 방어로 형성되었다. 사랑은 긍정적 경험이었고, 죄책감은 부정적이었지만 매우 온순했다.

사업가는 그의 공격성을 충분히 사용하였고, 그는 매우 방어적이었는데, 심지어 귀찮게 느껴지는 감정들을 표현하는 시도를 거절하는 순간까지도 방어적이었다. 그의 삶에서의 도피하는 두려움은 지속적인 활동의 소용돌이 안에서 표현되었다. 슬픔과 평화에 대한 그의 연주는 그의 정신 세계의 더 민감한 부분과 연결되었음을 보여 주었다. 여러 번의 세션 후에 그는 억제하지 않고 기분 좋게 사랑을 음악적으로 표현하였고, 자신의 꼼짝 못 하는 두려움과 죄책감이 매사에 작용하고 있다는 것을 받아들일 수 있었다.

감정 스펙트럼을 사용한 그룹에서의 경험

나는 정신과 환자 그룹과 감정 스펙트럼을 사용하여 흥미로운 경험을 했는데, 각자 순서에 따라 같은 감정을 소리로 표현하는 연주를 진행하였다. 분노는 항상 연주를 듣는 사람들의 웃음을 통해 매우 생생하게 감정적으로 방출되었다. 그들은 두려움도 잘 표현할 수 있었다. 도피하는 두려움은 약간의 즐거움을 유발하였다. 방어적 두려움은 악기들에 많은 손상을 입혔다. 죄책감에선 자위행위에 대한 느낌 때문에 문제가 되었던 부분에서 약간 낄낄거리고 큰 소리로 웃기도 하였으나 전체적으로는 진지함을 보였다. 대부분의 사람이 죄책감을 표현하기 어려워하였으나 모두 나중에는 흥미롭게 그것에 대해 이야기하였다. 슬픔은 격렬한 관심과 기대감을 가져왔는데, 이는 모든 사람이 간파하고 있지만 이전에는 결코 말할 수 없었던 것에 대한 깊은 경험을 하는 것처럼 보였다. 연주 동안에는 긴장된 침묵과 몰입이 있었다. 사랑을 소리로 표현하는 것이 매우 어렵다는 것을 발견했으나 이런 이유로 인해 연주 후에 있었던 언어적 대화가 가장 깨우침을 많이 주었다. 가장 도움이 되었던 것은 노력이었고 결과는 덜 중요한 것이었다.

이런 방법으로 진행된 두 번의 소리 표현 후에, 나는 같은 환자들이 매우 표현적이며 이러한 감정을 사용하는 사건을 그룹원에게 묘사하기 위해 유창하게 즉흥적으로 말한다는 것을 발견하였다. 우리가 처음 시작할 때는 단음절 이상 말하거나 질문에 대해 짧은 문장으로 대답하는 것도 어려웠었다.

감정 스펙트럼의 다른 사용들

음악치료 학생들에게 자신이 읽고 있는 소설에 나오는 인물들의 감정을 기록한 후에 그것들을 자신의 감정과 비교해 보도록 하는 방법은 감정적 패턴을 공부하는 데 도움이 된다. 어느 교회 그룹에서 한 복음 안에 기록되어 표현된 예수님의 감정에 대한 감정 스펙트럼을 협력하여 만들었다. 대중적으로는 '온유하고 온화한' 이미지에도 불구하고 +4의 감정이 많이 나왔다는 것을 보게 됨은 흥미로웠다.

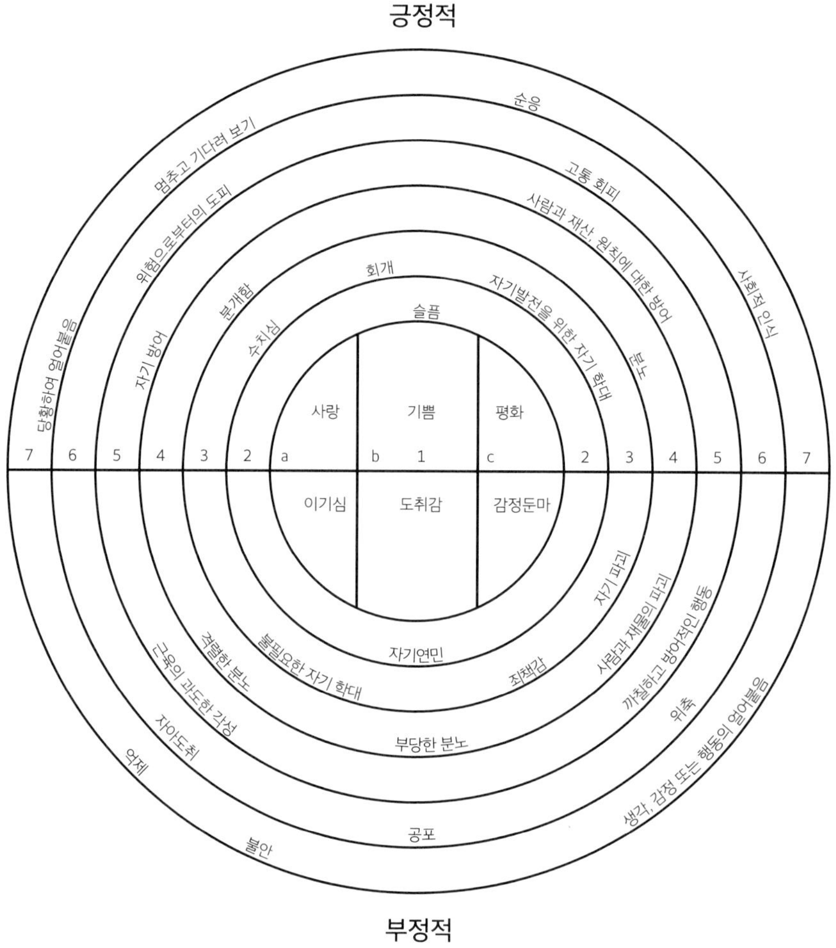

[그림 17-1] 감정영역의 지도
출처: A. Lowen, 사랑과 절정감(Love and Orgasm).

제18장
공동 세션

누가 필요로 하는가

공동 세션은 자주 교류하는 두 사람, 예를 들면 결혼한 부부, 오랜기간 알아 온 동성 또는 이성 관계, 올바른 직무 환경을 위해 두 사람의 교류에 대한 이해가 필수적인 직장 동료들, 부모/자녀 관계 등 그들의 관계 뒤에 존재하면서 서로의 감정적 반응을 방해하고 공격하는 것이 무엇인지를 발견하기 원하는 사람들을 돕는 데 유용할 수 있다.

두 사람은 양쪽 모두 그들의 문제를 탐색하려는 같은 생각으로 쌍으로 오기도 하고(작업하기에 가장 좋은 상태) 혹은 한 사람이 다른 사람을 끌고 오는 경우에는 치료사가 참여를 꺼리는 상대방의 감정을 그들이 탐색할 수 있도록 도와주는 것부터 시작해야 한다. 세 번째 또 다른 경우는 분석적 음악치료를 받는 한 사람은 발달하고 성장하기 때문에 치료에 참여하지 않는 파트너가 그녀의 새로운 기능 수준과 맞지 않게 되는 경우이다. 어떤 남편은 아픈 아내를 치료에 보내는 것을 기계의 부품 하나를 갈아 끼우거나 다른 움직이는 부분에 빠른 기름칠을 하는 것으로 생각하듯 단지 그녀가 '예전처럼' 돌아오기를 희망하기도 하였다. 그러나 아내는 치료에서 자신에 대해 작업하고, 발전하고, 순조롭게 원래의 불만에 대한 필요성을 극복하고 예전의 자기로부터 벗어나게 되었다. 이러한 변화는 그녀의 남편에게는 불편할 수도 있다. 그것은 마치 실로폰 수리를 맡겼는데 그랜드 피아노를 돌려받은 것과 같다. 이 위대한 악기는 손가락으로 능숙하게 연주되어야만 한다. 도구로 두들기던 그의 멋지고 작은 악기는 이제 어디에 있을까? 그것은 영원히 사라져 버렸다. 그러나 공동 세션 기간 동안 그들은 완전한 한 쌍에 대한 열망과 느낌을 갖고 있고 파트너십이 깨지는 일 없이 이러한 관계적 스트레스 하에서 그들 각자에 대해서도 생각하고 느껴 줌으로써 안아 주는(holding) 능력을 가진 치료사와 함께 그들 부부의 새로운 관계에 대해 탐색을 시작할 수 있었다. 이러한 방법을 통해 집에서 일방적으로 공격하거나 회피하다가 한쪽이 바람을 피우거나, 잔인해지거나 혹은 포기하게 되는 상황이 아니라 이러한 긴장들이 세션 안에서 해결되어 갔다.

공동 세션의 목표는 무엇인가

공동 세션의 목표는 파트너십에 대한 감정이 탐구되고 표현되는 동안 성장과 발달이 자리 잡고 더 창조적인 관계적 교류가 생겨나게 함으로써 파트너십을 유지하도록 하는 것이다. 상대방과의 교류에 대해 세 사람이 탐색하긴 하지만, 기본적으로 과거와의 공명으로부터 다시 나타나는 개인적 감정에 기반한다. 이것은 각자가 혼자서 하는 개별 치료에서는 다뤄질 수는 없는가? 개별 세션으로 대체할 수 없는 특별한 무언가가 이 작업에는 존재한다. 그중 하나는 파트너와의 교류가 치료사의 앞에서 지금 여기에서 일어난다는 것이다. 다른 하나는 이전에는 자신의 공격성이나 두려움, 약함 등을 상대방에게 투사하여 다루던 것들을 세션에서는 솔직하게 낱낱이 드러내고 자신에 대해 작업하느라 애쓰는 파트너의 매우 감동적인 장면이 있다는 점이다. 이것에 대한 기억은 세션 후의 일상생활에서도 자기조절, 지지 그리고 인내를 할 수 있도록 돕는 강력한 힘이 된다. 세 번째 요소는 함께 음악을 실제로 연주해 보는 경험이다. 인내의 가능성과 심지어 서로의 치열한 감정을 창조적으로 사용하는 것, 슬픔과 부드러운 소리에 대해 민감하게 반응하고, 유쾌한 상호연주에서의 탄력적인 상호 교류의 즐거움, 이러한 것들은 '그냥 음악'이 아니라 진정한 관계의 가능성이 싹트는 감동을 주는 경험이다. 언어가 아니므로 그들은 부정되지도 않고 합리화되지도 않는다. 그들은 그대로 남아 있다.

관리

세션을 녹음해서 연구하는 것은 각 파트너들이 같은 종류의 악기를 사용함에도 다른 구별된 음고를 내는 경우 치료사가 누가 힘차게 요란한 소리를 내는지 혹은 부드러운 반응을 하는지를 들을 수 있는 가장 쉬운 방법이 된다. 나는 이상적으로 각 대상자들이 대항하는 악기(드럼)와 상쇄시키는 악기[한 사람은 심벌즈를 그리고 다른 사람은 징(gong)을 사용] 그리고 단순한 음고의 악기—한 사람은 실로폰을 다른 사람은 칼림바나 멜로디카—그리고 추가 납작한 핸드벨이나 잘 조율된 인디안 심벌즈, 마라카스 등과 같은 원하는 소리의 악기를 추가하여 사용하기를 권한다.

파트너들은 의자에 앉을 때는 치료사와 마주 보게 나란히 옆에 앉으며, 피아노는 편리한 곳 어디에나 둔다. 이 방식은 그들이 각자 자신에 대해서 작업하고 있으며 그들이 밀접하게 연결되어 있지는 않지만 그들의 상호작용은 의식적 선택에 의해 이루어지고 있다는 느낌을 준다. 그러나 만약 완전하지 않은 결혼 상태에 있는 사람들처럼 좀 더 많은 친밀감이 필요한 경우에는 그 커플을 서로 마주 보게 앉히고 음악을 하는 동안 충분하게 눈 마주침을 하도록 한다.

왜 분석적 음악치료사는 그들과 함께 연주해야 하는가? 치료사는 두 사람의 역전이의 통로가 되어 무의식적으로 표현되지 않고 있는 관계의 어느 부분을 음악으로 표현하도록 도와준다. 만약 그들이 부드럽게 하는 것을 금기시한다면, 치료사는 부드럽게 연주하게 될 것이다. 만일 '전혀 말다툼하지 않는' 관계라면, 치료사는 그들을 위해 그렇게 할 것이다. 그러나 치료사가 언제나 항상 연주하지는 않는다. 때로 그들은 둘이서만 연주하고 치료사는 듣기만 하는 경우도 있지만, 당장에는 그들이 이렇게 할 수 있는 준비가 거의 되어 있지 않다. 우선 그들은 세 사람이 함께 연주하는 것을 통해 감정 스펙트럼의 넓은 범위를 알게 되어야 한다.

파트너들이 모두 처음으로 참석하는 경우 관계에 대한 간략한 역사, 다른 사람들과의 관계, 특히 각자의 형제와 부모와의 관계에 초점을 둔 가족 관계 등을 물어볼 것을 권한다. 상호작용, 지배 또는 복종, 교정 및 역할들은 치료사에 의해 그들 관계 패턴의 일부분으로 기록될 것이다. 이후 음악은 시작되며 사실 뒤에 있는 감정들이 흐르게 될 것이다. 만약 그들이 감정의 표현으로 시작한다면 그 세션에서는 더 이상의 사실적인 정보를 전혀 끌어낼 수 없게 되며 치료사는 다음 세션까지 귀중한 익명적 요소를 잃어버리게 된다.

기법들

탄력적인 부부에게 유용한 즉흥연주의 시작은 상대방이 잘못 생각한다고 느끼는 모든 것을 표현하도록 하는 것이다. 이런 방법에서 각자는 감정을 자신의 파트너에게 투사하느라 사용되었던 많은 에너지를 회수할 수 있고, 결과적으로는 다른 면에서 이러한 감정들로부터 자신을 방어할 필요성을 훨씬 덜 느끼게 될 것이다.

공동 세션에서는 그 쌍의 현상을 파악하기 위해 내가 감정적 운반자(emotional portering)라 지칭한 역할의 반전을 사용하는 분리적 즉흥연주가 종종 이루어져 왔다. 예를 들어, 내담자 G 씨는 분석적 음악치료에 와서는 치료가 그에게 무슨 일을 할지에 대해 자기 부인이 무서워한다고 말하였다. 공동 인터뷰를 통해 더 밀접히 조사한 결과 그녀는 그런 사람이 아니었고, 그가 부인에게 이러한 두려움을 안겨 주고 있었으며 이는 그가 방해가 되는 사람으로서 '내 아내에 대한 걱정'이라는 고상한 감정을 나에게 전달하려 했을 뿐이었다. 그에게 두려움을 가진 아내에 대해 연주하도록 하였다. 공동 세션이었기에 그녀는 그녀에 대해 걱정하고 있는 남편을 연주할 수 있었으며 상황이 시작될 수 있었다.

언어적 의사소통 차단은 두 사람이 동시에 감정적 대화를 보낼 때 형성된다. 음악에서는 그렇지 않다. 그러나 대화의 밑에 깔려 있는 정서적 패턴은 따로 유용하게 분리하여 음악적으로 탐구될 수 있다. 예를 들면, V 씨의 부인은 남편의 시무룩한 침묵을 견딜 수 없었다. V 씨가 이러한 침묵 뒤에 숨겨져 있는 그의 감정을 음악으로 연주했을 때 그것은 무섭게 큰 소리의 드럼 공격이었다. V 씨 부인에게 이것을 들었을 때 어떻게 느꼈냐고 물었다. 그녀는 "살해당하는 것 같아요."라고 하였다. V 씨는 살인을 하는 것 같은 느낌을 가졌음을 인정했지만 부인을 죽이는 것이 아니라 그의 어머니의 머리 위에서 몸을 뒤트는 거대한 뱀의 내면 이미지가 대상이었다고 하였다. 이러한 정보는 이제 V 씨 부인이 남편의 행동에 대해 조금 더 관대해질 수 있도록 하였다. 그녀는 많은 책임감이나 위협을 느끼지 않게 되었다.

결혼한 부부에게 유용한 기법은 그들 배우자들의 역할에 대한 이상적 관점에 대해 각자 차례로(연주회처럼) 즉흥연주를 하도록 하는 것이며(이상적인 아내/남편), 그런 후에 토론하고, 다시 그들의 배우자에 대한 즉흥연주를 하도록 하며(나의 아내/남편) 두 연주의 차이점에 대한 느낌에 관해 의견을 나누도록 한다. 치료사는 자기 자신에게 음악 안에서 "이 두 사람은 서로에게 무엇을 하고 있는가?" 그리고 언어적으로는 무엇을 하고 있는지에 대해 질문해야 하며, 이 두 양식의 행동들이 어떻게 관련 있고 어떻게 다른지를 보아야 한다. 일반적으로 음악적 의사소통은 언어를 보완하지만 감정은 음악에서 처음 나타나게 될 것이다.

관계 속에 있는 끝나지 않은 좌절감은 다른 사람을 통해 상황을 수정하려는 사람으로부터 생긴다. 내담자들은 음악치료에서 그들 자신의 감정 외에는 어느 것도 확신할 수 없으며, 자신의 감정에 대해 작업하는 것 외에는 어느 것도 할 수 없고, 그들 자신으로부터의 상황 외에는 상황을 바꿀 수 없다는 것을 깨닫게 된다. 이것이 그들이 갖고 있는 유일하게 신뢰할 수 있는 통제력이다. 때로 이것은 이기적이라고 논쟁되기도 한다. 그러나 자신이 어떻게 느끼고 있으며 어떤 변화에 대해 준비하는지를 알고 있는 사람은 협상이 가능한 반면, 아는 것이라고는 파트너의 나쁜 행실과 사랑스럽지 않은 태도뿐인 사람은 시발점조차 갖지 못한다. 치료사는 각 사람들이 이런 안정된 중심을 찾고 전체로써 두 사람의 중심을 찾을 수 있도록 돕기 위해 노력한다.

복합적 감정은 유용하게 분리될 수 있고 각 요소들에 대해 즉흥연주를 수행할 수 있다. 질투심은 공동 세션에서 보편적인 문제가 된다. L 부부의 세션에서 부인은 먼저 그녀의 질투심의 대상에 대한 증오를 연주하였고, 남편은 나와 함께 뒤에서 안아 주기 기법으로 연주하였다. 그녀에게 이것에 대해 말하지 말고 매우 거칠고 슬픈 두려움에 대해 연주하라고 하였다. 다시 한번 그녀에게 이번에는 매우 중심적이고 확고한 사랑에 대해 연주해 보라고 하였다. 이후 그녀는 집에서처럼 분명히 감동받은 남편에 대해 평가하는 모든 것에 대해 쏟아 내었는데 그것들은 이 복합적 감정의 증오 측면을 결코 넘지 못하는 것이었다. 나중에 그녀는 조용히 다른 두 개의 측면에 대해 더 이야기했으나 그 순간에는 그녀가 방어하고자 하는 것이 무엇인지를 깨달을 수 있었다. 유익한 토론이 계속되었다.

발기 부전이나 냉담함 뒤의 분노는 한 사람이 다른 사람의 모순적 의사소통의 희생양일 때 음악에서 분명히 표출된다. L 씨 부인은 남편이 그녀와 '밀고 당기기'를 하고 있으며, 말로는 성행위를 능동적으로 하라고 격려하면서 그녀의 사랑스런 신체적 전진은 받아들이지 않는 것으로 느껴진다고 하였다. 그녀는 '모든 따뜻함과 즐거움'에 초대된 느낌을 연주하였고, 이후에 '내 안의 무언가를 잘라 내는' 차갑고 갑작스러운 반발감을 연주하였다. 그러나 그녀가 이 두 가지의 감정을 같이 즉흥연주할 때는 진정한 분노의 광기로 드럼을 연주하였다. L 씨는 아내의 연주를 실제로 듣고 그의 행동이 그녀에게 얼마나 영향을 미치는지를 깨닫고 매우 당황스러워했다. 그것은 왜 그가 이것을 하는지에 대해 심각하게 탐색하도록 하는 데 충분하였다.

공동 세션에 대한 두 개의 기록

E 씨의 30세 부인은 세 자매 중 둘째 딸로 과잉보호로 자랐으며 쌍둥이 자녀를 둔 주부였고 남편과의 다툼 후에 보편적으로 수반되는 우울증과 자살 시도로 인

해 병원에 입원하였다. 남편인 34세의 E 씨는 대가족 출신의 기술자로 부인이 아플 때 퇴근 후에 집에 오면 묵묵히 엄마의 역할을 담당하여 요리, 세탁, 청소를 하고 아이들을 돌보아 왔다. 그녀의 분석적 음악치료 후에 이전에는 엄격했던 E 씨 부인은 혼외의 시도를 통해 성에 대해 관심을 갖게 되었고 이혼하고 싶다고 말하였다. 이 시점에서 그녀를 음악치료에 의뢰했던 상담 심리치료사가 결혼 관계를 탐색해 보기 위한 공동 세션을 제안하였다. 부부는 동의하였다.

세션 1

E씨 부부는 늦게 도착하였다. 나는 단지 그들이 결혼에 대한 그들 자신의 감정을 탐색할 수 있도록 돕기 위해 있다는 것을 설명하였다. 모든 결정과 가치는 그들 몫이었다. 나는 우리가 무엇이 잘못된 것인지를 보게 될 것이지만 우선 상대방의 좋은 점에 대해 생각해 보고 '서로에 대한 확인' 연주로 시작하자고 하였다 (비록 이 방법이 심리적으로는 안심시켰지만 음악적으로 이야기하도록 하는 것은 그리 좋은 생각이 아니었고, 이후에 나는 긴장이완에 도움이 되지 않는다고 결정하였다).

음악: E 씨는 음산한 드럼 오스티나토로 시작하였고, 부인은 실로폰을 위아래로 건너뛰며 연주하다가 나와 교류하였고, 음악 속에서 점점 더 흥분하게 되었으며, 나는 E 씨와 E 씨 부인 모두와 교류하다가 화가 난 듯이 벨을 울렸다. 마지막에는 E 씨는 자신의 박자를 약간 바꾸었다.

언어: E 씨는 부인을 사랑했으며 그녀는 좋은 엄마였지만 '강박적인' 주부였다고 하였다. 그녀는 이것을 알고 있었을까? 그녀는 일어났던 일이 여전히 지금도 일어나고 있다 할지라도 그렇지 않다고 말하였다. E 씨는 자녀가 세 명인 것처럼 느껴진다고 말하였다. 그녀는 남편을 보호자로 느끼고 있었다. 그녀는 자신이 한 일들에 대해 미안해했고 그가 자신을 부끄러워할 것이라고 느꼈다(그녀의 세션에 들어오는 남편에 대한 질투심은 음악에서만 분명하게 나타났다).

다음 즉흥연주의 주제는 '결혼'이었다.

음악: E 씨의 부인은 탬버린과 작은 종으로 매우 치열하고 결의에 찬 리듬을 연주하였고 실로폰을 탐색하였다. E 씨의 드럼 오스티나토는 부인의 드럼 소리에 거의 대항하지 않고 끝이 났다.

언어: E 씨 부인은 아이들과 집안일, 일상생활이 매우 지루하다고 말하였다. E 씨는 그의 일도 규칙적이고 지루하지만 매일 나가야 했다고 말했다. 그는 자신이 구식이며 한 번 결혼을 했으면 그걸로 된 거고 아이들에게 그들의 결혼이 어떤 영향을 미치는지 궁금해했다. E 씨 부인은 남편이 정말 옳으며 그들의 딸이 말한 것에 대해 언급하였다. 그들 둘 다 즐거움을 결혼 밖에서 얻어지는 어떤 것처럼 말하는 것으로 보인다고 지적하였다. E 씨는 아내가 '강박적인' 쇼핑과 외출만을 좋아한다고 하였다. 나는 E 씨 부인이 하루의 남은 시간들에 그녀의 창의성을 사용하지 않으면서 자신을 기만하고 있는 것은 아닌지 궁금했다. E 씨는 만약 그녀가 혼자 시도하고 가길 원할지라도 자신은 그녀가 실패할 거라 확신될 때 주변에 있을 거라고 말하였다. 남편이 안전망이 되어 주어야 할까? 우리는 의문이 들었다.

다음 즉흥연주는 '서로를 들어 주기'로 둘이 연주하였다.

음악: E 씨의 오스티나토는 부드러웠고, E 씨 부인은 들어가기 위해 노크를 하는 소리처럼 연주했으며, 마지막에는 함께 연주하였다(남은 시간이 점점 짧아지고 그들이 멈출 기미가 보이지 않아 나는 그들의 연주를 멈춰야만 했다).

이번에는 '듣지 않기' 연주를 하였다.

음악: E 씨는 매우 생생하고, 신나는 4분 음표를, 부인은 화난 듯 벨을 연주하였고, 함께 점점 빨라지다가 마지막에 E 씨의 드럼 연주는 격렬하였다(나는 이것도 역시 멈추게 하였다). 이야기 나눌 시간이 없었지만 그들에게 이 음악적 대화에 대해 집에서 말로 이야기해 보라고 하였다.

세션 2

일주일 후, E 씨는 안전망을 자처하던 태도를 버렸고 부인에게 만약 충실하게 있지 못한다면 그녀와 이혼하겠다고 하였다. 결혼에 대한 더 큰 가능성에 대한 생각을 주기 위해, 나는 딕스(H. V. Dicks) 박사가 쓴 결혼생활의 여덟 가지 '완전히 자연스러운 기능들'을 사용해 8개의 카드를 만들었는데, 성, 애정과 개인적 존경, 육아, 가정의 '잡일들', 재정적 그리고 가족 정책, 사회성(친구들, 배우자 가족들), 문화와 여가, 종교와 정치적 가치 등이다. 우리는 우리의 부정적 감정들에 대해 소위 '봄맞이 청소'라는 제목으로 즉흥연주를 시작하였다.

음악: 격렬하고 신나게, 피아노 소리는 점점 커졌고, E 씨 부인은 드럼을 쿵쿵 쳤으며 E 씨는 처음으로 심벌즈를 세게 치다가 피아노 음악과 동질하게 연주하였다.

언어: 기록되지 않음

E 씨 부인은 '애정과 개인적 존중'을 선택하였다.

음악: E 씨는 심벌즈에서 약간 작게 서정적으로 연주하였으며, 부인은 부드럽게

실로폰과 벨을 연주하였다.

언어: E 씨의 부인은 남편의 선물에 애정을 갖고 "고마워요."라고 말하기 어렵다는 것을 알게 되었으며, 그녀의 남편은 그녀가 자신을 존중하지 않는다고 생각할 거라 느꼈다고 말하였다. E 씨는 친구들과 아이들, 친척들 앞에서는 아내를 존중해 주었으나, 아내의 외도는 그를 존중하지 않기 때문인 것으로 생각하였다는 것과 애정을 표현하기 위해 그녀에게는 선물을, 쌍둥이 아이들에게는 사탕을 주었다고 말하였다.

E 씨는 '사회성(친구들과 배우자의 가족들)'을 선택하였다.

음악: E 씨가 연주를 시작하였고 일정한 속도로 계속 나아갔다. E 씨 부인은 실로폰에서 고음과 저음을 왔다 갔다 했고, 평범하고 작게 연주하다가 즐겁게 연주하며 글리산도로 하향 진행하였다. E 씨는 심벌즈로 대답을 하였으며, 그의 부인은 탬버린으로는 점점 크게 연주하였고 이후 마라카스로 피아노와 교류하며 연주하였다. E 씨의 부인이 부드럽게 벨을 연주하자 E 씨는 심벌즈에서 중간 정도의 작은 소리로 연주하였다.

언어: E 씨는 아내의 사회생활에 대해 모두 말하기 시작하였다. 나는 그 자신에 대한 것을 점잖게 물었다. 그는 직장 동료들이 있었고 다른 친구들은 아내와도 잘 아는 친구들뿐이었다. 그의 원가족은 대가족이어서 자신들에게 그리 관심을 갖지 않고 있으며 그의 부모들도 거의 보지 못한다고 하였다. E 씨 부인은 더 많은 친구를 원했고, 그래서 그녀가 남자친구를 만들고 성관계를 한 것 같다고 생각했다. 그들은 함께 외출을 했으나 그들의 대화가 끊어지고 가게가 문을 닫게 되자 더 이상 할 일이 없는 것처럼 보였다고 했다.

나는 '가정의 잡일들'을 선택하였다.

음악: 그들의 전형적인 가정생활은 E 씨의 긴 독주로 나타났는데 그는 심벌즈에서 아주 작게 연주하였고 이후 드럼과 다시 심벌즈를 연주하는 모습이었다.

언어: E 씨의 부인은 내 소리를 듣지 못했고 이해하지 못했다고 하였다. 그녀는 집안일들에 의해 압도당했으나 E 씨는 그렇지 않았다. 그는 집안일을 처리함에 있어 매우 실용적이고 방법론적이었지만 '강박적'이지는 않았다고 말했다.

결론

이것은 세션에 초대된 배우자가 처음에는 상황에 의해 점점 더 위협받게 되는 사례 중 하나였다. E 씨는 자신은 잘하고 있고 아내는 아프다고 생각하고 있었다. 만약 그녀가 달라진다면 모든 것이 잘될 것 같았다. 설상가상으로 5개월간 나에게 치료를 받았던 그의 부인은 자신의 남편이 세션에 참여하는 것에 대해 질투를 느꼈다. 몇 번의 세션은 그녀 혼자 왔는데, E 씨는 '잊혀지거나' 또는 '방해가 되지 않았다'고 그녀는 말하였다. 이후 상담 심리치료사와의 공동 세션에서 그의 불안이 표출되어서 그가 지속적으로 세션에 참여하는 것이 중요하다고 그를 설득하였다. 그들은 나와 함께 공동 세션을 재개하였다. '일요일'이라 이름 붙인 매우 우울한 즉흥연주에 이은 두 번째 세션 이후, E 씨의 부인은 밤에 또 다른 약물 과용으로 다시 병원에 입원하게 되었다. 남편과 나는 이미 포기할 준비가 되었었으나 상담 심리치료사가 참고 계속하자고 우리를 설득하였다. 다음 세션에서 우리는 부인의 자살 시도에 대한 우리의 감정을 자유롭게 표현하는 격렬한 트리오 즉흥연주를 하였다. E 씨의 부인은 죄책감을 가졌고, E 씨는 그의 아내에 의해 중단되긴 했지만 슬프면서도 점차 화가 난 감정으로 변하는 연주를 하였고(내가 그녀에게 멈출 신호를 줄 수 있다고 하였다) 나의 연주도 솔직히 화가 난 연주였다.

E 씨의 부인은 퇴원을 했고, 외래 환자로 공동 세션에 계속 참여하였으며, 이후 내 기록이 쌓여 간 3개월 동안 그녀는 점차 집안일과 육아도 좀 하게 되었고 시간제 직장을 찾아보기로 결정하였다. E 씨는 음악에서 점점 더 표현이 증가되어 경직된 오스티나토 드럼 연주에서 표현적인 리듬으로 변했고 멜로디카로 슬프고 우울한 연주를 하였는데, 이후 아내와의 성적 관계를 맺거나 유지하는 것에 대해 확고한 태도를 갖게 되었다. 또한 그는 아내가 맡은 집안일을 처리하지 못하는 것에 대해 세션에서 짜증과 절망을 정상적으로 표현할 수 있게 되었다고 느꼈다. E 씨의 부인은 여파를 피하기 위해 자살 시도로 이어지는 통제 불능의 폭발적 말다툼의 공격성을 더 이상 갖지 않았다. 그녀는 자신을 언어적으로 방어함으로써 자신의 좌절감과 대면하기 시작했다. 8개월 동안의 기록에는 결혼에 대해 새롭게 고쳐 보려는 실제적 시도가 적혀 있다. E 씨는 선물을 주는 것이 아내에게 그 자신과 그의 감정을 주는 것을 대신할 수 없다는 것을 깨닫기 시작했다. 부부는 더 많은 것에 대해 이야기했고, 때때로 춤을 추러 외출하기도 했으며, 다른 사람들과 더 많은 교제의 시간을 보냈고, 자녀와 그들 자신을 각 개인들로서, 부부로서 그리고 사회 속 가족으로서의 필요에 대해 더 많이 생각하게 되었다.

치료사에게 미치는 공동 세션의 영향

공동 세션을 진행하는 것의 효과는 치료사에게 상당히 혼란스러울 수 있다. 치료사가 커플 중 한 사람이 집에서 다른 사람을 괴롭히기 위한 도구로 자신을 사용하고 있다는 것을 발견했을 때, 혹은 부부의 일상생활 중 어떤 측면에는 두 사람에 의해 합의된 침묵의 커튼이 드리워져 있다는 것을 느끼게 되었을 때, 또는 둘 중 한 사람이 파트너의 반응이 두려워 중요한 정보를 억누르고 있다고 느꼈을 때는 치료가 어렵게 진행될 것이라는 것을 알 수 있다. 음악은 그것의 정직성으로 인해 훌륭한 도움이 되며 언어로는 회피되는 매우 많은 것을 치료사에게 말해 준다.

만일 그가 다른 성별의 보조 치료사와 함께 일할 수 있다면 두 사람의 무의식적 감정들을 치료사 자신의 내면에서 만나고 투쟁하기 위해 혼자 양쪽으로 갈라서 대응하는 대신 한쪽 파트너에게 주로 맞추면서 커플을 고려하면 되기 때문에 더 쉽게 작업할 수 있게 될 것이다.

불협화음에 반음의 간격인 3음이 첨가되어 협화음으로 수정되는 것처럼 치료사의 존재는 커플의 음악이 역동적인 경험이 될 수 있도록 하는 3화음을 형성할 수 있다. 화성의 근음을 잡고 있음으로써 치료사는 때로 그들이 불협화음을 진행할 수 있도록 하고 그들 자신의 자연스러운 해결책을 찾을 수 있게 할 수도 있다. 그러나 그것이 항상 쉬운 일은 아니다.

제19장
사설치료

음악치료사가 기관의 직원으로 일하는 것과 반대로 직접 사설 센터를 운영하며 일하는 것도 분명 장점이 있다. 무엇보다 한 환자를 대상으로 같이 일하는 다른 치료사들과 치료 접근방법에 있어 충돌할 일이 없을 것이며 자신이 좋아하는 대로 일할 수 있다. 이동 경비가 들지 않으며, 돈을 더 벌 수 있고, 내담자들과 자신이 편한 시간에 맞출 수 있다. 원칙적으로 그의 음악치료가 유일하게 제공되는 치료가 될 것이며, 그렇기 때문에 향상을 일으킨 자극의 근원이 미술치료사, 연극치료사, 심리치료사, 화학요법, 전기경련요법, 사회복지사, 또는 산재치료 인지를 고민할 필요 없이 보다 명확하게 자신의 치료 효과를 볼 수 있다. 그는 기관에서 나는 냄새나 차가움 대신 치료실을 자신만의 분위기로 만들 수도 있다.

물론 단점도 있다. 만일 그가 집에서 일을 한다면 집은 더 이상 모든 어려움을 피할 수 있는 작은 성역이 될 수 없다. 그는 치료 팀으로부터 어떤 자극이나 지원과 교류 등도 받을 수 없기 때문에 '종교와 의학 연구소(Institute of Religion and Medicine)'에서 운영하는 정기적 사례 토의모임 같은 그룹에 가입하는 것이 좋다. 지식과 아이디어 그리고 경험 등을 모으기 위해 일련의 동료들과 정기적으로 만나는 것도 도움이 될 것이다. 그는 아마도 많은 수의 내담자가 일반의원에 등록되지 않았기 때문에 보험 혜택을 받는 것이 어렵다는 것을 알게 될 수도 있다. 의원에 가입되었더라도 어떤 내담자들은 그들이 신청한 음악치료라는 마술 같은 영역과 상관없이 계속 약을 먹기를 원한다. 그들은 음악치료사가 그들이 갖고 있는 고통의 유기체적 원인의 가능성을 배제시키기 위해 그들의 의사에게 신체적 검진을 받길 원한다는 생각에 매우 당황해한다. 종종 그들은 음악치료사에게 의사의 이름과 주소를 알려 주기를 꺼리는 경우도 있다.

사설 센터와 기관의 치료가 잘 결합되는 것이 가장 흥미로우며 치료사가 가장 광범위한 문제들을 경험하고 이들이 어떻게 서로 연관되어 있는가를 이해할 수 있도록 해 준다. 대체될 수 있는 것이 무엇인지를 치료사가 경험할 때는 예방적 작업이 가장 의미가 있다.

전제 조건

음악치료실은 집에서 멀리 떨어져 있는 적당한 임대 사무실이거나 혹은 집에 있는 방이 될 수도 있다. 그래서 이웃이나 가정의 짜증이 최소화되도록 배치하여야 한다. 피아노와 타악기의 소리가 지하나 땅으로 내려가도록 1층이나 지하실을 사용하는 것이 그 아래 다른 것이 있는 방보다 더 쉽게 방음이 될 수 있다. 그룹 세션이나 동작 세션을 하기 위해 방이 충분히 커야 하지만 친밀감을 주기 위해서는 충분히 작아야 한다. 높은 천장은 난방비를 증가시키지만 소음과 열 손실을 막다 보면 천장을 잘못 만들 수도 있다. 창문은 단층이나 반 분리된 집이라면 이중창으로 되어야 하고 적절한 공기 순환 장치가 있어야 한다. 치료실 밖에 대기할 장소를 두는 것도 유용하지만 음악뿐만 아니라 말소리도 들리지 않아야 한다. 치료사가 생음악이나 녹음 음악, 그리고 언어만을 사용하는 한 면허가 필요하지는 않다. 만약 치료사가 기계나 마사지를 사용하길 원할 경우에는 면허가 필요하지만 그런 경우는 드물다.

가구와 장비

카펫은 울림을 줄이며 치료사가 어린아이들과 일하는 경우에 불편할 수 있지만, 동작 활동이나 그룹 긴장 이완 그리고 바닥에 부담 없이 앉을 경우에는 쾌적할 수 있다. 아마도 아이들이 올 경우에는 잘 말아서 치워 둘 수 있는 큰 사각의 카펫이 가장 적절하다. 피아노와 피아노 의자는 필수적이며, 내담자를 위한 안락의자와 치료사가 앉을 의자도 눈 마주침을 충분히 할 수 있도록 배치하여야 한다. 치료사는 악기를 보관할 장소도 필요하다. 나는 타공판과 후크를 사용하여 작은 악기들을 벽에 걸고, 경첩이 달린 창가 자리도 만들었다. 음향기기와 음반을 둘 선반, 녹음기, 보면대와 악기장도 필수적이다. 필수는 아니지만 천장에 줄과 도르래를 사용하여 걸어 놓은 테더볼도 유용하게 사용된다. 사무실의 구석은 기록과 사례 서류들을 보관하는 데 편리하며, 세션 중에는 전화를 꺼 놓거나 빼낼 수 있도록 해야 한다.

악기들

피아노 외에 초보자들도 즉시 즐거운 소리를 낼 수 있는 단순한 악기를 치료사가 갖고 있는 것이 더 바람직하다. 치료사는 세 개의 다리가 달린 탐탐 드럼과 부드러운 마감으로 된 채와 드럼 브러시로 연주하는 스탠드가 있는 심벌즈로 시작을 할 수 있으며, 가능한 한 빨리 실로폰을 추가한다. 멜로디카, 탬버린과 차임이 그다음으로 사용될 수 있다. 그것들 이후에 치료사는 집에서 만든 딱딱이, 대나무 귀로우, 클라베 그리고 마라카스 등을 추가할 수 있다. 마지막으로 트라이앵글과 풍경, 카우벨, 템플블럭, 봉고, 모로코식 도자기 드럼, 칼림바, 탬부어 그리고 중국식 징(gong)은 청각적 경험에 다양성을 추가해 줄 수 있다. 전자 키보드는 악기 종류에 매우 환영할 만한 요소이다. 하프, 바이올린 종류, 류트, 수금, 기타, 현악기와 화성적 타악기 같은 조율이 필요한 악기들은 자발적 표현이 필요한 치료에 적합하지 않다. 만약 내담자가 특별히 이런 악기들을 연주하고 조율하는 것을 배우고 싶어 한다면 얘기는 달라진다. 악기를 배우는 경우에는 내담자가 자신의 악기를 구입하도록 해야 집에서도 연습할 수 있다. 그렇지 않으면 치료사는 음정에서 벗어난 그들의 연주를 견뎌야 하는 가능성에 직면하게 되거나(내가 결코 치료적이라고 생각할 수 없는) 혹은 소중한 치료의 시간을 내담자를 조율하는 데 쓰기보다는 수많은 악기를 조율하고 망가진 줄을 갈아 끼우는 데 소비하게 된다.

장식

치료실의 장식은 어떤 기분과도 잘 맞을 수 있도록 중립적이어야 한다고 생각한다. 내 방은 올리브그린 카펫과 천연 나무 찬장, 흰색 천장과 벽, 아이보리색의 블라인드로 꾸며져 있다. 특정 분위기를 강조하기 위해 일곱 가지 색의 눈에 띄는 블라인드를 갖고 있다. 나는 특별한 느낌을 강조하기 위해 빨간색이나 파란색의 블라인드를 내린다. 긴장이완을 하는 동안에는 반짝이는 효과를 주기 위해 블라인드 뒤에 불이 켜진다. 조명은 실용적이면서도 필요할 때는 의식의 수준을 낮추는 데 도움을 주기 때문에 조도를 낮출 수 있어야 한다. 꽃은 펼쳐지는 자아를 상징하므로 필수적이다. 방에 그림이 많이 걸려 있으면 분위기를 변화시키기 어렵지만, 내담자의 그림들을 걸어 놓을 수 있는 소프트보드를 사용하면 흥미 있는 것이나 예쁜 것들을 일시적으로 사용하여 기분의 변화와 유연성을 허용해 줄 수 있다.

주의를 기울여야 할 실질적 요소는 화재경보기와 내담자가 그 건물에서 사고를 당하는 경우에 치료사를 보호해 줄 보험이다.

내담자

음악치료사는 자신이 선호하는 유형의 내담자를 선택하고 그런 사람들만 만나기 위해 계획을 세울 수도 있고, 혹은 더 넓은 범위의 사람들과 일하며 임상이 어떻게 발전하는지를 볼 수도 있다. 모든 것을 계획하지 않는 것이 더 흥미로울 수 있다. 내담자들은 의외의 방법으로 치료사에게 온다. 나중에 알고 보니 겨우 두 정거장 거리에 떨어진 곳에서 살고 있던 한 내담자는 내가 스위스에서 열린 '요가와 비밀 과학 국제 페스티벌(International Festival of Yaga and Esoteric Science)'에서 음악치료에 대해 강의하면서 만났다. 또 다른 내담자는 그가 베를린에 있을 때 주간 신문에서 내 광고를 보고 온 경우이다.

내담자를 만나는 세 가지 주요 방법이 있다. 첫 번째는, 가장 단순한데 의사, 정신과 의사, 심리치료사, 동료나 친구에 의해 의뢰되어 오는 경우이다. 이들은 치료사에게 내담자에 대한 배경 정보를 주게 되며 치료에서 필요로 하는 종류의 작업을 위해 내담자들을 준비시킨다. 두 번째 좋은 방법은 논문이나 책을 쓰고 이야기하는 것이다. 이 방법에서는 내담자들에 대한 배경 정보를 주는 사람은 없지만 적어도 내담자는 음악치료에 대해 어느 정도 알고 있으며 어떤 종류의 작업들이 포함될지를 이해하고 있다. 이런 내담자들은 일반적으로 높은 동기를 갖고 있다. 내담자들을 끌어들이기 위한 마지막이자 덜 만족스러운 방법은 광고를 통하는 것이다. 현재 많은 대중은 음악치료가 무엇인지 알지 못한다. 적당한 가격의 광고는 충분한 설명을 할 수 있는 공간을 제공하지 않는다. 나는 심지어 이 책의 광고에도 문제를 갖고 있다. 만일 치료사가 명확히 특정한 장애를 갖고 있는 사람들을 독자로 겨냥하여 소규모 출판을 한다면, 그는 안전지대에 있는 것과 같으며 치료를 진짜 필요로 하는 사람들로부터 반응을 얻게 될 것이다. 그러나 일반 대중을 상대로 하는 미디어의 독자들로부터의 반응은 그가 정글에 있는 것처럼 느껴지게 할 것이다. 그는—그리고 만일 치료사가 여자라면 더욱 더—그의 요청에 놀랄 만큼 다양한 오해와 마주하게 될 것이다. 많은 남성 독자는 전문적 성행위에서 좀 벗어난 표지 용어라고 상상할 수도 있다. 사실 자신의 창문에 나무 광택 광고를 붙였던 어느 장인조차도 사람들로부터 같은 반응을 받았다는 것을 알고는 나는 어느 정도 위안이 되었다. 가장 뛰어난 저널에서 광고하는 것도 그러한 방문자들로부터 보호받지는 못한다. 치료사는 음악치료를 찾지 않는 사람들을 낙심하게 만들 수도 있을 뿐만 아니라 좋은 유머와 평온함으로 음악치료를 할 수도 있다. 그들은 비록 자각하고 있지는 못하지만 문제가 있는 사람들이다. 그러나 여성 치료사들은 자신의 광고에 사서함 번호를 사용하기 위해 돈을 더 지출할 만한 가치가 있다고 생각할 수도 있고, 혹은 이런 문제들을 피하기 위해 '여성 전용'이라고 명기할 수도 있다.

어떤 출판물들은 요청을 하면 광고 실행에 대한 영국 규례의 복사본을 발송하는 광고협회에서 전달할 광고 및 후속 전단지를 요구한다. 중요한 문구는 B25 조항으로 "광고는 (직간접적으로) 질병이나 병의 증상을 근절시킬 수 있다는 어떠한 주장도 포함해서는 안 된다."라고 명시되어 있다[내 사전에 따르면 근절자(extirpator)란 잡초를 뽑는 행위(an implement for weeding)라고 되어 있다. 내가 그들 중 하나가 아니어서 나는 기뻤다]. 또한 광고협회는 내 작품에 대한 의견을 포함하는 두 명의 정신과 의사의 편지를 요청했다.

이러한 장애물들을 극복했을 때, 음악치료사는 광고를 보고 오겠다고 약속한 사람들의 40%가 오지 않는다는 사실을 알게 될 것이다. 이런 경우를 대비해 서류 작업이나 악기를 연습하는 것도 유용하다. 그러나 동기 유발이 잘 된 내담자들의 치료가 잘 흘러가서 성공적으로 작업이 되면 그 내담자들이 다른 사람들을 데려오고 점진적으로 그의 임상도 강화되어서 광고가 필요 없다는 것을 알게 된다.

치료비

다른 많은 음악가처럼, 치료사가 계좌 관리에 약하다면, 그는 매 세션 후에 치료비를 달라고 요구할 수 있다. 그것은 많은 문제를 줄여 준다. 품위를 조금 잃는 대신에 연체가 되거나 청구서와 영수증을 보관하며 걱정하는 것으로부터 마음의 평안을 얻을 수 있다. 또한 내담자가 연체 수수료를 떼어 가는 것에 대한 부정적 전이를 표현하는 것을 막을 수 있다. 그러나 치료사와 내담자는 처음 만났을 때 치료비에 대해 분명히 동의를 하고 세션을 시작해야 한다. 이것은 돈에 대한 이야기를 금기시하는 것을 깨뜨리고 건강하고 현실적인 발판 위에 두 사람의 관례를 두게 한다.

치료비를 내지 않는 내담자는 어떻게 해야 하는가? 음악치료사는 평소에 받는 비용보다 적게 내야 하는 사람들을 받을지 결정해야 한다. 만약 그들의 치료가 내담자들이 돈을 더 벌 수 있게 해 준다면 치료비를 벌 시간을 주는 것이 합리적이다. 개인적으로 나는 비용을 지불하지 않고 치료를 받는 것이 심리적으로는 옳지 않다고 생각한다. 음악치료사의 세속적 욕구에 맞춰 그가 일하고 공헌하는 것에 대해 무엇이든 금전적 가치가 주어져야 하는데, 거의 그렇지 않다. 이렇게 해서 내담자는 여전히 수혜자일 뿐만 아니라 제공자이다. 나는 이것이 더 당당하게 만든다는 것을 알게 되었다.

치료 세션

치료 시간은 얼마나 걸리는가? 나는 50분 동안 치료를 하며 기록을 하고, 다음 내담자의 기록을 꺼내 놓으며, 일반적으로 나 자신을 재정비하기 위해 세션들 간에 10분의 휴식시간을 갖는 것을 목표로 한다. 최초의 세션은 통상적으로 시간이 더 소요되기 때문에 비어 있는 시간으로 연장되어 진행될 수 있도록 예약을 받는다. 그룹 세션은 90분이 걸린다.

첫 세션에서는 기본적인 개인사를 다루는 질문지를 사용하여 치료사가 그것을 읽거나 그것에 대한 대답을 기록하면 도움이 된다. 이것은 치료사가 자유롭게 질문하는 것을 중단시키려는 것이 아니라 무방비적으로 외부적 인상에 영향을 받기보다 나중에 그의 직관적이고 수용적인 모든 기능을 간접적으로 사용하는 시간 동안 그의 생각의 범위를 잡는 것을 도와준다. 또한 그것은 치료사가 익명성이라는 보너스를 충분히 활용할 수 있게 해 준다.

하루에 몇 세션이 예약되어야 하는가? 어떤 치료사들은 5~6회 이상은 절대 하지 않는다. 어떤 치료사는 아침 8시에 시작해서 밤 11시 55분까지 치료를 잘 해내고 있는 것처럼 보인다. 그러나 치료사는 자신과 내담자 그리고 그의 가족에게 공평해야 한다. 그는 그의 체력을 다시 채울 시간이 필요하다. 그가 자신의 한계가 무엇인지를 결정했을 때 그는 가능한 한 분발해야 하지만 너무 무리하려고 해서는 안 된다.

휴일은 어떻게 가져야 하는가? 개업을 하고 있는 치료사는 일 년에 세 번쯤 내담자를 전혀 만나지 않는 휴식을 정기적으로 갖는 것이 현명한 일이다. 치료는 부담이 많기 때문에 정기적 휴일은 진부해지는 것을 방지해 준다. 치료사는 신선한 공기와 신선한 음식, 좋은 친구와 아름다운 인상 강화를 모색해야 한다.

기록

음악치료는 모든 음악치료사가 독창적인 연구를 수행하기에 충분할 정도로 새롭다. 치료사는 서류박스나 구멍 내는 펀처들이 질문지들과 꿈이나 즉흥연주를 다룬 세션의 결과 기록들을 모아 두는 데 유용하다는 것을 발견하게 될 것이다. 음악 작업을 녹음해 둔 테이프들과 함께 이것들은 사례 논의, 연구 자료, 회담, 기사, 논문, 서적 등을 준비하는 데 유용하게 사용될 것이다.

치료의 기간

내담자들은 일주일에 한 번, 때로는 격주로 그리고 경우에 따라 한 달에 한 번 만나게 된다. 치료의 종결에 대한 결정은 내담자에게 달려 있다. 어떤 내담자는 단지 한 번의 상담적 세션이 필요하고, 어떤 내담자는 수개월간의 치료사가 필요하며, 어떤 내담자는 수년간 지속되는 지원적 치료가 필요하다. 그러나 이것은 치료사와 내담자 혹은 아동이나 정상 이하의 환자 보호자 간에 자유롭게 의논된다.

복장

치료사는 최대한 편안함을 느낄 수 있는 옷을 선택해야 한다. 어떤 치료사들은 좋은 어두운 색 정장과 완벽하게 세탁된 셔츠 외에 다른 것을 입는 것을 참을 수 없어 한다. 그러나 다른 치료사들에게 옷이란 움직이기 쉽고 편하며 내담자와 그 자체로 소통할 수 있는 긴장이 이완되는 느낌을 주어야 한다고 생각한다. 남성들에게는 목이 높은 점퍼와 바지가 양복보다 더 적합하다. 많은 여성은 바지가 더 편리하고 자유로움을 준다는 것을 알게 될 것이다. 개인 사업을 집에서 하는 경우에는 권위를 보여 줄 수 있는 어떤 표식을 외부에 달아 놓을 필요가 있다고 느끼게 될 수도 있다. 나의 경우에는 영국음악치료사협회의 졸업 배지를 달고 있다.

음악과 치료

개인 센터에는 내담자들과 배우려는 학생들이 있게 될 수 있다. 이들 둘이 혼합되어 있다는 것은 즐거운 다양성을 주기도 하고 역할 혼동의 불쾌한 사례를 제공할 수도 있다. 후자의 경우, 치료사는 내담자와 학생을 다른 날 혹은 다른 시간에 오도록 스케줄을 조정해야 하며 가능한 한 약간 다른 옷을 입고 그들을 대해야 한다. 개인적으로 나는 역할을 바꾸는 것이 매우 어렵게 느껴졌다. 선생님에서 치료사로 역할을 바꾸는 것은 쉬우나 치료사에서 선생님으로 역할을 바꾸는 것은 매우 급격한 동요를 일으킨다.

제20장
개인임상 내담자와의 음악치료

간략한 치료일지를 바탕으로 분석적 음악치료 과정에서의 내적 변화를 명쾌하게 그리는 것은 어려운 일이다. 즉흥연주의 생생한 경험 그리고 대화와 침묵 이면에 있는 음악을 공유할 수 없다는 것도 또 하나의 문제이다. 하지만 이 장의 개인임상 내담자 사례와 다음 장의 병원 외래환자 사례에 대한 기록(모든 즉흥연주가 녹음되었음)이 분석적 음악치료가 어떻게 진행되는지에 대한 이해를 도울 것이다.

사례 기록

델마는 23세의 체구가 작고 매력적인 흑발의 여성으로 행정가인 에드가와 결혼했다. 그녀는 성악과 피아노를 공부하고 있었다. 그들은 1년간 결혼생활을 해왔고 그녀의 부모도 살아 있었다. 델마는 어머니와 관계가 좋지 않았는데 어머니에 대해 기분이 오락가락 하는 사람이라고 표현했다. 또한 손위의 언니와 남동생이 있었다. 델마는 중학교 때부터 우울증을 겪어 왔다. 잠을 잘 못 자고 자주 깼으며 일곱 살 때부터 손톱을 물어뜯는 습관이 있었다. 델마의 남편은 내 동료와 친분이 있었고, 그녀의 행동상의 문제 때문에 내게 치료를 의뢰하였다. 전반적 검진을 위해 의사를 만나 보라고 권유했지만 델마는 거절하였다.

세션 1

델마는 혼란스럽고 흥분한 듯 보였고 말할 때 자주 문장이 끊기면서 주제를 바꾸기도 했다. 아무런 감정도 없냐고 에드가를 윽박지르며 꼼짝 못 하게 했고 그를 때리면서 긴장이 풀리는 경험을 하기도 했다. 그녀는 자신의 분노가 마치 어머니의 발작과 비슷해서 두려웠고 그 이유로 치료상담을 찾게 되었다(델마는 어머니가 빵칼을 들고 어린아이인 자신을 공격하려 했던 것에 대해 이야기했다). 그녀는 에드가가 불쌍하다며 울었다. 그리고 학교와 부모 그리고 우울증 때문에 바닥으로 곤두박질친 것 같은 기분에 대해 이야기했다. 그 느낌을 즉흥연주로 표현하게 했지만 그녀는 하지 못했다. 이전에 얘기했던 "나는 왜 에드가를 원망하는가?"에 대해 '벽에 달린 문' 즉흥연주를 해 보도록 했다. 그녀는 하지 못했다. 우울할 때는 이 세상의 모든 정전기가 자신을 향해 달려든다고 느꼈다. 노래할 때도 더 이상 자유롭게 표현할 수가 없다고 말했다.

코멘트: 환자가 자신에 대해 연주하는 것이 아예 어려울 때는 환자가 말로 표현한 것 중에서 음악에 관한 내용(여기에서는 음악적 표현을 포기한 것)이나 마치 덫에 걸린 동물의 움직임처럼 불규칙한 리듬에 초점을 맞춰 볼 수 있다.

세션 2

첫 세션이 끝나고, 5일 후 나는 치료실 전기플러그를 갈아 끼우고 있었다. 그때 마침 델마가 일찌감치 도착했다. 그녀는 집에서 전기와 연관된 외적/내적 현실 경험을 하기 시작했다. 큰 소리를 내며 모든 전기 퓨즈가 나가 버렸고 델마의 할머니 귀신이 집 안을 돌아다니는 것 같았다. 이 이야기를 하는 그녀의 표정은 매우 흥분되고 특별했다. 일요일 저녁에 부모님이 교회에 간 후 혼자 남겨졌던 기억을 처음으로 떠올리게 하는 희한한 꿈을 꾸었다(그녀는 어둠과 감전을 매우 두려워했다). 꿈속에서도 거실 조명이 큰 소리를 내며 꺼져 버렸다. 어둠을 밝히려고 그녀는 두 개의 초에 불을 붙였다. 촛불이 꺼지지 않게 창문을 반쯤 닫았지만 이내 바람이 창문을 열어젖혔다. 으스스하니 어두웠고 창문은 닫히지도 잠기지도 않았다. 문을 열어 보니 복도의 조명이 꺼질 듯 말 듯 깜빡거리고 있었다. 그녀는 온 집 안의 깜빡거리는 불빛들을 둘러보았다. 그 집은 어떻게 보면 현재 델마의 집이기도 했고 그녀의 할머니의 집이기도 했다. 내가 델마가 되어 연주하는 동안 그녀에게는 그 '으스스한 어둠'의 소리가 되어 보라고 했다. 그녀는 즉흥연주에 한동안 저항했지만 마침내 연주를 하게 되었고, 온 집안에서 그 '으스스한 어둠'이 자신을 쫓아 다니는 것처럼 느꼈다. 이 음악에서 델마는 어릴 적 할머니의 집 계단 위에서 무서운 누군가가 자신을 잡으러 올라오던 묵직한 발소리를 들었던 것을 생생하게 떠올렸다. 매우 강한 느낌이 들었고 그녀는 마치 방금 꿈에서 깨어난 사람처럼 멍하니 있었다.

델마는 감정적으로 자주 폭발하는 자신의 한계를 경멸했다. 하지만 남편 에드가의 자제력과 사고력에 대해서는 높이 평가했다. 나는 그녀가 에드가의 감정은 받아들이지 않고 자신의 감정을 과열시키면서 자기 대신 에드가가 생각하게 만드는 것이 아닌지 궁금했다. 그들은 두 개의 다른 촛불처럼 완전히 분리된 두 개의 의식적 주체가 되어야 했다. 그러나 그녀는 내 말을 거칠게 반박하며 여러 차례 묵살했다. 지난 주 치료비를 지불하지 않는 것으로 나를 열 받게 하고 그녀에게 매달리게 하려는 것인지를 질문했다. 그 주에 그녀는 치료에 더 집중하고 열심히 했으며 좀 더 나아 보였다.

세션 3

일주일 후 델마는 활기가 넘쳤다. 그녀의 선생님은 델마가 지난 몇 년간 지금처럼 노래를 잘한 적이 없다고 말했다. 그녀는 전 남자친구 톰의 아파트를 방문하는 꿈에 대해 이야기했는데 꿈에서 톰의 아버지는 그녀를 반갑게 맞이했지만 실제로는 반가워하지 않는 것 같았다. 벽돌 두 개 높이의 벽으로 둘러싸인 잔디밭에서 아이들이 운동회를 하고 있었다. 어머니는 그 안에 있었지만 델마는 들어

가지 못하게 금지되었고 그냥 바라보고만 있는 자신이 바보같이 느껴졌다. 나는 치료사인 내가 그녀의 감정음악을 감시하는 억압적인 어머니같이 느껴진다고 말했다. 곧이어 그녀는 결혼이 자신에게는 부담이었고 에드가의 감정에 자기의 책임이 있는 것 같다고 말했다. 에드가는 델마보다 열 살 이상 나이가 많았는데 그녀는 점점 다른 남자들에게 성적 감정을 갖게 되었다. 델마가 '자유'가 되고 내가 '결혼'이 되어 즉흥연주를 했다. 그녀는 나의 경건한 음악이 자신의 자유를 제한했지만 자기가 연주한 자일로폰 음악은 너무나 아름답다고 느꼈다. 우리는 역할을 바꾸어 연주했고 그녀는 자신의 결혼생활에 대해 양심의 가책을 느꼈다.

코멘트: 다른 남성들에게 생겨난 성적 욕구가 음악치료 상황에서 자주 나타났는데 특히 배우자가 마치 부모처럼 느껴지는 무의식적 경험을 차단하려고 할 때 주로 나타났다.

세션 4

매우 긴 세션이었다. 델마는 결혼생활에 대해 나와 이야기했던 것들을 기록해왔다. 에드가가 전 여자친구에게 실망했을 때 심하게 망가졌다고 그녀는 말했다. 별로 관심 두지 않았던 톰에 대한 이전 꿈은 그가 출현한 또 다른 세 개의 꿈으로 이어졌다. 세 번째 꿈에서 톰을 보았는데 그녀는 거울 앞에서 매무새를 고치면서 슬픈 눈으로 그의 관심을 갈구하고 있었다. 내가 거울이 되어 가슴 아프게 흐느끼는 그 슬픈 눈을 비추겠노라 제안했다. 나는 그녀가 슬픔을 충분히 경험하게 두었다. 그녀는 톰과 3년간 알고 지냈고 늘 그를 사랑해 왔다. 그러나 그 마음을 외면한 채 자신의 우울한 마음에 안정감을 주는 에드가와 결혼했다. 나는 연주 초반에 그녀의 울음에서 깊은 아픔을 느꼈다. 얼마 지나자 그것은 마치 감옥 문을 열어 달라고 나에게 애걸하는 것 같았다. 열쇠를 가진 것은 내가 아니라 그녀 자신이고 스스로 해야 한다고 그녀에게 말했다. 그녀는 톰에게 이 이야기를 하기로 결정했다. 그녀는 곧바로 이별에 관한 애도작업을 해 나갔고 치료실을 떠나기 전 화장실에서 화장을 고치며 침착하게 몇 분의 시간을 보냈다.

코멘트: 엄청난 카타르시스 경험이었다. 델마가 음악에 익숙하지 않았다면 그녀의 감정을 음악에 담아 주는 '홀딩기법'을 사용했을 것이다. 하지만 음악가였던 델마에게 그 연주는 생각의 스위치를 켜게 하고 끝없는 감정의 고리를 끊게 했을 수 있다. 나는 치료사로서 나의 '내면 음악'이 갖고 있는 수용능력을 있는 그대로 믿었다(제23장 참조).

세션 5

"도와줘! 도와줘!" 델마는 그동안 얼마나 감정적으로 곪아 왔는지에 대해 에드가에게 이야기하며 자신이 쓴 시와 글을 처음으로 보여 주었다. 지금까지 드러내지 않았던 자신의 다른 면을 보여 준 것이다. 그녀는 톰을 만나 왔다는 사실과 톰을 향한 자신의 감정에 대해 이야기했다. 그리고 두 남자 모두와 헤어져야 하며 자기 자신을 찾는 것만이 옳은 길이라는 결정을 하였다.

나는 '치료 중 변화 없음' 원칙이 있다고 말했다. 갑작스러운 외적 변화가 있을 때는 내적 변화를 만드는 것이 어렵기 때문이었다. 그녀는 적어도 6주 동안은 그렇게 하지 않을 거라고 말했다. 나는 외적인 결별을 원하는 것이 그녀에게 필요한 내적 분리를 대신하려는 것인지 궁금했다. 그녀는 부모님이 운전하는 차의 뒷자리에 에드가와 함께 앉아 있는 꿈을 꾸었고 우리는 그 꿈을 분석했다. 에드가가 말을 하려 하자 "닥쳐! 네가 나한테 뭘 가르치고 있는지 부모님한테 말하지 마."라고 그녀가 말했다. 어린 시절에 성교육을 받지 못한 것과 "너는 성녀처럼 구는구나."라며 에드가가 그녀를 놀린 것에 대해 우리는 대화를 나누었다. 그리고 두 번의 '감정적 조사' 즉흥연주를 했다. 그녀는 자기 마음대로 다룰 수 있는 볼품없는 '톰'을 연주했다. 그다음에는 진실함, 경외심, 기대감으로 '에드가' 음악을 진지하고 부드럽게 연주했다. 그녀는 에드가가 참 좋다고 말했다. 그녀는 자신의 감정적 상태에 대해 더 잘 느끼고 반응하게 되었다고 말했다.

코멘트: 감정의 해소는 종종 외부 세계와 그 아름다움을 더 잘 느끼게 한다. 이 세션에서 델마는 피아노 연주를 고집했고 나에게 피아노를 연주하라고 했다.

세션 6

(파업 때문에 한 주가 지연되었다) 그녀는 동료 학생들이 주변에 있을 때는 톰과 농담도 했다. 하지만 음악으로 감정을 어느 정도 다루기 전까지 그녀는 톰과 단둘이 대화를 나누는 것이 어려웠다. 우리는 꿈에서 그녀가 마킨레스 역에서 바머스로 가는 연결 편을 기다리던 것에 대해 이야기를 나누었다(그녀의 아버지는 마킨레스와 바머스가 있는 웨일즈 지방 사람이다). 파란 하늘과 흰 뭉게구름이 있는 아름다운 날이었다. 철로 아래로 난 도로 위쪽에서 톰이 그녀를 향해 오고 있었다. 둘의 관계가 더 이상 안 될 것 같다고 말하려고 했지만 그는 말하지 못했고 그녀를 끌어안았다. 그녀는 안겼다. 그리고 우리는 두 가지의 결말을 즉흥연주로 만들었다. 첫 번째 연주에서 그녀는 톰을 뿌리치고 에드가와 함께 웨일즈행 열차에 올랐다. 두 사람은 뒤돌아보았지만 톰은 보이지 않았다. 이 연주에서 그녀에게 평화로운 느낌이 들었다. 한편 다른 연주에서 그녀는 톰과 런던행 열차에 올라타 서로를 끌어안고 있었다. 이것은 그녀에게 용기와 에너지를 주었다. 우리는 에드가와 그녀의 아버지와의 연관성 그리고 철길 아래로 난 도로가 무엇을 의미하는지에 대해 이야기를 나누었다.

세션 7

델마는 에드가에 대해 기분좋게 이야기하면서 그를 떠나 독립하고 싶다고 말했다. 우리는 지금 상태를 유지하면서 독립할 수 있을지에 대해서 이야기를 나누었다. 톰은 적어도 2년 정도의 시간이 필요할 거라고 말했지만 그녀는 에드가와 헤어져야 한다고 생각했다. 그녀는 연주를 하지 않은 채 계속 망설였다. 그래서 치료사인 내가 아무것도 할 수 없는 아이처럼 느껴진다고 그녀에게 말했다. 누군가가 그녀를 그렇게 무력하게 만든 적이 있었고 그녀가 그 메시지를 내게 전달하려는 것일까? 그랬다. 성악레슨 중에 그녀는 갑자기 노래를 멈추었다. 선생님이 어떻게 하라고 분명히 말해 주었지만 그녀는 어린애처럼 엄청난 좌절감을 느꼈다. 우리는 오르락내리락 기복 있는 부모-자녀 패턴에 대해 이야기했다. 우리는 자일로폰과 차임 바로 '평등하기' 연주를 시도했다. 처음에 내가 저음을 연주하자 그녀가 고음을 연주했는데 그녀는 이내 겁을 먹었다. 그 후 그녀는 이내 순종적이었고 나를 그냥 따라 하기만 했다. 연주 끝에 델마는 늘 자기 대신 에드가가 음악 해석을 하게 했다고 말했다. 그리고 톰과 에드가에 대해 어떻게 해야 할지 결정하지 않았다며 걱정스레 말했다. 나는 그녀가 준비만 된다면 의사결정할 수 있는 능력이 충분히 있음을 확신한다고 말해 주었다. 그리고 우리가 지금 하고 있는 것은 이 모든 상황에 대한 그녀 자신의 느낌을 알아차리게 돕기 위한 것이라고 말했다.

세션8

델마는 긴 셔츠를 입고 있었는데 마치 임신한 것처럼 보였고 무척 기분이 좋아 보이는 얼굴이었다. 그녀는 에드가와 아주 잘 지내고 있었고 독립을 위해 집을 떠날 필요는 없다는 결정을 했다. 그녀는 톰을 계속 만나면서 음악작업을 함께 했는데 그의 생일에는 직접 만든 작은 동물인형을 선물로 주기도 했다. 우리는 '독립'이라고 이름 붙여진 '벽에 달린 문' 즉흥연주를 했다. 마치 음악을 다른 공간으로 가져가듯 그녀는 즉흥연주를 하는 동안 집에 있는 연습실에서 자신이 쓴 일기와 날짜들을 훑어보았다. 우리는 '아이'를 즉흥연주했다. 그녀는 장난감 블록을 갖고 있는 남자아이가 된 상상을 하면서 처음에는 정말 아이와 같은 음악을 연주했다. 그다음에는 에드가의 아이를 갖고 엄마가 될 수 있을 거라는 기대와 흥분을 느끼면서 조금 더 감성적인 음악을 연주했다. 그녀는 자신감과 기쁨을 느꼈고 에드가 역시 만족스러워했다. 우리는 5주 안에 다음 세션을 하도록 일정을 잡았다.

세션 9

델마는 더 멋지고 성숙해 보였다. 에드가와의 관계는 좋았다. 그녀는 여전히 톰에게 마음이 있었다. 하지만 자신의 감정에 대해 이야기하기보다 그녀에 대한 톰의 마음이 어떤 것인지를 헤아리는 데 너무 많은 에너지를 썼다. 델마는 자신의 노래를 녹음해서 들으려고 녹음기를 구매했는데 아마도 자기 스스로 음악비

평 또는 음악치유를 하겠다는 결단력 있는 태도로 보인다. 우리는 욕실로 들어오는 벌레에 대한 오래된 꿈을 즉흥연주했다. 그 꿈은 인생 초기에 느낀 몸의 감각에 대한 죄책감을 말하는 듯하다. 그녀의 노래는 이제 자유롭고 섬세했다. 그녀는 비로소 자신의 감정을 인식하고 있고 그 감정을 음악에 쏟아붓고 있다고 느꼈다. 그녀는 에드가와 함께 부모님의 집을 찾아갔다. 그리고 어머니가 자기답게 살지 못하고 다른 사람들의 마음만 돌보느라 안간힘을 쓰면서 얼마나 불안했을지를 느끼게 되었다. 우리는 이번이 마지막 세션이지만 언제든 다시 올 수 있다는 것에 동의했다. 그녀는 치료 기록의 복사본을 요청했다. 그동안 너무나 많은 일들이 아주 빠르게 일어났기 때문에 그 모든 과정을 돌이켜 보기를 원했다.

코멘트: 나는 의미 있게 지켜볼 만한 것들이 아직 더 있다고 생각했지만 델마는 이쯤에서 멈추기를 원했다. 나는 그녀가 무언가를 회피하고 있다고 느꼈으나 종결에 동의했다. 6주 후 에드가가 우리의 치료에 관해 편지를 보내 왔다.

"치료가 가져온 가장 큰 변화는 델마가 자신에 대해 훨씬 더 많이 알게 된 것이라고 생각합니다. 혹은 델마가 표현한 것처럼 자신을 좀 더 직시하게 되었다는 것입니다. 자기 감정에 대해 충분히 말할 수 있는 자신감을 주었습니다(델마는 늘 자기가 '생각'하는 바를 얘기했거든요). 그리고 우리가 다른 문제들을 직면할 수 있도록 현실적인 기반을 만들어 주었습니다. 그녀의 신경증적 발작 때문에 2~3주에 한 번씩은 결혼생활을 끝내고 싶을 정도였는데 어쩌면 이 치료 덕분에 사라진 것 같습니다. 델마는 공부하는 곳에서도 친구 사귀기가 전보다 수월해졌다고 합니다."

"치료가 답을 주지 못한 문제는 자유에 대한 델마의 욕구입니다. 당신과 함께 작업하는 동안 점차 알아차리게 된 것이지요. 이것은 톰과 저 사이에서의 갈등보다 훨씬 더 깊은 문제로 보입니다. 오히려 더 큰 내적 자유에 대한 욕구인 듯합니다. 조만간 우리는 잠시 헤어져 살기로 결정하게 될 것 같습니다."

나는 델마가 결혼생활을 유지하면서 독립성을 찾을 수 있기를 바라 왔고 끝내 해낼 수도 있을 것이다. 하지만 지금 이 부부는 그들의 진짜 문제를 진지하게 직면하고 있고 감정에 대해 자유롭고 진실되게 대화할 수 있으며 세션 초기에는 전혀 할 수 없던 것을 함께 해결하려고 노력하고 있다. 세션에서 델마의 음악은 소심하고 경직되어 있었다. 하지만 강한 내적 이미지들과 감정들을 느끼기에 충분했고, 나중에는 글과 대화, 음악이 진정한 표현 수단이 되어 그녀의 이미지들과 감정들을 표현해 냈다. 세션에서 감정과 생각을 다루는 작업을 한 것은 델마의 치료적 진보에 대단히 큰 도움이 되었다.

제21장
병원환자의 음악치료에 관한 기록

음악치료 이전 정신과 의사의 소견

케빈(32세)

"이 남성은 독감 이후에 목과 좌측 팔의 통증이 있다는 병력으로 신경과 전문의에게 의뢰되었다. 그는 지난 몇 달간 직장에 다니다가 쉬다가를 반복했다. 신경학적 질환의 징후는 없었다. 신경과 의사는 환자가 점점 과도하게 내향적이 되고 있어서 빨리 직장에 복귀하는 것이 좋겠다고 제안했다. 차에 타면 때때로 몸이 안 좋았고, 독감이 있기 몇 주 전부터 어지러웠다고 나중에 정신과 면담에서 얘기했다."

"환자가 별다른 진보를 보이지 않아 담당의사는 환자를 정신과 외래 클리닉으로 의뢰하였다. 환자는 어지럽고 멍한 상태이며 '두통과 떨림을 호소하면서도 밝게 웃는다.'고 의사는 보고했다. 케빈은 직장에 간헐적으로 출근했다. 첫 번째 인터뷰에서 그는 자신의 불안 증상이 '마치 정신 나간 것 같은 느낌'이라고 했고, 고개를 내저으며 금방 다 좋아질 거라고 되뇌었다. 축구 관중석에 가만히 앉아 있는 것이 어려웠고 시장 안에서도 견딜 수가 없어서 뛰쳐 나가고 싶었다. 점점 성

질이 나빠지는 것 같고 자주 현기증이 난다고 말했다. 그는 등 전체와 뒷목의 통증, 두통이 있었고 우울증이 있었으며 죽음에 대한 공포로 밤잠을 설치기도 했다. 가장 큰 문제는 '강물에 뛰어들 수도 있다'는 생각을 하는 것이다. 여러 가지 약물치료를 시도했지만 약간의 심리적 안도감과 우울감 완화가 있었을 뿐이었다. 3개월 후 정형외과 전문의에게 진료를 받았지만 계속되는 통증의 신체적 원인을 찾지 못했다. 그다음 달에 직장에서 정리해고가 되었고 그다음 수순으로 산업훈련소에 보내졌다. 산업훈련소는 일반적인 사업장에 취업할 준비가 안 된 정신과 환자를 고용하는 공장이다. 그는 한 달간 산업훈련소에 규칙적으로 출근했고 허리 통증은 더 악화되었다. 그다음 달에 그를 음악치료로 보냈다. 그는 주 1회 음악치료에 참여했고 음악치료사는 세션 내용과 치료 진보에 관한 보고서를 정기적으로 보내 왔다. 전반적 검진과 약물치료 경과 확인을 위해 몇 달에 한 번씩 정신과 외래환자 클리닉을 내원했다. 그리고 계속 산업훈련소에 출근했다."

케빈과의 작업

처음부터 이 환자와의 작업은 아주 특별한 경험이었다. 마치 검정과 흰색 그리고 빨강 같은 제한된 색깔의 스펙트럼 안에서 대화를 주고받는 것 같았다. 오로지 그가 꾼 꿈과 생생하고 감정적인 심상을 다룰 때만 우리는 다채롭고 풍부하게 소통할 수 있었다. 그는 꿈과 심상 안에 담긴 감정을 연주를 통해 풀어내고 충분히 표현했으며, 내가 하는 연주를 들으면서 무의식이 아닌 의식 차원에서 자신의 감정을 재경험했다. 케빈과 즉흥연주를 하는 것은 마치 높은 담장 안을 들여다보기 위해 한 사람을 끌어올리는 것만 같았다. 내담자들은 처음에 잘 참여하더라도 보통은 일부분만을 표현할 뿐이고 상당히 비밀스럽다. 나중에는 그 비밀 작전에 숨겨진 엄청난 장면에 대해 이야기할 수도 있다. 뒤이어 그 이미지들은 내담자 인생의 문제들과 역동적으로 연결이 된다. 치료의 상당 부분이 재교육의 과정이다. 감정을 자신과 상관없는 어쩔 수 없는 증상이라고 여기면서 의사에게 무심하게 떠넘기지 말아야 한다. 고통스럽지만 진짜인 그 감정들을 견디고 표현하는 것을 배워야 한다. 이러한 감정들은 주의 깊게 해석되어야 하고 함께 공유할 수 있는 감정경험으로 바뀌어야 한다. 케빈은 어머니 대신 다른 사람들과 어린 시절을 보냈는데 그들은 친절하게 잘해 주었지만 케빈을 공감해 주지는 못했다. 그는 사람들이 시시한 인생사나 스트레스에 대한 감정을 잘 받아 주지 않는다는 것을 터득한 것 같다. 하지만 그의 신체적 증상들은 알약, 물약, 가루약 등 약물에 대한 상징적 연민을 가져왔고 실제로 급작스러운 병적 문제들을 초래했다. 의학적으로는 전환신경증이라고 부르는 인격특성을 갖게 된 것이다. 자신의 감정을 억압한 채 신체적 증상들을 만들어 내는 신기한 일이었다.

그의 음악적 표현은 상당히 제한된 틀 안에 갇혀 있었다. 나는 매우 강한 역전이를 느꼈고 그가 자각하기를 원치 않았던 강한 감정들을 느낄 수 있도록 음악을 통해 되돌려 주었다. 그는 내가 표현하는 느낌들을 조금씩 수용하기 시작했다. 그는 내게 음악으로 다시 표현하였고 그다음에는 말로 표현했다. 작업이 진행됨에 따라 그의 존재가 한 인간으로서 점차 또렷해진다는 느낌이 들었다. 처음의 절망적이고 힘없던 대화 분위기와 소심한 마라카스 연주는 점차 내용이 있는 언어적 패턴으로 바뀌었다. 그의 음악은 좀 더 분명해졌고 자신감과 방향성을 갖게 되었다. 가끔씩 터져 나오던 그의 감정적인 심벌즈 소리는 나의 악기와 그의 악기 사이의 흥미로운 연주로 바뀌었다. 내가 앉아 있는 그랜드 피아노에서는 그를 잘 볼 수가 없어서 그가 어떻게 그렇게 연주했는지 알 수는 없었다.

녹음된 테이프를 다시 듣는 것이 이 세션에서 매우 중요한 부분이었다. 감정을 표현하는 상징적 소리가 다시 케빈에게 영향을 주었고, 녹음을 듣는 초반에는 신체화 증상을 경험하기도 했다. 나중에는 신체적인 스트레스 없이 자신의 내적 경험과 그 소리들을 연관 지으면서 자연스럽게 들을 수 있었다.

매주 시행하는 음악치료 외에 이 외래환자는 산업훈련소 근무를 위한 보증인이자 가끔 진료를 받기도 하는 정신과 의사로부터 화학요법을 받았다. 그 정신과 의사에게 매주 치료 기록을 보내고 가끔 만나기도 했지만 내가 산업훈련소와 직접 연락하는 일은 없었다. 무의식적으로, 환자들은 소통이 안 되는 치료사들을 다투고 싸우는 자신의 부모로 여기는 경향이 있기 때문에 나는 이런 상황이 마음에 들지 않았다. '환자 통신'을 통해서만 이루어지는 치료사 간의 소통을 나는 '아빠 엄마 놀이' 라고 부른다. 보통은 피해야 할 상황이다.

세션

세션 1

케빈은 32세로 기혼이며 다섯 살인 아들 톰이 있다. 그의 부인 클라라는 가정주부이다. 그는 14개월간 휴직 중이며 오후에는 산업훈련소에서 일했다. 그는 기계 엔지니어였다. 매력 있고 통통한(아기를 떠오르게 하는) 얼굴이었다. 그는 뾰로통하게 앉아서 자기를 데려가길 기다리는 다 큰 아기처럼 나를 바라보았다. 그는 등의 통증에 대해 이야기했다. 그가 '두 개의 원' 같은 통증이라고 묘사한 그 위치에 손을 대 보았다. 그 원들이 반대편에 있다면 정확하게 가슴의 위치였다. 그곳부터 목까지 통증이 있었고, 욱신거리는 이마는 마음을 '종잡을 수 없게' 한다고 그는 말했다. 등 뒤에서 찌르는 것 같은 느낌의 은유적인 사건이 있었는지 그에게 물었다. 그는 네 살 때 어머니가 집을 떠났다고 말했다. 케빈의 병이 발병한 것은 아들 톰이 바로 네 살이었을 때였다. 그는 아들을 두고 집 밖에 나오는 것이 안전하지 않다고 무의식적으로 느끼면서 자신과 아들을 동일시한 것으로 보인다.

우리는 '산에 오르기' 기법을 즉흥연주했다. 나는 피아노를 연주했고 그는 드럼을 소심하게 연주했다. 처음에는 산에 오르는 것이 쉬웠지만 나중에는 경련이 나서 힘들었고 피곤해서 포기했다고 그는 말했다. 두 번째 등반을 연주하도록 했다. 이번에는 편하게 연주할 만한 마라카스를 선택했다. 산 정상에 도달했다고 말했지만 그는 두 눈을 감고 있었다. 케빈은 높은 곳을 두려워했고 잠들면 깨지 못할 것 같은 죽음에 대한 공포도 있었다. 그는 자기 자신에 대해 자연스럽게 터놓았다. 수술을 안 하면 3개월 밖에 살지 못 한다는 말에 아버지가 죽음 앞에서 얼마나 두려워했는지도 솔직하게 이야기했다(그는 수술을 받았다). 그는 자신의 어머니에 대해 잘 모른다는 생각 때문에 힘들어했다. "당신이 내 어머니가 될 수도 있어요." 그의 감정이 폭발했다.

세션 2

케빈은 가족 내에서 금기사항이었던 어머니에 대해 알아보았다. 부인인 클라라는 자기가 집에 없으면 케빈이 불안해한다며 치료사인 내 소견이 맞다고 했다. 케빈은 동요했고 혼란스러웠다. 우리는 '벼랑에서 떨어지다'라는 즉흥연주를 했다. 그가 드럼 연주 후 심벌즈를 내리쳤고, 그다음에 내가 울림이 큰 저음을 연주하자 그는 그냥 가만히 있었다. "오직 어둠." 그의 양아버지는 부기맨 귀신 이야기로 그에게 겁을 주곤 했다. 우리는 '동굴 바라보기' 기법을 연주했고 불의 눈 같은 두 개의 눈이 나타났다. 이후에는 불을 뿜는 초록빛 용이 두 차례 등장했다가 다시 사라졌다. 우리는 이글거리는 두 개의 눈과 등에 있는 두 개의 통증 그리고 그 새벽에 어머니가 떠났다는 것을 알고 그가 얼마나 슬프고 화가 났을지에 대해 이야기를 나누었다. 그는 흐느꼈다. 대단히 감정적인 연주였다.

세션 3

등의 통증은 사라졌다. 하지만 그 대신에 목과 어깨 통증이 있었고 머리에는 '헤매고 있는' 느낌이 있었다. 그는 아들 톰과 톰이 데려온 친구 때문에 화가 나고 짜증 나 있었다. 그는 TV 권투 경기를 보는 데 몰두했다. 클라라가 다 잘 해결할 것이고 톰을 통제하기 어려울 때나 자신을 찾을 것이라고 생각했다. 그가 어머니에 대해 죄책감을 갖고 있는 게 분명했다. 우리는 '분리기법'(제14장 참조)을 즉흥연주했는데 내가 '헤매고 있음'을 연주하고 그는 계속 나아가기 위한 '고군분투'를 연주했다. 녹음된 세션을 다시 들었을 때 그는 등에 통증을 느꼈고, 분노에 가득 찬 그의 손은 카우치를 움켜쥐고 있었다.

세션 4

케빈은 산업훈련소에서 오전 근무를 하길 원했다. 나는 그렇게 하도록 격려했다. 우리는 '어머니가 떠난 뒤의 아침'이라는 즉흥연주를 했고, 음악 안에는 그를 따라다니며 분노를 일으켜 온 두려움과 슬픔이 있었다. 그는 마치 드럼으로 어머니와 말다툼을 하는 것처럼 '어머니에 대한 분노'를 연주했다. 매우 격렬했다. 나는 그의 어머니 역할을 피아노로 강하게 연주했다. 연주 후 그는 기분이 씁쓸하고 화가 난다며 어머니와의 말다툼에 대해 자세히 이야기했다. 그의 집안에는 어머니에 대해 침묵하기로 하는 암묵적 규칙이 있었고 케빈은 그 누구와도 어머니에 관한 일로 화를 내 본 적이 없었다.

세션 5

그는 오전근무를 허가받을 방법을 찾는 중이었고, 산업훈련소 여직원이 음악치료에 대해 나쁘게 말한 것에 대해 끊임없이 이야기했다. 내가 대신 화내게 하려는 것을 불현듯 알아차렸지만 나는 곧바로 반응하지 않았다. 그는 전보다 훨씬 더 진심으로 짜증을 냈다. 우리는 그의 병에 대한 절망적인 느낌과 희망적인 느낌에 대해 즉흥연주를 했다. 두 번의 연주에서 그는 희망적인 느낌이 살아나지 못하게 만들었다. 그다음에는 두 가지의 감정이 엄청난 전쟁으로 돌입했다. 그는 갑자기 졸리다고 느꼈고 연주를 '놓아 버렸다.' 나는 그것이 다투고 있는 내면의 부모라고 일러 주었다.

세션 6

산업훈련소에서 업무가 많았지만 찌릿찌릿한 느낌이 있을 뿐 등의 통증은 없었다. 하지만 두통과 목의 통증, '졸도할 것 같은' 느낌 그리고 아들 톰에게 무슨 일이 일어날 것 같은 느낌이 있었다. 나는 여기에 초점을 맞추면서 공포 이면에 있을 수 있는 무의식적 욕구에 대해 설명했다. 우리는 '무슨 일'과 '톰'에 관한 '분리기법' 즉흥연주를 했다. 그는 톰이 정원에 있는 길을 오르락내리락하다가 위쪽 도로로 뛰어가는 장면을 보는 경험을 했다. 그가 소리쳤다. 버스가 톰의 몸 위로 지나갔지만 톰은 아무렇지도 않았다. 나는 그가 음악 속에서 그 버스가 되도록 했다. 연주를 하면서 그는 '꼭 타야 해.'라는 느낌이 들었다. 그는 운전수가 되어 군중 속으로 돌진하는 버스를 멈추려고 안간힘을 썼다. 나는 녹음된 연주를 다시 틀었다. 그것은 분명히 매우 감정적인 경험이었고 그는 음악의 어떤 부분이 무엇을 의미하는지에 대해 말로 표현할 수 있었다. 그의 말에는 훨씬 더 많은 공격성과 감정이 들어 있었다.

세션 7

케빈은 어린이들과 자기 아들을 위해 하고 싶은 선한 일들에 대해 이야기했다. 그는 상점 안에서 느꼈던 폐쇄공포에 대해 토로했고 우리는 '케빈'과 '상점(나)'을 '분리기법'으로 즉흥연주했다. 그는 점점 더 초조해졌고 모든 창문과 문들을 때려 부수고 나서야 안도의 숨을 쉴 수가 있었다. 그다음에는 그가 '상점'이 되었는데, 자신이 모질고 무정하다며 음악으로 '케빈'을 거세게 몰아붙였다. 그는 자신의 내면에서 선과 악이 전쟁을 하는 것을 알아차렸다. 마음 한쪽에서는 '왜 그들이 그걸 가져야 하지? 나는 가져 본 적이 없는데.'라고 생각했고 다른 한쪽에는 선한 일을 하려는 마음이 공존했다.

세션 8

(2주 후) 병원 직원들이 진료예약을 잘못 해 놓은 것에 대해 정당하게 화를 냈다고 한다. 휴일에는 아름다운 성, 캐리스브룩 성벽 아래로 끌려 내려오는 듯한 느낌을 느꼈다. 그는 '끌어내리기'와 '나'를 연주했는데 땅속의 큰 구멍이 그를 아래로 끌어내려서 막다른 길로 향하는 깜깜한 통로로 밀어 넣는 느낌이 들었다. 갑자기 맑은 공기가 있는 밖으로 나오게 되었고 그는 어떻게 그렇게 했는지 모르겠다고 말했다. 그것이 출생의 기억일 수 있을까? 그는 와이트섬 바닷가에서의 데자뷔 경험에 대해 이야기했는데 '흥분되고 강력한' 느낌, '내 세상에 있는' 느낌이었다. 그것은 매우 중요해 보였고 그 느낌을 기억해서 소리로 표현해 보도록 했다. 그는 자일로폰 글리산도로 그 기억을 아주 아름답게 그려 냈다.

세션 9와 10

스스로 할 수 있다는 것을 입증해야 함을 깨달았다. 연주 중에는 긴장을 풀려고 노력하고 있다. 직장에서 화를 내는 것도 가능했고, 그렇게 해도 괜찮다고 느끼고 있다. 조만간 산업훈련소에서 종일 근무하기를 바라고 있다.

세션 11

'몸과 마음의 분리'를 경험하는 기묘한 한 주였다. 버스 정류장에 서 있으면서 버스 앞으로 곤두박질칠 것 같은 느낌이 들었다. 그리고 죽은 것 같은 느낌이 있었다. 그가 '길을 건너기 전에 초조하게 기다리는 그것'을 연주하도록 했다. 성난 자일로폰과 드럼 음악이었다. 연주에서 그는 굉장히 크고 삐뚤빼뚤한 이빨을 가진 큰 기계 같은 것이었는데 그를 삼켰다가 다시 뱉어 내려고 했다. 그는 거친 표현으로 이야기 했다. 그는 '몸' 그리고 '마음(나)'을 연주했다. 자유롭고 이완적인 '아무 느낌 없음' 음악은 그냥 팔의 움직임일 뿐이었다. 그다음에는 '마음'을 연주했는데 팽팽한 긴장감이 있는 짧은 악구들을 즉흥연주하였다. 그는 내가 더 힘든 경험을 시킬까 봐 오늘 세션에 오고 싶지 않았다고 말했다. 그는 나를 끔찍한 경험을 하게 하는 못된 어머니로 여기는 것 같았다. 현재 그는 등 통증을 유발한 감정적 분리를 느끼고 있고 그 경험은 불쾌했다.

세션 12

구직 인터뷰에 대해 걱정하고 있다. 우리는 '인터뷰'에 대한 즉흥연주를 했다. 그의 자일로폰 연주가 점점 초조해지고 격렬해졌다. 뒤이어 아름답게 종을 연주했다. 이것은 마치 면접관이 그에게 친절하게 이야기하고 있는 것처럼 느껴졌다. 그다음에 우리는 '내가 답할 수 없는 질문'이라고 붙여진 '벽에 달린 문' 기법의 즉흥연주를 했다. 역전이를 바탕으로 나는 하프처럼 구르는 듯한 엄숙한 느낌의 화음들을 연주했다. 그는 묘지로 가게 되었다고 하였다. 어떤 이름을 찾으려고 비석 주변을 기어다니며 낙엽을 이리저리 치웠는데 정작 어떤 이름을 찾는지는 모른다고 말했다. 그의 어머니 이름인 것 같다고 우리는 이야기 나누었다. 케빈은 이제 전보다 잘 참고 견디면서 아들을 돌보고 있다.

세션 13

'신경 쓸 필요 없다.'며 편안하게 느꼈고 자기 일에만 관심을 두었으며 남들에게 잘하려고 불안해하지도 않았다. 벽난로 난간에 발을 올리고 앉아서 아들이 하는 잔소리를 들었다. TV는 잘 보지 않았고 녹음기로 일주일 내내 음악을 들었다. 피아노를 배울 수도 있다고 생각했다. '신경 쓸 필요 없다'라는 즉흥연주를 했고 그는 별 걱정 없이 자일로폰을 연주했다. 나는 격렬하고 자극적인 저음을 연주했다. 그는 '나는 내 기분을 연주하는 중'이라며 동요하지 않았고 이후에는 탬버린을 흔들고 종을 아름답게 연주했다. 그는 정말로 즐기고 있었다. 우리는 5음계 멜로디카와 피아노를 사용한 즉흥연주를 했다. 그는 두 차례의 경미한 등 통증을 느꼈다. 의식적으로 마음의 짐을 내려놓고 있었다.

세션 14(4주 후)

그을린 피부가 건강해 보였다. 그는 더 짜증스러워했다. "그들이 어떻게 생각하든 상관없어."라며 '나와 같지 않은' 아버지에게조차 자신의 신념을 고집했다. 말하지 않을 때도 마음 안에서는 논쟁이 일었다. 늦은 오후가 되면 심각한 목 통증과 두통이 느껴졌다. 우리는 '두통'과 '케빈'을 연주했는데 그는 완전히 그 느낌에 몰입해 있었다. 그리고 내가 '두통'을 연주했을 때 그는 실제로 두통을 경험했고 그 느낌으로부터 자신을 보호하려고 했다.

세션 15

즐겁고 좋아 보였다. 이전보다 조금 나은 한 주를 보내기는 했지만 토요일에는 은근한 두통이 있었고, 산업훈련소 근무 중에 밖으로 뛰쳐나가고 싶다는 생각이 강하게 들기도 했다. 하지만 더 큰 책임감이 요구되는 괜찮은 업무가 주어졌고 그에게 상당히 새로운 일이었다. 우리는 '뛰쳐나가(케빈)'와 '직장에 남아'를 연주했다. 그는 놀라울 만큼 역동적이었고 전에 없이 오랫동안 드럼을 연주했다. 우리가 역할을 바꾸었을 때 나는 괴상하게 피아노를 연주했다. 그는 나처럼 연주하고 싶은 충동이 들었지만 그러지 않으려고 참았다. 이제 모습을 드러내고 있는 그것이 그가 직장을 떠나게 하는 그 느낌이라고 나는 생각한다.

세션 16

아침이 좀 나아졌다. 죽음에 대한 악몽을 꾼다. 정원에서 몸을 숙일 때 어지러운 느낌이 든다. 신체적으로 정상이라는 검사 결과가 나왔다. 그는 죽음에 대해 생각했고 심장은 빠르게 뛰었다. 그는 신을 믿었고 매일 밤 어린이 기도문을 암송했다. 교회를 가지 않아도 어디서든 기도를 했다. 주변에서 죽은 친척들이 더 이상 느껴지지 않았다. 사라졌다. 할머니의 영혼을 만날 거라고 생각해 왔지만 만나지는 못했다. 그는 장례식이 싫었다. 특히 시체를 땅 속에 묻을 때가 싫었다. '죽음'을 연주했다. 마치 처음 발병했을 때와 같은 느낌이었다. 어두운 방에서 친근한 누군가를 찾다가 죽음을 맞이했지만 아무도 오지 않는 것 같았고, 기분이 가라앉았다. 녹음한 세션을 다시 들었을 때 그는 매우 감정적이었다.

세션 17

온몸을 떨며 무서워했고 등 통증까지 다시 나타났다. 그의 모든 이야기는 양심적인 느낌과 직장에서 '나가고 싶은 느낌'에 대한 것이었다. 그는 그동안 잠도 잘 자고 악몽도 꾸지 않았었다. 우리는 '어둠 속의 빛'을 즉흥연주했다. 그는 손에 횃불을 들고 어두운 방으로 들어갔고 줄지어 있는 해골들을 보았다. 그다음에는 어떤 문이 보여서 밖으로 나왔는데 공기가 맑은 시골이었다. 그는 평화로움을 느꼈다.

세션 18

다시 편안해 보였다. 겉으로는 떨림이 있었지만 내면은 그렇지 않았다. 지금은 화나고 통제할 수 없는 느낌이 마치 휴식기를 갖는 것 같지만 그 감정에 동요될 필요는 없었다. 그가 집에 늦게 들어갔을 때 부인은 그가 교통사고라도 났을까 봐 걱정했고 "나는 죽는 게 두려워. 살고 싶어."라고 그는 말했다. 가족 안에서의 역동에 여유가 생긴 것 같다. 그는 이제 내게 하는 것처럼 부인에게도 자신의 감정에 대해 이야기한다. 그는 억누르지 않았다. 그가 힘들게 느껴 온 '통제 가능'을 우리는 연주했다. 나는 '통제 불능'을 연주하고 있었는데 그는 나를 정말 심하게 몰아쳤다. 일요일은 괜찮았다. 그동안 어느 정도 세션을 받아 왔고, 그는 이 치료를 얼마나 오래해야 하는지에 대해 물었다. 그리고 언어상담의 경우 일반적으로 최대 8년 정도 한다는 것을 알게 되었고, 나는 그가 나에게 양가감정을 느끼고 있음을 감지했다.

세션 19

며칠은 아주 좋은 기분이었고 이후 안 좋은 날에는 기분이 매우 나빴다. 그는 화가 났다. 그는 자신을 표현해 보려고 했지만 그의 부인은 조롱하며 도와주지 않았다. 그는 열 받았지만 아들이 그의 화를 부추길 때까지 억누르고 있었다. 그의 부인도 그의 분노 또는 다른 사람의 분노에 대한 두려움이 있을 수 있다고 이야기를 나누었다. 그는 마치 분노가 '하나의 긴 줄'과 같다고 느꼈다. 겨우 조금 잘라 낼 수 있을 뿐이었다. 우리는 '줄 전체'라는 즉흥연주를 했다. 연주가 시작되자 분노는 그를 꼼짝 못 하게 제지하는 힘으로 바뀌었다. 꽉 막힌 것처럼 음악이 답답하게 들렸다. 그는 가끔 산업훈련소에 출근하지 않겠다고 하기도 한다. 지금은 정신과 증상 때문이 아닌 의식적인 의도에 의해 그렇게 하고 있다.

세션 20

누군가 그의 침대 곁에 서 있는 꿈을 반복적으로 꾸었다. 꿈속의 그 사람을 연주할 때 그는 대단히 격렬한 저음이었고, 내가 그 사람을 연주할 때 그는 가볍고 초조하면서 또렷하게 연주했다. 그가 꿈속의 그 사람이 되었을 때 누군가를 목 졸라 죽이고 싶다고 느꼈다. 그게 누구인지를 묻자 그는 "어린 여동생에게로 떠나버린 어머니."라고 말했다. (그와 그의 부인은 어머니에 대해 알아보기로 결정했다) 이 이미지는 목을 매달아 자살을 시도했고 자살 생각을 멈추기 위해 약 처방을 받았던 열다섯 살의 자신의 모습과 연관이 있다고 그는 말했다. 그는 편안해 보였고 좀 더 어른스러워 보였다. 우리는 그가 새 직장에 적응하면 치료를 종결하기로 했다.

세션 21

편안해 보였다. 퇴근 후에는 무척 피곤했다. 부인이 잘 이해해 주었다. 피곤하게 느껴질 때는 다리가 자신의 기대를 저버리는 것 같았고, 몸 상태가 좋은 날인데 일하지 않으면 온몸에서 죄책감이 들었다. 그는 지금 실망시키는 주체와 객체 사이에서 혼란을 겪고 있다. 음악치료에 못 오는 경우에 나를 실망시키게 될까 봐 내 주소를 알고 싶어 했다. 그에게 주소를 주었다. 파티에 가면 모든 사람들이 '저놈은 누구지?'라고 생각할 거라는 느낌이 들었고, 그는 파티에 있는 느낌을 연주했다. 남동생이 보육기관에 보내지고 나서 처음으로 그를 다시 만나려고 했을 때 자신의 마음이 어땠는지를 느낄 수 있었다. 반대로 내가 '파티'를 연주했을 때 그는 마치 전쟁이 끝나고 아버지와 처음 재회하는 것 같은 느낌으로 음악을 시작했다. 그는 무슨 생각을 한 걸까? 그는 비난할 사람도 없이 슬프고 화가 났다.

세션 22

일요일과 월요일을 괜찮게 보냈고 할 일을 찾아봐야겠다고 생각했다. 그러자 화요일과 수요일에 아주 심한 두통이 있었다. 그의 몸이 '기대를 저버리고' 있었다. 내가 그를 격려하자 그는 매우 짜증을 냈다. 치료사인 내 입장에서는 아주 바람직한 일이었고 그는 고통을 견뎌야 했다. 그가 '화요일'을 연주하고 내가 '월요일'을 연주했고 그다음에는 반대로 연주했다. 내가 연주하는 골치 아픈 '화요일'을 상대로 그는 '월요일'을 단호하게 연주했다. 그는 규칙적으로 박자를 유지하며 연주했지만 실제로는 마치 두통이 등장하는 것처럼 긴장하였다.

세션 23

몇 시간은 괜찮고 몇 시간은 안 좋았다. 두통은 덜했지만 그가 '휘젓고 있다.'라고 표현한 두통의 이면에 있는 분노와 혼란이 느껴졌다. 이 와중에 사람들은 그에게 괜찮으냐고 물으며 짜증 나게 했다. 산업훈련소에서 세 명의 환자가 자살 시도를 한 것 때문에 그는 화가 났다. 어쩌면 그가 자신의 한 부분인 자기 감정을 죽이고 싶어 할 수 있고, 그래서 그 환자들과 동일시할 수 있다고 나는 말해 주었다. 그는 그 환자들 중 한 명에게 "이 기계의 전문가가 되어야 합니다."라고 하며 기계의 작동법을 알려 주었다고 한다. 우리는 '휘젓고 있음'과 '마음의 평화'를 연주했고 그는 치료사/어머니를 연주하는 나를 향해 심벌즈로 분노의 타격을 했다. '마음의 평화'가 안절부절했고 그는 두 개의 악기를 동시에 치는 것이 나을 것 같다고 느꼈다. 그는 자일로폰에 마라카스를 추가했다.

세션 24

몇 시간은 괜찮고 몇 시간은 나빴다. 그는 음악치료에 대해 코웃음 치는 산업훈련소 매니저에 대해 이야기했다. 불꽃축제가 있던 밤 그는 1층 창문이 신경 쓰였고 톰이 창문에서 떨어지지 않도록 꼭 붙잡고 있었다. 그날 밤 꿈을 꾸었는데 그는 극장 안에 있었다. 어지러워서 약을 찾았지만 보이지 않았다. 마침내 약을 찾았고 괜찮아졌다. 밖으로 나오는 길에 사람들이 세 명씩 짝을 지어 계단을 내려오고 있는 것을 보았다. 그렇다면 그것은 두려움에 찬 케빈 자신일 수 있고, 절실하게 도움이 필요한 소년 자아와 그를 돌봐 주는 부인/어머니일 수 있다고 나는 말했다. 내가 그를 연주하는 동안 그는 '아래로 끌어당기는 힘'을 즉흥연주했는데 그 힘은 그의 목을 졸라서 바닥으로 끌어내리는 로프였고 그다음에는 두 개의 무거운 추가 그를 짓눌렀다. 연주를 하면서 그는 비참했다. 그리고 자신이 그 세 사람이었으며 그 사이에서 늘 지독한 논쟁이 있어 왔음을 알게 되었다. 그의 연주는 매우 거칠었다.

세션 25

일요일에 두통이 있었던 것 빼고는 아주 좋은 한 주였다. 그는 이제 톰과 함께 시끌벅적하게 '톰과 제리' 게임을 할 수 있었다. 이번 주에는 자기 내면의 부모가 되어 불안한 자아를 돌보는 것이 좀 더 수월했다. 그는 할머니의 장례식에 대해서 그리고 어떻게 그가 할머니의 죽음을 예감했는지에 대해서 많은 이야기를 했다. 친척 아주머니는 그가 그날 놀러가지 말았어야 했다고 했다. 우리는 '꽉 죄는' 두통을 즉흥연주했고 그는 두통이 사라지지 않을 것같은 느낌을 받았다.

세션 26

초조하고 찌릿찌릿한 몸의 느낌이 있었고 "계속 해."라고 말하는 것 같았다. 무엇이 '튀어나올지' 몰라서 두려웠고 이른 아침부터 그 느낌을 조절해 보려고 했다. 만약 밖에 차를 세워 두었다면 "오늘은 브라이튼으로 갑시다."라며 차에 탈 것이라고 그는 말했다. 그는 나한테 이 이야기를 하고 싶어 했다. 그는 괜찮아 보이고 즐거워 보였다. 우리는 '찌릿찌릿함'과 '슬픔'을 '분리기법'으로 연주했는데 그의 음악은 슬픈 것 같지 않았다. 월요일에 그의 등 통증이 재발했기 때문에 그 모든 분노를 연주하도록 요청했다. 그다음에는 브라이튼에 대한 느낌을 연주하게 했다. 그는 분노에 가득 차서 두 악기를 동시에 연주하며 '브라이튼에서의 좋은 시절'이라고 써 있는 문을 두드리는 것 같다고 느꼈다.

세션 27

나아진 것 같았고 통증도 없었다. 그러고는 다시 더 나빠졌고 통증이 있었으며 매우 피곤했다. 산업훈련소에서 세 개의 일자리가 났는데 그는 치료실에 오는 길에 '목이 졸리는' 느낌이 들었다고 한다. 우리는 '목 졸림'을 연주했고 그는 '잘하지 못하고 있어.'라고 느꼈다. 아버지가 어린 남동생을 보육기관에 보내려고 했을 때 빨리 뭔가를 했어야 하는데 아무것도 하지 못한 것에 대해 이야기했다. 내가 '무뚝뚝하게 명령하는 친척 아주머니'를 연주하자 그는 불같이 화내며 연주했고, 시간을 충분히 갖도록 요청하는 부드러운 연주를 하자 꽤 기분 좋게 부드럽게 반응했다.

세션 28

정신과 의사는 나, 산업훈련소 매니저와 함께 케빈에 대해 회의를 할 것이며 우리가 모두 동의한다면 케빈은 직장으로 복귀할 수 있을 거라고 말했다(어떤 이유에서 우리는 합의하지 못했다!). 어려울 것 같긴 하지만 준비가 된 것 같다고 케빈은 생각했다. 그는 직장에서 싸움이 났던 것에 대해 이야기했다. 책임자인 그는 화가 나서 그들을 떼어 놓았고 서로 사과하고 화해하게 했다. 나중에 이것을 꿈과 연관 지었는데 꿈에서 그는 동그란 전구가 바깥쪽에 달려 있는 방의 안쪽에 있었다. 방 가운데에서는 그의 부인과 누군지 잘 보이지 않는 한 여자가(그는 재빨리 '사람'으로 말을 바꿨다) 말다툼을 하고 있었다. 그의 부인은 "그래요. 원하면 당신이 그를 가져요."라고 말했다. 케빈이 그 여자를 연주했는데 그 여자는 "당신은 그에게 부족해."라고 표현하고 있었다. 직장에서의 싸움을 말린 후에 그는 두통에 시달렸다.

세션 29

좋아 보이고 편안해 보였다. 하지만 그는 몸이 저리고 등 통증이 있었다. 발병 전에 아버지가 그랬던 것처럼 자신도 크리스마스 전에 죽을 거라고 생각했다. 친척 아주머니들은 시끄럽고 다툼이 많았다. "나를 초조하게 해요."라고 그는 말했다. 그가 친척 아주머니들이 되어 나를 음악적으로 초조하게 만들도록 했다. 그는 내게 매우 사납게 굴었는데 실제로 초조한 느낌이 들었을 뿐 아니라 등 통증까지 느껴졌다! 그는 피시앤칩스 가게에서 일어난 모든 것을 '감당하기가 힘들었고' 온 신경을 대화에 집중해서 밖으로 나가고 싶은 충동을 극복했다. 내가 '모든 것'을 연주했고, 그는 그 음악에 끌리는 것을 느꼈다. 그다음에 그가 '모든 것'을 연주했을 때 그는 진짜 자기 자신답게 느꼈고 기쁜 마음이 들었다. 아주 생생한 연주였다. (나는 이 세션을 그 정신과 전문의와의 사례 회의에 가져갔다. 그 의사는 케빈의 성적 감정이 무의식적으로 분노와 깊이 연결되어 있으며 그가 즉흥연주에서 친척 아주머니들이 되어 나를 초조하게 만들 때 그의 죄책감과 자기처벌의 감정을 불러일으켰다고 주장했다. 나는 이것을 케빈에게 설명하려고 했다.)

세션 30

살이 오른 듯했고 기분 좋고 편안해 보였다. 나는 그에게 무슨 말을 하려고 했는지 기억이 나지 않았다. 산업훈련소 D 씨에게 맞서서 "내가 말을 끊었어요."라고 그가 말했을 때 나는 그의 무의식 속에 깊이 연결되어 있는 분노와 성 의식에 대한 이야기를 시작했다. 곧바로 그는 어떻게 엄마들이 아이의 성기를 만져 주면서 아이를 달래는지에 대해 이야기했다. 모르는 여자아이를 만나면 언제나 얼굴이 빨개졌고 대화를 시작하고 나서야 안정을 찾을 수 있었다고 말을 이어갔다. 우리는 '만남'을 즉흥연주했는데 그는 어머니를 상상하면서 문란할 수 있다는 것이 두렵다고 말했다. 그는 이 말을 하는 것이 내키지 않았다고 했다.

세션 31과 32

전보다 나아 보였다. 그는 대학생 환자가 기계 다루는 것을 도와주고 있으며 기분이 괜찮은 것 같다고 했다. 또한 장애인고용 담당관과 면담하고 있다.

세션 33

우리는 10분짜리 즉흥연주를 했다. 대단히 생동감 있었고 이전과는 다른 분위기였다. 새로 맡은 업무에 대해 불안이 있었다.

세션 34

좋아 보이고 편안해 보였다. 그에게 직원업무를 시킨 산업훈련소 D 씨에게 짜증이 났다. "내 가운 어디 있어?"라는 말이 그에게 마치 무슨 훈계처럼 느껴졌다. 나는 그것이 마치 그가 삼형제의 장남으로 아버지의 일을 도왔던 것과 비슷하다고 말했다. 그렇다. 몸과 마음 간의 분리된 느낌 그리고 하고 싶은 일과 하기 싫은 일 사이의 분리된 느낌이었다. 우리는 연주를 했고, 그는 음악 안에서 표현하는 것이 더 쉬운 것 같다고 말했다. 그의 부인과 통화를 했는데 그의 부인은 내가 남편이 말한 것보다 더 젊고 매력적인 것 같다고 말했다. 나는 정신과 의사가 동의한다면(그는 동의했다) 이 관계에 대한 그녀의 환상을 불식시키기 위해 치료를 종결할 즈음 그녀도 함께 세션에 참여하기를 제안했다.

세션 35

직장을 구하지 못한 것에 대해 너무 화나고 불만스러워서 머리가 아팠고 마음이 붕 떠 있는 것 같았다. 그는 공공직업소개소가 비효율적이라고 생각했다. 무도회장 옆의 휴가캠프 오두막에 있는 꿈을 꾸었다. 틀어 놓은 수돗물이 계속해서 흘렀고 잠그는 손잡이가 없어서 온 마룻바닥에 물이 흘러넘쳤다. 결국 오두막의 위층에도 물이 가득했다. 그는 '물'을 연주하며 필사적으로 '꼭 나가야 한다.'고 느꼈다. 그렇게 하기 시작하자 멈출 수가 없었고 어디로 가야 할지 몰랐다. "직장을 찾고 있는 것 처럼요?" 그렇다. 그는 정신이 맑고 명료했으며 전보다 더 집중하는 듯했다. 산업훈련소의 D 씨가 "다른 멍청이들은 믿을 수가 없어."라고 말했을 때 그는 짜증이 났다. "나도 그 멍청한 사람들 중 하나였어요." 그가 말했다.

세션 36과 37

직장으로 복귀하려는 과정에서 그는 좌절을 경험하고 있다.

세션 38

급료가 낮은 일이 들어왔지만 거절했다. 두통, 통증 또는 불안이나 초조감은 없었고 상당히 화가 났다. 우리는 환자와 산업훈련소 직원의 역할로 나누었고 뒤이어 연주를 했다. 그는 '환자'로서 '내가 얼마나 오래 견딜 수 있을지 모르겠다.'라고 생각했다. '직원'으로서는 일을 할 수 있을지 걱정되지만 이내 할 수 있을 것 같이 느껴졌다. 그는 D 씨에게 화가 났다. 나는 오히려 자신의 몸을 관리하는 것에 집중하고 긴장을 풀어야 한다고 제안했고 우리는 음악 속에서 그렇게 하려고 했다.

세션 39~46

39회기와 40회기에서 우리는 연주를 활용한 변형적 이완기법을 사용했고 직업을 못 구하는 것에 대한 두려움과 좌절의 느낌을 들여다보았다. 그는 외적인 현실에 대해 더 염려했고 자신의 증상에 대해서는 관심이 덜했다. 나는 케빈이 새 직장에 자리 잡은 후에도 여섯 번 정도 더 봐야겠다고 결정했다. 41회기에서 46회기까지는 골치 아픈 직장 면접과 관련해서 그를 지지하는 세션이었다. 치료의 종결이 임박해 오자 처참했던 관계 상실의 두려움이 올라왔다(4세 때 사라진 어머니, 5세 때 아버지의 소환, 친척 아주머니 집으로 간 뒤 1년 후 그에게는 어머니와도 같았던 할머니의 죽음).

세션 47

그의 부인은 그가 직장으로 복귀하는 것에 대해 오히려 불안해했다. 그는 지금 새로운 일을 기다리면서 즐거워하고 있다. 그는 보트를 타는 인상적인 꿈에 대해 이야기했다. 관을 보트에 실으려 하자 관 뚜껑이 미끄러졌고 한 젊은이가 앉아서 울고 있었다. 그가 눈물을 닦아 주려고 급히 다가가자 어떤 사람들이 관 뚜껑을 이내 닫아 버렸다. 관은 되돌릴 수 없이 바다 속으로 가라앉았다. 그는 '울고 있는 시체'를 다양한 느낌으로 연주했고 그다음에는 바다로 관을 밀어 넣은 '두 사람'과 관을 다시 끌어올리려고 하는 자기 자신을 연주했다. 울고 있는 시체는 치료 과정에서 깨어난 그의 아동 초기 감정과도 같으며 어쩌면 이러한 감정들을 위로받지 못한 채 영원히 떠나 보내야 한다고 느낄 수 있다고 나는 말했다. 나의 말에 그는 마치 버려진 어린아이처럼 눈이 휘둥그레 커졌고 이루 말할 수 없이 슬퍼 보였다.

세션 48

그는 왼쪽이 난간이고 오른쪽이 계단인 나선형의 계단을 반시계 방향으로 타고 내려가는 꿈을 몇 차례 꾸었다. 그는 언제나 착지하기 전에 꿈에서 깼다. 우리는 그 꿈을 만족스럽게 끝내도록 즉흥연주를 했다. 그가 바닥에 닿으려는 순간 누군가가 옆에서 그가 안전하게 착지하는지 지켜보고 있었다. 그가 다가가자 그 사람은 일정한 거리를 유지했고 마침내 사라졌다. 그는 할머니인 것 같다고 느꼈다. 나는 꿈에서의 그 사람과 치료사들의 비슷한 점에 대해 이야기하면서 다행히 우리는 그렇게 갑작스럽게 헤어지지 않을 것이라고 말했다. 우리는 직장에서의 새로운 경험에 대한 감정들을 잘 이겨 나갈 수 있도록 6회기의 세션을 더 하는 데 합의했다.

세션 49~54

그는 처음으로 즉흥적이면서도 자연스럽게 리듬감 있는 연주를 했고 우리는 음악 속에서 그의 리듬을 함께 나눌 수 있었다. 그는 이즈음에 직장과 관계 안에서 느끼는 분노를 긍정적이면서 힘 있는 방식으로 표현하고 있었다. 격주로 있었던 54회기 즈음에 산업훈련소 출신들의 자립 지원을 위해 특화된 공업사에 괜찮은 일자리가 있다는 것을 알게 되었다. 등 통증이 재발하지 않았고 체력적으로 꽤 힘든 일도 할 수 있었으며 동료들과도 잘 지냈다. 평소에 치료 세션을 하던 요일 그 시각에 나타나는 유일한 문제는(지금은 다른 요일 저녁에 만난다) 다음 날 저녁 세션에 올 때까지 홍조와 한기 그리고 묵직한 두통이 계속된다는 것이다. 그것은 용납할 수 없는 감정을 남긴 채 그를 버리고 떠난 부모와 관련하여 치료 관계에 전이된 감정이 정신신체적 표현으로 나타난 것 같았다. 내가 또 하나의 실망스러운 부모로 느껴졌던 것이다. 나는 이 부분에 대해 설명했다. 그가 내 말을 인정하지 않았음에도 불구하고 그다음 주에는 신체적 현상이 사라졌다.

치료의 마지막 즈음에 케빈은 더 분명하게 잘 형성된 인격으로 보였다. 그는 자신의 문제와 증상들을 기꺼이 책임지고 다룰 용의가 있으며 음악에서 그랬던 것처럼 말로도 다양한 감정을 받아들이고 표현할 수 있다. 세상사를 다루는 데 있어서 전보다 힘 있고 결단력 있는 사람이었고 집에서는 더 따뜻하고 부드러운 사람인 것으로 보인다. 그의 음악적 표현에서 이 모든 것을 먼저 알 수 있었다. 나는 케빈과 즐겁게 작업을 했고 그는 힘든 인격작업에 최선을 다했다.

음악치료 종결 후 정신과 의사의 소견

"전반적으로 케빈은 많은 진보를 나타냈다. 좀 더 자신감이 있어 보이고 자신과도 타인과도 잘 소통하는 것 같다. 정신혼미 없이 깨어 있고 활력 있으며 신체적 느낌 때문에 불편해하지 않는다. 두통과 목 통증이 거의 없고 통증이 있는 경우에도 현재 자신의 감정반응 및 대인관계와 관련지어 생각할 수 있다. 집에서 그는 쾌활하게 지낸다. 예를 들어, 나른하게 처져 있지 않고 아들과 크리켓을 한다. 다른 사람들과의 관계에서도 잘 참고 견디고 있는데, 산업훈련소에서 기계 사용법을 배우던 고집 센 청년을 어떻게 도와주었는지를 보면 알 수 있다.

곧바로 그는 관리감독이 잘되는 괜찮은 회사에서 엔지니어링 일을 맡게 되었다. 2주 경과 후, 즐겁게 일하고 있으며 업무 외 야근도 하고 있다고 보고했다. 이전에 음악치료를 했었던 수요일이면 약간의 두통이 올라온다고 언급했다. 가끔씩 우울감을 경험한다. 잘 자고 식욕도 왕성하다. 전보다 레저를 즐기고 있는데, 예를 들어 오랫동안 하지 않았던 테니스 경기를 최근에 하고 있다.

음악치료가 이 남성의 놀라운 진보에 중요한 역할을 했다는 것을 인정한다. 케빈은 음악치료가 그의 감정을 더 잘 표현하도록 도와주었으며 말로만 하는 면담을 했다면 그다지 도움되지 않았을 것이라고 보고했다. 음악치료를 시작하기 전에도 이 환자는 산업훈련소에 다니고 있었는데 (환자들이 업무로 복귀할 때 그렇듯이) 그곳에서 허리 통증이 악화되었다는 것은 흥미로운 일이다. 약 여섯 번의 음악치료 세션 후 허리 통증이 점차 가라앉았고 그는 자신의 감정을 좀 더 알아차리게 되었다. 지속되는 신체적 불편감 때문에 이 병원 저 병원으로 옮겨 다니는 환자들이 많이 있다. 마침내 정신과 클리닉에 도달하더라도 그동안 많은 시간을 허비할 것이고 직업과 가정 생활에서 많은 피해가 있을 것이다. 또한 이 환자들은 가끔 하는 면담만으로는 도움이 안 되는 것으로 보인다. 약물복용으로 증상이 약간 경감되기는 하지만 졸리거나 다른 원치 않는 부작용이 있을 수 있으며 약물의존의 위험이 있다. 그런 환자들에게 음악치료는 가장 유용할 것으로 보인다."

Music Therapy in Action

제3부

음악치료에 대한 고찰

제22장
음악치료의 목적

주요한 목적

뇌손상으로 어려움을 겪는 아동이나 지능이 매우 높은 정신과 환자 등 다양한 장애를 가진 내담자들을 치료할 때, 가장 중요한 목적은 내담자가 자신의 잠재력을 최대한 발휘하도록 돕는 것이다. 그것은 광범위하고 막연한 목표이지만, 음악치료사에게 강력한 방향감을 제공한다. 그 목표는 자석을 통해 끌어당겨지거나 혹은 특정한 시기에 우세풍이 부는 지역에 사는 것에 비유할 수 있을 것이다.

분석적 음악치료에서의 목적의 부재

나는 분석적 음악치료에서 치료사는 어떠한 목표도 세울 수 없다는 역설적인 주장을 하려고 한다. 만약 음악치료사가 내담자의 정신을 역동적이고 발달적 관점으로 관찰할 수 있다면 강물처럼 멈추지 않는 그 자신만의 목표를 가지고 있다는 것이 점차 분명해질 것이다. 이러한 목표에 해당하는 주류에 맞서서 역류와 침체된 웅덩이들이 만들어져 방해물이 되어 왔다. 치료사는 어린아이 같은 미숙함으로 인해 아직 표현하지 못한 고통스러운 감정을 경험하고 있는 내담자에게 성숙한 마음을 적용함으로써 이러한 장애물을 제거할 수 있는 용기를 갖도록 도울 것이다. 치료사는 내담자가 자신의 고통스러운 감정의 표현을 수용하고 보완하기 위한 음악적 환경을 제공함으로써 그것들에 대해 이야기나누고 이후에 그 기억들을 환기시키는 것이 안전할 수 있도록 도울 것이다.

여기에 그 사례를 소개한다. 우울증을 겪고 있는 매력적인 중년 여성 B 씨는 내가 진행하는 정신역동 훈련과 긴장이완 훈련그룹에 처음 참여하고 있었다. 그녀는 무엇보다 긴장이완을 할 수 없다고 하며 "끊임없이 일해야 한다."고 항상 말했다. 나는 그녀가 무엇 때문에 멈추는 것과 경험하는 것을 두려워하는지 궁금했다. 그녀는 '팔라의 의례적인 불의 춤(Falla's Ritual Fire Dance)'에서 자유롭게 춤을 추고 난 후, "폭발하고 싶다."고 말했지만 함께하는 사람들 앞에서 그럴 수 없었다. 그녀는 다음 춤을 추기 위한 서두에 "나는 딸들에게 아무것도 느낄 수 없어요. 딸들이 나에게 다정히 대한다 해도 어떤 반응도 보일 수 없어요. 나는 정말 아무것도 느낄 수가 없어요."라고 했다. 딸들에 대한 좋은 감정이 그녀가 인정하기 힘든 다른 감정들로 덮여 있을 가능성이 있다고 말해 주었다. 그녀는 나를 멍한 시선으로 바라보았다. 내담자의 그러한 모습은 대체로 치료사가 정곡을 찔렀으나 내담자가 그것에 맞서 스스로를 방어하고 있다는 것을 의미한다.

그 다음 치료 시간, B 씨는 처음으로 즉흥연주 그룹 세션에 참여했다. 그 세션을 진행했던 내 동료 O 씨는 그녀가 폭발할 수 있도록 완전히 허용했다. 그는 그 그룹이 즉흥연주를 위한 위협적이지 않은 심상을 제공하기 위해 뇌우(번개와 천둥을 발생시키는 하나의 폭풍우)를 적절한 소리로 표현하기를 제안했다. B 씨에게 심벌즈가 주어졌다. B 씨가 감정적으로 폭발했을 때 음악이 막 시작되었다. 참으로 대단한 즉흥연주였다. 한꺼번에 쏟아지는 고막을 찢는 듯한 금속 소리의 진동이 그녀의 공허함을 뚫고 나아갔다. 치료사인 O 씨조차도 잠시 불안해했다. 즉흥연주가 끝나자, 그녀는 고개를 숙이고 앉아 있었다. 반면 그 그룹의 다른 사람들은 그 감정의 폭발과 그 모든 것을 지지하기 위해, 그녀가 그룹원들에게 수용되어졌다고 안심시키기 위해 즉흥적으로 '평화로운 밤'이라는 곡을 연주했다. 그룹원들에게 수용되어졌다고 심벌즈를 연주하며 B 씨는 딸들에 대한 엄청난 분노가 치솟았다는 것을 알고는 스스로 놀랐다고 했다. 딸들이 그녀에게서 무엇인가를 얻을 수 있기 때문에 친절할 뿐이라고 느꼈다. 그녀는 자신이 그런 감정을 가질 수 있다는 것을 결코 믿으려하지 않았다. "너무 피곤해서 그냥 중단할게요."라며 마쳤다. 그러나 마침내 그녀는 자신으로부터 도망치는 것을 그만두었다. 나와의 대화로는 그녀를 설득할 수 없었으나 타당하고 허용 가능한 외적 표현인 심벌즈를 통한 내면의 음악으로 인해 설득되었다.

치료사가 자신의 주요한 치료목적의 한편에 있다는 것을 감지하는 내담자는, 치료사가 작은 역류를 통해 되돌아오는 길을 막고 그것이 주류로 진입하고 임박한 장애물을 돌파할 때까지 치료사에게 대항하여 엄청나게 강한 힘으로 버티는 모습을 볼 수 있다.

내담자에 대한 외부적인 목표의 설정은 오히려 치료에 있어 제한을 가져온다. 그러한 목표를 달성하기 위해서만 노력한다면 가치 있는 외적인 성장은 간과하게 될 것이다. 또한 분석적 음악치료의 진정한 작업은 바로 내담자의 존재 중심에 있다. 치료의 결과로 여겨지는 깨진 관계의 개선, 불쾌한 증상의 사라짐, 새로운 직업의 선택이나 의사소통 및 관계를 만들어 갈 수 있는 새로운 능력의 발견은 내담자의 경험 가까이에 있다. 이러한 결과는 직접적인 목표를 설정하는 것으로는 달성되지 않는다. 치료사는 들판에서 토끼를 잡기 위해 방아쇠를 당기는 총을 든 사냥꾼의 입장이라고 할 수 있다. 그리고 세 마리의 산비둘기가 그의 뒤쪽 덤불 속에서 죽어 쓰러진다. 치료사는 내담자가 얽매이지 않고 에너지를 사용할 수 있는 창의적인 방법을 사용한 것에 기뻐할 수 있겠지만, 적어도 그 결과에 대해 내담자에게 신뢰를 주어야 한다. 치료의 목표로서, 치료사가 이러한 창의적 에너지가 사용되는 쪽을 선택하는 것은 활기가 넘치는 창의력을 내담자에게서 강탈하는 것, 그것일 것이다. 그것은 또한 내담자로 하여금 에너지를 마음대로 사용하고자 하는 내면의 동기를 빼앗을 수 있기에, 결국은 내담자로 하여금 장애를 극복하지 못하게 하는 것이다.

심지어 증상을 제거하는 것이 내담자를 위협할 수도 있다. 어느 공포증을 가진 어느 젊은 여자 내담자는 7회기의 치료 세션을 마치며 공포증이 사라지는 것을 느끼자 매우 괴로운 나머지 "내 공포증을 너무 빨리 치료하지 마세요."라고 말했다. 그 공포증과 평화롭게 헤어질 준비가 되기 전, 그녀가 활동에 참여하는 것을 방해했던 모든 불안들을 직면하기 위해 도움이 필요하다는 것을 알게 되었다.

음악치료사는 분석적 음악치료의 결과가 단지 1대1 관계의 중심으로만 경험되는 것이 아니라 내담자의 주변부라 할 수 있는 사생활과 외부 생활 관계 속에서 이루어진다는 이유로 내담자의 말을 듣는 데 꽤 많은 시간을 보낸다. 이 과정에서 나타날 수 있는 어려움이나 발전은 음악 작업에서 이루어진다. 종종 그 결과는 치료사가 기대했던 것과는 매우 다르게 나타나곤 한다.

한 가지 최우선 치료적 목표를 세우거나 전혀 목표를 세우지 않는 것까지 모두, 내담자와 치료사가 함께 치료적 목표를 세우는 방향으로 이끌 것이다. 치료사는 중심 방향을 지배하고, 내담자는 주변의 방향을 지배한다.

치료사의 역할

절점 되기

'치료사가 절점(nodal point)이다.'라는 개념은 나에게 글로켄슈필이라는 악기를 만드는 것을 배웠던 이미지로 떠올랐다. 다시 설명하면, 글로켄슈필은 나무틀에 고정되어 있는 금속판을 막대기로 두드리는 방법으로 연주한다. 글로켄슈필을 만들 때, 금속판의 절점 중 하나에 구멍을 내고, 솟아오른 못 위로 각 판들을 묶어서 틀에 부착한다. 그 절점을 찾기 위해 판을 틀 위에 놓고 금속을 뿌린 후, 막대기를 두드린다. 가장 크게 진동하는 부분인 반절점(the anti-node)은 양쪽 끝에 있는 두 개의 절점으로 보낸다. 이 중 하나를 표시하여 구멍을 뚫고 못을 통과시킨다. 나는 세 번째 구멍을 만드는 동안 생각했다. "음악치료사가 되는 것은, 치료사 스스로는 절점이 되고, 더 큰 현실을 수용하고 내담자가 움직일 수 있도록 가만히 그 자리에 머물러, 내담자가 진동하고, 감정을 전달하고 버릴 수 있도록 허용하는 것이다." 때로 내담자가 의사소통할 수 없을 때, 다시 그 이미지로 돌아가 내담자에게 맞추어 작업을 점점 더 적게 수행한다.

상냥하고 진실된 태도로 내담자의 그림자로 살아남기

이것은 음악가가 담당하기에 가장 어려운 역할이다. 그림자의 징후는 멋진 생각이 있어야 할 곳에 감정적 반응을 동반하는 일종의 시험 행동을 불러일으킨다. 드물게 일어나는 일이지만, 지각하거나 결석한 치료 세션, 연주하거나 말하기를 거부하는 행동, 악기를 부수거나, 더욱 드물지만 화가 나서 욕설을 퍼붓는 행동은 치료사를 짜증 나게 만드는 일이다. 치료사가 그들을 이해할 수 있다면 덜 짜증나겠지만. 내담자를 이해하기 위해서 치료사는 내담자의 부정적인 전이를 알아야 할 필요가 있다. 부정적인 전이를 인지하는 것은 이전의 삶의 상황을 반복하고, 혐오스러운 자신의 역할이나 자기(self) 일부를 치료사에게 위임하여 고통스러운 감정적 내용을 떠오르게 하는 것을 막아 준다. 일단 음악으로 갈등이 표출될 수 있게 되면, 그 근본적인 패턴을 객관적으로 논의하는 것은 더 쉬워진다.

음악치료 세션이나 치료사를 위해, 음악치료의 목적을 생각하고, 명확히 하고, 일일이 열거하는 것은 유용한 일이다. 하지만, 다른 분야의 치료사가 자신의 치료 세션에서 음악치료의 목표와 기능을 기억하고, 이에 대한 그들의 행동을 점검하는 것은 바람직하지 않다고 생각한다. 음악치료는 직관적으로 행해져야 한다. 음악 즉흥연주에서는 리듬, 음고, 음색, 손의 촉감 및 강약이 예상보다 빠르게 변한다. 치료사는 즉각적이고, 진심으로, 확신을 가지고 반응한다. 모든 것이 다 끝났을 때 치료사는 치료가 녹음된 것을 듣고, 자신의 반응을 생각하고 평가하고, 필요하다면 다른 반응을 일으킬 수 있는 토대를 마련한다. 그러나 다른 한편으로는 열정적인 작업의 현장에서 그는 느끼고 또 느껴야 한다. 그것은 음악적 관계의 예술에서 일종의 선(zen)이다. 그러한 순간에 느끼지 못하고 생각하는 것은 제대로 기능하지 못하는 제동장치와 같다.

음악치료사의 다소 복잡한 일곱 가지 역할들을 설명하면서 나는 독자들에게 위니콧 박사(D. W. Winnicott)를 추천하고 싶다. 위니콧 박사(Winnicott)의 믿을 수 없을 정도로 단순한 치료사로서의 세 가지 목표는 정신분석학자로서 자신을 위한 것이었다. 그 세 가지는 생존하고, 잘 지내고, 깨어 있는 것이다(『The Maturational Processes and the Facilitating Environment』, 성숙의 과정과 촉진하게 하는 환경, 1965, p. 166 참조). 만약 일곱 가지 치료사의 역할이 너무 복잡하게 느껴진다면 위니콧 박사의 치료사로서의 세 가지 목표가 훌륭하게 이를 대신할 것이다.

제23장
내면의 음악

내면의 음악이란 무엇인가

내면의 음악은 누군가의 생각의 구조 뒤에 널리 퍼져 있는 감정적인 풍조이다. 우리는 그것을 인식하지 못할 수도 있지만 모든 행동의 태도는 그것을 아주 분명하게 표현할 것이다. 그것은 이성에 의해 지시될 가능성이 더 높은 '무엇'의 음악이라기보다는 '어떻게'의 음악인 것이다. 어린이들(특히 아기들), 동물들 및 아픈 사람들에게 있어, 특히 의사소통의 수단으로 이러한 내면의 음악이 사용된다. 융(Jung)은 "아이들은 주변에서 느껴지는 것들에 대해 어른만큼 이해할 수 없지만, 어른들에 비해 훨씬 적게 반응한다. 아이는 무의식적으로 주변에 적응하고, 이로 인해 보상적 성격의 상호 관계가 형성된다."라고 했다. 위니콧 박사(D. W. Winnicott)는 그의 강의에서, 그가 근무했던 병원의 어느 한 산부인과 간호사는 저녁 수유 시간 후 항상 모든 아기를 순식간에 잠들게 했고, 반면 다른 한 간호사는 아기들의 울음소리가 가득하며 고통들로 가득 찬 신생아실로 만들었다고 했다. 내면의 음악은 우리와 우리의 삶에 함께하는 사람들의 감정을 지배하는데, 치과 의사, 척추지압 치료사, 물리치료사, 미용사 등은 말보다는 그들의 일을 통한 행동에 기반을 둔다. 그것이 형용사의 음악이라 할 수 있다.

한 사람이 그의 행동을 통해 세상에 자신을 나타내는 것처럼 마찬가지로 자신의 내면의 음악을 인식하고자 하는 연습과 노력이 이루어져야 한다. 그러나 이러한 연습과 노력이 거의 이루어지지 않는 것은 매우 놀라운 일이다. 이것을 바로잡기 위해 노력하는 방법들로 일본의 다도와 선(zen) 그리고 꽃꽂이와 형용사 게임이 있다. 형용사게임은 하나의 형용사가 선택되는 동안 한 명의 구성원이 밖에 나가 있고, 이후에 그는 나머지 다른 구성원들이 선택한 형용사를 추측하는 게임이다.

내면의 음악은 무엇을 불러일으키는가

내면의 음악은 우리가 소화하거나 호흡하거나 자는 것과 같이 살아 있는 인간으로서 자신을 자각하는 것을 통해 비롯된다. 독일의 철학자 루돌프 슈타이너(Rudolf Steiner)가 이를 잘 표현하고 있다. "멜로디는 인간의 영혼 속에 존재한다. 영혼은 음악가가 연주하는 하프이다. 감정을 느끼는 육체로서 사람의 몸 전체는 자아를 울리게 하고 영혼은 멜로디를 만들어 내는 하나의 악기이다. 그것은 우주에 존재하지 않고 그 자신의 내면에 존재한다."

내면의 음악은 습관적인 태도에서 오는 표현되지 않은 감정의 잔여물, 과거의 사건에 대한 감정적 반응, 미래에 대한 기대감으로 인해 채색된다. 그것은 모든 사람에게 있어 항상 존재하지만, 사람에 따라 엄청나게 다르게 나타나기도 한다. 어떤 사람들은 신뢰할 만한 희망을 주는 멜로디를 가지고 있으며, 그 멜로디는 동일한 어떤 분위기의 예측 가능한 음악이 된다. 다른 어떤 사람들은 그들 자신을 상하게 하는 유독성 안개 속에서 산다. 절대 변하지 않는 증오가 가득한 음악은 그들이 접촉하는 모든 것을 파괴하고 무효화시킨다. 거의 모든 사람들의 음악은 예측할 수 없으며 활동적인 음악보다는 반응적이지만 각자 자신의 예측 가능한 개인적 패턴을 가지고 있다. 정신과 병동에서 일하는 한 간호사가 그녀의 약혼자와 헤어졌을 때, 유쾌했던 그녀의 내면의 음악이 밤새도록 쓰라린 음악으로 바뀐 인상적인 예를 기억한다. 환자들은 그 간호사와 함께 있는 것이 끔찍하다고 말했다. 그녀는 여전히 훌륭한 간호사였지만, 존재 자체가 병동에 독을 주는 것 같았다. 환자들은 기분이 좋거나 만족스러운 것에 대해 죄책감을 느꼈다고 하였다.

내면의 음악은 바뀔 수 있는가

이러한 일이 일어나도록 허용하려는 본인의 의지가 있다면 내면의 음악은 바뀔 수 있다. 그것을 바꾸기 위한 첫 번째 단계는 그것을 완전히 인식하는 것이다. 나는 세 명의 자녀를 둔 우울증의 병력이 있는 46세의 미망인 G 씨를 만났다. 그녀는 기이하게도 자신의 삶의 다소 우울한 사실들에 대해 기분 좋게 말했다. 그녀가 말하는 것은 마치 다른 무엇인가를 덮고 있는 마른 껍질과 같은 느낌이 들었다. 우리는 모래놀이와 함께 소리내기 훈련을 했다. 내가 자일로폰과 심벌즈 옆에, G 씨는 차임 바(chime bar)와 조개껍데기, 하얀 모래가 담긴 쟁반 앞에 앉았다. 즉시 혼란스럽고 공격적인 내면의 음악이 나왔다. 그녀는 악의적인 감정으로 차임 바를 쳤다. 그녀가 조개껍데기로 모래를 찌르는 동안 나는 심벌즈로 응답했다. 그녀는 두 개의 차임 바 사이를 쾅쾅거리며 두 개 이상의 음을 더 연주했다. 그런 다음 내가 자일로폰으로 응답하는 동안 그녀는 조개껍데기를 다른 조개껍데기에 가까이 부딪쳤다. 우리는 열두 개의 조개껍데기가 놓일 때까지 계속하였다. 그 훈련은 몹시 사나운 음악의 숨겨진 층을 분명하게 드러냈다. 우울증으로 인한 그녀의 의식에서의 삶과 유일하게 연관되어 있던 음악이었다. 훈련을 하지 않았다면 그녀는 그 음악과 전혀 접촉하지 않았을 것이고, 또한 그것을 드러내는 것은 매우 위협적이었다. 그것은 변화를 돕는 내면음악의 일부였지만 그것을 드러낼 더 이상의 기회를 얻지 못하였다.

이러한 내면의 음악을 알게 된 후에는, 내담자가 이러한 감정적인 영역에 들어갈 생각을 하도록 돕는 과정이 필요하다. G 씨의 분노는 어디로부터 나온 것일까? 그것은 누구에게 향한 것일까? 좀 더 진행되었더라면 이런 질문들이 우리가 규명해야 하는 것의 지침이 되었을 것이다.

또 다른 사례가 있다. 아주 작지만 그럼에도 매우 중요한 변화에 대한 사례이다. 30대의 여성으로 세 명의 학령기 자녀가 있는, 공포증을 앓고 있는 F 씨이다. F 씨는 약간 우울해 보였고 삶에 대한 욕구가 전혀 느껴지지 않았다. 이 일은 일련의 세션 중 네 번째 세션에서 비롯되었다. 그녀는 친구들이 권했던 것보다 더 도전적인 새로운 직업에 대한 희망을 말한 후, "오, 무슨 소용이 있어요? 난 쓰레기 더미처럼 느껴져요."라고 말하면서 의자에 털썩 주저앉았다. 이 절망의 음악과 희망이 거부된 심상 속에 무엇이 둘러싸고 있었을까? 나는 F 씨에게 나와 함께 감성적이고 음악적인 관계를 유지하면서 뭔가 가치 있는 것을 찾을 수 있는지 알아보기 위해 쓰레기더미로 갔다고 상상해 보자고 하였다. 그녀는 두 개의 8분음표와 셋잇단 음표 리듬을 흥미롭게 연주했고, 우리는 평소보다 좀 더 길게 즉흥연주를 했다. 마지막에 그녀는 뭔가 새롭고 빛나는 것을 발견했다고 말했지만, 그녀는 그것이 무엇인지 알지는 못했다. 그녀는 희망적이고 기대감에 차 있었고 자신의 비합리적인 무의식의 깊은 곳에서부터 어떠한 변화를 만들어 냈는데, 그것은 외부로부터 받은 그 어떤 것보다 훨씬 더 설득력 있었다. 이후의 세션에서도 함께 작업할 수 있는 새로운 얼굴이 떠올랐다. 그 이후 그녀는 자신에 대한 그 깊은 절망으로 결코 되돌아가지 않았다.

내면의 변화

때때로 내면의 변화는 의식의 수준 아래에서 작용하고 있었던 표면에 불쾌한 생각을 가져옴으로써 이루어진다. 그것이 제인과 함께 하는 방식이 그러했다. 정신과 의사는 나에게 19세의 제인을 의뢰하였다. 그녀는 매우 내성적이었고 흔치 않게 신진대사 장애를 가지고 있었는데, 그 증상 중 하나는 불안이었다. 그녀가 표현하는 것은 상처받은 아이의 것이었다. 그녀의 언어적 의사소통은 대부분 단조로웠고, 거의 들리지 않을 정도로 작았고, 누군가를 기쁘게 하기 위해 '좋은' 사람이 되려고 하는 어린 아이처럼 항상 매우 유순했다. 그녀의 표정은 공허하고 무표정했다. 그녀는 마치 인형 같았다. 몇 달 동안 나는 프로그램된 음악으로 긴장이완 훈련을 하기 위해 일주일에 한 번씩 제인과 만났다.

긴장이완 훈련은 잘 이루어졌다. 제인은 나의 매우 느긋한 지시를 완전히 무시한 채, 순식간에 온몸을 이완시키곤 했다. 그러나 그녀의 내면의 음악이 나에게서 점점 멀리 달아나고 있다는 느낌이 들었다. 나는 더 이상의 의사소통 부족을 견딜 수 없었던 시점에 이르렀고 그녀가 인형 얼굴을 벗어버리고 진짜 감정을 표현하지 않으면 내가 폭발할 것 같았다. 그러나 그렇게 하는 것은 바람직하지 않았기 때문에 내가 제인을 포기해야만 할 것 같았다.

그녀가 언어를 사용하지 않았다면 아마 음악을 신뢰했을지도 모른다. 나에게 있어 음악에 대한 신뢰는 상호치료(intertherap) 훈련이 시작되기 전, 음악치료 실습 초기에서부터 존재해 왔다. 그다음 세션에서 제인과 함께 앉아서 몇 가지 기악적인 의사소통 훈련을 시도했다. 우리 각자는 탬버린을 가지고 서로 1.8m 정도 떨어져서 마주 앉았다. 첫 번째 훈련은 '꾸준한 흐름(steady flow)'이라 불렀다. 우리는 교대로 연주하고는, 정중한 대화의 의사소통 패턴을 만들어 갔다. 누구도 다른 사람의 음악에 끼어들지 말아야 함과 동시에 불편한 중단도 있어서는 안 되었다. (이러한 훈련의 가치는 일상적인 언어 생활의 기본적인 의사소통 패턴을 알게 되는 것뿐만 아니라 서로 소통하며 의사소통에서의 오류를 알리는 데 있다.) 우리는 쉽지 않은 훈련을 시작했고, 그녀는 즉시 활기를 띠기 시작했다. 그녀의 눈가에는 사나운 기운들이 거의 사라졌고 나에게 감정을 나타내는 눈길을 보냈다. 그녀는 결코 틈을 주지 않았지만 종종 대담하게 내 음악에 끼어들더니 소름 끼치는 표정으로 사과하곤 했다. 그곳에 아무도 없다고 느낀 것은 처음이었다.

다음 훈련은 내가 '내향 흐름(inward flow)'이라고 명명했는데, 나에게 그 경험은 마치 지배당하는 느낌이었다. 나는 가볍게 두드렸고, 짤랑짤랑 소리를 내며, 짧은 악구를 만들었다. 그리고 제인은 그 소리를 반향했다. 그 반향 소리는 처음 몇 개의 음을 낸 후에 그다지 정확하지 않았고 오히려 억울한 표정이었다. '외향 흐름(outward flow)'은 지배의 경험이었다. 제인은 음악에 따라 발로 박자에 맞추며 내가 악상을 시작하게 해 주었고 나의 충실한 재생산에 즐거움을 느끼는 것 같았다. 그녀의 음악은 그녀가 자신의 방식대로 할 말이 많다는 것과 타인의 생각에 순응해야 하는 것에 대해 분개했다는 것을 드러냈을 뿐만 아니라, 그녀는 곡의 흐름에 공백이 생길 위험을 감수하기보다는 나의 음악에 개입하기 위한 그녀의 공헌에 열심이었다. 그녀는 놀라운 역동성을 보였다.

나는 이러한 내면의 음악을 보다 개인적인 표현으로 불러일으키고 싶었다. 이 음악을 언어로 표현하고 싶었다. 나는 직감적으로 제인에게 시를 써 보는 것을 제안하였고, 그다음 세션에 그녀가 쓴 시를 적용하였다. 물론 그녀는 시를 좋아했고 자신의 시를 쓰려고 하였다.

우리가 함께 작업한 음악은 탬버린에서 차임바와 피아노로 발전해 나아갔다. 몇 주 후, 제인은 첫 시를 썼다. 마침내 그렇게 오랫동안 드러내지 않았던 내면의 음악의 핵심이 여기에 있었다. 나는 그녀의 허락을 받아 그 시를 여기에 재현한다.

이 마음이 어떻게 살아남을 수 있을까?
하지만 아직 흔적이 남아 있다.
적막한 마음을 되살리려 한다.
그리고 부정적인 희망

나는 홀로 그것을 찾으려고 노력한다.
이 황량한 봉우리들 사이의 자유로운 빛줄기
혹은 불타는 지옥과 고통받는 영혼들,
모두 죽음을 위해 울고 있다.
[이 부서진 석탄 가운데……]

'혼자'- 홀로 서서
불같이 활활 타오르는 마음으로

목 마른 희망의 목소리, '지옥'이다.

그러나 그 마음은 마치 분열하는 것 같다.

또 다른 사람이 회복과 환호에 대해서 이야기하는 것처럼

자유와 고통 사이의 분열

내 머릿 속에서 점점 더 크게 비명을 지르는 목소리들과 함께

세상에, 너에게는 잔인하고 냉혹하게 물린 자국이 있어,

그것은 내가 필요로 하는 권리를 가져왔다

과연 온전한 정신인가?

이 조심스럽고 주저하는 소녀는 자신을 이런 병에 걸리게 한 것에 대해 신에게 고통과 절망, 분노를 쏟아 내었다. 나는 제인을 위해 시를 낭독하였고, 감정적인 내용을 구절마다 함께 분석한 다음, 그것을 조성이 없는 무조의 즉흥적인 이중주로 표현했다. 우리가 정말 그 감정을 받아들였을 때, 그녀의 질병에 대한 질문과 함께 그것이 어떠한 특별한 도전을 제시했는지에 대해 토론했다.

이 일이 일어난 후, 한 주 두 주 지나면서 제인의 언어적 의사소통은 한결 나아졌다. 이후에는 종종 연결된 문장(ribbon sentence)으로 대화를 시작하기도 했다. 그녀는 살과 피를 가진 젊은 여자처럼 보이기 시작했고 더 이상 인형처럼 보이지 않았다. 그리고 더 많은 시를 썼다. 물론 음악치료만이 유일한 치료법이 아니라 화학치료(chemotherapy)의 도움도 받았다. 어느 날 제인은 일주일에 한 시간의 음악치료를 부탁했다. 나는 내 동료와 제인의 음악치료 세션을 주선하게 되어 기뻤고 얼마 지나지 않아 그녀는 퇴원했다. 몇 달 후에 제인은 우리를 방문했고 그녀는 내면의 음악을 통해 맑고 신선하게 노래했다. 그녀는 고개를 들어 "나는 내 것이고 세상을 만날 준비가 되었다."라고 말하는 것처럼 용감하게 바라보았다. 제인의 내면의 음악은 변화하였다.

내면의 음악은 그 깊이에 차이가 있는가

훈련을 통해서 내가 알게 된 내면의 음악은 표면 가까이에 있어서 즉시 움직임이나 말투로 표현되어 나타난다. 그럼에도 불구하고 내담자가 음악을 통해 표현하는 내면의 음악은 나에게 끊임없는 경탄과 놀라움의 원천이다. 이 음악은 종종 그들의 의식적인 태도를 보완한다. 젊고 조용한 남성 내담자들은 그들의 환상에 옷을 입히기 위해 엄청나게 상상력이 풍부한 소리의 그물을 만들어 낸다. 그리고 지나치게 감정적인 여성 내담자들은 감정적으로 과장된 떠들썩한 서커스(hypercircus)와 같은 사건을 표현하기 위해 정형화된 형태의 리듬패턴에 안주한다. 이러한 음악은 좀 더 깊은 차원의 음악이다.

정신과 환자들의 경우, 그들이 자신의 내면의 음악을 직접 솔직하게 표현하지 않고는 경험하는 것이 어렵다는 것을 알게 되었다. 부분적으로는 현재의 약물이 소리의 진동을 흐리게 하고, 다른 부분에서는 그들의 내면의 음악의 가장 높은 부분까지도 장벽으로 차단된 것처럼 자주 표현하지 못하는(non-expression) 것이 그들이 겪는 현실이다. 그러나 그것은 인정받지 못하는 감정을 의식으로부터 멀리 떨어져 있게 한다. 사람들은 종종 정신과 병원을 환자 간의 엉뚱한 수다와 함께 기괴하고 충동적인 행동을 하느라 바쁜, 행복한 미치광이들이 가득 찬 야생의 장소라고 상상한다. 그러나 표현하지 않음, 내면의 막힘, 심하게 손상되어 분열된 것들은 정신 질환의 초석이다. 이곳은 표현력이 매우 풍부한 삶으로부터 쫓겨나 온 난민들로 가득한 애절한 장소이다. 심지어 조증이 가장 심한 환자조차도 어느 정도 시간이 소요되는 기분의 두드러진 변화(moodswing)인 절망과 공포의 위협적인 지옥을 넘나드는 '매우 심한 조증 상태'를 보이기도 한다.

내담자들의 내면의 음악에 대해 알 수 있는 가장 좋은 방법은 (음악으로 직접 표현하도록 요구하는 것 외에는) 그들이 주변에 어떤 분위기의 음악을 만들어 낼 수 있는지를 발견하는 것이다. 만약 그들이 적대적인 스파이들에게 둘러싸여 있다고 상상한다면, 그들의 내면의 음악은 공격적일 수 있겠지만, 그들은 그것을 외부로부터 그 자신을 경험하게 될 것이다. 치료사가 그들 앞에서 베토벤이나 차이

코프스키를 연주한다면, 그 음악은 배음(overtones)으로 가득 차서 그들에게 돌아올 것이다. 만약 내담자들이 로르샤흐 검사(rorschach test)를 받게 된다면 무의미하게 느껴지는 검은 얼룩점들로 이루어진 내면의 음악이 계속해서 흘러나올 것이다. 어느 정도 이것은 누구에게나 사실로 나타나지만, 정신역동적으로 해리된 사람들에게는 더욱 그렇게 나타날 것이다.

내담자와 함께 일하는 동안, 치료사는 다양한 종류의 내면의 음악의 여러 층들을 통해 작업한다. 각각은 그들만의 시간을 통해 나타난다. 때로는 특히 부분적으로 잘 치료받은 후에 바로 뒤로 다가가 묻혀 있던 공포를 떨쳐버릴 만큼 충분히 정신이 강해졌다고 느낀다. 이것은 순간적으로 악화되는 이유를 처음에는 이해할 수 없어 내담자에게 화가 날 수도 있다. 여기에 그와 관련된 사례가 있다. 기혼인 32세의 한 남성이 열네 차례의 치료를 받은 후, 여전히 불안이 남아 있었으며 그는 반복되는 악몽을 꾸고 있다고 했다. 그는 죽는 꿈을 꾸고 나서 얼굴에 땀이 흘러내린 채 아침에 일어나곤 했다. 이것은 죽음에 대해 가지고 있는 느낌들을 살펴 보라는 분명한 초대였다. 우리는 죽는 순간에 대한 즉흥연주를 하였다. 그는 다소 화가 나서 자일로폰을 연주했고(분노는 이러한 감정들에 대한 그의 방어였다) 나는 역전이로 인해 그의 진정한 공포와 불안을 피아노에서 표현하고 있었다. 즉흥연주가 끝난 후, '질병 초기에 경험했던 가라앉는 감정을 느꼈지만, 그것을 수용할 수 있다'고 말했다. 그러나 그다음 부분은 "끔찍했다."며 어떤 다정한 누군가가 와서 그를 맞이해 주기를 간절히 바라며 칠흑 같은 검은 방에 홀로 있는 자신을 발견했으나 아무도 오지 않았다고 했다. 그 감정을 의식하게 된 그는 그다음 주 내내 내면의 동요와 함께 떨고 있는 자신을 발견했고, 그의 손가락은 정말 눈에 띄게 흔들렸다. 그러나 결국 그의 악몽은 완전히 멈췄다. 어린 시절에 겪은 위험한 세상에서의 공포에 대한 내면의 음악을 기억해 냈다. 그것은 사랑하는 부모님이 칠흑같이 깜깜하고 아무도 없는 밤에 갑자기 산산조각이 되어 사라질지도 모른다는 것이었다.

그러한 매몰된 두려움이 풀리게 되면 억압된 공포와 함께 내면의 음악 전체를 진동시키게 된다. 그러나 에너지가 캡슐화된 상태로 전환되는 동안, 그 진동을 두려워하여, 내면의 음악에 인위적인 죽은 조각이 만들어지게 된다. 내담자와의 치료 세션이 끝난 후 내담자의 외모가 상당히 두드러지게 바뀌었고, 그는 자기 자신 속에 가만히 가라앉는 것 같았고, 반면에 그의 이성은 마치 그의 육체와의 접촉을 두려워하는 것처럼 기지개를 켜고 있는 듯 했다. 그의 내면의 음악에서 다소 긴장된 소리를 더 이상 관찰되지 않았고 그는 또한 더 성숙해 보였다.

내면의 음악을 다루는 것은 음악치료에서 중요하고 어려운 부분이며, 치료사가 절대 지치지 않고 끊임없이 흥미를 가지고 연구하게 되는 분야이다. 음악치료사는 치료에 대한 생각을 완전히 멈추기 어렵기 때문에 내담자와의 내면의 음악을 집으로 가져가기도 한다. 그것은 치료사의 사생활을 보호하거나 혹은 침해하기도 한다.

제24장
민감성의 매개변수

민감함과 둔감함은 종종 상호 배타적인 것으로 간주된다. 그러므로 나는 감정적인 고통을 느낄 때 스스로를 매우 예민하다고 여긴다. 반면에 당신은 내가 당신에게 그 고통을 느끼도록 한다면 나를 완전히 둔감한 사람으로 간주할 것이다. 그러나 어느 누구도 자신의 둔감함을 인정하지 않는다. 둔감함은 다른 사람들에게만 있는 자질이라고 생각한다. 그러나 에스키모인들이 게으름 같은 것은 없다고 말하는 것처럼, 음악치료사로서 나는 내게 있어 둔감한 상태가 존재한다고 믿을 수 없다.

나는 최근에 32세의 남성 내담자 M 씨와 즉흥연주를 녹음했다. 피아노와 자일로폰으로 흥미롭고 민감하게 느껴지는 리듬을 서로 주고받는 연주였다. 그는 세 번의 강조된 반복적인 4분 음표를 사용하여 캐논 형식의 연주를 시작했으며, 나는 또 다른 음에서 비슷한 세 개의 음으로 연주했고, 그는 또 다른 음으로 다시 응답하였다. 그래서 그 연주는 앞뒤로, 위아래로, 안팎으로 서로의 연주에 대한 응답으로 계속되었다. 그가 질문을 받았을 때, 그는 사실 내 음악을 전혀 의식하지 못했고, 자신의 내면 세계에 대한 그의 소리에만 완전히 몰두하고 있었다고 말했다. 그는 환상에 빠져 어두운 지하실에서 밝은 횃불을 밝히고, 해골들이 줄지어 늘어선 곳에서 그가 노려보았던 벽에 불을 붙이고, 마침내 그는 열린 문을 발견했다. 그리고 그 문을 통해 바깥의 신선한 공기로 안도의 한숨을 내쉬며 탈출했다. 외부 세계에 있는 치료사의 음악적 홀딩기법(holding)—나는 그의 음악에 몹시 예민하게 반응했다—은 그가 다소 소름 끼치는 내면의 이미지에 민감해질 수 있을 만큼 충분히 강한 음악적 전체성에 빠져 들어갈 수 있게 했다. 결국 나만이 나의 내면의 상상력에 완전히 무감각했으나, 수용체인 내담자가 충분히 내면을 향해 돌아섰을 때 내담자의 무의식으로부터 역전이로 인해 일어나는 어떠한 감정들을 알아차리기에는 충분했다.

따라서 민감성의 매개변수를 조사할 때, 주어진 결정적인 순간에, 인간관계 척도의 객체 끝에는 완전한 둔감함이 있는 것처럼 보일 수 있다. 그러나 그것의 완전성으로 볼 때, 이것은 분명히 무감각한 주제의 결말에 있는 감정적 고통에 대한 급성 민감성과 불편함에 의한 것임을 인식하게 된다. 구체적인 사례로 설명하자면, L 씨는 여러 해 동안 기다렸던 승진의 기회를 최근에 입사한 젊고 능력 있는 어떤 사람의 입사로 인해 놓치고 말았다. 이러한 고통을 안고 그는 집에 있는 아내가 쓸데없이 몸무게가 많이 나가는 골칫덩어리처럼 보이기 시작했다. 옆집 V 씨처럼 아내가 자신을 가꾸지 못하는 것에 대해 잔인하게 말했다. 만약 L 씨의 아내가 자신의 자존심보다 남편의 내면의 고통에 더 민감하다면, 그녀는 남편의 상처의 근원을 발견하고 그가 그 상황에 맞설 수 있도록 도와줄 것이다. 만약 그렇지 않다면 두 사람 모두에게 문제가 생길 것이다.

치료에서 음악의 훌륭한 가치 중 하나는 내담자로 하여금 즉흥연주를 통해 내적, 외적 민감성 척도의 양 끝에 접촉할 수 있도록 허용하는 것이다. 만약 내담자가 겉으로 드러나는 소리, 음색, 음고와 리듬에만 전적으로 사로잡혀 있다면, 그럼에도 불구하고 치료사는 내담자가 자신의 내면에 그대로 머물 수 있도록 하며 계속 반응을 보여 줄 수 있다. 더 자주 발생하는 것처럼, 내담자가 자신의 강렬한 감정에서 벗어나려고 한다면, 그녀는 치료사의 함께하는 피아노 연주를 완전히 망각하게 될 것이다. 바로 그 순간, 그녀에게는 고통과 그것에 대한 표현 외에는 아무것도 존재하지 않는다. 그녀는 자신의 내면에 완전히 민감하게 반응하면서, 그것을 깊이 감추고 있다. 그녀가 절정을 깨트리는 모든 경험을 할 수 있게 해 주는 치료사와 함께 절박한 감정을 완전히 극복한 후에야 비로소 내담자는 치료사의 음악을 타인의 표현으로 인식하게 된다. 그녀가 이것에 민감하게 반응하면서, 다음에 이어지는 음악은 즐겁게 장난스러운 이중주의 특징을 가질 수 있다. M 씨가 그것을 깨닫지 못한 채 연주했다는 사실은, 그 당시 다른 미묘한 방법으로 보여 주고 있던 치료사에게 느끼는 따뜻한 감정에 대한 그의 '방어' 때문이기도 했다.

인생을 살아가는 데 있어서 필요한 것은 내적 영역과 외적 영역 사이의 균형과 결실을 맺게 되는 관계라 할 수 있다. 통합적 주체 또는 객체 관계의 변치 않는 위치와 함께 자기(self) 혹은 바깥 세계의 필요에 대한 배타적 헌신은 매우 처참하며 자기파괴적일 수 있다. 완전히 '이기적이지 않은' 다른 방향의 사람은 주위 사람들에게 절묘한 재치와 감수성으로 보이는 것을 가지고 행동할 수 있지만, 그는 자신의 내면의 필요에는 무감각해짐으로써, F 씨를 좋아하게 될지도 모른다. '나는 보살핌을 받아야 한다.'는 증상을 나타내는 메시지가 세상에 알려지며 정신신체적(psychosomatic) 질환을 일으키고, 다른 사람들이 그가 오래전에 스스로에게 주었던 관심을 갖게 한다. 그는 마침내 인생 초반의 훈련이 부족했던 자신을 외부세계가 받아들이도록 강요한다.

질서 있게 구조화된 상황인 음악치료에서, 그러한 내담자는 표현에 대한 그의 내면의 필요성에 주의를 기울일 수 있는 권위 있는 허가를 받는다. 자기중심적인 탐구로 시작된 어떠한 것은 음악을 통해 진정한 사회적 행위로 발전한다. 19회기의 치료 세션을 마친 후, 나타났던 정신신체적 증상을 떨쳐냈지만, 여전히 남아 있는 불안을 겪고 있던 삼십대 내담자가 집에 있는 아내에게 그날의 행동에 대한 꺼려지는 사실들을 말하는 대신에, 자신의 감정과 워크숍의 분위기에 대해 이야기하며 아내를 위해 다양한 인물의 성격을 연기함으로써 모든 것을 생기있게 만들었다. 그는 자신의 내면적 자아와 표현에 대한 필요를 가지고 협력함으로써 자신의 삶과 가족의 삶을 풍요롭게 했다. 그의 민감성의 균형이 회복되었다.

또 다른 흥미로운 균형의 회복은 음악치료에서 비롯되었다. 나는 감정이 표현되는 순간 내담자는 그 감정이 아닌 모든 것에 즉시 접촉하게 된다는 것을 알게 되었다. 지금 이 순간 그녀는 더 이상 그것에 동일시되지 않으며 자유롭다. 직업이 사서인 36세의 G 씨는 유부남 동료와 적절치 않은 깊은 사랑에 빠져 있었다. 그녀는 배출 수단이 없는 그 감정, 아주 모호하고 감상적인 감정에 압도되어 있었다. 우리가 즉흥연주에 대해 이야기한 순간부터, 드럼 위에서 드럼 스틱, 심벌즈 위에서 소프트 스틱과 와이어 브러시와 함께, 이 모든 것이 목적이 있는 활동에서 사라졌다. 여기에는 목적, 행동, 계산, 비판적인 청취, 창조적인 상상력, 그녀의 즉흥연주에 필요한 촉촉하고 안개 낀 기분의 균형을 맞추기 위한 모든 것들이 있었다. 타당한 행동을 위한 그녀의 감정을 연료로 만드는 것—음악 만들기—은 G 부인이 즉흥연주를 만들어 내는 데 아주 성공적으로 사용했던 정신을 중독시키고 그러한 능력들을 침체시키는 것을 완화했다. 정신과 의사 빅토르 프랭클(Viktor Frankl)* 박사는 이러한 효과에 대해 "고통에 대한 감정은 우리가 그것을 명확하고 정확하게 그려 내는 순간 멈추게 된다."라고 말했다. 어떠한 음악적 소리를 그림으로 표현할 때, 그것은 소멸되어 버린다. 영원하지는 않겠지만, 어떻게 하면 상황을 개선할 수 있을지 생각할 시간을 충분히 가지도록 해야 한다.

민감성의 매개변수들 사이의 균형 속에서 불행하게도 양쪽 모두를 잃게 되는 사람들이 있다. 그들의 내면은 너무나 고통스러워서 큰 혼란에도 아랑곳하지 않고 방어적으로 다른 사람을 향해 폭언하고, 분노를 터트리고 친구들을 모두 잃게 된다. 그러나 다른 사람들이 그 상황을 뒤집어 놓으면, 그들의 자기방어체계가 완전히 무너지고 그들은 비교적 사소한 정신적 상처로 인해 길고 깊게 고통을 겪게 된다. 내면의 고통에서 직접 오는 분노는 바로 그 고통의 장소로 되돌아가는 통로를 열어 주는 것과 같기 때문에 위험하다. 의롭게 느껴진 분노는 이런 식으로 사람을 연약하게 만들지는 않는다. 음악치료를 통해 치료사는 몹시 사나운 내담자가 자신의 방어체계를 제거하도록 돕고 그들은 함께 매우 고통스런 사건의 계기를 면밀히 살펴볼 수 있다. 이 방법으로 그들의 자기 방어적인 분노의 감정

* 빅토르 프랭클(Viktor Frankl): 오스트리아 빈 출신의 유대인 정신과 의사로 의미치료(logotherapy)의 창시자이다.

은 보다 건설적인 목적을 위해 자유로와질 수 있다. 매슬로(A. H. Maslow, 1976) 박사『인간 본성의 더 나아갈 곳(The Further Reaches of Human Nature)』이라는 그의 저서에서 "분노는 사라지는 것이 아니라 결단력, 자기확신, 자기보호, 정당화된 분노, 악마와의 싸움 형태를 취한다."고 언급했다.

외부 영역과 내부 영역의 초점 모두에서 섬세한 민감성의 균형을 성취한 개인은 행복하다. 일단 인정되면 그의 내적 욕구는 통제되어 표현하고 외부 세계에 수용가능한 활동으로 전환될 수 있다. 그러나 이것은 우연히 발생하지 않는다. 분노의 불길이 치솟도록 내버려 두는 것은 혐오스러울 수 있고 슬픔의 물결이 그를 완전히 집어삼키지 못할 것이라고 누군가가 운 좋게도 그에게 알려 주었다. 그는 그 부분을 신뢰할 수 있게 받아들일 수 있고 편리해질 때까지 그 부분을 억제할 수 있고 수용 가능한 표현 방식을 사용할 수 있게 되었다.

과거에 놓쳤던 무엇인가는 때때로 음악치료를 통해 현재에서 경험할 수 있다. 그 음악은 사랑하는 부모의 역할처럼 견고하고 믿을 만한 지주(holding)로 형성될 수 있다. 조울증을 앓고 있는 30대 전문직 여성의 사례이다. 그녀는 사랑하는 부모님에 대한 연관성이 없어 보이는 강렬하며 생생한 파편들의 반복적인 환상을 경험하고 있었다. 이 환상을 즉흥연주로 함께한 치료사는 어린 시절의 내담자가 처음으로 어떤 물건을 훔치려고 마음을 먹었을 때 느꼈던 끔찍한 슬픔이 모든 통렬함 속에서 경험될 수 있도록 이 조각을 전체 대상과 연결시킬 수 있도록 하였다. 그 조각에 대한 환상은 다시 되풀이되지는 않았다.

음악적 홀딩기법(holding)은 내담자의 마음속에서 흩어진 부분을 가려내는 중요한 방법이 될 수 있다. R 씨는 사랑하는(그리고 미워하는) 부모에 대한 사랑과 증오의 초기 양가 감정을 견딜 수 없었다. 결과적으로 그녀에게서 그 두 감정은 분리되어야만 했다. 그녀는 초반 치료기간 동안 현재의 음악치료사는 완전히 따듯하게 느껴졌고, 이전의 치료사는 단호하다고 여겼다. 여름 방학에 음악치료사가 외국으로 여행을 갔을 때, R 씨는 그녀에게 성 크리스토퍼 메달(Medal of St.

Christopher)*을 주었고, 그 여행에서 위험이 덮칠지도 모른다는 생각 때문에 그녀는 매우 고통스러웠다. 뉴스에서 나오는 사고에 대한 소식들은 R 씨에게 만일 치료사가 죽었다면 반드시 자신도 목숨을 끊어야 한다는 생각을 갖게 했다. 그녀가 상상했던 파괴적인 힘이 무의식적으로 그녀 자신의 것으로 경험되었기 때문에 자신 역시 죽어야 한다고 느꼈다. 여행에서 돌아왔을 때 치료사는 내담자가 표현하지 않은 놓쳐 버린 잔재가 있다는 것을 감지했다. 치료사와 R 씨는 주제를 정하지 않고 10여 분 동안 즉흥연주를 했다. 음악에서 심벌즈의 격렬한 충돌은 자일로폰의 잔잔한 물결과 함께 이어졌다. 상반된 양가감정의 허용이 시작되었다. 이후 세 번의 치료에서 치료사에 대한 상반된 양가감정으로 말을 할 때도 조심스러운 모습을 보이기 시작했다. 그 음악은 두 가지 감정을 위험 없이 함께하도록 허용했다.

그 히스테리는 절대 막아 내지 못했다. 그녀의 모든 고통스러운 감정은 다른 사람들이 감당할 수 있을 만큼 무자비하게 겪어내야만 했다. 이것은 그녀가 민감하지 않기 때문이 아니라 감정의 통제와 변환을 위해 필요한 심리기제가 매우 부족하기 때문이었다. 음악과 신체 움직임 또는 드라마를 통해 표현의 수단을 찾음으로써, 그녀는 세션 사이의 중간 기간 동안 감정을 통제하는 데 자주 큰 도움을 받을 수 있었다. 전환 히스테리(conversion hysteria)는 어떤 상황에 대한 감정적 반응이 지나치게 가볍게 받아들여지므로 갈등과 정신적으로 매우 충격적인 사건의 결과가 감정을 완전히 지나치면서 마음에서 몸으로 곧바로 전달된다. 구체적인 사례로 설명하면, 27세의 T 부인은 남편의 직장 친목 모임에 함께 참석해야 할 순간이 다가올 때마다 몹시 심하게 아팠다. T 씨는 즉흥연주에서 그녀 자신을 매력적으로 꾸미고 가는 것을 맹렬히 금지하고 처벌하려는 내면의 어머니의 모습

* 성 크리스토퍼의 성패. 어린 예수를 어깨에 메고 급류의 길을 건너는 성인을 새겼다. 여행자와 운전자들의 수호 메달. [네이버 지식백과] Medal of St. Christopher (가톨릭에 관한 모든 것, 2007. 11. 25., 백민관)

을 발견했다. 메스꺼움을 유발하는 메커니즘에서 끌어낸 에너지가 드럼으로 몰리자 곧 그녀는 안도감을 느꼈지만 또한 회피하려는 두려움과 분노가 뒤섞인 것을 느꼈다. 물론 오랫동안 계속되는 히스테리성 마비의 경우, 중요한 조직의 위축으로 인해 물리적으로 되돌릴 수 없게 되기도 한다.

자신의 내면에 대해서는 무의식적으로만 민감하고, 겉으로는 주변 사람들에게 민감한 사람들이 있는데, 그들은 대부분 자기 자신이 너무 위험하다고 느끼는 감정을 간접적으로 발산하곤 한다. 그들은 팀 접근 방식과 같은 방식으로 표출하려 한다. 한 사람의 감정을 표현하기 위해 두 사람을 포함시키는 것은 남편, 아내 또는 아이가 당신을 위해 표출하도록 하는 것이다. 때로는 한 쌍의 남녀가 교대로 이분법적인 감정을 표현하는 것은 도움이 될 수 있다. 예를 들어, 세 명의 딸을 둔 30대 후반의 P 씨 부부는 시어머니의 장례식에 참석하기 위해 시골에 머물러야 했다. 그 슬픈 소식이 전해진 날, 남편과 아이들이 눈물을 흘리며 슬퍼하는 동안, 아내는 모든 에너지와 결단력을 쏟았다. 다음 날 아침 남편이 책임을 맡아 일하는 동안 아내는 완전히 무너졌다. 그러고 나서 장례식에서 아내는 다시 침착함을 되찾았고, 그녀는 슬퍼하는 아버지를 위로하며 남편이 그의 슬픔을 절제하여 적절히 표현할 수 있게 도왔다.

일부 자폐 아동들은 겉으로 보기에는 외부세계에 대한 불감증이 너무 완벽해서 속눈썹 가까이에서 무언가가 흔들려도 눈 하나 깜빡거리지 않을 수 있다. 이것은 기괴한 의례적인 움직임에서만 표현되는 자신의 내적인 욕구에 완전한 불감증으로 보이는 것과 무섭게 결합된다. 실어증이고, 심각하게 비정상적이며, 뇌에 손상을 입고, 간질과 자폐 성향이 있는 12세의 제임스는 음악치료실에서 그가 움켜쥐고 만지작거리던 종이를 찾곤 했다. 방어적인 패턴이 되는 하나의 강박적인 리듬에서 내면의 진정한 감정을 제외한 내부와 외부 모두로부터의 모든 자극을 표현하려 했다. 활기찬 기쁨과 함께 종이를 던져 버리고 다시 찾아내는 창조적인 종이 게임으로 확장했다.

때때로 사람들은 표현에 대한 그들의 내적 욕구의 민감성에 완전히 갇히게 된다. 주변 사람들에 의해 생긴 표현에 대한 불만은 그들의 민감성에 의해 균등하게 균형을 이루게 된다. 그들은 현실에서 불친절한 어떤 사람에게 창조성이나 표현을 막는 나쁜 습관이 몸에 베어 있다. 균형을 깨뜨리고 오랫동안 참아 왔던 비명을 내지르게 되는 격렬한 반대의견을 표현하는 것에 대한 두려움을 없애기 전까지. 이것은 마스터 클래스에서의 음악 교사와 연극 프로듀서가 즐겨 쓰는 전략이었다. 그것은 고통스럽고 종종 산산조각 나는 무딘 방법이지만 가끔은 효과가 있다. 음악치료는 또 다른 해결책을 제공한다. 내담자와 치료사는 동시에 문제의 다른 측면들을 즉흥적으로 연주한다. 먼저 내담자는 치료사가 창조성에 대한 의지를 연주하는 동안 창조성을 억제하는 요인을 연주하고 그다음에는 반대로 한다. 억제 요인을 의식하게 되면 그것은 종종 웃음, 안도감, 그리고 놀라움의 대상이 된다. 그러나 어쨌든 권력의 이동은 자연스럽게 이루어진다. 더 이상 해야 할 필요는 없다. 이 작업은 앞으로 계속 이루어질 것이다.

종종 외부 세계에 대한 불감증을 지나쳐버리는 것은 사실 급성의 음성(negative)증상으로의 민감성이다. 가장 잔인하게 상처를 입히는 사람은 동료의 아픈 부분을 놀라울 정도로 잘 알고 있다. 그리고 가장 불쾌한 시간과 장소에 대한 역겨운 정확성과 가장 섬세한 평가를 목표로 삼을 수 있다. 이 일을 하는 사람들은 자신의 내면의 고통에 매우 민감하다. 하지만 그들이 느끼는 것을 참으며 변화시킬 수 없다. 그들은 다른 사람에게도 고통을 받게 함으로써 차선책을 행한다. 이런 식으로 어느 정도의 부정적인 공감이 생겨나게 되는데, 그것은 그 시간에 한 사람이 할 수 있는 가장 창조적인 대인관계가 될 수 있다. 음악치료사는 마침내 창의적이고 건설적인 힘이 불타 버린 지옥에서 움직이기 시작할 때까지 그의 고통의 쓰라린 경험을 통해 부정적인 공감대를 바로 잡으려고 할 것이다.

음악치료를 적용할 수 있는 다른 부분은 민감성의 과장된 상태를 둔감하게 만드는 것을 돕는 것이다. 타인의 감정에 지나치게 민감한 내담자의 경우, 즉흥연주는 순수하게 외부 소리 감각에 반응하는 관계적 리허설이 될 수 있다. 그것은 리듬 패턴과 음고의 음정관계에서 반응적인 정서적 감정을 거의 제외시킨 연주였다. 자신의 감정에 매우 민감한 내담자와의 즉흥연주는 추상적인 아이디어를 바탕으로 멋진 듀엣의 소리 패턴 형태를 취할 수 있다.

이상적인 균형은 외부 소리들이 창조자−경험자 관점에서만큼 관찰자 시각에서 경험될 때 성취된다. 그것은 생각과 감정을 교환하는 곳에서 발견될 것이며, 반응 통제가 즐거울 수 있는 경우, 각각은 취약하지만 창조적으로(반응적으로가 아니라) 반응하는 경우, 그리고 각자는 다른 사람만큼 자신의 말을 듣지만, 창조적으로 두 부분으로 구성되는 진동의 통합을 깨닫는다. 민감성의 매개변수가 탐구되고 경험되는 곳, 그리고 편안하고 편리한 것으로 선택된 내면과 외부 사이의 안식처 그곳에 평화가 존재한다.

제25장
음악치료는 어떻게 작용하는가

기본 원리

리듬은 혈액순환, 호흡, 심박수를 비롯한 신체의 리듬 체계를 자극하거나 우울하게 만드는 것으로 과학적으로 증명되었다. 리듬은 또한 감정을 움직이며, 감정은 뇌하수체를 통해 이러한 리듬 체계에 영향을 미친다. 심장 뛰는 소리를 들려주는 신생아실 아기들이, 조용한 신생아실의 아기들보다 더 오래 자고 더 빨리 성장하는 것으로 밝혀졌다. 새로 입양한 강아지는 보통 옆에 알람시계를 두고 포근하게 해 주면 더 빨리 적응한다. 같은 이유로, 시험을 준비하는 어린 학생은 팝 음악의 지속적인 비트에 맞추어 공부를 할 수도 있다. 한편, 리드미컬한 드럼 소리는 전쟁에서 맹위를 떨치고 있을 때 전사들을 투입하거나, 댄서들이 극도의 흥분 상태나 절정 상태가 되는 데 사용되었다. 활기찬 리듬은 긴장을 푸는 데도 유용하다. 대기실에서 생동감 있는 곡조를 틀어 놓고 사람들이 손가락과 발을 어떻게 두드리고 있는지를 관찰한다면 주먹을 꽉 쥐거나 팔짱을 끼거나 팽팽하게 다리를 꼬고 있는 사람들 모습은 사라지게 될 것이다. 생동감 있는 리듬은 또한 허용적인 효과를 주어 매우 내성적인 내담자라 할지라도 라틴 아메리카나 스페인 리듬에는 저절로 몸을 움직이게 될 것이다. 스코틀랜드 릴(reel, 빠른 춤곡)과 지그(jig, 빠르고 경쾌한 춤곡)도 매력적이지만, 진정시키는 효과는 (라틴 아메리카나 스페인 리듬보다) 덜하다. 인도 시타르(sitar, 인도 북부의 발현 악기)와 타블라(tabla, 북인도의 대표 타악기)로 연주하는 인도의 고전 라가(raga, 인도 전통 선율 양식)의 미묘한 리듬은 높은 호기심 본능을 이끌어 내고 대개 서양 사람들에게는 진정 효과를 제공한다.

아마도 4박자를 가장 진정시키는 효과로 만들어 주는 것은, 호흡 대 심장 박동의 1:4 비율 때문일 것이다. 3박자, 5박자, 7박자는 가만히 있질 못하는 에너지와 넘쳐흐르는 느낌을 조장한다. 화성(harmony)은 음악의 심장이다. 화성은 주로 감정에 호소한다.

이러한 이유로 해결해야 하는 감정적 억제가 심각한 경우, 치료사는 피아노와 같은 화성 악기로 이러한 감정 상황을 통제하고 싶을 것이다. 피아노를 사용할 여건이 되지 않는다면 멜로디카를 사용할 수도 있다. 무조의(atonal) 불협화음군의 반음들이 밀집해 있는 것은, 온음계 화성보다 더 촉진적인 효과를 준다. 이러한 이유로 정서적 고통에는 어린 시절 내면 음악(inchoate inner music)을 담아 주는(containing) 것이 더욱 적합하다. 장조의 보통 화음이 비례적으로 배치된 화성은 진정시키고 강화시키며 조직화하는 반면, 단조의 화음은 슬픔과 갈망을 덜어 준다.

멜로디는 이성(intellect)에 가장 어필하는 요소이다. 만일 멜로디의 패턴을 따르기 위해서는, 시간에 따라 지나가는 음들의 흐름이 마음에 와닿아야 한다. 멜로디에서 음높이(pitch)의 긴장과 이완은 노래 부르는 사람과 연주를 하는 사람 그리고 듣는 사람의 신체에 영향을 미친다. 현악기 연주자나 학생이 그의 기분에 맞지 않은 멜로디를 이끌어 내기 위해 애쓰면서 작게 끙끙대거나 꺅 하고 소리치는 것을 종종 들을 수 있다. 그러나 이는 음의 높이를 올리는 소리일 뿐 아니라, 연주자가 이러한 음의 높이에 도달하여 계속해서 버티기 위한 마음과 노력이기도 하다. 비슷하게 「애니 로리(Annie Laurie, 스코틀랜드 민요)」의 처음 네 음을 회상해 보면 목 뒤에서 무언가가 팽팽해지는 느낌을 받게 될 것이다. 그것이 비록 상상일지라도 모든 감정을 표현에 쏟아 넣으려 한다면, 당신은 당신의 의식 속에서 다른 무언가가 홀가분해지는 것을 알아차리게 될 것이다.

멜로디의 패턴은 작곡가들의 삶의 경험으로부터 생겨난 것이다. 멜로디는 심오한 내적 의미를 담고 있다. 어떤 의미일까? 멘델스존에 의하면, "음악의 의미는 말에 비해 정확하고 섬세하다." 나는 심각한 장애로 병원에 입원한 머리 크기가 거대한 뇌수종 아동 환자 앞에서 무릎을 꿇었던 일이 기억난다. 나는 바이올린으로 그 아이에게 장조의 쾌활한 짧은 곡조를 연주해 주었다. 전혀 반응이 없었다. 그러나 내가 단조로 연주했을 때, 그 아이는 눈으로 나를 찾았으며, 작은 몸으로 열렬한 관심을 표출하였다. 아이는 세 살이었지만, 나는 우리가 음악에서 표현된 고통의 경험을 함께 나누었다고 생각한다.

특히 즉흥연주에 유용하다고 생각되는 네 가지 모드가 있다. 도리안(Dorian, D로 시작하는 피아노의 백색 건반 음), 에올리안(Aeolian, A로 시작하는 백색 건반 음), 피아노의 흑색 건반 음의 펜타토닉 스케일(pentatonic scale), A, B, C, D#, E, F, G#, A로 이어지는 이스턴 스케일(Eastern scale)이 그것들이다.

나의 경우에는 처음 두 개의 모드에 평화, 수용, 그리고 연속의 속성이 있다. 펜타토닉 스케일은 쾌활하며 체념한 듯한 느낌이며, 반음이 없기 때문에 듀엣이나 앙상블의 연주자들은 온음의 부조화보다 더 충격적인 불협화음을 만들어내지 않고 함께 즉흥적으로 연주할 수 있다. 이스턴 스케일은 통제된 광란의 짜릿한 분위기를 자아내며, 베이스에서 으뜸음 및 딸림음 저음부와 함께 사용될 수 있다.

내담자가 매우 감정적인 자유로운 즉흥연주에서는, 정신적 기능들을 다시 한 번 표면화시키기 위해서 약간의 멜로디(선율적) 음악으로 마무리하는 것이 현명하다. 이는 즉흥연주로 통합되거나 나중에 개별적으로 연주될 수도 있다.

음악을 연주하는 데 있어서 기능의 모든 다른 기능적 측면들을 사용하는 데 필요한 집중(concentration)과 조정(co-ordination)은 의기양양한 환자이든, 떨쳐 내야 하는 문제가 있는 환자든, 모두에게 유용한 진정 효과를 준다. 특히 즉흥연주는 연주자에게 순간적인 기억 상실 효과가 있다. 이러한 연주는 연주자가 과거와 미래에 대한 모든 불안을 덜어 내고 손상된 브레인 트렉을 한동안 멈추고 오로지 현재에서 의식하기 때문이다.

치료에 적극적으로 사용되는 음악

항상 그런 것은 아니지만, 이러한 유형의 음악치료는 큰 깨우침을 주는 의사소통의 힘에 의한 작업이다. 많은 사람에게 음악은 자신의 느낌을 표현할 수 있는 죄책감 없는 수단을 제공한다. 이러한 상징적인 표현에 대해서 멜라니 클라인(Melanie Klein)은 "장난감의 의미표상—일반적으로 가까운 사람과 떨어졌을 때 보이는 상징적인 표상—은, 말로 하는 고백보다 불안이 덜 나타난다."고 말했다. 이러한 감상을 말로 표현하거나, 흐느낌, 격분, 전율, 성교 등의 자연스러운 감정적 배출 메커니즘을 통해 표현한다면 끔찍한 죄책감과 수치심을 불러일으킬 수 있다. 그러나 이들은 음악으로 표현될 수 있을 뿐 아니라 이러한 감정을 치료사로부터 인정받을 수도 있다. 이런 식으로 치료사는, 내담자가 어린 시절에는 결코 받아 보지 못했을 수도 있는, 그러한 중대한 인정(허락)의 역할을 제공하기 위해 걸음을 내딛는다.

상호치료(분석적 음악치료 워크숍-훈련 세션) 동안, 팀 중 한 사람은 종종 "나는 이 문제에 대해서 말을 못 할 것이라고 생각한다."라는 말로 시작했으며, 그러고 나서 즉흥연주에 감정을 쏟아붓고 난 뒤, 이전에는 표현할 수 없었던 문제를 말로써 표현하는 것이 간단한 문제가 되었다. 같은 이유로 때때로 음악치료사는 초기 세션에서, 아무에게도 절대 말할 수 없다고 느끼는 모든 것에 대한 내담자 자신의 감정을 작은 드럼을 주고 스스로 악기를 사용해서 표현하도록 요구할 것이다. 그러고 나서 이들은 어떤 신체적 및 감정적 온기(emotional warmth)가 생길 때까지 함께 그리고 지속적으로 드럼을 연주하기 시작한다.

신체화 질환(psychosomatic illness, 신체 증상이 주를 이루지만, 치료에서 심리적 요인이 중요한 의미를 갖는 질환)은 불행한 정신 상태로부터 야기된다. 때로 외부 사건은 이러한 사건을 감정적이며 의식적인 경험으로서 용납할 수 없는 사람에게는 강력한 감정을 자아낼 수 있다. 감정은 에너지이다. 감정은 그냥 사라지지 않으며, 따라서 정상적인 감정적 표현을 그냥 지나쳐 버린다면 에너지가 전달되어 신체의 무의식적인 표현을 통해 큰 혼란이 야기된다. 음악치료는 내담자가 자신의 몸에서 이러한 에너지를 다시 상기시켜, 의식적으로 소리를 통해, 나중에는 말로써 이를 표출하고 경험할 수 있게 함으로써 도움을 준다.

여기에 두 가지 예가 있다. 엄마이자 아내이기도 한 42세의 교사가 심각한 두통으로 세션에 찾아왔다. 나는 그녀에게 피아노로 전체 곡을 연주해 주면서, 얼마나 불쾌한 느낌이 드는지를 소리로 보여 달라고 요청하였다. 그녀의 즉흥 연주는 극도로 난폭했으며, 이 즉흥연주는 꽤 길었다. 연주가 끝이 났을 때 그녀는 주말 동안 함께 지냈던 시어머니에게 극도로 화가 나는 느낌을 받았다고 말했다. 그 노인에 대한 장황한 비난 후에, 그녀는 깜짝 놀라 내게 "두통이 사라졌어요!"라고 말했다.

젊은 엄마이자 아내인 K 씨는 우울증과 두려움의 상태와 함께, 시어머니와의 매우 나쁜 관계로 인해 복잡하게 얽힌 결혼 파탄이 동시에 일어난 채로 세션에 참여하게 되었으며, 매번 식사 후에 음식을 토해 냈다고 호소했고, 정신과 의사는 믿을 수 없다는 말밖에 할 수 없었다.

K 씨는 자일로폰(Xylophone) 앞에 앉아, 섭식과 구토에 관한 감정을 연주했다. 사랑스러운 상향의(upward, 음이 점점 올라가는) 글리산도(glissando, 높이가 다른 두 음을 미끄러지듯 연주). 우리는 이러한 감정의 일부와, 자신을 지배하는 시어머니에 관한 감정을 연결시킬 수 있었다. 다음 세션에서 그녀는 구토 증상이 없어졌다고 보고하였다.

놀이로서의 음악치료

개별 음악치료의 또 다른 기능은 성인 놀이의 기능이다. 아동의 놀이에서, 욕구와 희망의 실현을 향한 첫걸음은 현실에서 이뤄지며, 내부와 외부 사이의 중요한 연결 고리가 구축된다.

여러 베트남 병원에서 소개를 받은 아동들은 원초적인 장난감을 제공받기 전까지 꽤 시큰둥한 태도를 보였다. 위니콧(Dr. D. W. Winnicott)이 중간대상(transitional objects, 솜털로 뒤덮인 천 조각, 장난감, 때로는 분석가)이라고 칭하는 이러한 연결의 세계는, 창의성에 매우 중요하다. 내면 세계로 들어갈 수 있는 음악치료에서의 경험은 음악으로 드러나고, 감정으로 공유되며, 소리 표현의 현실(reality)에서 한 걸음 나아갈 때, 연결 다리를 건넌 셈이다.

이것이 크리에이티브 블록(글을 쓰거나 창의력을 필요로 하는 일을 하는 도중에 맞닥뜨리는 창작의 어려움)으로부터 고통을 받았던 40대의 작가 사례에서 효과를 보았던 방식이었으며, 창작의 벽은 그녀에게 큰 불안을 야기한 요인이었다. 그녀에게 '출판 계획안'이라고 적힌 문이 있는 높은 벽을 상상하게 하고, 이를 통과하여, 악기를 통해 치료사와 계속해서 접촉할 수 있게 하였다. 역동적인 음악은 심상이 정적이 되도록 내버려 두지 않는다. 즉흥연주는 활기차고 다채로웠다. 끝이 났을 때, 그녀는 치료사에게 말했다. "힘들게 문을 통과하여, 왼쪽에 동물이 있는 뒤엉킨 숲에 도착했어요. 이후 여우가 나타났고, 여우는 말을 탄 사람으로부터 사냥을 당하고 있었어요. 숲의 오른쪽에는 아름답고 평화로운 강이 있었어요. 이 강을 보니 울고 싶어졌고 강의 오른편에는 푸르른 언덕이 있었고, 그 위에는 회색의 성이 있었어요. 성을 마주보고, 날개를 쫙 펴고 날아가는 거대한 독수리가 있었어요. 그리고 나서 독서대 위에 책이 한 권 있었어요."

이미지의 다양한 이면은 음악적으로 탐구되었다. 가장 중요한 것 중 하나는 제안했던 책을 현실로부터 떨어뜨려 공중에 떠 있는 상태로 놔둔 독서대였다. 그녀는 치료사와 이상(ideal)과 현실(real)에 대해 즉흥연주하였으며 역할을 번갈아 맡았다. 갑자기 그녀는 이제 완벽하게 책을 쓸 수도 있겠다는 느낌이 들었다. 그녀는 에너지의 홍수가 방출되는 것을 느끼며 개인 세션을 마쳤고, 이러한 에너지를 사용하여 잡다한 일들을 거뜬히 해결하였고 그날 저녁 한 챕터의 제목을 정하기도 하였다. 그녀는 나중에 치료사에게 자신이 다음 날 아침 식사 전에 제1장을 집필하기 시작했다고도 말했다. 이 경우의 해결책은 비언어적 수준으로 이뤄진 것으로 보인다. 모든 깨달음이 언어적이어야 한다고 상상하는 것은 오류이다. 창작의 벽이 자리하고 있던 내부 세계와 외부 세계 사이의 연결 다리는 음악치료를 통해 성공적으로 건너게 되었다.

수동적 음악치료

사실, 내담자의 마음에 어떠한 형태의 음악치료도 전적으로 수동적인 것은 아니다. 내담자가 잠이 들었을 때조차 종종 신체의 자율신경계가 항상 음악에 반응한다는 점에서 그러하다. 동물들이 있는 들판 속 텐트에서 잠이 든다 해도, 귀/두뇌의 녹음 과정은 잠자는 동안에도 꺼지지 않는다는 것을 알 수 있다. 그러나 나는 내담자가 실제로 음악에 감동을 받지 않거나, 음악을 연주하지 않는 어떠한 음악치료도 '수동적'이라고 칭한다.

투사와 토론

가장 널리 알려진 음악치료 형태이자, 작업치료사, 음악 심리학자, 정신과의사들이 사용하는 형태의 음악치료는, 환자들에게 테이프 또는 녹음한 음악을 들려주고, 그것에 대해서 집단 토론을 하는 것이다. 환자들이 음악가가 아닌 한(이 경우 이들은 음악 작품을 분석하고, 연주자들을 꽤 객관적으로 비판할 수 있다) 이들은 자신의 느낌과 환상을 음악으로 투사시킬 것이며, 이것이 바로 실제 토론의 주제가 될 것들이다. 자신의 화에 맞서 스스로를 방어하고 있는 일부 환자가 음악 작품 속에서도 어떻게 그 존재(화의 존재)를 부인할 수 있는지를 살펴보면 꽤 주목할 만하다.

다섯 명으로 구성된 한 집단에서, 세 명의 신경증 여성 환자들은 내게 파야의 불의 춤(Ritual Fire Dance)이 '평화롭고 듣기 좋게 조화롭다.'는 점을 깨달았다고 말했다. 이들 세 명은, 자신의 모든 울분을 댄스에 투사시켜 비록 이러한 느낌을 삶에서 인정하고 표현하는 것은 어려웠지만 그 속에서(댄스 속에서) 화의 존재를 기꺼이 인정할 수 있었던 나머지 두 명보다 훨씬 더 심각하게 억압되어 있었다.

심상 유도

음악에 대한 이러한 심상 유도의 연습은 무의식의 상징성의 내용을 검토해 보고, 교착 상태에 이르게 된 단계들을 되짚어갈 수 있는 시간이 있어야 한다는 점에서, 개별 상담에만 적합한 방식이다. 내담자에게는 자신의 상황과 상징적으로 연관되는 출발점이 주어지며—예를 들어, 그녀는 숲속의 성에서 무언가를 찾기 위해 그곳으로 들어가야 한다—이후 음악은 감정적인 역동적 자극을 생산하여, 그녀의 무의식이 의식적인 마음을 드러낼 수 있길 바라는 상징적 상황을 펼치는 데 도움을 준다. 내담자에게는 이것이 마치 잠을 자지 않고 꿈을 꾸는 것과도 같다. 이렇게 능숙하게 다뤄지는 백일몽(waking dream)은, 과거에는 무의식적 상징에 얽매였던 에너지가 의식적으로 사용할 수 있게 되면서, 내담자를 해방시키고 활기를 주는 데 영향을 미칠 수 있다. (그러나) 자격을 갖추지 않은 비전문가들이 사용한다면, 파괴적이고 위험할 수 있다.

기분 동일시

이 방법은 환자들에게 연주할 음악에 대해, 또한 작곡가의 삶과 열망에 대해 말해 주고, 한 가지 구체적인 기분—슈트라우스(Strauss)의 왈츠 또는 하이든(Haydn)의 C장조 Op.33. No.3 현악 4중주 마지막 악장과 같은 음악에서 느낀 기뼘 등—과 동일시하도록 요구한다. 그러나 한 프시케*(psyche, 마음, 정신)가 어떠한 이유로 그러한 기분을 경험하는 것을 거부하고 있다면 그 기분과 자신을 완전히 동일시할 수는 없을 것이다. 이러한 차단(blockage)은 유용한 토론의 자료를 제공한다.

선택적인 기능적 듣기

이러한 연습은 집단이나 개별 세션에서 사용될 수 있으며, 내담자들은 의자나 바닥의 러그 위에서 휴식을 취하면서 음악을 듣고, 이후에 자신의 경험에 대해 논의한다. 이러한 방법의 아이디어는 음악이 지속되는 동안 프시케의 한 가지 선택적 기능을 사용하는 것이며, 이는 약 10분으로 시작하여 20~30분까지 늘려 갈 수 있다.

생각

이 방법은 제31장 '음악의 치료적 사용'에 있는 '마음을 맑게 하는 음악'이라는 내용에서 설명된다.

느낌

이 방법 역시 제31장, '음악과 정서적 확장'이라는 내용에서 설명된다.

---

* 역자 주: 프시케(psyche)는 고대 그리스의 말로 기본 의미는 '생명'이었지만 파생된 의미는 '정신' '영혼'이며 정신분석에서 정신은 생각, 행동 및 성격에 영향을 미치는 개인의 힘 '자아'를 포함한다. (www.wikipedia.org)

감각

이 방법에서는 음악이 비판적이거나 분석적 사고 없이, 자신의 기분에 대한 반응이나 의미 탐색 없이, 순수하게 청각이라는 감각으로 경험된다. 존 케이지(John Cage), 슈토크하우젠(Stockhausen)의 음악 또는 다양한 음색과 강약법이 사용되는 어떠한 전자 음악이라도 적합할 수 있으며, 드뷔시(Debussy), 라벨(Ravel), 스트라빈스키(Stravinsky) 또는 그 밖에 매우 감각적인 경험을 제공하는 작곡가들의 음악도 적합하다. 환자나 내담자들에게 맞추어 치료사가 적절하게 구성한 청감각적 인식 경험은 대인관계에서 일어나는 촉각적 경험으로 이어질 수 있다.

직관

음악은 내담자가 자신의 평상 의식 수준을 바꾸는 연습에서 지탱하고 견뎌 내는 지주배경(holding background)을 형성한다. 내담자는 연필과 종이를 지참하고, 이완 상태이지만 신경을 쓰는, 내부와 외부의 의식 형태를 발달시키기 위한 노력을 하여야 하며, 프로이트(Freud)는 이를 '자유롭게 떠도는 주의 집중(free-floating attention)'이라고 묘사하였다. 내담자는 마치 쥐구멍에 있는 고양이와 같이 아이디어와 직관을 기다린다. 때가 되면, 글로 써 내려가야 한다. 내담자는 내적 흐름을 촉진시킬 수 있도록 관대한 태도로 대해져야 하며, 어떠한 비판이 있다면 이 과정에 지장을 주게 된다. 겉보기에 가치가 없어 보이는 직관일지라도, 추가적 검토를 통해 풍부한 의미를 지닌다는 것이 밝혀질 수도 있다. 내 경험상, 브람스(Brahms)의 클라리넷 5중주와 같이 서글프고 유려한 음악이 최고이다. 이후에는 결과에 대해서 토론이 뒤따라야 하며, 적극적인 후속 조치가 필요한 모든 아이디어들에 대한 솔직한 실행 계획이 이뤄져야 한다.

이러한 연습의 가치는, 내담자가 프시케의 다양한 기능을 깨달으며 또한 자신이 한쪽으로 치우친 발달에 선택적으로 대응하는 데 있어서 이러한 기능들을 사용할 수 있다는 것을 깨닫는 데 있다.

긴장 이완과 음악에 대한 시각화

이 방법에서, 집단이나 개별 내담자가 소파에 앉아 있거나, 의자나 바닥의 러그 위에 기대어 누워 있는 동안, 치료사는 이완할 것을 지시하게 된다. 이완이 이뤄졌다면, 그는 내담자가 어울리는 음악을 즉흥연주하면서 유지할 수 있는 적절한 시각화를 제안한다. 한 집단에 두 명의 음악치료사가 있다면, 한 명은 이완 상황에서 호흡과 이완 패턴을 세심하게 관찰하고, 필요하다면 음악을 바꾸라는 신호를 줄 수 있다. 심상의 주제는 개별 내담자나 집단에서 가장 도움이 필요한 집단원이, 이전 세션에서 제안하였던 자료를 기초로 하여야 한다. 도움이 된다고 생각되었던 시각화는 다음과 같다. "문을 통과하여, 친구와 함께 손을 잡고 시골길을 걷고 있다고 상상해 보자." "당신이 짙푸른 빛깔로 둘러싸여 있으며, 당신의 가운데에는 불이 켜진 초가 있다고 상상해 보자." "당신이 아름답고 향기로운 꽃들에 둘러싸여 누워 있다고 상상해 보자." "당신이 신나는 휴일을 보내고 있다고 상상해 보자." "당신이 사랑하는 사람들과 당신을 사랑하는 사람들로 둘러싸인 여행에서(연인이 없다면, 상상의 인물을 만들어 본다), 당신이 카라반 트레일 안에 있다고 상상해 보자." "당신이 샘이었다가, 개울이었다가, 바다로 흘러 내려가는 강이라고 상상해 보자."

이러한 방법에서의 가치는, 행복한 경험을 상상하는 것이, 현실에서 직접 좋은 경험을 하는 것만큼 강하게 뇌에 작용하게 되며, 이는 또한 신체가 건강과 마음의 평화를 되찾을 수 있는 최고의 환경을 만들어 준다는 데 있다. 이는 걱정을 할 때 일어나는 일과 반대되는 현상이다. 즉, 반복적으로 재앙을 시각화하며, 긴장되고 불안한 심신의 틀을 불러일으키는 것. 나는 매우 불행한 공포증 환자가, 바닥에 누워, 손을 쫙 펼치고 자신이 친구와 함께 걷고 있다고 상상하며 짓던 그의 미소를 결코 잊지 못할 것이다.

음악치료에서의 움직임

음악치료에서 움직임을 사용하는 가치는 표현적 도구로서의 신체에 대한 의식적인 깨달음과, 신체를 사용하도록 내담자에게 허용해 주는 치료사의 존재 모두에 있다. 환자는 자신의 몸 전체를 온전히 사용할 수 있게 허용되어야 하며, 이로부터 나타나는 모든 감각이 허용되어야 한다. 내담자가 움직임을 하면서, 치료사는 내담자의 몸에서 '무단침입금지(trespassers prosecuted)'*의 영역에 해당되지 않는 곳이 어디인지에 주목할 것이다. 치료사는 내담자가 신체 일부나 그 감각과 단절될 때 신체를 통해 무엇을 표현하는지, 또한 그녀가 아무 것도 표현하고 있지 않다고 생각할 때 무엇을 표현하고 있는지에 대해 인식할 수 있어야 한다.

구조화된 움직임

포크 댄스와 액션 댄스는 소속감과, 질서 정연하고 의미 있는 구조 속에 안전하게 포함되어 있다는 느낌을 준다. 혼자서는 춤을 출 수 없는 심한 장애가 있는 환자라도, 즐거운 분위기 속에서 손을 잡고 움직일 수 있다. 이는 말을 할 수 없거나 말을 하지 않으려 하는 사람들에게, 가치 있는 형태의 사회적 상호작용이 된다.

내담자의 교정 강사나 물리치료사가 신체 움직임의 근본적인 치료적 사용을 제안할 수도 있지만 몸(body)이 표현의 도구로 사용되고 있는 한, 음악에 대한 운동은 음악치료의 한 분야이다. '별 따러 가자!'는 휠체어 신세를 지는 노인 환자에게 단지 팔을 위로 들어 올리는 동작과는 질적으로 다른 움직임을 부여한다. 예술이 개입한 것이다.

---

* 'trespassers prosecuted'는 CCTV와 함께 게시하는, 경고 표지판으로, 여기에서 dead area는 사각지대를 의미함. 즉, 내담자의 신체에서 두드러지게 잘 나타나지 않는 미묘한 표현 부위가 어디인지에 주목해야 한다는 의미

자유 표현

몸은 긴장과 이완 패턴에 밀접하게 연결되어 있는 자신만의 기억을 갖고 있다. 자유 표현(free expression)은 내담자가 이러한 기억에 접근하여, 갇혀 있던 감정들을 해방시키고, 새로운 노력의 길을 시도해 볼 수 있게 허락해 준다. 한 이스라엘 음악치료사 동료는 내게 말을 못 하는 조현병 여성 환자가 어떻게 처음으로 손을 잡게끔 설득이 되어, 음악에 맞추어 몸을 흔들고, 둥글게 서서 스트라우스 왈츠에 맞추어 몸을 움직이게 되었는지를 말해 주었다. 수개월에 걸쳐, 그녀는 천천히 몸을 흔들다가 마치 아이를 안고 있는 것처럼 자발적으로 손도 흔들게 되었다. 사례 노트를 통해 그녀의 병력을 추가로 조사한 결과, 그녀는 사실 수년 전 유일한 아이를 잃었음을 알 수 있었다. 동작을 통해 그녀는 이러한 침묵의 슬픔을 떠올려 함께 이야기를 나눌 수 있게 되었다.

어떤 사람들의 삶은 너무 답답하고 불안으로 가득 차 있어서, 이들의 신체는 자연스러운 생동감과 광범위한 즐거움의 기회를 전혀 가져 볼 수 없었다. 어떤 도시에서 가장 빈곤한 지역으로 가 보면 이렇게 주눅이 들어 웅크리고 앉아 있는 사람들을 볼 수 있을 것이다. 많은 이가 병원으로 온다. 그러나 이들의 계층은 다양하며 빈곤의 유형 또한 다양하다. 일단 초기의 억제를 극복하고 나면 이들은 습관적으로 슬프고 사납고 불안한 태도에 대응하기 위해서 자유방임적이며 탁 트인 신체 동작을 통해 자유롭게 움직이고 즐거움과 희망의 태도를 표현할 수 있을 정도로 많은 해방감을 경험하게 된다.

자유로운 표현이 즐거운 또 다른 이유는 내담자가 스스로를 쏟아붓고 싶어 한다는 목적만을 갖고 있다는 것이다. 외부로부터 어떠한 다른 목적도 강요되지 않기 때문에 안으로부터 어떤 목적이 생겨나기가 더 쉽다. 자유 표현 동작 이후에, 경험에 대해 이야기하고 토론하는 시간을 갖는 것은 도움이 된다.

제26장
음악적 관계

나는 개인 음악치료 실제에 관한 글을 쓰는 과정에서 치료를 위한 흥미롭고 가능성 있는 악기들에 대해 광범위하게 기술하였지만 음악적 관계를 형성하기 위한 수단은 매우 간단할 수 있다. 내담자를 위한 타악기(탬버린이 적합함)와 멜로디카 같은 멜로디 및 화음 악기가 음악치료사에게 음악적 관계를 형성해 줄 것이다. 작은 가방 안에 이 두 악기를 넣고 다니던 음악치료사들은 병실, 연구실 등 피아노가 없는 병동이나 집에서도 별무리 없이 성공적으로 일해 왔다. 그러한 작업 환경이 이상적인 수준은 아니었지만, 그런 환경을 통해 분명히 음악적 관계를 이룰 수 있었을 것이다.

내담자의 소리 표현(sound expression) 소개는 매우 섬세한 일이다. 내담자는 즉각적으로 자기감정을 표현하는 일에만 신경을 써야 하며 어떠한 경우에도 치료사를 즐겁게 하거나 '바르게 하려고' 노력하지 말아야 한다. 악기를 부수는 것을 제외하고 사실상 표현의 옳고 그름은 없으며 유효성과 무효성만 있을 뿐이다. 오직 내담자 자신만이 표현된 소리가 자신의 감정적 강도를 타당하게 표현하는 형태인지를 진정으로 판단할 수 있으며, 다만 치료사는 내담자가 그 매개(악기)를 매우 신중하게 시험하고 있는 시점 및 치료사의 음악적 격려를 통해 내담자가 자신의 감정 범위 전체를 포용할 음악의 역량을 신뢰할 수 있는지 추측할 수 있다. 처음에는 아주 최소한의 악기만 제공해야 한다. 치료사는 탬버린을 두드리고 흔들거나 긁을 때 세 가지 전혀 다른 소리를 들을 수 있다는 점을 언급할 수 있다. 그런 다음 치료사는 아마도 내담자의 특정 문제와 관련된 연습을 시작할 것이다. 가령 해외 방문 강연 중 나는 명상, 즉 상당한 자제력을 요하며 표현을 거의 하지 말아야 하는 활동들을 매우 열심히 실천하는 하타 요가 전문가인 60세 여성에게 치료 세션을 제공했다. 그녀는 내게 최근 건강 검사를 받은 결과 신체적으로 건강한 것으로 입증되었지만, 최근 몇 가지 활동을 한 번에 시작하다 보니 여러 물건을 어디에 뒀는지 계속 잊어버린다고 말했다. 이 말은 표현되지 않은 감정이 존재하는 곳으로 마음이 방향 전환을 하고 있다는 말처럼 들렸다. 나는 그녀에게 '나의 감정 사용 설명서'라고 적힌 문이 달린 벽을 마음에 떠올린 다음, 그 문을 열고 들어가 반대편에 무엇이 있는지 확인하는 동시에, 탬버린으로 소리를 냄으로써 나와 접촉을 유지하라고 말했다. 나는 그녀가 실제 연주에 빠져들게 하기 위해 아주 날이 서야 했다. 그녀는 길고 하얀 손가락으로 탬버린을 시험 삼아 두들겨 본 다음, 맹인이 벽을 따라 자신의 길을 느끼듯 악기를 손가락으로 쓰다듬으며 느꼈다. 그녀가 탬버린을 열정적으로 신이 나서 두들길 때 나는 희미하게 밝은 화음으로 멜로디카를 이용해 반주를 했으며, 마지막에 민감한 느낌이 다시 찾아왔지만 그녀의 뺨에서 눈물이 흘러내리며 무아지경 상태의 얼굴 표정이 나타났다. 연주를 멈추었을 때 그녀는 "문이 있었어요. 문이 하나 있었죠. 제가 그 문을 조금 열자 문이 무거워졌어요. 저는 혼자가 아니라 모든 인류와 함께 그 안으로 들어가는 느낌이 들었어요. 그런 다음 황급히 밖으로 나왔어요."라고 말했다. 그것은 강렬한 분출 경험이었다. 소리 표현에 대한 음악적 뒷받침을 통해 그녀는 자신의 정신(psyche) 속 깊은 곳에 도달하여 그러한 역동적 이미지를 이끌어 낼 수 있었다. 이후 우리는 그 이미지가 그녀에게 어떤 의미를 지니는지 논의했다.

치료사와 내담자 간의 음악적 관계와 언어적 관계는 전혀 다른 두 가지 특징을 지닌다. 그것들의 차이는 도장에서 싸우기 전에 서로 인사를 나눈 후에 실제로 싸우는 두 명의 유도 선수들 간의 차이 혹은 정원에 대해 논의하고 사랑을 나누기도 하는 남편과 아내 사이의 차이와 비슷하다. 언어적 소통은 차갑고 외로운 일일 수 있다. 누군가가 말을 할 때 상대방은 침묵을 지켜야 하며 만일 상대방이 말을 하면 먼저 말을 한 사람의 말은 무효가 될 것이다. 그것은 음악, 싸움, 사랑 나누기처럼 통일된 표현이 아니다. 하지만 A가 즉흥연주를 하고 B가 자신의 소리 표현을 A의 연주에 포함시킬 때, B는 더 큰 전체 안으로 즉시 포용된다. B는 자신을 완전히 표현하면서도 자신이 보다 큰 무언가의 일부라고 느낀다. 전체뿐 아니라 부분을 자각하는 것은 좋은 느낌이다.

이러한 음악적 관계는 언어적 관계보다 더 원시적이고 더 민감하다. 폭력적으로 자살 시도를 했고 의사와 면담할 상황도 못 되는 한 젊은 여성 환자는 나와의 언어적 관계 속에서만 예외적으로 이성적이고 자제력을 갖춘 모습을 보였다. 그 이유는 그녀가 자신의 억눌린 분노, 공포, 절망감을 우리의 매우 야생적인 (savage) 음악 관계 안에서만 모두 표현하도록 허용된다는 점을 알고 있었기 때문이었다.

때때로, 내담자의 소리 표현은 진짜 하려는 표현에 대한 방어에 해당한다. 이것은 고른 템포에 빠른 박자가 되는 경우가 많다. 만일 이것이 그녀가 생성할 수 있는 전부라면 치료사는 그것을 받아들이고 그것으로 연주하며 치료사가 내담자에게 약간의 창의성을 발휘하도록 독려하고 음악적으로 설득하기 전까지 (치료사는) 그것을 중심으로 리듬감 있는 패턴을 창작할 수 있다. 이런 식으로 심각하게 감정이 억제된 환자를 대상으로 여러 치료 세션을 시행할 수 있었다.

간혹 그러한 음악적 관계는 순수한 2인 관계이다. 그런 관계가 이뤄질 때 즐거운 마음이 들게 된다. 내담자는 연주를 마칠 때 치료사를 돌아보며(대개는 놀라워하며) "정말 즐거웠어요!"라고 말하는 경우가 많다. 하지만 초기 세션에서, 내담자와 치료사의 음악은 내담자의 보다 큰 전체성(wholeness)을 나타내는 하나의 전체(one whole)로 합쳐진다. 치료사는 불시에 떠오르는 내담자의 감정을 수용하고 그 감정을 역동적으로 의미 있게 키워나가고 발전하도록 하거나, 역전이(countertransference)에 의해 내담자의 무의식에 묻혀 있는 것으로서 의식하지 못하는 감정을 통한 내담자의 연주를 보완해 줄 수 있다. 치료사는 자신의 음악을 통해 내담자의 얼어붙거나 잃어버린 자기 자신의 부분들을 수용하거나 거부하도록 하지만, 그것은 의식의 차원에서 이행할 수 있다. 이런 모든 경험은 치료 세션의 언어적 부분을 위한 유용한 자료가 된다.

음악적 관계를 유지할 경우 내담자는 얼어붙은 감정을 녹일 시간으로 돌아갈 수 있을 뿐 아니라 어떤 설명할 수 없는 방법을 통해 치료사가 제시하는 현재의 음악이 지닌 편안함과 유지력(holding power)을 과거의 상처받은 상황으로 가져간 다음, 자신이 그 상황을 다른 식으로 진정시킬 수 있다고 느낄 수 있다. 한 가지 예로서 중년 여성 내담자의 사례가 있다. 그녀는 자기 사무실 내 사람들이 휴가를 갈 때면 항상 매우 불안하고 불안정한 상태가 되어 여섯 살짜리 애처럼 된다는 말을 들었다. 그녀가 구슬픈 음악을 연주할 때 자신의 옛 가정 집을 보았다. 그 집에 있는 큰 가구와 집 밖에 있는 가로등이 그녀의 부모가 돌아가셨을 당시의 깊은 쓸쓸함을 누그러뜨려 주었다. 치료사들의 따뜻하고 부드러운 음악이 그처럼 매우 슬픈 상황에서 위로가 되고 그녀에게 큰 편안함과 그 나이에 사랑받는 느낌을 준다. 동시에 그녀 자신의 음악은 그녀를 지금 현재에 붙들어 주고 있다.

역시 중년인 또 다른 한 여성은 수년 전, 거리를 걷는 중 순식간에 특이한 유체이탈 경험을 했다. 이후 그녀는 힘겹게 일자리를 얻고 완벽히 정상적인 상태였지만 인생이 마치 자신을 제외한 모두가 진지하게 임하는 게임처럼 여겨지는 비현실적인 느낌을 받았다. 그녀가 경험한 바에 따르면, 어느 날 거리를 걸어가는데 포장도로로부터 나와 자신을 뚫고 지나가는 일종의 에너지 볼트를 느꼈고 그로 인해 우주로 상승하는 것 같았는데, 그녀의 말에 따르면, 그녀는 천체로부터 나오는 음악 소리를 들었으며 자신 자체가 음악이 되는 경험을 했다. 어떤 거대한 것이 다가와 그녀 앞에 조용히 멈춰 서더니 그녀의 갈비뼈를 잡자 그녀는 다시 정상적인 의식으로 돌아왔고 그다음 발걸음을 내디뎠다. 나는 그녀에게 그 시간으로 돌아가 그 존재가 되라고 말하면서 내가 그녀가 될 것이라고 했다. 그녀는 그렇게 하는 것을 어려워했다. 이후 내가 그 존재를 연주했고, 그녀는 그 순간에 자신을 연주했다. 그녀는 매우 흥분했고 우리는 일정 시간 동안 함께 연주했다. 이를 통해 그 경험에서 분리된 에너지와 흥분을 가능하게 했으며 그녀의 현재 자아—아마도 오이디푸스에 기인한—에 결합하여 현실 속에서 다른 사람과 나눌 수 있었다. 그 경험은 어떤 유령이 그녀의 일상의 삶을 지금 현재의 현실감과 정서가 부족해지도록 남겨 둘 때 여러 차례 그녀가 다시 되돌아보는 경험이었다. 우리가 연주를 마칠 때, 그녀는 그 경험 안에 혼자 있지 않아서 좋았다고 말했다. 우리는 그 경험이 그녀에게 주는 의미가 무엇인지, 어떤 의무(obligation)가 수반되는지 논의했다.

음악적 관계가 언제나 내면의 이미지, 환상, 회상에 기반을 두는 건 아니다. 때때로 치료사는 타이머를 작동시키고 "우리는 10분간(혹은 15~20분간) 연주할 겁니다."라고 말한다. 아무런 계획, 문제, 제목도 없이 연주가 그냥 시작된다. 음악은 결코 설명되지 않는 비밀을 표현한다. 이러한 치료 커플은 음조, 음색, 시간 패턴 면에서 만나고, 역동적 전개 과정에서 상승하고 하강한다. 내담자는 치료사가 자신을 위해 음악적 차원 안에 존재한다는 점을 알고 있다. 치료사의 음악은 내담자를 (담아 주고) 감싸 주고 더욱 대담해지도록 촉구하며 내담자가 자신만의 음악 형태를 더듬어 찾는 동안 참고 기다린다. 때로는 내담자의 음악이 공격을 가한다. 치료사는 쓰러지지 않고 공격을 되받아친다. 소리의 대결이 벌어지고, 놀라운 음악적 불꽃이 튄다. 그런 다음, 고요함, 슬픔, 부드러움, 끈끈한 연대감이 나타난다. 그리고 항상 내담자의 가장 깊은 감정에 대해 즉각적으로 반응한다. 내담자는 자신이 의미 있고 가치 있으며 창의적 잠재성을 지니고 있다는 점을 알게 된다. 내담자의 표현에 대한 울림이 나타난다. 그것은 매우 좋은 느낌이다.

음악적 관계의 목표는 무엇일까? 소리의 표현을 사용하여 자신의 감정과 감정이 숨기고 있는 태도와 이미지를 발견하여 이를 신뢰하고 공유하고 탐구하여 그

표현이 의식에 전달되도록 하는 것이다. 그런 관계는 언어적 관계와 어떻게 다른가? 단어는 감정을 표현하는 만큼 감정을 감추기 위해 사용되며 음악적 표현에는 적용되지 않는 언어적 개념들에 대한 검열이 이뤄진다. 언어적 개념 이면의 감정이 음악을 통해 표출될 때 그 단어들 자체는 흘러가기(flow) 쉬워진다.

음악을 통해 내담자는 자신이 되고 싶어 하는 자아를 보여 줄 것이다. 말이 없고 수줍어하던 작은 피조물이 치료사의 악구(phrase)에 침투하여, 피아니시모(pianissimos)에 충돌하고 내담자의 언어적 소통과 첨예한 대조를 이루는 음악적 폭력을 보여 줄 것이다. 견실하고 실리주의자적 외관을 지닌 크고 불그스레한 얼굴에 기름진 머리를 한 보험 설계사는 기이하고 좀처럼 잊을 수 없는 아름다운 이미지에 의해 수반되는 정교하고 미묘하며 유연한 소리 패턴들을 만들어 낼 것이다.

아내이자 어머니인 26세의 한 젊은 여성이 상담 심리치료사에 의해 내게 위탁되었다. 그녀는 단음절로 말했고 자살충동을 느꼈으며 매우 드문 성교로부터 조금도 즐거움을 느껴 본 적이 없었다. 언어 차원에서는 어떤 진전도 없었다. 나는 악착같이 질문들을 쏟아 냈고 그녀의 단음절 대답 때문에 점점 더 할 수 있는 게 아무것도 없게 되었다. "그 사람들이 제가 말이 없다고들 해요." 이 문장이 그녀가 내뱉었던 문장 중 가장 긴 문장이었다. 우리의 음악적 관계는 꽤 달랐다. 그녀는 악기 앞에 여왕처럼 앉아서 심벌즈를 부딪치고 드럼을 치고 자신의 내면의 이미지에 따라 실로폰을 치는 속도를 조절했다. 내담자의 내적인 세계에서 외적인 세계로 에너지가 방출됨에 따라 내담자는 녹음테이프를 통해 자신이 소리를 통해 매우 설득력 있고 정서적인 소통을 할 수 있다는 점을 알 수 있다. 세 번의 치료 세션 이후, 이 에너지는 언어적 소통으로 전해지고 열세 번의 치료 세션 이후 그녀의 성생활은 극적으로 변했다.

음악적 관계 안에서, 치료사도 자신의 모든 감정을 나타내는 진짜 인간에 가깝도록 크게 변할 수 있다. 치료사는 기분을 부정하고 지배하고 바꿀 수 있음은 물론, 기분을 억제하고 편하게 하고 반성하고 보완할 수 있다. 하지만 음악을 하는 중에 치료사는 자신의 진짜 모습을 가장할 수 없다. 음악은 존재의 표현을 위한 투명한 수단이다. 음악적 관계는 타인의 정서적·영적 삶과 연결되는 매우 미묘하고 친밀한 방식이지만, 치료 커플을 정신적·육체적 수준에서 자유롭고 비인격적(자연적)으로 만든다. 그것은 민감하고 놀라운 현상으로서 연구할 만한 상당한 가치가 있다.

제27장
참 만남

"음악인가요 아니면 당신인가요?"라는 말은 관찰자들이 음악치료사에게 자주 하는 질문이다. 만일 그들이 누가 혹은 무엇이 치유(cure)를 하는지, 치유가 언제 일어나는지에 관해 질문하는 것이라면, 내가 해 줄 대답은 없다. 다만, 음악치료 학위(Music Therapy Diploma) 과정에서 한 정신과 의사가 화를 내며 내게 했던 대답이 있다. "오직 신만이 치유하신다네." 음악치료사는 자신이 치유에 일조한다고 믿어야 하지만, 당장 악기를 내려놓고 보다 많은 보수를 주는 일자리를 시작할 수도 있다.

이 주제에 관한 글을 저술하던 빅토르 프랭클(Viktor Frankl) 박사는 "심리치료에서 결정적인 주체(agency)는 방법이 아니라, 환자와 의사 간의 관계, 혹은 현재 대중적인 표현을 쓰자면 치료사와 환자 간의 '참 만남(encounter)'이다. 이 두 사람 간의 관계는 방법이나 기법보다 중요한 요소인 치료 과정의 가장 유의미한 측면으로 보인다. 하지만 우리가 기법을 경시해선 안 되는 이유는, 치료 과정에서 치료사 입장에서 일정 정도의 초연한 자세가 필요하기 때문이다."라고 말했다. 이 책의 치료에서 어느 정도의 객관성은 치료사에게 없어서는 안되는 부분이기 때문이다. 상당 부분은 기법들을 묘사하는 데 할애되지만, 이 책을 통해 한 인간으로서 나 자신과 독자들 간에 참 만남이 이뤄질 것이다.

참 만남, 혹은 내담자에게 음악치료사는 무엇인가 하는 것은 '관계를 포함하고 신념이 더해져 자신의 삶에서 반응해 온 태도, 창의성 등 자신의 삶에서 경험했던 모든 것의 총합이다. 참 만남이 그렇게 중요하다면 그것에 대해서 진지하게 사유해 볼 가치가 있다.'

우선, 음악치료사는 왜 음악치료를 하는가? 돈 때문인가? 지위 때문인가? 불운한 사람을 도울 수 있다는 우월감 때문일까? 타인의 삶에 대한 고상한 관음증 때문일까? 음악을 공유하는 기쁨 때문일까? 존재가 밝혀지는 과정을 추적하는 데 매료되어서일까? 무의미한 상황으로부터 의미를 도출하도록 누군가를 돕는 것에 대한 만족감 때문일까? 한 번에 한 명의 개인에게 집중하는 인류애적 감정 때문일까? 음악치료사의 역할을 하는 자기에 대한 애정 때문일까? 내담자의 연약한 자아를 소중히 다뤄 줄 가능성 때문일까? 노인의 질병에 맞서는 일의 즐거움 때문일까? 음악의 창의성을 공유하고 그 창의성이 모든 내담자에게 도달할 수 있도록 하기 때문인가? 자신이 매우 파괴적이라고 느끼는 다른 관계들을 보상하기 위한 시도인가?

만일 치료사가 스스로 만족할 만한 답변이 없다면, 나는 치료사가 얼마나 이타적인 사람인지 생각하기보다는 치료사의 겉으로 보이는 이타적인 태도에 어느 순간 그의 치료 관계를 악화시킬 수 있는 독이 감춰져 있지 않은지 걱정할 것이다. 그 누구도 자신들이 치료사의 고통이라고 느끼고 싶어 하지는 않는다.

내담자에 대한 치료사의 태도란 무엇일까? 치료사는 자신의 정신과 환자들을 내가 함께 일했던 정신과 의사처럼, '미치거나 연약한 존재로서' 경멸스럽게 쳐다볼까? 치료사는 질병이 닿지 못하는 배경 안에 성격의 일부가 존재한다는, 융(Jung)과 프랭클(Frankl) 및 기타 심리학자들의 견해에 동의할까? 치료사는 자신이 성공에 도달하기 위해 내키지 않는 내담자에게 알려 줘야만 하는 해결책을 알고 있다고 생각할까? 치료사는 브루노(Bruno Bettelheim)처럼 '어떤 사람도 타인을 교란시키는 게 무엇인지 알 수 없으므로 유일하게 할 수 있는 일은 타인 자신이 자신을 교란시키는 게 무엇인지 발견하도록 돕는 것'이라고 믿고 있을까? 치료사는 치료사와 내담자의 역할이 엄격하게 준수되어야 하고 치료사의 직업적 지위라는 페르소나의 이면에 있는 인간성을 세심히 감춰야 한다고 느낄까? 융처럼 치료사는 '중요한 점은 내가 한 인간으로서 환자를 타인과 대면시키는 것'이라고 생각할까? 치료사는 자신의 자존감을 높이기 위해 내담자를 얼마만큼 회복시키고 개선시켜야 할까? 치료사는 외부 현실 및 내부 현실에서 자신의 생각과 감정을 통해, 분노하고, 절망하며, 부정적인 내담자들을 어떻게 상대할 수 있을까?

내담자들에 대한 치료사의 태도가 어떻든 간에 치료사에 대한 내담자들의 반응들은 필연적으로 그 색상(colour)으로 여과될 것이다. 내담자들 중 가장 민감하고 타인 지향적인 사람들은 결국 치료사가 뭐든 여과해야 하는 곤란함에서 구제해 줄 것이다. 그들은 기꺼이 그런 색상이 될 것이다.

치료사는 어떤 믿음을 지니고 있을까? 모든 인간은 어린 시절의 조건화에 의해 실패 혹은 성공을 하도록 프로그램화된 단순한 정신-인공지능 기계(psycho-cybernetic machines)일까? 질병은 무의미하고 아무것도 얻는 것 없는 재앙일까? 전체성(wholeness)을 얻고자 하는 정신의 시도일까? 전생에서 비롯된 업보(karmac debt) 내담자의 정신분열증이 있는 가족으로 인한 결과물일까? 부적절한 환경에 대한 부적절한 반응일까? 내담자가 노력을 통해 전체성을 얻도록 도움과 영감을 주는 신이 존재할까? 내담자가 그런 존재를 믿는다면 내담자는 망상에 빠질까? 이러한 문제들에 관한 논의는 음악치료의 범위를 넘어서는 것일까? 정상적이고 건강한 삶의 목표는 무엇일까? 충분한 소득을 얻고 병원, 감옥, 부채(빚)에서 벗어나는 것일까? 행복해지는 것일까? 의미 있는 관계를 맺는 것일까? 성적으로 충족되고 적응하는 것일까? 자신을 발전시키고 타인도 발전하도록 돕는 것일까? 성공하는 것일까? 자신의 직업 사다리에서 높이 오른다는 것, 가장 큰 차, 가장 세심한 친구, 가장 영리한 아이들, 가장 멋진 휴일을 갖게 된다는 건 무슨 의미일까? 혹은 『주역』에서 말하는 "모두가 함께하는 게 아름답다."라는 의미일까? 인생에서 어쨌든 목표를 지니고 있어야 할까? 자신을 위해서? 내담자를 위해서? 아니면 완전히 다른 어떤 목표도 존재할까?

이런 질문에 어떤 대답을 하든 내담자는 그런 질문들을 치료관계를 둘러싼 막연한 분위기로 감지할 것이다. 한 가지 예를 들자면, 한 독실한 내담자가 무신론적 치료사를 만난다면 거의 언제나 그 점을 의식하면서도 언급하지 않으며 내담자의 경험 중 일부와 관련해 생각, 느낌, 활동은 전혀 탐구되지 못할 것이다. 내담자는 틀어박혀 있다는 느낌을 받으며 자신의 내면·외면의 삶의 매우 의미 있는 부분으로 느끼는 많은 부분을 공유하지 않을 것이다. 반대의 경우, 치료사는 자신의 믿음(신앙)을 내담자에게 전가하진 않을 테지만 침묵하는 중에도 그들은 파괴적으로든 창의적으로든 그런 믿음이 관계의 분위기에 스며들 것이다.

내담자들은 그들의 치료사가 의식적으로든 무의식적으로든 자신들을 대상으로 세운 목표에 매우 민감해질 수 있다. 만일 그런 목표가 자신들의 목표보다 너무 낮거나 다르면 내담자는 그렇게 이미 정해진 해결책의 보유자(역자 주: 치료사)의 기를 죽이는 경멸스런 눈초리로 쳐다볼 수 있다. 반면에, 치료사가 내담자가 감히 품어 왔던 것보다 더 큰 자기 자신에 대한 관점을 내보이고, 그녀의 성장과 자아 형성에 대한 도전을 구성한다면, 그녀는 당연히 고마워할 것이다. 즉시는 아니지만, 우선 내담자는 그것들을 자신의 것으로 스스로 발견해야 한다.

치료사가 일생을 통틀어 다른 직업을 가진 사람들과의 관계를 검토하고 그런 다양한 참 만남이 자신에게 미치는 영향을 검토하는 게 유용하다. 돌이켜 보면 몇몇 사람이 그들의 존재만으로 내게 좋은 약이 되어 왔음을 알고 있다. 그들이 뭔가를 해서가 아니라 그들 자체가 좋은 약이었다. 그들이 일으키는 분위기, 아마도 밀교적인 비전주의자들이 '아우라(aura)'라고 부르는 것이 내게 유익했다. 나는 그들이 해 주는 특정 치료가 유쾌하진 않았지만 그들을 만나길 학수고대했으며 필연적으로 치료를 마치고 나면 훨씬 나아진 느낌이 들었다. 왜 그랬을까? 나는 그 점에 대해 깊이 생각해 본 결과, 그들이 편안한 사람들이어서 나 역시 그들을 통해 나 자신에 대해 편안해졌기 때문이라는 결론을 내리게 되었다. 그들은 그들의 이루기 힘든 계획을 내게 강요하지 않았고 내가 그런 계획에 적응하도록 했으며 의심과 두려움에서 비롯된 자신들의 협소한 견해로 나를 가두지 않았으며 나는 목표로 삼지도 않은 목표들의 목록과 비교해 나의 진행 상황을 점검하지도 않았다. 그들이 내 현실에 관한 뭔가를 싫어했다면 그들은 싫다고 말할 테지만 나는 궁극적으로 그들이 내가 생각하기에 최상인 방식으로 자유롭게 살도록 내버려 둔 느낌을 받았다. 아마도 가장 중요한 점은, 그들이 전체적으로 자신들의 입장을 유지하면서도 내게 큰 공간을 내주어도 그들만의 세계관과 개인적 유효성(validity)이 위협받지 않았다는 사실이다. 나의 세계관과 개인적 유효성이 그들에 의해 위협받지 않았듯 말이다.

치료사의 직업적 자아(professional self)는 치료사가 타인에게 보여 주는 자아와 다른가? 치료사들마다 다른 대답을 내놓을 것이다. 개인적으로 치료사로서 나는 나 자신을 하나의 단단한 조각(piece)으로 모으고 나 자신을 내담자를 향한 거대한 오목 반사경 같은 모양으로 만드는 상상을 한다. 이 반사경은 가능한 한 내담자의 많은 것을 비출 수 있는 동시에 내담자와의 관계에서 나의 어떤 부적절한 생각이나 감정 그리고 반응들을 여과하는 데 목표를 둔다. 강인함(strength)과 사랑의 느낌이 존재하며 나는 그런 특징이 나의 것이 아니라 치료 기간 동안 빌려 온 것이란 느낌이 든다. 실제로 나는 그런 특징이 나의 것이 아님을 알고 있다. 왜냐하면 내가 약해지고 우울해지는 느낌이 들고 내담자가 마음에 들지 않을 때도, 나는 여전히 그런 특징이 내게 존재한다는 기분이 든다. 경험해 보지 않았다면 내 말이 이상하게 들릴 수 있다. 하지만 나는 솔직하게 묘사했으므로 다른 사람들은 자신들만의 경험을 나의 경험과 비교해 볼 수 있을 것이다.

음악치료사, 즉 내담자를 정기적으로 만나는 음악치료사는 자살을 하고 (어린 시절) 집을 떠나거나 자신의 결혼 생활을 끝내려 하는 내담자의 광적인 욕망의 결과에 얼마나 책임감을 느껴야 할까? 치료사는 칼 로저스(Carl Ransom Rogers)의 노선을 걸어야 할까? 즉, 칼 로저스는 다음과 같이 묻는다. "심각하게 동요를 받는 내담자가 어떤 선택도 내리지 못하는 자신의 무능력함과 씨름할 때, 혹은 또 다른 내담자가 자살을 하고자 하는 자신의 강한 충동에 힘들어할 때, 내가 내담자에게 존재하는 절망스러운 감정을 깊이 이해는 하지만 책임을 떠안으려고 하지 않는다는 사실은 인간 유기체의 전진운동 경향에 대한 기본적인 신뢰의 가장 의미 있는 표현이 아닐까?"

나는 이러한 공감 개념이 실제로 매우 중요하다고 생각한다. 나는 많은 시간을 나의 내담자들을 이해하고 세상이 그들을 어떻게 보는지를 살피며 내담자들과 함께 그들의 출발 지점을 발견하는 데 할애한다. 실제로 내담자들이 내게 반복적으로 하는 말은 "저를 이해해 주시는군요."이다. 하지만 유리컵을 빼앗아 깨뜨린 다음 자신의 손목을 깊게 베어 버리는 젊은 여성과 마주할 당시 나는 그녀가 잃어버린 부분의 역할을 하지 않을 수 없었다. 즉, 나는 그녀가 유리 조각을 떨어뜨릴 때까지 그녀를 강하게 붙잡고 있었다. 그런 불신의 표시와 별개로 나는 그런 행위 과정에서 그녀가 자신의 보다 나은 자아를 의식하도록 돕는다고 믿는다. 바로 그녀의 보다 나은 자아의 대체적(substitute) 일부가 됨으로써 말이다. 이는 마치 그녀가 일시적으로 앞을 못 보게 되고 자기 스스로 볼 수 있는 궁극의 능력에 대해 어떤 신뢰도 보이지 않을 때 내가 그녀를 이리저리 안내하는 것과 같다.

결혼 생활의 유기는 무엇인가? 나는 이것이 결혼 파멸이라고는 말하지 않을 것이다. 왜냐하면 내담자들의 결혼은 두 전인(whole people) 간의 진정한 결혼이 결코 아니므로 대부분 파멸되지 않기 때문이다. 하지만 아마도 그 내담자는 자기 부모의 이미지를 배우자에게 투사한 듯하며 무의식적으로 부모/자식 관계를 결혼 중 행동으로 옮긴 후, 치료 과정에서 '집을 떠나고 싶을 만큼' 성장하게 된다. 배우자는 늙어서 버려진 부모가 되고 다정하게 지나치는 첫 남성, 즉 그녀의 새로운 '성인' 역할에 맞게 그녀를 대우해 주는 남성은 그 삼각관계에 얽히게 될 가능성이 높다.

이 모든 상황에서 치료사는 어떤 책임을 지게 될까? 치료사는 단순히 다음과 같이 말할 수 있다. "당신 스스로 노력해야 합니다. 당신이 어떤 결정을 내리든, 나는 당신의 삶을 일으켜 세우는 데 내가 할 수 있는 모든 지원을 할 것입니다." 또는 결혼 자체를 일종의 이중 내담자(dual client)—거의 아픈 듀엣—로 취급할 수 있다. 당연히 치료사가 그렇게 하기로 결정하더라도, 그는 결혼생활의 파탄 여부에 관한 결정권을 터맡지 않게 된다. 하지만 치료사는 부부가 음악을 통해 서로에 대한 느낌, 배우자로서 그들 자신에 대한 느낌 그리고 남편과 아내, 만일 자녀가 있다면 아빠와 엄마의 역할에 대한 그들의 생각을 음악을 통해 탐색하도록 도움을 준다. 만일 (치료받고 있지 않은) 상대 배우자가 치료사가 치료 시간이라는 안전한 구조 안에서 그들의 감정과 태도를 평가하고 공유하는 것을 돕는 일에만 관심이 있다고 느끼면, 일반적으로 기꺼이 세션에 참여할 것이다. 자기 남편에 대한 내담자의 태도와 내담자에 대한 남편의 태도는 치료사가 어떻게 치료를 진행할지 파악하는 데 큰 도움이 된다. 그는 남편이 어느 지점에서 '아버지' 역할을 하기로 결정하는지, 내담자가 어느 지점에서 아동기 태도를 지속하며 성인의 책임을 회피하는지 파악할 수 있다. (음악치료를 포함한) 어떤 형태의 심리치료를 받고 있는 한쪽의 구성원이 어떤 관계 안에서 내담자가 더 이상 상대 배우자의 나약함을 받아 줄 저장소(repository)가 되지 않고 강인함을 얻기 시작하는 시점이 오는 것은 당연한 일이다. 이때 약점은 가족의 다른 구성원에게 드러날 수 있다. 즉, 신경 발작(attack of nerves), 신체화 질환(psychosomatic ailments), 여러 갈등이 흔히 나타난다. 이 단계에서는 내담자의 배우자가 내담자에게 적응하며 성장하는 기회를 얻는 건 합리적인 일이다. 그들이 발달 중인 서로의 자아에 적응하기 위해 견뎌야 할 변화는 새 결혼 배우자를 맞이하거나, 부부 중 한 명이 아이들을 두고 떠나는 과정에서 생기는 변화(그리고 죄책감을 통해 가능한 작업)보다 정도가 덜하다.

이런 모든 상황에서, 결혼과 가족의 삶에 대한 치료사들 고유의 태도가 아무런 의미를 지니지 않는 건 아닐 것이다. 치료사가 어떤 조언을 제시하고, 판단을 내리거나 자신만의 믿음이나 가치를 표명하기를 삼가는 경우에도, 결혼, 성, 사회, 사랑, 의무에 대한 치료사의 표현, 반응, 침묵하는 태도를 통해, 치료 시간은 그들 고유의 색깔로 입혀지게 될 것이다.

마지막으로, 치료사와 내담자 간의 참 만남에 있어 중요한 부분은(그 부분을 하나의 기법으로 사용할 수 있지만), 침묵의 공유이다. 침묵은 끔찍한 죄책감을 짊어진 빈틈, 젖어들기를 기다리는 놀라운 기대의 바다, 혹은 자아를 발견하는 솔직한 소통에서 비롯된 평화의 천국으로 간주할 수 있다. 나는 나 자신의 분석적 심리치료에서 경험한 특별한 침묵, 사례를 아직도 기억한다. 대략 37번째 치료 세션을 진행할 때였다. 그것은 내가 얼굴을 찌푸린 채 벽난로를 바라보며 내가 죽었으면 하는 괴로운 심연도 아니었고, 기다림의 바다도 아니었으며, 내가 작은 방 안에서 거대한 사람과 마주하고 있다는 것을 깨달은 갑작스러운 공허감도 아니었다. 그것은 깨어나는 것(waking up)과 같았다. 나는 아무 말 없이 마치 한 마리의 짐승이 바라보듯 말없이 바라보고 있었다. 시간이 지났고 나는 눈을 깜빡였다. 길거리에서 일상의 소리들(sounds of life)이 들려왔다. 나는 미소를 지었고 그 사람(human)도 미소를 지었다. 얼마나 믿기 힘든 일인가? 그는 내가 아니었다. 나는 그를 지어내지 않았다. 우리는 사람이었다. 나는 그 소리를 다시 들었다. 그 경험은 내게 약 40펜스*의 가치가 있었다. 잠시 후, 내 목소리가 치료의 큰 소용돌이(therapeutic maelstrom)로 밀려들어 갔고 그 침묵은 흩어져 다시 돌아오지 않았다. 나는 그 세션 중 들었던 말을 기억하지 못하지만 그 침묵은 너무 강렬해서 거의 손으로 만질 수 있을 것처럼 기억된다.

음악치료사는 두 가지 종류의 강력한 침묵을 공유할 수 있다. 하나는 음악을 함께 연주한 후 생기는 침묵이다. 나는 항상 그 순간, 즉 박수를 치기 전 협주하는 순간이 청중에게 가장 강력한 통합의 영향을 미친다고 생각한다. '우리가 함께있고, 함께 경험한다.'는 강렬한 깨달음이 이뤄진다. 아주 시끄러운 병동에서조차 나는 바이올린을 연주하는 중 그런 깨달음을 얻으려 노력한다. 그런 깨달음이 발생할 때면 언제나 아름다움을 느낀다. 또 다른 특별한 침묵은 내담자가 즉흥연주를 시작하기 전 집중하는 순간이다. 그 순간 치료사는 내담자가 자신의 의지대로 자기 자신을 표현할 능력을 깊이 신뢰한다. 그것은 되어 보기(to be), 행하기(to do), 표현하기(to express), 느끼기(to feel)가 허용하는 순간이며 내담자가 주도하도록 치료사가 흔쾌히 허락하는 순간이다. 내담자는 그런 침묵의 순간에 절대적 힘을 가진다. 치료 과정에서 나는 그런 침묵의 순간에 치료사의 존재가 내담자에게 가장 미묘하게 영향을 미친다고 생각한다. 그런 뒤에야 내담자의 존재가 채울 완전한 공백을 창조할 수 있는 사람, 즉 동료로서 치료사와 참 만남을 하게 된다. 언어와 음악 그리고 침묵과 경험은 음악치료에서 참 만남의 전부이다.

---

* 영국 화폐 단위

제28장
이상한 소통

음악치료사는 내담자와의 소통을 위해 항상 깨어 있어야 한다. 그것은 일상적인 일이 될 수도 있지만, 친숙하지 않은 일일 수도 있다. 또한 그것은 매우 예상치 못한 일이 될 수도 있다. 그레타와도 그랬다. 어느 가을, 우리는 음악치료사로서 장기 병동에 있는 여성 노인에게 격주로 1시간의 세션을 진행하였다. 주변 분위기는 매우 즐거웠고 라운지는 푸른색 마루에 붉은 카펫, 실내 식물, 수직 융단 그리고 커튼이 있는 창문이 있었다. 그러나 그곳은 우울한 장소였다. 35명의 여성들이 안락의자에 앉아 있었고 일부는 요실금으로 인한 통증으로 무릎 위를 러그로 덮고 타월을 깔고 앉아 있었다. 구석에 있는 몇몇은 봉으로 막혀 있는 노인용 의자에 앉아 있었다. 나는 전체 병동에서 그레타에게 주목하였다. 그녀는 36세에 입원하였고 뇌졸중으로 지난 5년을 보냈다. 키가 컸고 짧은 회색의 부드러운 머릿결을 가졌으며 여윈 팔다리와 근심스러운 여우 같은 얼굴의 모습이었다. 때때로 그녀는 울부짖는 소리도 아니고 신음소리도 아닌 이상한 동물 울음을 터뜨렸고 가끔 의자에서 조금씩 미끄러져 내려와 간호사들이 다시 앉혀야 했다.

우리가 일하던 초기, 나는 그녀가 노래도 못하고 악기도 다룰 수 없다고 생각하고 그녀를 기피하였다. 그것은 치료사로서 정말 잘못된 일이었으나 어쨌든 나는 그녀가 두려웠다. 아이들이 늑대인간과 뱀파이어를 두려워하듯이 나는 병동을 떠날 때 그와 같은 두려움이 몰려왔다. 어느 날 나는 그레타와 소통해야 한다는 것을 깨달았다. 그녀의 신체가 쇠약해지는 이유를 찾아야 했다. 그녀도 어린 시절이 있었을 것이고 그때에 그녀를 사랑하는 엄마가 있었을 것이라 생각했다. 나는 그러한 시선으로 그녀에게 다가갔다.

다음 세션에서 나의 동료가 옛날 노래를 연주하는 동안 나는 침에 흠뻑 젖어 냉기가 있는 가죽 같은 그레타의 손을 잡고 그녀의 여우같이 작은 눈을 바라보았다. 나는 부드럽게 그녀의 손을 음악의 리듬과 맞추었다. 그녀의 팔은 뻣뻣해서 움직이기 힘들었지만, 그녀의 눈은 나의 눈을 떠나지 않았고 사악해 보인다고 생각했던 얼굴은 사랑스러운 미소로 여길 수 있게 되었다. 그녀에게서 인간미가 느껴졌다. 그 후 나는 그 병동을 방문할 때마다 그레타와 특별한 게임을 하곤 했다.

어느 날, 그녀와 게임을 하기 위해 평소대로 그곳에 갔으나 그녀의 의자는 비어 있었다. 나는 주변을 둘러보았으나 그녀는 그곳에 없었다. 우리는 꽤 바빴기에 그것에 대해 더 이상 신경쓰지 않았다. 그러나 다음 시간, 나는 간호사에게 그녀가 어디로 갔는지 물어보았다. "그녀는 등의 괴사로 죽어 가고 있어요. 그녀를 만나 볼래요?" 어쨌든 경험 많은 간호사에게 죽음은 음악치료사가 바이올린 줄을 바꾸는 것과 같을 거라고 생각했다. 나는 간호사를 따라 큰 병실로 갔고 그곳에는 하얀 환자복이 다리에서 벗겨져 누워 있는 그레타를 보았다. 그녀는 눈을 감고 웅크리고 있었으며 얼굴은 울긋불긋한 색조를 띠었다. 간호사는 말했다. "그레타, 당신을 보고 싶어 하는 사람이 왔어요." 그러나 그녀는 움직이지 않았다. 나는 손으로 그녀의 이마를 부드럽게 만졌다. 그녀는 여우처럼 눈을 뜬 채로 짐승과 같은 울음을 터뜨렸다. 간호사가 잠시 말하는 동안 그레타는 그녀를 응시했다. 간호사는 종종 그레타를 휠체어에 앉혀 밖으로 나가는 것을 좋아하게 되었다. 간호사가 멈췄을 때 그레타는 나를 바라보았다. 나는 "잘 지내요, 그레타."라고 말했고 그때 병동으로부터 음악이 흘러나왔다. "음악을 들을 수 있나요? 그녀는 나를 응시했고 밝은 미소를 지었다. 간호사는 이것을 보고 매우 놀랐다. 그레타가 내 말을 이해한 건가? 그녀가 게임과 음악을 연결시킨 건가? 이것은 아름다운 작별 인사였다. 그녀는 우리가 다음 방문을 하기 전에 사망하였다.

병동에는 그레타를 대신하여 외국 여성이 들어왔다. 간호사들은 그녀를 이탈리아인이라고 하였고 또 어떤 이는 폴란드인, 프랑스인, 심지어 아랍인이라 하였다. 사실 그녀는 프랑스인이었고 조현병 환자인 두 아이는 이 병원의 장기 병동에 있었다. 그녀는 아이들이 귀에 대고 소리쳐도 청각장애인 것처럼 대답하지 않았다. 사실 그녀는 청각장애가 아니라 시각장애였다. 우리는 이전에 다른 병동에 있는 그녀를 마주하는 것이 익숙했는데 그때 그녀는 반복적으로 옷을 들어 올려 자신의 페티코트로 코를 닦았고 그로 인해 팬티를 입지 않은 것이 보였기 때문에 우리는 그녀를 걱정했었다. 이는 남자 자원봉사자를 짜증 나게 했다기보다 그녀가 너무 품위 없다고 생각하게 하였다. 나는 그녀가 시각장애이고 자신을 인지하지 못하기 때문에 그녀의 신체적 안녕뿐만 아니라 자존감도 지켜 줘야 한다고 생각하였다. 손수건은 없었나? 혹은 팬티가 없었나? 음악을 하라. 그것이 우리의 걱정은 아니었다. 이 병동에서 그녀는 빈번히 걸리던 감기가 치료되는 듯했지만, 그녀는 삶을 놓은 듯 하였다. 그녀는 둥지를 튼 새와 같이 머리를 숙이고 팔짱을 끼고 앉아 있었고 간호사가 하루에 네 번 식당으로 데려다주는 것 외에 아무것도 하지 않았다.

옛날 노래를 하는 동안 그녀에게 내가 함께한다는 것을 느끼게 하기 위해 다가가서 그녀의 손등을 만졌다. 그녀는 인사를 하듯 내 손을 꼭 잡았다. 나는 이를 통해 그녀의 모든 삶과 의식을 느꼈다. 우리는 왈츠를 추기 위해 위아래로 흔들었고 폴카에 맞추어 흔들었다. 또 행진곡에 박을 맞췄다. 나는 내 손을 그녀의 손에 수동적으로 올려놓았다. 모든 리듬과 생동감은 진정으로 그녀의 손에서 느껴지는 것인가? 확실히 그랬다. 그녀는 음악을 듣고 리듬을 탈 수 있었으며 나의 어떠한 지시 없이도 위아래에서 옆으로 방향을 바꿀 수 있었다. 이것은 다른 환자에게서 보이는 수동적인 움직임이 아니었다. 나는 삶에 대한 사랑과 열정이 가득 찬 사람을 느낄 수 있었다. 도대체 그녀에게 무슨 일이 있어 이렇게 된 것일까?

또 다른 이상한 소통은 내가 정신데이케어센터에서 정기 세션을 할 때 일어났다. 나는 매주 한 번씩 8~15명의 환자들과 암울하고 음침한 1층 방에서 모였는는

데 그들은 병원에 있을 만큼 아프지는 않지만, 정상적 삶을 살기에는 건강하지 않은 환자들이었다. 우리는 2시부터 4시까지 2시간의 음악 시간을 가졌는데 그들은 가끔 친구들을 초대하여 함께 연주하고 노래하는 즐거운 시간을 가졌다. 그러던 어느 날 오후, 젊은 사진작가 친구가 비나(vina, 인도의 현악기)를 가지고 왔다. 그는 인도인은 아니었지만, 인도인 전문가와 공부하고 있었다. 환자들은 반원의 형태로 딱딱한 의자에 앉아 있었는데, 완벽히 정상적으로 보이려고 애쓸 때 드러나는 조심스럽고 뻣뻣한 자세로 앉아 있었다. 그들은 좀처럼 말하지 않았으나 빛나는 조롱박 공명기로 되어 있는 큰 현악기에 관심을 가졌다. 환자들 가운데 젊은 유태인 여성 환자인 레아는 마약이나 술, 아니면 둘 다인지는 모르지만, 항상 졸리거나 술에 취한 상태로 나타났다. 그녀는 매우 예술적이었고 아래층으로 내려와 노래할 때 환영받았다.

비나 연주의 처음 두 곡은 발표되고 연주되었으며 박수를 받았다. 이후 사진작가는 즉흥연주를 시작했고 거의 의식이 없는 것처럼 보였던 레아는 이상한 찬트를 하였다. 비나의 톤과 목소리는 조화롭게 섞였고 음악은 고통받는 슬픔과 절망 속에서 계속 흘렀다. 레아는 눈을 감고 큰 개구리처럼 고개를 뒤로 젖혀 괴상하고 애절한 소리를 쏟아 내며 완전히 이완된 모습으로 앉았다. 그녀의 노래는 동아시아에서 기원된 집단 무의식의 어떤 깊은 층으로부터 나오는 것인가? 아니면, 너무 술에 취하거나 약에 취해 스스로를 억제하지 않은 채 완벽하게 노래를 불렀던 것인가? 맨바닥의 칙칙한 방 안의 선생의 급여에 대한 포스터, 선물로 받은 끔찍한 피아노는 사라졌다. 그리고 치료사와 환자의 관계도 사라졌다. 그녀의 노래는 우리를 먼지 가득한 인도 마을의 거리로 이끌었다. 우리는 황홀한 소리를 들었고 매우 감동적이었다. 그것을 마쳤을 때, "그것은 무엇이었나요?"라고 나는 물었고 레아는 눈을 뜨고 나를 바라보며 깜짝 놀라 "나는 모르겠어요."라고 말했다.

제29장
음악치료에서 전이와 역전이

일반적 의견과 달리, 프로이트가 만든 전이는 환자가 분석가를 맹목적으로 신뢰하여 정기적으로 비용을 지불하고 세션에 참여하게 하는 악의가 있는 장치가 아니다. 사실 정신분석 초기에 전이는 무의식을 의식화할 때 다소 불행하고 방해하는 부작용으로 여겨졌다. 나중에 그것이 정신분석 과정의 중요한 치료적 과정인 것을 알았다.

전이는 환자의 삶 속에서 이전의 중요한 관계로부터 끝나지 않은 사건을 치료사와 함께 재현하는 과정으로 설명될 수 있다. 또한 치료사에게 투사함으로써 내적 갈등과 타협하거나 제거하려는 시도일 수 있다.

프로이트는 1912년 전이를 세상에 알렸으나 가치를 두지 않았다. 태초부터 그것은 다양한 용어로 경험되어졌고 분석적 관계로 제한되지 않았다. 이는 학생과 선생, 학생과 강사, 남자배우와 여자배우, 확정된 입후보자와 보좌관, 환자와 보건의, 치과의사, 사회복지사 그리고 모든 치료사, 고객과 가게 주인, 미용사와 발 전문의, 의뢰인과 변호사, 주식중개인과 회계사 사이에 일어난다. 놓친 사람이 있는가? 따라서 전이에 대해 아는 것은 모두에게 이롭다.

분석적 작업이 수행되는 곳에서 전이는 대체로 더 강하고, 전언어적인 인생 초기로부터 비롯된 더 깊은 감정을 수반한다. 현재에서 이러한 감정이 재경험되는 이유는 처음 경험할 때 그러한 기억이 저항될 만큼 매우 강하고 고통스럽기 때문이다. 두려웠던 기억 대신 무의식은 처음 그것이 일으킨 상황을 현재에서 반복하기 위해 충동적 강박을 일으킨다.

이러한 일이 일어났을 때 무엇을 느끼는가? 강둑에 앉아 있는 구조원이 수영을 배우지 않고 강 속을 걷는 당신을 지켜보다가 당신의 발가락이 다친 후에야 어떤 일이 일어난 건지 알려 주는 느낌이다. 당신은 그것을 깨달을 때까지 저항하지만 자라는 손톱을 멈추게 할 수 없다는 것과 같다는 것을 안다. 그것은 임신과 같이 출산할 때까지 계속되는 것이다. 책임 있는 어른의 삶을 살아야 할 동시에 감당하기 힘든 아이의 감정을 갖는 것은 지옥 같은 일이나 모든 것이 가치 있을 것이라 느끼게 하는 통찰력과 명료함, 그리고 관계의 훌륭한 순간이다.

전이가 심리적으로 자격을 갖춘 사람에게 투사될 때, 다른 점은 객관적으로 받아들여지고 전이자의 이전 관계에 의해 검토되고 해석될 공정한 기회를 가진다. 이 안에서 반복 주기가 깨지고 전이자의 상황이 바뀔 수 있다. 전이가 아무것도 모르는 일반인에게 투사될 때, 그는 그에게 기대된 것에 무의식적으로 반응하고 전이자가 그에게 부여한 역할을 하도록 강요당하는 자신을 발견하기 쉽다. 동시에 그 상황에서 설명할 수 없는 당황스러움과 무력감을 느낄 수 있다.

전문적인 분석적 관계에서는 상황에 대한 이해가 가능하기에 전이가 발생하자마자 즉시 해소될 수 있다. 이러한 상황에서 지혜와 통찰력이 없다면 반복적 주기는 가끔은 파괴적 방법으로 강화될 수 있다. 이러한 메커니즘은 여성이 비참한 사랑을 겪거나 남성이 자신보다 권위 있는 사람과의 갈등으로 인해 반복적으로 일자리를 잃을 때 발생한다.

긍정적·부정적 전이

따뜻하고 사랑스런 감정이 치료사에게 향할 때 긍정적 전이라는 용어를 사용한다. 프로이트는 이것을 치유 에너지의 원천 중 하나로 설명했다. 그것은 환자가 자기 자신을 돕기 위해 도움이 되는 해석을 사용하는 따뜻한 관계 안에 있다.

긍정적 전이에 대한 저항은 치료사에 대한 미움, 두려움, 화, 그리고 분노의 감정에 대한 투사이다. 이것에 대해 라커(Racker) 박사는 다음과 같이 말했다. "예를 들어, 부정적 전이와 저항 이면에 좌절된 사랑이 있다는 것을 분석가가 앎으로서 환자가 다시 사랑할 수 있다는 것에 대해 분석가는 사랑으로 반응할 수 있다." 부정적 전이가 나타나자마자 더 이상의 진행을 막는 것처럼 바로 해결하는 것은 치료사의 일이다.

전이 인식과 음악치료사

음악치료사는 전이를 알아야 하는가? 피상적인 지식만으로 충분한가? 만약 음악치료사가 중증의 비정상적인 사람들하고만 작업한다면 책으로 얻게 된 전이와 역전이의 피상적 지식이면 충분할 것이다. 그 외 내담자들과 작업에서 만약 음악치료사가 안정적 인격과 풍부한 직관, 일반 상식, 믿음직한 조언자들 그리고 전이 처리에 대한 인식을 가지고 있다면, 음악치료사는 만족스럽게 자신의 일을 잘 해 낼 것이다. 그러나 만약 그가 분석적 음악치료를 자신의 개인 기관이나 정신과에서 전문으로 시행하려고 한다면, 자신의 전이에 대한 더 깊은 개인적 경험과 해결은 분석이나 분석 심리치료를 통해 큰 가치를 가진다. 이와 함께 상호치료(음악치료 워크숍 훈련 세션)의 병행 과정은 내담자와 음악치료사의 관점에서 일어나는 감정적 상황을 음악적으로 이용하기 위한 방법을 발견하기 위해서 권장된다. 지금까지 분석가들은 음악적 탐색을 위해 이러한 합의, 심지어 상호치료에 자료를 제공하는 것을 허용했다.

역전이

이 용어는 두 가지 다른 의미로 혼란스럽게 사용된다. 첫 번째는 내담자에게 투사되는 치료사의 전이이다. 이것이 쓸모없고 통제가 되지 않는다면, 치료적인 관계가 파괴되며 내담자는 치료사가 선택한 역할에 강요되는 치료적 관계가 되는 것이다. 내가 역전이에 대해 말할 때 이 정의를 의미하는 것은 아니다.

두 번째 의미는 치료 중 음악적 부분에 항상 역전이를 사용하기 때문에 음악치료사에게 가장 중요한 것이다. 그것은 치료사가 의식하는 내담자의 무의식적 느낌, 자기 부분(본능적 자기, 이성적 자기, 혹은 양심) 또는 내적 대상에 대한 치료사의 동일시이며 이는 내담자의 숨겨진 내적 삶의 가이드로써 사용될 수 있다. 진짜 메시지를 받은 것인지 혹은 상상인지 어떻게 알 수 있는가? 라커(Racker) 박사는 "나의 경험에 따르면, 무의식의 메시지에 대한 과도한 신뢰는, 심지어 그것이 매우 '개인적' 반응에 대한 것이라도 그것을 억제하거나 객관적 가치를 부정하는 것보다 덜 위험하다."라고 말했다.

음악치료사들에게 이러한 메시지는 정신을 압도하고 멍하게 한다. 나도 그들 중 하나이고 우리의 문제는 전이된 감정에 지나치게 동일시하지 않고 압도당하지 않는 것이다. 어떤 이들에게 이러한 메시지는 귀 기울여 듣기 어렵고 여전히 작은 목소리와 같다. 음악치료사가 내담자와 즉흥연주를 할 때 이러한 역전이 감정은 마치 치료사 자신의 감정인 것처럼 무의식으로부터 유발된다. 무의식에 존재하는 근본적 특성은 그것들을 다루기 어렵게 만든다. 그러나 그것에 대한 지각과 실천은 우선 위험한 장애가 될 위협적인 것을 없애는 유용한 도구가 될 수 있다. 음악가는 즉흥연주할 때 마음을 활짝 여는데, 이러한 과정은 초기 언어적 과정 동안 알지 못했던 감정을 인식하는 시간이다. 음악치료사가 자기 자신을 내적으로 분리된 관찰자로 나누는 것은 필수적인데, 그는 객관적으로 역전이의 단서를 검토할 수 있고, 역전이와 전이의 단서들을 소리 패턴으로 전환할 수 있는 열려 있고 비이성적인 수용자이다. 한쪽 귀는 내담자에게, 두 손은 피아노에, 범람하는 역전이에서 관찰자를 온전히 지키려면 많은 임상이 필요하다.

시간이 지남에 따라 나는 이러한 단서들을 발견했고 지금 그것을 e-역전이(에코효과)라고 부른다. 라커(Racker) 박사는 이것을 유용한 도구가 되는 일치적 동일시라고 부른다. 불편한 감정은 적절히만 다루어진다면, 음악적 혹은 언어적 과정 속에서 내담자에게 돌려줌으로 쉽게 분산될 수 있다. 처음에 신뢰할 만한 메시지로써 믿는 데 용기가 필요했으나 경험은 치료 안에서 좋은 결과를 바탕으로 자신감을 갖게 한다.

음악치료에서 역전이 예

역전이에 대한 음악적인 긍정적 저항의 예이다. B 씨는 세 아이의 어머니이자 유부녀인 32세 내담자이다. 그녀는 드럼, 심벌즈, 자일로폰으로, 나는 피아노로 즉흥연주를 할 때마다 항상 부족하다는 느낌을 받았다. 그녀의 즉흥연주는 머뭇거리고 짧았으나 내적 실현은 생동감 있고 의미가 있었다. 어느 날 나는 그녀와 함께 꿈에 대해 연주하는 동안 언제나처럼 무능하다는 부담이 있었다. 그리고 나는 생각했다. '이러한 무능감은 더 이상 내 것이 아니다. 그것을 제거하고 있다.' 나는 내면으로부터, 나로부터 그것을 밀어냈다. 나의 연주는 풍부했다. B 씨는 반대의 흐름을 포착하는 것 같았고 그녀의 연주는 어느 때보다 더 풍부하고 자신 있고 길었다. 나는 성공적 연주 이후 이러한 반대적 흐름을 여러 번 시도해 보았다.

다음은 내적 암시를 신뢰한 예이다. 나는 32세인 F 씨와 세션을 진행했는데, 그는 초기에 면담의 두려움에 대해 말하였다. 그는 항상 지나가는 말로 "엄마가 죽었다고 믿었다."(그의 엄마는 그가 매우 어렸을 때 가족을 떠났다)라고 퉁명스럽게 말했다. 나는 그에게 '내가 대답할 수 없는 질문'이라고 적혀 있는 문이 있는 높은 벽을 상상하라고 하였다. 그는 자일로폰을 가볍고 불안하게 두드리며 연주를 시작하였다. 1~2분 후, 나는 역전이의 암시에 의해 에올리언 모드로 하프의 코드와 같이 롤링하듯 깊게 연주하였다. 나의 머릿속의 이성적·논쟁적 목소리는 왜 내가 이것을 하고 있는지 물었으나 이것은 그의 음악과 너무 달랐다. 나는 잘몰랐으나 직관을 믿었다.

그의 내면의 경험은 나의 직관적 음악 반응을 정당화했다. 그는 문을 열었고 묘지로 들어갔으며 무릎을 꿇고 담쟁이 잎을 뒤로 밀고 하나의 돌에서 다른 돌로 가서 발견할 수 없었던 이름을 찾고 있었다. 그의 무의식에서 침통함을 느끼고 있으나 그의 의식은 그것을 밀어냈고 그 상황에서 나의 음악은 침통함을 유지하였다. 나는 그의 무의식에서 깊고 슬픈 음악을 연주했었는데, 그것은 그가 어머니가 돌아가실까 봐 두려워한다는 것을 말해 준다.

만약 음악치료사가 역전이를 인지하지 못한다면 역전이 투사가 자신에게 속하지 않고 죄책감을 갖게 하기에 위험에 빠지게 된다. 혹은 음악치료사가 말도 안 되는 것이라 생각하고 완벽하게 억압한다면 그는 내담자에게 공감할 수 없다. 관찰자로서 중요한 점은 "그녀가 나에게 무엇을 느끼게 하는가?"이다. 종종 즉흥연주 중간에 치료사는 건반 위 내담자의 손가락에서 그의 분노가 강하게 일어나는 것을 느낄 수 있다. 그것을 특별한 감각인데 매우 강하고, 의식적으로 일어난 것이 아닌, 의식을 방해하며 일어나기 때문이다. 콘서트에서 구조화된 음악을 연주할 때 다이나믹이 아무리 세더라도 음악은 자아를 통해 여과되기 때문에 그러한 감정은 결코 가질 수 없다. 또한 혼자 혹은 동료와의 즉흥연주 때도 그것을 느낄 수 없다. 내담자의 필요에 대한 수용이 내담자와 치료사 사이에 무의식적 통로를 여는 것이다.

분석과 음악치료에서 전이의 차이

음악치료에서 내담자는 분리된 자신의 어떤 부분과의 감정적 대면을 음악을 통해 종종 경험한다. 소리 표현으로 내담자가 경험한 감정을 통해 문이 열릴 때, 내담자는 감정을 인정하고 수용하기 시작할 것이다. 내담자는 녹음에서 감정이 존재한다는 것을 확인할 수 있다. 그리고 더 이상 그것의 존재를 부정할 수 없다.

음악치료의 긍정적 전이의 사랑스러운 감정은 분석에서와 같이 좌절스러운 목적이 금지된 특성을 가지고 있지 않다. 심지어 부분적으로 함께 음악을 연주하는 것, 신체의 긴장을 이완시키는 것은 먹이를 주거나 사랑을 하거나 혹은 죽이는 것과 같은 다양한 기본적 충동에 대한 무의식의 상징적 공식이 될 수 있다. 음악치료의 전이는 긍정적인 면과 부정적인 면으로 모두 강렬하지만 다루기 쉽다. 부정의 첫 번째 징후에서 내담자는 즉흥연주에서 증오의 느낌을 표출하도록 격려된다. 그리고 음악이 끝날 때까지 열 번 중 아홉 번은 분노로 가득 찬 사람의 현실로 폭발할 것이다. 음악 안에서 표출하면서 부정적 감정은 보통 음악적 방법 외로 표출되기보다는 스스로 발생되거나 묘사된다. "나는 오늘 오고 싶지 않았고 당신이 나를 고통스럽게 한다는 것을 느꼈다." 그리고 "나는 오늘 오는 것을 원하지 않았고 당신은 나의 엄격한 할머니고 나는 나무에 숨어 있었다고 느꼈다." 치료사가 내담자에 대해 연주하는 동안 내담자가 음악 안에서 끔찍한 치료사가 되도록 허용하는 것은 유용하다. 이러한 방식으로 내담자는 투사된 감정과 접하고 그것들과 소통할 수 있다.

음악치료사는 내담자를 위해 진짜 감정을 갖지 않는가

만약 내담자에게서 사랑할 무언가를 찾을 수 없다면 나는 그와 작업할 수 없다는 것을 알게 되었다. 대부분의 동료들이 그렇게 말한다. 음악치료 과정을 시작할 때, 나는 마치 내가 금을 캐는 것처럼(내가 어렸을 때 아리조나에서 했던 것과 같이) 내담자와 함께 일하고 있다는 것을 느낀다. 마른 강 모래를 납작한 냄비에 채워 무거운 돌과 금 먼지가 표면에 나올 때까지 그것을 흔들었다. 금을 보았을 때—그것은 드럼, 비트, 리듬, 표현, 제스처 혹은 흐트러진 문장 안에 있을지도 모른다—나는 앞으로 갈 길을 분명히 안다. 나는 행복하다. 이후에 아마도 나는 금을 볼 수 없게 되고 다시 금을 골라야 할 것이다. 그러나 나는 그것을 한 번 봤기에 그것이 있다는 것을 안다.

만약 공감 능력이 없는 누군가와 즉흥연주를 한다는 것은 불가능할 것이다. 음악치료사는 분석가와 마찬가지로 객관성의 장막으로 자신의 감정을 숨길 수 없다. 가끔 감정들은 음악 안에서 울부짖고 쿵쿵거리고 쾅쾅거리며 큰 소리를 낸다. 음악치료사는 부드럽게 드럼을 잡는다. 그는 분노로 그것을 두들기고 꿈같은 하모니로 달래 준다. 그는 충격적인 절정과 전율이 흐르는 깊은 곳에 그것을 가져온다. 그는 땀을 흘리고 고함을 친다. 때때로 그는 그의 눈을 가볍게 두드린다. 그는 자신의 기억과 욕망을 없애고 치료사만의 형상으로 작업할 수 없다. [분석가가 세션을 진행하는 동안 기억과 욕망을 피한다는 분석가 비온(Bion) 박사의 연구에서 기인한다] 음악치료사는 한 인간으로서 그가 아는 만큼 능숙하고 정직하며 용감하게 세션을 진행한다. 그는 그 이상도 그 이하도 할 수 없다.

제30장
음악의 의미

멘델스존(Mendelssohn)은 "음악은 말로 형용할 수 없는 것이다."라고 말했는데 이는 스트라스빈스키(Strabinsky)의 "음악은 정의할 수 없다."라는 말과 같은 의미이다. 그러나 음악치료사는 음악이—리듬, 요동치는 다이나믹, 변화하는 하모니 그리고 흐르는 멜로디가 있는 치료사의 작업 도구—모든 존재의 근본적 속성임을 깨닫는 것이 중요하다. 과학자는 모든 삶의 근본이 리듬과 진동으로 이루어진다는 것을 발견했는데, 즉 우리가 듣고 보는 것은 듣지 못하는 소리와 보지 못하는 빛의 백만 분의 일보다 작은 부분으로 이루어진다. 나는 다학제 간 정신병원 팀과 함께 인간의 삶의 시작에 대한 영상을 볼 때, 팽창과 수축 세포의 비맥박 리듬이 빰에 눈물이 흐를 정도로 강렬한 음악이 되었으며 이것은 나에게 드라마틱하게 인식되었다.

다른 문화의 사상가들이 방법은 다르지만 비슷한 생각을 표현해 왔다. 인도의 요가 수련인은, "모든 창조물은 신이 진동시키는 만트람(소리 기도자)이다."라고 소리의 절대자 나다 브라흐마에 대해 말했다. 가발리스트들 역시 "우주는 음악을 기반으로 세워진다."라고 말하였다. 또한 그들은 말하는 것에 중요성을 부여했는데 인간은 말을 함으로써 인간의 몸이 진동하고 살아 있는 악기가 되어 초월적 존재를 불러일으켜 접촉할 수 있다고 하였다. 음악, 약물, 종교 그리고 마술이 더 이상 하나로 존재하지 않지만, 그럼에도 불구하고 음악치료사가 치료적 도구인 음악을 음악대학과 예술원의 열정적 분위기에서 만드는, 그리고 일상에서 동떨어진 이질의 형태로 생각할 필요는 없다. 음악의 요소는 모든 삶에 있다.

음악과 사회

음악인은 일상의 사소한 일들에 의해 지쳐버린 사람들에게 해리된 감정과 영적인 요소를 끊임없이 연결하고 다시 연결함으로써 자신의 음악으로 그룹 의식에 서비스를 제공한다. 그는 의식적인 음악 경험을 통해 무의식의 감정 층과 모든 접근이 단절된 사람들에게 의식의 집단 흐름에 접근해서 정서적인 양분을 제공할 수 있다. 예를 들어, 문화적으로 수용될 수 있는 것, 심지어 상당히 존중받을 수 있는 것은 전환점에 대한 반응이나 관계가 깨지는 것에 대한 직접적인 정서 경험으로 항상 수용되는 것은 아니다. 음악인은 자신의 음악으로 내적 감정의 영역으로 안내하는 여행의 리더 역할을 할 수 있다. 그것은 구조가 있기에 안전하고 많은 사람들에 의해 알려졌지만, 그럼에도 불구하고 여전히 모험적이다.

하지만, 음악치료사는 그룹의 필요를 통제하거나 방치할지를 평가하면서 자신이 사용하는 음악 유형에 대해 지속적으로 신경 쓰는 것이 필요하다. 내담자와 함께 즉흥연주를 함으로써 음악치료사는 현재 영향을 미치는 가장 필요한 것이 디오니소스 혹은 아폴로인지 판단하고 그에 따라 반응한다.

음악과 작곡자, 청취자와 연주자

작곡자가 아마추어든 전문가든 작곡하는 것은 가치 있는 연습이고, 감정을 표현하고 나누기 위해 소리 패턴을 구성함으로써 내적 자신이 강해진다.

청취자에게 음악은 두 가지 다른 기능을 할 수 있다. 청취자는 아주 가까이서 귀 기울여 하모니와 멜로디에 맞춰진 일종의 인간 공감의 현이 되어 덜 역동적이지만 작곡자와 같은 속도로 진동할 것이다. 혹은, 그의 의식의 마음이 그저 음악을 따라가고 내면의 통제를 풀어 스크린으로써 음악에 자신의 굳어진 감정과 무의식적 이미지를 투사하고, 자신의 잃어버린 일부에 돌려주어 콘서트 후에 더 풍부하고 생생하게 느낀다. 많은 콘서트 관객들이 알 만할 경험이다.

다른 사람에 의해 작곡된 음악은 연주자에게 자신의 감정의 정도를 맞추기 위해 유용한 자기 규율과 노력을 제공하나 그것은 자신의 중심과 창조적 표현 수단을 발견하는 데 도움이 되지는 않는다. 이 주제에 대해 아사지올리(Assagioli) 박사는 말한다. "음악은 연주자에게 집중적인 기술 연습으로 인한 근육과 신경의 피로, 듣고 연주한 음악의 과도한 양, 공연에 의한 불안과 같은 복합적 유해한 요소에 의해 해로운 영향을 미칠 수 있다. 연주는 특별히 상반된 두 가지 심리적 자세를 요구하는데, 하나는 기술의 완벽성, 주의집중력, 자기 통제이고, 다른 하나는 따뜻한 표현과 청중을 매료시키는 강력한 표현을 전달하는 음악의 분위기로의 감정적 이입을 요구하는 것이다."

"이와 같은 이유로 연주가는 다른 어떤 사람보다 감정을 통제하고 자기 자신을 돕기 위해 이완과 가능한 모든 심리치료의 수단을 신중하게 사용하여 도움을 받아야 한다."

나는 아사지올리(Assagioli) 박사가 말한 의지와 감정적 통제에 대해 동의할 수 없다. 만약 누군가가 솔로 악기연주자로 훈련 중 5년 이상 하루 6시간 동안 악기 연습을 하는 데 의지력이 필요 없다고 생각한다면, 그들은 스스로 그것을 시도하지 않았을 것이다. 연주 중 음악가는 음악 전체를 공개할 때조차도 자신의 감정을 엄격히 통제해야 한다. 그가 사생활에서 무엇을 하는지는 또 다른 문제이다. 그러나 나는 이완과 심리치료가 음악가가 자신의 중심을 알기 위해 매우 가치 있다는 의견에 전적으로 동의한다. 특별히, 음악심리치료는 치료사와의 논의를 통해 복합적 감정을 즉각적으로 만들어 낸 음악 형태와 결합하는 것이라는 점에서 그러하다. 풍부하고 다채로운 비언어적 음악 매체에서 자신의 감정을 공개하도록 훈련받은 이에게 단순한 대화가 완전히 만족스러운 표현 수단으로는 부족한 것처럼 보인다. 그것은 말로 표현할 수 없는 불편한 신체적·감정적 잔여물을 남긴다.

음악과 내담자

대부분의 내담자들은 비록 음악적으로 교육받지 않았지만 다른 방법으로 결코 표현할 수 없었던 감정을 표현하는 데 있어 음악적 즉흥연주가 강력한 매체라는 것을 알게 된다. 비록 나의 피아노 '안아 주기'가 종종 무조이고 그들에게 약간의 특징을 제공하지만, 우리가 레코더로 녹음한 즉흥연주를 재생해서 들을 때 "그곳이 내가 방으로 들어갔던 곳이다. 지금 나는 거기에 누가 있는지 보려고 한다. 그는 내가 발견한 난쟁이이고 나를 공격하고 있다. 나는 그의 검을 들고 있다. 아니, 이것은 그 박쥐다. 지금은 뱀으로 변하고 있다……." 등을 말하며 그들은 소리의 혼란스러움을 통해 나를 안내할 것이다. 이것은 나를 감동시키고 놀라게 한다. 특별히 음악에 모든 감정을 쏟지 않는 내담자는 일시적인 심인성 증상을 자주 유발하는 음악이 재생될 때 감정에 몰두한다.

어떤 내담자들은 음악을 덜 무해한 방법으로 연주함으로써 분산될 수 있는 억압된 감정을 위한 비상 배출구를 제공하는 감정적 사혈, 즉 분출의 방법으로 사용한다. 이러한 구조화된 환경에서 감정은 공유될 수 있으며, 거친 행위는 실행되기보다는 상상되며 후에 치료사와 나누게 된다. 만약 치료사가 이와 같은 내담자들에게 건설적이고 긍정적인 주제로 음악을 만들게 한다면 그들은 절망적인 제한으로 느끼며 음악에 감정을 담지 못하고 부정적인 분노의 감정을 제거하라는 강요로 느낀다. 그들의 음악은 강박적 특징을 가지고 있지만, 그들에게 이완과 평화를 가져다준다.

다른 사람들의 경우, 그들의 즉흥연주는 상징과 이미지와 밀접한 관련을 가진 감정의 수준에 도달하게 한다. 이것은 위협적 감정표현을 통해 의식에 도달하여 수용되고 탐색된다.

다른 환자들은 음악에서 새로운 탐색, 즉 주체와 객체 사이의 차이를 구분한다. 개인적인 내적 세계를 표출하는 음악을 통해 다른 사람에 의해 각인된 거짓 자기를 구분하기 시작할 수 있는 참자기를 발견한다. 침해당한 자기와 소통하는 느낌은 새롭고 가치 있으며 소통과 행위로 점차 전환될 수 있다.

당연히, 대부분의 내담자들의 내면 감정과 깨달음은 감정에서 육체적 감각에 이르기까지 표현의 전체 주기 안에서 증가하는 즐거움과 자신의 창조물로써 소리에 대한 증가하는 인식이 동반된다.

음악과 무의식적 의미

무의식에 음악은 종종 성적 행위의 매개체를 통해 감정표현의 상징으로 여겨진다. 조현병 소녀는 어린 시절 부모의 방에서 들리는 성교 행위의 소리가 '가장 아름다움이 넘치는 음악'으로 어떻게 경험되었는지 말했다. 또한 어떤 어린 소녀들은 그들의 연주가 충분했음에도 자신의 악기를 다른 사람 앞에서 연주하는 것에 대해 설명할 수 없는 히스테리적인 부끄러움을 설명한다. 예를 들어, 뜨개질을 하거나 어떻게 머리카락 세팅을 했는지 묻는다면, 결코 같은 부끄러움은 나타내지 않았을 것이다. 자주 반복되는 말들인 "나는 타인 앞에서 그것을 할 수 없었다."는 그들의 음악이 성교처럼 한 사람으로부터 다른 사람에게로의 감정 소통으로 여겨지지 않지만, 그것은 여전히 즐겁지만 외로운 탐색으로써 감정적 자위 단계에서 경험된다. 이와 같은 태도는 그들이 실내악 연주를 하도록 하였을 때 곧 사라진다.

이것은 또한 "왜 이렇게 많은 음악가가 연주하면서 오르가슴의 마지막 단계인 것처럼 얼굴을 찡그리는가?"라는 반복된 질문에 대한 정보를 제공한다. 연주를 통해 불완전하게 표현되는 감정 표현의 강도는 얼굴 표현으로 부분적으로 나타난다. 이는 섹스와 음악의 기초가 되는 육체적으로 표현된 감정의 강도를 공유하는 것이다.

음악은 또한 그들의 현실의 의무를 벗어나 꿈이나 판타지 세계로 이끄는 무의식의 부정적으로 유도하는 측면을 나타낼 수 있다. 잊혀지지 않는 요정 음악, 안개 속에서 길을 잃도록 사람들을 언덕으로 부르거나 선원을 바위 위에서 파괴하도록 유인하는 위험한 사이렌에 관한 이야기는 모두 음악치료사에게 도덕적 이야기이다. 치료사는 내담자들이 무의식적 판타지와 이미지들로부터 외적 삶의 목적을 끌어내도록 돕는 것을 항상 잊지 말아야 하나, 이것은 그들이 모든 결정과 행위의 힘을 잃을 때까지 그들 자신을 더 깊게 끌어들이게 하는 것은 아니다.

오르페우스(Orpheus) 이야기에서 음악의 긍정적 사용은 역동적인 내적 음악의 외현화를 통해 자신이 놀라운 힘의 악기로서 존재하여 그의 모든 감정 스펙트럼이 완벽히 조율된 온전히 성장한 사람의 모습으로 간주될 수 있다.

『피리 부는 사나이』 이야기는 이러한 힘이 성장과 침체를 위해 어떻게 사용될 수 있는지 보여 준다. 흑백 옷을 입은 피리 부는 사나이는 사람들의 고통을 덜기 위해 쥐를 마을 밖으로 쫓아낸다. 그러나 그의 지불 요청이 거절되자 피리를 불어 모든 아이를 쫓아내었다.

단지 이러한 방법으로 무의식의 활력을 불어넣는 영향력은 자신의 욕구에 반응하지 않는 사람들로부터 차단될 수 있다. 음악치료사와 내담자는 성장과 감정의 숨겨진 힘을 되찾기 위해 종종 피리 부는 사나이의 흔적을 따라야 한다.

음악과 시간

치료적 관점에서 음악의 가장 중요한 특징은 시간 차원에서의 존재이다. 이 때문에 내담자의 감정은 변화를 겪을 것이라는 가능성이 항상 있었다. 이러한 변화는 음악적으로 인상적이지는 않지만, 실제상황에서 내담자의 감정도 바뀔 수 있다고 내담자를 설득하기에 충분하다. 예를 들어, 40대의 여성이 10대 아들과 피곤하게 싸움을 벌이던 어느 날 치료에서 이에 대해 나누었다. 그녀가 증오일 것이라고 생각한 것은 증오로 시작하여 분노, 슬픔, 절망, 무관심, 침착함 그리고 희망적 변화로 바뀌었다.

긴 즉흥연주의 끝에서 그녀는 관계를 더 희망적이고 평온하게 해결하는 방법에 대해 토론할 수 있었고 나중에 좀 더 명확하게 아들의 관점을 볼 수 있었다고 보고하였다.

시간의 4차원에서 조각된 소리 진동의 패턴인 음악은 우리가 부여하는 만큼 많은 의미를 가진다. 어떤 이들에게는 성공적인 인간관계에 반영된 감정적 경험의 풍부한 언어이다. 다른 이들에게는 언어적 의사소통의 가장 피상적인 것 외에 가질 필요가 없도록 보호하는 대체 경험이다. 이것은 민감한 아이들이 음악을 듣고 싶어 하는 이유가 될 수 있는데 그들은 더 이상 속임수와 비표현적 단어를 신뢰하지 않는다. 그러나 그들이 음악치료사가 되려면 표현력이 풍부한 대화를 해야 한다. 그렇지 않으면 내담자를 도울 수 없다. 치료사는 언어 안에서 음악을, 음악 안에서 언어를 찾아야 하고 일할 때 이러한 두 가지 의미를 모두 찾아야 한다.

제31장
음악의 치료적 사용

내가 음악치료사라는 것을 들은 사람들은 종종 내게 와서 그들 또한 음악치료를 한다고 말한다. 즉, 그들은 힘든 위원회 미팅 후 불만스러운 상태에서 집에 갔을 때 피아노를 힘껏 친다. 나는 이러한 방법으로 분노를 표출하는 것을 좋아하는데, 특히 그들이 이웃과 피아노 조율사와 친한 친구라면 더욱 그러하다. 그러나 그것이 음악치료는 아니다. 치료는 치유나 돌봄을 의미하며 그래서 진정한 음악치료는 치료사, 내담자 그리고 음악이 필요하다.

하지만, 일반 사람들이 음악을 치료적으로 사용할 수 있는 방법은 많다. 그러한 도움으로 그들은 스트레스를 완화하고 마음의 창조적 힘을 교정할 수 있으며, 일상의 사소한 일들의 포악한 행위를 극복하고 그들의 정서적 삶을 풍요롭게 하며 정적인 감정을 방출하거나 통제함으로써 신체를 이완할 수 있다.

이러한 활동들 중 일부는 음악적으로 능동적이고 또 다른 일부는 음악적으로 수동적이지만 다른 중요한 방식에서는 능동적이다. 후자의 경우 안락의자에 편안히 누워 있는 것 외에 아무것도 하지 않는 것처럼 보이지만, 이는 정말로 격렬한 활동이며 처음에는 하루에 한 번만 조심스럽게 해야 한다.

능동적인 치료적 음악 활동

모든 것 중에 가장 고귀한 활동은 실내악 연주이다. 이는 신체, 감정, 마음 그리고 영혼이 사용되고 융합될 뿐만 아니라 연주자 간 언어적·비언어적 수준에서 상호작용도 있다. 이는 상호적 소리의 세계를 창조하는 데 있어 일상적 관심을 포기하고 진정한 변화를 가져온다. 하지만 이것은 아마추어든 프로든 숙련된 음악가를 위한 것이다. 다른 능동적 활동을 위해 숙련된 음악가는 필요하지 않다. 아주 간단한 기술과 악기로 충분하다.

자신의 장소 찾기

이는 안정감과 조화와 신체적 안녕을 주는 활동이다. 봉고, 아프리카 스킨 드럼, 탐탐 드럼 혹은 모로코 포터 드럼과 같은 작은 드럼을 사용하라. 무릎 사이에 드럼을 놓고 조용한 방에 앉아 맥박 빠르기에 맞춰 손으로 치기 시작하라. 비트가 나의 몸을 살아 있게 하는 복잡하고 미세한 리듬의 일부라는 것을 인식하라. 리듬을 정교하게 하되 기본 비트를 계속 유지하라. 낮과 밤, 겨울과 여름, 별과 달의 탄생과 죽음의 대우주적 리듬과 비교하여 리듬을 인식하라. 기본 비트로 돌아가서 대위법적인 리듬 안에서 소용돌이치는 당신 안에 모든 작은 원자가 대우주적 존재로서 자신인 것을 인식하라. 기본 박으로 돌아가고 멈춰라. 다른 리듬이 계속되는 것을 인식하라. 다음 한 시간 동안 때때로 이것을 기억하라.

긴장이완

이는 신체 긴장을 이완하기 위한 활동이다. 그것은 일반적으로 긴장 뒤에 있는 감정을 더 잘 인식하게 하기 때문에 일련의 행동에서 이것을 첫 번째 단계로 하게 하는 것이다. 두 번째 단계는 당신이 왜 그렇게 느끼는지 조사하는 것이다. 이 활동은 특정 유형의 두통을 제거하는 데 놀라운 효과가 있다는 것이 밝혀졌다. 어떠한 방해가 없는 곳에 앉아라. 당신 옆에 연필과 종이를 놓고 핸드 드럼을 들고 당신의 긴장에 집중하라. 고통스러울 것이다. 그런 다음 긴장을 유지하고 드럼에 닿는 당신의 신체 느낌을 표현하라. 당신의 모든 긴장을 드럼 연주를 통해 내보내라. 잠시 후 당신은 감정이 소모되기 전에 당신의 팔이 화끈거리고 지쳐 있다는 것을 발견할 것이다. 그 자체로 즐길 수 있을 때까지 리듬을 정교하게 하면서 당신이 할 수 있을 만큼의 속도로 드럼 연주를 계속하라. 창조적인 접근이 가능해지면 그만하라. 긴장의 원인을 다루기 위해 창의력을 사용하라. "왜 나는 긴장하는가?"와 "내가 무엇을 할 것인가?"에 대해 대답하고 질문하라.

좌절 극복하기

이는 멜로디 활동이다. 녹음기, 플래절렛(flageolet), 인디안 혹은 일본의 피리(구멍이 6개인) 혹은 멜로디카를 사용하라. 사람들은 그것을 위해 그들의 목소리를 사용할 수 있다는 것을 알게 된다. 악기를 가지고 방해받지 않는 곳에 앉아 당신을 억압하는 한계를 예민하게 느껴라. 너무 많이 생각하지 말고 즉흥연주를 시작하라. 의지대로 당신의 의식이 소리에 완전히 반영되도록 하라. 소리에 집중하라. 그 억압에서 빠져나오라. 돌아오면 동일하지 않을 것이다.

수용적인 치료적 음악 활동

이를 위해 당신은 소파나 안락의자 그리고 녹음기가 필요할 것이다. 음악 선택은 매우 개인적인 문제이기에 자신이 선택하게 될 것이나 자신과 내담자에게 유용하다고 생각한 음악의 예를 제공한다.

진정제로서 음악

이완을 위한 음악을 골라라. 모차르트의 클라리넷 5중주 A장조와 같은 조인 클라리넷 협주곡, 그리고 델리우스의 〈봄날 첫 번째 뻐꾸기 노랫 소리를 들으며〉는 좋은 예이다. 소리는 맑고 흐르는 멜로디 라인은 쉽다. 매우 평화롭다고 느끼는 곳을 상상하라. 음악을 가져오고 누워서 눈을 감고 당신이 그곳에 있다고 상상하라. 깊게 숨을 쉬고 음악에 집중하며 내면을 탐색하라. 소리와 장소가 합쳐지도록 하라. 심상으로 신체의 각 부분을 여행하며 완벽히 이완되고 편안하다는 것을 확인하라. 당신의 평화로운 장소와 꿈으로 돌아가라. 이와 같은 활동을 여러 번 성공적으로 시행한 후 당신은 내적 심상과 소리를 연결하기 시작할 것이다. 이후 음악 세션 사이에 그림과 멜로디의 기억을 사용하여 휴식시간에, 기차에서 혹은 줄을 서고 있을 때 이완되고 평화로운 느낌을 유도할 수 있다. 당신은 부작용 없이 당신만의 진정제를 만들 수 있을 것이다.

음악과 공격성 방출

이 활동은 긴장감, 갑작스러운 불안 발작 그리고 숨 막히는 느낌의 상황에 유용하다. 사실 공격성은 자기 내적으로 향하는 것이다. 선택된 음악은 극도로 격렬해야 한다. 나는 바르톡의 현악 4중주 5번 1악장을 선호한다. 음악을 틀어라. 등을 대고 눕고 다리를 약간 벌리고, 팔을 옆으로 벌려라. 자연스럽게 흘러가는 삶을 방해하는 알려진 혹은 알려지지 않은 사람이나 어떠한 것에 대한 분노를 일으키기 위해 격렬한 음악을 이용하라. 자신을 방해하는 대상을 파괴하고 부딪치고 빙빙 도는 아주 강력한 자신을 상상하라. 내가 말하는 대상은 가장 무서운 방식으로 보복할 수 있는 가상의 살아 있는 대상을 말한다. 클럽에 가서 춤을 추고 난 후 당신은 더 깊이 호흡하고 팔과 다리로 날고 싶은 충동을 가질지도 모른다는 것을 알게 될 것이다. 만약 그렇다면 그렇게 하라. 음악이 멈출 때, 당신은 역동적으로 이완이 될 것이고 당신이 피하고 있는 어떤 일에 도전한 준비가 될 것이다. 음악과 내적인 행동이 성공적으로 연결된 후, 이 활동은 공황상태 완화를 위해 필요한 만큼 할 수 있다.

마음을 맑게 하는 음악

이는 휴일 후, 너무 많은 감정을 소모한 후, 모호하고 직감적인 일을 한 후, 혹은 단순한 병을 앓은 후에 일하는 분위기로 돌아가기 위한 활동이다. 나는 바흐의 브란덴부르크 협주곡 4번 G장조의 푸가 마지막 악장을 좋아한다. 이것은 가장 신나는 대위법적 음악이다. 음악이 흐르는 동안 긴장을 풀고. 시각적 산만함을 제거하기 위해 눈을 감고 음악을 적극적으로 듣기 위해 마음을 준비하라. 의식의 나—자아—는 음악을 장악하고 있다. 어떤 이는 결코 압도되거나 당황하지 않고, 내적 이미지를 경험하기 위한 곳에 자신을 고정하지 않는다. 음악은 듣고 있는 자아와 관련하여 경험된다. 그는 듣고 생각하고 따르고 판단하며, 비교하고 비판하거나 분석한다.

경계를 지키기 위해 감상의 흥미로운 형태, 각기 다른 악기들이 연주되면 소리와 소리의 움직임에 집중하라. 각각의 소리에 대해 적극적으로 들어라. 모든 것이 연주될 때 베이스에 집중하고 더 많은 것이 만들어질 때까지 그것을 따라가라. 조화에 대한 만족스러운 인식과 다성부의 아주 흥미로운 상호적 연주는 베이스라인에서부터 음악 구조의 느낌을 풍성하게 한다.

만약 모든 음악을 한 번에 들으려는 시도에 당신의 마음이 멍하게 멈춘다면 한 번에 한 부분 또는 그 이상의 부분에 주의를 기울여라. 한 부분에서 다른 부분으로 선택하는 자발적인 참여라는 면에서 적극적이고 열정적으로 주입되는 감상 과정임을 느끼라. 침해하는 듯한 많은 소리에 수동적인 희생자가 되듯 자신을 느끼지 마라. 음악을 거기에 있게 하고 음악이 휘몰아치고 크레센도와 강력한 포르티시모가 되도록 정신적으로 허용하라.

현악기의 음색을 느껴라. 만약 관악기와 함께 연주된다면 더 나은가? 템포를 고려하라. 미세하게 더 빠르거나 더 느리게 해서 더 나아질 수 있는가? 다이나믹을 고려하라. 더 드라마틱하게 혹은 덜 방해하는 효과를 만들기 위해 다이나믹을 변경할 수 있는가? 억양은 어떠한가? 베이스가 주제일 때 무엇이 효과적인가? 호기심으로 당신을 채워라. 작곡가는 어떻게 그러한 효과를 나타내는가? 혹은 현재 어떤 부분에 주제가 있는가? 때로는 음높이와 관계없이 리듬 패턴을 따라가라. 특별히 흥미를 느끼는 음악의 어떤 측면에 집중하라. 활동을 마치면 적극적이고 열정적인 사고를 계속 느끼고 그것을 다른 문제들에 적용하라.

음악과 정서적 확장

이는 너무 많은 사고, 확인, 비교, 결정 그리고 언어적 신중함으로 인해 감정이 메마르다고 느낄 때 하는 활동이다. 활동의 목적은 정서적인 경험이다. 브람스의 교향곡 1번의 고조되는 첫 악장은 현재 내가 선호하는 자극적인 음악이다. 당신의 정서는 필요에 따라 아마도 매달 다양할 것이다.

음악을 틀고 눈을 감고 편안히 누워 작곡가의 모든 음표를 느껴라. 그는 작곡을 위해 살아 있고, 몸부림치며 고통스러워야 했다. 그를 공감하라. 우리는 일상을 유지하기 위해 감정을 항상 통제하고 무시하며 억압한다. 지금 당신이 할 수 있는 만큼 감동적으로 혹은 큰 기쁨을 느낄 수 있도록 음악을 사용하라. 호흡과 심장박동, 생식기, 척추, 손가락 그리고 발가락을 통해 본능적으로 감정을 느껴라. 당신이 성공한다면—비록 완벽하지 않더라도—음악이 멈출 때 당신은 더 나은 수준의 존재로 숭고하고 강화되며 끌어올려질 것이다.

음악과 성공적 경험

삶의 어떤 영역에서 공개적으로는 아니지만 성공을 찾는 사람들을 위한 활동이다. 이는 성공의 아이디어가 달성을 위한 강력한 동기 부여의 요인이기에 제한적이다. 이 활동은 성공하기 위해 내면의 방해물을 표면으로 이끌어 낸다. 길고 느린 현악 선율로서 웅장한 클라이맥스로 이어지는 사무엘 바버의 〈현악을 위한 아다지오〉는 내가 발견한 음악 중 가장 적합하다.

음악을 사용하기 전에 당신이 달성하고자 하는 성공적인 상황을 상상하라. 산꼭대기에 당신 자신이 있다고 상상하며 느끼라. 이제 음악을 틀고 뒤로 기대어 성공이 산 정상에서 당신을 기다리고 있다는 것을 인식하면서 산을 올라가기 시작하라. 이겨 내기 어려운 장벽에 부딪혀도 그것이 끝날 때까지 기다리며 산 정상에 있는 보상을 바라보라. 어려운 장벽들이 없어지지 않는다면 활동을 마치고 '음악과 공격성 방출' 활동에서 그와 같은 장벽들을 다루어라. 만약 어떠한 것도 당신을 방해하지 않는다면 정상으로 올라가 음악의 절정에서 분명한 성공 상황을 경험하라.

이 활동은 의심과 절망의 방식에 많은 부정적 피드백을 줄 수 있지만, 이전의 무의식에 있었던 것을 표면으로 드러내게 하는 것이다. 만약 당신이 지속한다면, 이것은 진행될 것이고 당신의 행동과 태도를 통해 성공 상황으로 나아가는 자신을 발견하게 할 것이다. 이것이 극심한 내적 갈등을 만들어 냄으로써 당신이 현실주의 원칙이나 기본적 윤리강령과 상충되는 성공을 선택하지 않는다는 것을 추측할 수 있다.

음악과 신체 작업

그룹과 함께 리듬감 있는 신체 경험 나눔을 통해 존재의 깊은 집단 무의식과 닿을 수 있는 작업 노래는 한때 전 세계를 통해 노동자의 사기를 높이고 생산력을 높이는 데 사용되었다. 요즈음 기계의 리듬은 보통 많은 작업 환경에서 나는 배경 소리이고 이는 매우 날카롭고 자극적인 좋지 못한 소리이다. 녹음 음악은 작업하는 움직임으로부터 완전히 분리되어 있기에 조금 낫다.

만약 당신이 작업을 위한 적절한 리듬을 가진 음악을 찾을 수 없다면 작업에 맞는 비트에 맞추어 내면의 곡을 만들어 내고 긴장, 불안 그리고 급격한 움직임을 물리치며 리듬적이고 조화롭게 작업하라. 악기로써 신체를 음악과 함께하라. 당신의 팔다리와 몸을 통해 흐르는 음악을 느껴라. 음악의 무게와 조화를 느끼며 편안하게 작업하라. 작업을 위한 유용한 음악은 라틴 아메리카 리듬, 작업 노래의 모음, 바닷가 오두막, 혹은 농장 음악 그리고 가벼운 작업을 위한 슈트라우스 왈츠이다.

악기로서 신체

이 활동을 위해 사적인 넓은 공간과 음악이 필요하다. 신체는 항상 외부 자극과 내면의 음악에 반응하는 표현 악기이다. 이는 대개 억압적이고 무능력하다. 내면의 부모 형상은 영원히 "서둘러!"라고 말한다. 우리의 신체는 일을 마치기 위해 기계와 같이 무자비하게 사용된다. 이처럼 충분히 사용했으니 다른 친근한 방식으로 신체를 사용할 필요가 있다. 만약 우리가 운이 좋다면, 이것은 수영이나 테니스, 사랑을 나누는 것이 될 수도 있다. 반대로 운이 없다면, 아프게 될지도 모른다. 이러한 활동은 온전히 표현적이고 창의적인 악기가 되기 위한 기회, 즉 다른 방법을 제공한다.

당신이 즐기고 가급적 가사가 없는 음악을 선택하고 당신에게 의미 있는 댄스 제목을 선택하라. 내가 유용하다고 생각한 것들의 예는 다음과 같다. '네' '아니요' '왜 안 되겠어요……?' '내가 어떻게 할 수 있나요……?' 거절과 수용, 정서의 스펙트럼 10개의 영역(한 번에 하나씩 완료), 혼동/질서, 상상/현실, 시험, 미팅 등등 당신이 무슨 옷을 입거나 벗는지는 당신에게 달려 있으나 대부분의 사람들은 풍욕은 매우 상쾌하고 페르소나 혹은 역할 가면을 벗어버리는 데 도움이 된다고 생각한다. 음악을 듣고 마음 속으로 제목을 기억하며 당신의 의지대로 움직여라. 비실용적인 움직임을 즐겨라. 아마도 당신은 아이디어와 느낌을 잘 표현되도록 요구되어진다는 것을 발견할 것이다. 비이성적으로 그것들과 함께하라. 음악은 어떤 것을 통제할 수 없게 잡아 주는 매트릭스를 만든다. 표현을 찾는 그 느낌은 근육에 남아 있는 이전의 긴장의 신체 기억으로 매우 강렬할 수 있고 만약 40년 혹은 그 이상이 지난 후임에도 불구하고 같은 움직임이 다시 느껴질 때 자유로워질 수 있다. 그러나 음악의 자연스러운 역동은 끓어오르는 크레센도에 이어 부드러운 디미누엔도를 따라 춤으로 이끌 것이다. 이는 시험, 회의, 강연, 공식적 파티 또는 인터뷰 전에 할 수 있는 가장 가치 있는 활동이다. 만약 당신이 아프거나 불구가 될 경우 이 활동은 당신이 어떻게 춤을 추는지 그 상상을 통해 동등한 가치를 가질 수 있다. 상상은 직접적 활동을 안 했어도 신체에 강한 영향을 미친다.

치료적 목적을 위한 음악 감상

슬픈 기분을 바꾸기 위해 진지한 음악과 함께 슬픔에 빠지게 하고 난 다음 좀 더 가벼운 방향으로 변화시켜라. 긴장을 없애기 위해—만약 당신이 이완을 조절할 수 없다면—신체 움직임을 유발할 리듬감 있는 음악을 사용하라. 강한 분노와 씁쓸함은 3배, 5배 혹은 9배 비트를 선택하라. 가급적이면 18세기의 불안한 2배 혹은 4배 빠르기의 음악으로 불안한 기분을 극복하라.

이는 일반적으로 사람들을 위한 음악의 특별한 치료적 사용이다. 당연히 악기 연주를 배우고 오케스트라나 작은 앙상블 연주를 하고 합창단이나 마드리갈 그룹, 혹은 홀로 노래하며 집, 클럽, 혹은 음악회에서 단순히 음악 감상 등을 하는 것이 포함된다.

위험한 음악

모든 음악의 사용이 치료적인 것은 아니다. 예를 들어, 너무 파괴적이어서 다시는 악기에 손대지 않겠다고 약속하고 공식적인 피아노 레슨을 포기한 많은 사람을 생각하라. 그들이 무력감과 수동성 혹은 극심한 무감각의 기분을 느낄 수 있다는 점에서 음악의 사용은 위험하다. 음악은 신경계를 과도하게 자극할 수 있고, 부분 난청을 유발할 수 있고 음악 발작을 일으킬 수 있다. 만약 당신 자신이 제안한 음악의 치료적 사용의 가치에 대한 의심, 혹은 이 장의 연습에 대한 어려움이 있다면, 자격을 갖춘 음악치료사와 상담하는 것이 현명할 것이다.

제32장
미래

훈련된 음악치료사들의 수가 증가함에 따라 아직 음악치료가 적용되지 않은 분야에서 일을 할 수 있는 기회가 생길 수 있다. 현대 사회에서 내재된 기회를 보고 그들의 예술이 이러한 새로운 방식으로 제공될 수 있음을 증명하는 것은 음악치료사 자신의 몫이다. 현재 몇 가지 가능성들이 주어질 수 있다.

내가 이 책의 첫 번째 편집본을 쓰기 시작한 몇 년 동안, 미래에 대한 나의 생각들은 아직 떠오르지 않았었다. 그러나 나의 동료인 피터 라이트(Peter Wright), 마조리 와들(Marjorie Wardle)과 나는 여성 교도소 안에 있는 정신과 환자들과 재범자들을 위해 교도소의 대안으로 기능하는 주간 훈련센터(Day Training Centre)에서 음악치료를 제공해 왔다. 지금은 다른 음악치료사들이 이 일을 맡아서 해오고 있고 음악치료를 공부하는 학생들의 실습지로도 제공되고 있다. 우리가 했던 일에 대한 내용은 나의 두 번째 음악치료 저서인 『분석적 음악치료(Analytische Musiktherapie)』에 있는데 지금은 독일어로만 출판되어 있다.

학교

만약 모든 부적응의 행동이 잠재적인 소통인 경우, 행동이 담긴 의사소통이 만족스럽게 이해되거나 받아들여지지 않는 한, 그 행동 자체가 반복되는 경향을 보일 것이다. 30명 혹은 그 이상의 아이들이 있는 교실 안에서, 교사는 학습을 위한 조용한 여건이 우선될 수 있도록 문제 행동을 통제하기 위하여 노력 이상의 일을 하고 있다. 다루기 힘든 아이는 아동지도 부서(child guidance unit)의 서비스를 받기 때문에 어느 정도 방해되지 않을 수도 있지만, 그럼에도 불구하고 이러한 아이는 자격을 갖춘 음악치료사에게 도움을 받는 것이 좋을 수 있다. 이러한 행동이 내재된 의사소통은 새로운 아기 형제의 도착, 외로운 부모의 질병, 부모님들의 별거나 이혼, 새로 만난 계부나 계모, 동화되기 어려운 성적인(sexual) 문제, 또는 다른 정보에 대한 두려움, 반복되는 악몽이나 단순히 교육적인 기대에 부응하지 못할 것에 대한 두려움을 드러낼 수 있다. 학생들이 이미 정신과 치료 및 자살에 대해 높은 비율(Oxbridge에서는 전국 평균의 11배)을 보이는 모든 학교, 즉 대학교뿐만 아니라 유치원에서부터 대학입시 준비 과정까지의 모든 학교는 의료진과 함께 일하는 자격증이 있는 음악치료사와 연계하는 것이 유용할 수 있다. 이러한 사업은 주정부에서 금전적 지원을 하는 경우, 정서적 장애의 설정 또는 확대를 피하는 데 장기간에 걸쳐 효과적으로 상환되어야 한다. 이러한 것들은 보통 생생하게 느낀 감정이 유동적인 단계일 때에 더 쉽게 도움을 줄 수 있다.

가족 그룹

학교에 있는 아이들을 돕는 아이디어의 다음 방법으로는 음악치료사와 함께 언어와 음악을 사용한 의사소통과 그들의 감정을 탐색하는 그룹으로 가족 단위를 사용하는 방법이다. 이러한 가족은 일을 완수하는 데 바쁘게 활동하고, 거의 시간을 보내지 않고, '우리와 같이 되는 것을 느끼는 것'에 의도적으로 집중하며, 그들이 소리의 표현과 언어뿐만 아니라 상징적으로 창의적인 놀이 환경에서 표현을 통해 긴장을 완화할 때 종종 복잡한 상호작용 시스템을 가진 작업 그룹으로서 기능을 한다. 어떤 가족들은 그들의 상호관계에 대한 이러한 특별한 인식을 매년 휴일마다 경험하기도 하지만, 다른 가족들은 그렇지 않기도 하다. 사회의 한 단위로서의 가족은 시대에 뒤떨어져 쓸모없는 것이 아니며 미래 시민들에게 미치는 영향은 그것이 필요할 때 도움을 주고 주의를 기울이는 데 충분한 가치가 있다. 충분한 도움 없이 가족이 무너질 때, 한 세대 이상이 고통을 당하고 사회 자체가 패자(loser)가 될 수도 있다.

만남에 대한 다른 차원

글을 쓰고 있을 당시에, 소외된 젊은 사람들의 모임, 사무실이나 병원 스태프들조차도 만남의 기술들(encounter techniques)을 통해서 보다 신체적이고 감정적인 방법(지적인 방법보다는)으로 서로에 대해 알게 된다. 어떤 사람이 등을 대고 서서 상대의 감정을 신체 표현을 통해 느껴 보도록 하거나 얼굴을 마주 보고 5분 동안 눈맞춤을 했을 때, 수간호사, 매니저, 사무실 직원에게 다른 태도를 가졌다. 그러나 심지어 이것은 그들의 경험이 거의 없는 한 가지 측면—그들의 내면 음악—을 남긴다. 나는 같이 일하고 만남의 기술을 경험한 동료들이 있었는데, 나는 그들에 대한 진정한 존경심을 결코 느끼지 못했고, 내면의 음악을 경험할 때와 마찬가지로 본질적인 자아를 소중히 지키고 싶었다. 여기서 그들은 모든 분노, 고통, 혼란을 이해하고 용납할 수 있는 것으로 만들어진 어떤 아름답고, 민감하고, 깨지기 쉬운 것을 드러냈다. 나는 이 부분을 경험하면서 그것에 무엇인가를 덧붙이고 싶지 않았다.

음악적 만남 그룹(musical encounter group)은 그룹 안에 있는 개개인들의 문제와 감정을 다룰 수 있다. 음악은 그들에게 전적으로 원시적이지만 정교한 비언어적 표현 및 반응의 이점을 제공한다. 이것은 심지어 부끄러워하는 개인조차도 그룹 멤버들 또는 때때로 드러나는 내부 대상(internal object)과 관계를 맺고 감정을 표현할 수 있게 하고, 모든 구성원에게 언어로 표현되는 그들의 외부 현실에서 자신의 내면 세계의 상징적 표현을 나눌 수 있게 한다. 사무실, 공장, 병원 등에서 일하는 팀, 의사소통 문제를 가지고 있는 사람들의 그룹, 사람들 간의 무의식적인 의사소통의 흐름을 탐색하고 계급 뒤의 인간성을 발견하는 사람들의 모든 그룹은 음악적 만남 그룹을 통해 작업할 수 있다.

부모가 되기 위한 준비 그룹

임신한 사람들을 위한 운동과 이완 수업을 꽤 긴 기간동안 가졌었다. 몇 년 전 코펜하겐에서 우리 부부는 우리의 세 아들(이 중 둘은 쌍둥이)의 자연분만을 도와준 의사와 그의 아내가 팀을 이뤄 운영했던 수업에 참여할 수 있음에 감사했었다. 첫째 아이의 출생은 종종 남편에게는 고난의 절정기이며, 그들이 필요로 하는 준비는 신체적인 것보다는 정서적인 것이다. 예비 부모를 위해 신중하게 이끌어 낸 언어적 의사소통과 음악소통 그룹을 경험할 수 있는 여유가 있어야 한다. 그것에는 부모의 역할로서 정서적으로 충만한 양육을 주체, 새로운 가족에 대한 질투, 새로운 역할에 대한 두려움, 상호지원의 필요성, 후손에게 이상이 생길 가능성, 좋은 모델과 따르지 않아야 할 모델로서의 예비 부모의 부모, 임신중과 출산 이후의 성관계, 집 안에 아기와 갇혀버린 것 같은 감정 등이 있다. 그 후에 이어지는 긴장이완훈련은 매주 또는 격주마다 동일한 음악으로 이루어지고, 예비 부모들은 매일 30분간 집에서 이것을 테이프로 들을 수 있으며, 나중에는 아내의 초기 진통에 사용할 수 있다. 이 음악이 건강에 불필요하다고 할지라도, 젊은 예비 아빠는 건강한 아기가 울어서 밤중에 깨어 있게 될 경우, 그는 숙달된 긴장이완훈련에 대해 스스로 매우 높이 평가하게 될 것이다. 이러한 그룹을 이끄는 음악치료사는 자연히 이 분야에 대해 추가적으로 연구가 필요하고, 의료 분야에 있는 동료와 가깝게 지내는 것이 좋다.

위원회 회의

위원회 회의(Committe Meetings)에 대한 경험이 있는 사람이라면 어떻게 그들이 두 가지 단계, 즉 언어적인 것과 비언어적(sub-verbal)인 단계를 다루는지 알게 될 것이고, 연필 두드리기, 낙서하기, 턱 잡아당기기, 뺨 씰룩거리기, 반지를 가지고 하는 손장난 등의 비언어 단계가 얼마나 실제로 일을 수행하는 언어적 단계를 지배할 수 있는지 알게 된다. 불만으로 인해 짜증이 쌓인 자기 주장이 강한 구성원들은 감정을 담는 그릇으로 이러한 모임을 사용하기도 한다. 이로써 마비된 듯한 약한 동료들은 용기를 발휘해서 그들의 얼어붙는 듯한 두려움을 극복하지 못하고, 이어서 그들이 제공해야 할 수도 있는 가치가 있고 긍정적인 참여를 하지 못한 채 그 모임을 떠나게 된다.

보통의 위원회 위원들이 다음 제안을 환상적으로 발견한다는 것을 깨닫더라도 나는 일부의 깨달은 사람들이 실험으로 그것을 시도하는 용기와 기획력을 가져야 하는 경우를 대비해서 진지하게 제안한다. 위원회 회의보다 30분 정도 앞서서 언어와 음악이 있고, 숙련된 리더가 진행하는 음악치료 세션을 하는 것은 무력한 장벽을 깨고 좌절감과 두려움을 표출함으로써 많은 긴장을 풀어 주고 구성원들을 공통된 그룹 인식에 맞게 조정한 다음에 모든 창의력을 위해 필요한 무의식으로 풍부한 상호작용을 유도하는 정신상태로 끌고 갈 수 있다. 자격을 가진 리더의 지휘 아래 자유로운 소리 표현을 한 후, 그룹 안에서의 대인관계적 상호작용과 관련된 모든 리듬은 꽤 주목할 만한 방식으로 바뀔 수 있다.

노인들을 위한 방문 음악치료사

노인들은 스포츠, 가까운 친구들, 예술적 활동, 그리고 상호작용 같은 즐겁게 표현하는 감정 표현의 출구를 점차 하나씩 잃어가지만, 그에 대한 필요가 감소하지는 않는다. 남편과 사별하고 성격이 불같으며 나이가 많은 한 내담자는 나에게 화를 내면서 말했다. "선생님은 브람스의 바이올린 협주곡을 오케스트라와 연주하던 35세의 독주자로서의 저보다 80세인 지금의 저의 열정이 부족하다고 생각하나요? 정말 그런가요?" 아니다. 나는 그렇게 생각하지 않았다. 이렇게 표현하지 못한 감정들은 몸속에 간직되어 온갖 통증과 고통을 부추긴다. 나이가 들며 시력이 흐려지고 이동의 불편함으로 인해 여행의 가능성이 감소할 때, 분석적 음악치료사들이 그의 내담자들과 탐색했던 내면의 세상은 의미와 모험의 풍부한 자원이 될 수 있다. 나는 가까운 미래에 노인들의 삶의 표현 방식으로 소리와 언어를 사용하여 그들의 세월에 위엄과 목적을 부여하고 다른 공동체와의 고립을 무너뜨리는 역할을 담당하는 방문 음악치료사들이 고용될 것이라 기대한다.

성격검사에서 음악치료의 사용

음악은 이미 투사적 검사로 사용되어 왔기 때문에 성격검사에서 가치 있는 도움이 될 수 있다. 피실험자(대상자)는 어떤 특정 소리와 역동적인 패턴과 악기의 상호작용을 들은 후, 상상한 것을 표현하거나 한두 명의 음악치료사와 함께 연주하는 역동과 상호작용의 패턴이 연구될 수 있도록 하여 전인적인 검사의 도구로서 적극 활용된다. 이를테면, 강박적인 리듬으로 표현하는 것을 차단하거나, 주도권을 쥐려하거나 혹은 피하려는 어떤 소리로 전체 연주를 망치거나 하는 예가 그것이다. 이전 장에서 설명한 감정 스펙트럼 검사의 사용 또한 매우 흥미로운 연구가 될 것이다. 음악치료사가 심리학자와 함께 성격검사의 하나로 흔히 시행되는 한 병원이 있다. 예상치 못하였던 앞으로 다루어질 여러 문제에 대한 내면의 음악에서 놀라움과 기쁨을 느꼈다. 다른 검사에서는 감지되지 않았던 독특하고 특이한 탐색을 제공할 수 있다는 이러한 잠재력에 대해 반드시 알게 될 것이다.

음악치료에서의 검사

앤서니 스토(Anthony Storr) 박사처럼 저명한 정신과 의사가 이러한 치료의 가치를 인식하고 있는 것은 매우 고무적이다. 스토 박사는 그의 저서 『창조의 역동성(The Dynamics of Creation)』에서 내면과 외부 세계를 연결하는 데 있어 창의성의 중요성을 강조한다. "외부 세계와 전혀 연결되지 않는 내면 세계를 소유하는 것은 항상 무엇인가 불만족스럽고 심지어 위험한 어떤 것이 있다." 그는 창의적인 사람들의 자아 강도(ego-strength)를 측정한 것에 다음과 같이 언급하였다. "지배력, 자기수용, 책임, 자기통제, 관용, 지적 효율성은 자아 강도 검사에 의해 측정된 특성들 중 하나이다. 창의적인 사람들을 머리가 긴 몽상가라고 오인하는 사람들은 이들의 모든 측정 결과에서 높게 평가된 것에 틀림없이 놀랄 것이다."

더 나아가 그는 그러한 상징적인 해결과 만족이 모두에게 공개할 수 있고 이 주제에 대한 연구가 가치 있다는 점을 다음과 같이 강조한다. "……정신건강병원에서는 미술치료, 음악치료, 작업치료의 이용이 점점 증가하고 있지만, 그 치료들은 여전히 형편없이 취급되는 경향이 있고, 단지 정신과 의사의 치료에 부속되어 있을 뿐이다. 만약 이 책의 발전된 관점이 받아들여진다면, 훨씬 더 많은 관심과 연구가 뒤따라야 하고 정서적 문제에서의 상징적 해결을 장려하는 이러한 방법에 집중해야 한다. 이것은 특히 초라한 재능을 타고난 경우 더욱 그렇다. 천재는 자신의 길을 만들 수 있다. 재능 있는 사람들은 격려 이상의 무엇인가를 필요로 하지 않을 수 있다. 도움과 가르침이 필요한 사람은 재능이 없는 사람들이다."

현재 단계에서는 나는 음악치료를 예술로 묘사할 것이다. 이후에 그 결과를 과학으로 간주할 수 있도록 시험하고 측정하고 분석할 수 있을 것이다. 심리학자들은 모든 변화가 측정될 수 있다고 한다. 나의 제한된 경험에 비추어 유용한 제안을 하려 한다. 다음은 분석적 음악치료를 개별치료의 형태로 받은 환자 중 일부에서 일어날 것으로 예상되는 항목들이다.

- 보다 자유로운 언어적 의사소통

- 내부적으로는 자기계발을 위해 그리고 외부적으로는 유용한 최종 이익을 얻기 위해 공격성을 더욱 건전하게 사용
- 더 나은 인간관계를 위한 정신신체적 증상의 완화.
- 삶에 대한 동기 부여와 목적이 있는 접근
- 삶에 대한 더 나은 창의적인 접근
- 감정에 대해 더 잘 인식하고 무의식적인 영향은 적게 받기
- 자발성의 증가
- 적절한 배출구를 사용할 수 있을 때까지 정서적 표현에 있어 좌절감을 겪을 때 더 잘 견뎌 내기(치료가 조기에 중단되는 경우는 제외)
- 더 나은 수면
- 강박적 사고의 부분적 감소
- 불감증과 발기부전의 완화
- 타인의 부정적 정서 표현에 대해 더 잘 견뎌 내기

이것은 모든 환자가 이러한 모든 변화를 보여 줄 것으로 기대되는 것이 아니라 하나 이상의 변화를 보이거나 기대할 수 있는 방향으로 이루어져야 한다는 것을 의미한다. 내가 아무리 이 예술의 결과를 어떤 종류의 유용한 검사로 보려 해도, 정확하게 보여지는 학문이 될 것이라고는 믿기 어려울 것이다. 경험과 삶의 철학이 치료에 큰 영향을 미치는 온전한 존재로서의 음악치료사라는 변수는 일반적으로 적용 할 수 있는 어떠한 진단검사도구로 만들기에는 어려움이 크다.

결론

이제는 이 책의 마지막 부분이다. 날이 갈수록 더 낯설고 흥미로운 사례들이 계속해서 나타나고 있다. 소리로(음악으로) 표현하는 실험에 참여한 그룹에서 계속 더 흥미로운 질문들이 나오고 있으나 그것들에 대해 대답하기에 이미 늦었다. 아주 오래전 시대의 다 해진 모피 옷을 입은 주술사와 치유자들과 오늘날의 고도

로 훈련된 의료인의 얼룩진 하얀 가운 사이 어딘가에서 나는 여러분에게 튼튼한 밭고랑을 쟁기질하는 일의 방식을 보여 주고 싶다. 우리는 옛날의 주술사와 치유자, 오늘날의 의료인 모두에게 큰 빚을 지고 있다. 어떤 이들에게는 미래를 향한 방향을 제시할 수 있기를 바란다. 그것은 아마도 사랑하는 젊은 음악가들이 가야 할 길을 향해 있을 것이다. 그들에게 음악은 우리의 가교, 즉 사람들 사이의 황홀한 만남의 지점이라고 할 수 있다. 여기서 예술은 무엇에 관한 것인가? 그것은 '관계'이다.

나는 음악과 함께 이야기를 시작했다. 이제 나는 '관계'로 끝을 맺으려 한다. 그렇다면 또 다른 하나는 무엇일까?

참고문헌

Alvin, J. (1965). *Music and the handicapped child*. London: Oxford University Press.

Alvin, J. (1966). *Music therapy*. London: John Baker.

Assgioli, R. (1965). *Psychosynthesis*. Psychosynthesis Research Foundation.

Baynes, H. G. (1969). *The mythology of the soul*. London: Rider.

Bettelheim, B. (1962). *Dialogues with mothers*. Glencoe: The Free Press.

Bettelheim, B. (1967). *The empty fotress*. Glencoe: The Free Press.

Copland, A. *Music and imagination*. Harvard University Press and Mentor Books.

Dicks, H. (1967). *Marital tension*. London: Routledge and Kegan Paul.

Foulkes, S. H. & Anthony, E. J. (1957). *Group Psychotherapy: The psychoanalytical approach*. Harmondsworth: Penguin.

Frankl, V. (1963). *Man's search for meaning*. London: Hodder and Stoughton.

Frankl, V. (1970). *Psychotherapy and existentialism*. London: Souvenir Press.

Fromm, E. (1958). *The sane society*. London: Routledge and Kegan Paul.

Gaston, E. T. (Ed.) (1968). *Music and therapy*. New York: Collier-Macmillan.

Gramlich, E. P. (1968). Recognition and management of grief in elderly patients. *Geriatrics*, 23-87.

Jung, C. G. (1959). *The archetypes and the collective unconscious* (Vol. 9, Part 1). London: Routledge and Paul.

Jung, C. G. (1963). *Memories, dreams and reflections*. London: Routledge and Collins.

Klein, M. (1950). *Contributions to psycho-analysis*. London: Hogarth Press.

Lowen, A. (1966). *Love and orgasm*. London: Staples Press.

Nordoff, P. & Robbins, C. (1973). *Music for handicapped children*. London: Gollancz.

Racker, H. (1968). *Transference and counter-transference*. London: Hogarth Press.

Roberts, R. (1965). *Musical instruments made to be played*. London, Dryad.

Rogers, C. R. (1951). *Client-centered therapy*. London: Constable.

Shuter, R. (1968). *The psychology of musical ability*. London, Methuen.

Stebbing, L. *Music, its occult basis and healing value*. New Knowledge Books.

Storr, A. (1972). *The dynamics of creation*. London: Seeker and Warburg.

Wilhelm, R. (Ed.) (1960). *I Ching*. London: Routledge and Kegan Paul.

Yalom, I. D. (1970). *The theory and practice of group psychotherapy*. New York: Basic Books.

찾아보기

인명

내용

저자 소개

Mary Priestley (1925. 3. 4.~2017. 6. 11.)

분석적 음악치료(analytical music therapy)는 1970년대 초, 영국에서 메리 프리슬리(Mary Priestley)에 의해 개발된 음악심리치료기법이다. 메리 프리슬리는 치료사와 클라이언트에 의해 창조되는 관련적 즉흥음악(referential improvisation)을 분석하고 상징적 의미를 이해하여 치료과정에 주요 방법으로 사용하는 것으로 분석적 음악치료를 설명했다. 즉흥음악은 클라이언트의 내적 삶을 탐색하고, 자기이해(self-knowledge)와 성장의 기회를 제공하는 창조적인 도구로 사용된다.

메리 프리슬리는 분석적 음악치료의 창시자로서 지혜롭고 따뜻하며 크리에티브한 음악심리치료사였다. 무엇보다도 인간에 대한 이해와 열린 마음으로, 즉흥연주를 통하여 클라이언트와 깊은 컨택을 할 수 있는 직감이 뛰어난 음악 심리치료사였다. 메리 프리슬리는 영국 문학가 가정에서 태어나 음악대학에서 바이올린을 전공한 전문 음악가였는데 그 후 우연히 발견한 음악치료에 매료되어서 다시 대학원(Guildhall school of music)에 진학하여 자유즉흥연주를 창시한 엘빈(Juliette Alvin) 교수의 지도하에 음악치료사가 되었다. 1970년대 런던 세인트 버나드 정신병원에서 20여 년 동안 음악치료사로서 활동하였다. 그 당시 동료 피터 라이트(Peter Wright)와 마조리 와들(Marjorie Wardle)과 함께 환자들에게 더욱 효과적인 기법을 적용하기 위하여 연구하면서 96회의 인터테라피(Intertherapy) 치료 세션을 통하여 서로 자신의 삶의 문제를 놓고 즉흥연주를 통하여 혁신적이고 크리에티브한 새로운 기법인 분석적 음악치료를 창조하였다. 메리 프리슬리는 정신분석 이론과 자신의 실제 경험을 바탕으로 클라인 학파 분석, 융학파 분석적 슈퍼비전, 게슈탈트 방법, 심리치료 동작, 동양 사상, 바디워크, 타오이즘 등 다양한 이론과 방법을 적용하였고 문화에 대해서도 고려하였다.

주요 음악치료 방법인 즉흥연주를 할 때 치료사로서 피아노를 주로 사용하였으며 다양한 악기를 구비하여 클라이언트의 문화적·개인적인 면을 치료 과정에서 중요시 여겼다. 개인적으로 지병이 있어 더욱 활발한 연구와 훈련을 행하지 못하였으나 유럽과 미국 등에서 선구자적인 음악치료사들을 양성하였다. 예를 들면, 요하네스 에스첸(Johannes Eschen), 콜린 푸르돔(Colleen Purdom)이다. 분석적 음악치료의 자기경험(Self-experience)의 개념은 세계의 아카데믹 프로그램에 통합되기도 하였다(독일 헤르데케, 덴마크 아르보그 대학교, 뉴욕 대학교, 몰로이 대학교 등). 메리 프리슬리는 독일의 헤르데케에서 2년 동안 음악치료 훈련을 시행하였으며 전문 바이올린 연주가로서도 지속적으로 활동하였다. 최초 수제자 중 베네딕테 스카이비(Benedikte Scheiby) 교수는 미국 뉴욕 트레이닝 인스티튜트를 설립하고 수년간 분석적 음악치료 훈련 프로그램을 더욱 발전하는 데 공헌하였고 몰로이 대학교(Molloy University) 정승아 교수는 분석적 음악치료 훈련 프로그램을 University based program으로 정착시키고 한국 음악치료사들을 훈련하는 데 공헌하였다. 주요 전문 저서로는 『Music Therapy in Action』(1975)과 『Essays on Analytical Music Therapy』(1994)가 있다.

역자 소개

김경숙 (Kim, Kyungsuk)

University of Minnesota 음악치료 박사
한세대학교 음악치료전공 교수
한국음악치료학회 회장

김은주 (Kim, Eun Jew)

University of Iowa 음악치료 박사
한세대학교 음악치료전공 강사

김혜란 (Kim, Haelan)

숙명여자대학교 음악치료 박사 수료
한세대학교 음악치료전공 강사
서울사이버대학교 음악치료학과 겸임교수

박소영 (Park, Soyoung)

숙명여자대학교 음악치료 박사 수료
동백 성루카병원 음악치료사

배미현 (Bae, Mi Hyun)

Michigan State University 음악치료 박사
한세대학교 음악치료전공 초빙교수
Atlantis Institute for Consciousness and Music, GIM트레이너

음승희 (Eum, SeungHee)

숙명여자대학교 음악치료 박사 수료
숙명여자대학교 음악치료대학원 강사
명지대학교 음악치료학과 겸임교수

이상은 (Lee, Sang Eun)

Lesley University 표현치료 박사
명지대학교 음악치료학과 교수

이지선 (Lee, Jee-Sun)

Michigan State University 음악치료 석사
한빛음악심리상담센터, 한빛음악공작소 음악치료 팀장

임정연 (Im, Jungyon)

숙명여자대학교 음악치료 박사 수료
서울사이버대학교 음악치료학과 겸임교수
정샘아동청소년발달센터 음악치료사

현수경 (Hyun, Soo Kyung)

숙명여자대학교 음악치료 박사 수료
한세대학교 음악치료전공 강사

음악치료의 실제(원서 2판)

Music Therapy in Action(2nd ed.)

2023년 3월 15일 1판 1쇄 인쇄
2023년 3월 20일 1판 1쇄 발행

지은이 • Mary Priestley
옮긴이 • 한국분석적음악치료커뮤니티
김경숙·김은주·김혜란·박소영·배미현
음승희·이상은·이지선·임정연·현수경

펴낸이 • 김진환
펴낸곳 • (주) 학지사
04031 서울특별시 마포구 양화로 15길 20 마인드월드빌딩
대표전화 • 02)330-5114 팩스 • 02)324-2345
등록번호 • 제313-2006-000265호

홈페이지 • http://www.hakjisa.co.kr
페이스북 • https://www.facebook.com/hakjisabook

ISBN 978-89-997-2852-5 93180

정가 23,000원